KB070318

▶ YouTube를 활용한 자기주도학습형

유아교육개론 개정판

집필 책임 강은주
김명정 · 김선아 · 김성원 · 김진희 · 백인경
안혜진 · 이보영 · 이선경 · 이성복
이효정 · 최영해 공저

INTRODUCTION
TO EARLY CHILDHOOD EDUCATION
FOR SELF-REGULATED
LEARNING
WITH YOUTUBE
[Rev. ed.].

학지사

개정판 머리말

2019년 3월 출판되었던 이 책이 예비 유아교사 양성과정에서 환영받고, 2023년에 다시 개정하여 출판될 수 있도록 허락하신 성삼위 하나님과 집필진, 그리고 편집과 출판을 맡아 주신 학지사 김진환 사장님을 비롯한 관계자 여러분께 진심 어린 감사를 드립니다. 학지사와 친분을 갖게 된 지도 벌써 20년이 지났지만 한결같고 신실한 학지사 가족 모든 분께 존경과 경의를 표합니다.

일제 강점기부터 한국인으로서의 자아정체감 회복과 한국전쟁의 잿더미에서 오늘의 경제 및 문화대국 대한민국을 만들어 오기까지, 한국인의 고통과 피땀은 세계인의 이목을 집중시킬 만하였습니다. 저희 집필진의 노력도 선조들의 피땀 어린 희생과 헌신의 얼을 이어받은 작은 노력으로 인정받기를 기도 드립니다.

제4차 산업혁명 시대에서 도태되지 않기 위해 모든 학습자는 자기주도적 평생학습자로서 정보와 지식을 수용하고 자신의 필요와 삶의 맥락 속에 융합해야 하는 지식과 정보의 새로운 창조자이자 구성자로서의 역할을 수행하도록 요구되고 있습니다.

따라서 이 책은 이론적 학습과 현장의 연계를 염두에 두고 대학과정에서 자신의 진로를 어떻게 설정할지 그리고 그곳에서 자신의 필요를 충족시킬 뿐만 아니라 미래의 삶을 자기주도적으로 준비해 가는 창의인성을 갖춘 융합형 인재로서의 예비 유아교사를 양성하기 위한 목적과 실천 전략을 가지고 집필되었습니다.

이 책의 집필 목적과 실천적 전략은 인지도식이론(schema theory)과 정보처리이론(information processing theory), 그리고 나선형 구조의 심화학습(spiral process of learning)에 따라 예습, 학습, 복습의 3단계 순서로 제시되었습니다. 구체적으로는

1단계−복습(지난 회기 학습 리뷰), 2단계−핵심주제 예습, 3단계−본문 학습, 4단계−요약 복습, 5단계−동영상 복습(현장 연계, 심화), 6단계−토론 복습(학습 강화, 심화), 7단계−강화(관련 정보·추가 자료 탐색), 8단계−심화학습(현장 연계 견학, 탐방 자료 추천 및 직간접 경험)으로 구성하여 학습자가 학습한 내용을 장기기억에 내장하도록 하여, 강의실에서 한 번 듣고 잊어버리는 단기기억(working memory)의 한계에서 벗어나지 못한 채 시험 때만 단기기억에 의존하여 암기하는 학습태도를 보완하도록 구성되었습니다. 즉, 학습과정에서의 명료화, 의견공유, 현장연계, 심화의 나선형 구조를 통해 반복적 학습으로 단기기억에 저장된 학습내용을 장기기억에 저장해 넣을 수 있도록 7회의 반복학습과 심화학습으로 교재를 구성하였습니다. 또한 8단계에서 이론학습, 간접학습의 심화과정으로 관련 도서 소개와 현장 견학 및 참관을 위해 유관기관을 소개하였습니다. 각 장을 각 주별로 교수·학습하실 때 다음의 학습단계 과정으로 진행할 수 있습니다.

1단계에서는 **핵심주제**를 정리하여 학습자가 그 장에서 다룰 내용의 핵심을 파악하고 인지 지도(schematic map)를 머릿속에 그려 보면서 이 학습을 **예습** 가능토록 하였습니다.

2단계에서는 교수자 주도의 **이론적 강의**가 이루어지도록 하였습니다. 1~3교시까지의 이론 내용은 교수자에 따라 활용 가능합니다. 각 장의 뒷부분에 소개한 동영상을 해당 교수 자료의 인터넷 유튜브로 링크하시면 수업 중에 학생들과 함께 시청하기 용이합니다. 더 편리한 시청방법은 https://ssyoutube.com에 접속하여 급속 다운로드하셔서 교수 자료에 입력하면 손쉽게 작동이 가능합니다. 학습자원의 보고인 유튜브의 전문적 학술자료 사용을 통해 지루한 이론학습에서 벗어나 실제감 있는 수업참여를 극대화하도록 하였습니다.

3단계에서는 각 이론수업을 현장성 있는 간접학습이 이루어질 수 있도록 **유튜브 동영상** 시청이나 예비 교사로서의 **자기점검** 자료를 제시하였습니다. 이론수업의 집중도를 높이기 위한 현장의 목소리와 학술적 증거자료를 담은 인터뷰나 다큐멘터리, 뉴스, 기사, 현장방문 등의 녹화자료를 보면서 이론적 학습과 현장을 연계하여 복습할 수 있도록 하였습니다.

4단계에서는 학습자들이 4인 1조 그룹으로 나누어 자신의 이론적 학습과 동영상을 보면서 제안된 또는 교수자가 제안한 토론 질문에 따라 **그룹토의**를 진행하시면 좋습니다. 그룹토의는 하나의 **협동학습** 형태를 이루면서 리더, 기록자, 토의내용 발표자, 기록자료 공유를 위한 탑재자로 역할 분담하시면 그룹역동이 더욱 활발해질 수 있습니다.

5단계는 각 교시 휴식이 끝날 때 전 교시의 학습내용을 다시 리뷰하는 것으로 학습 내용을 잊지 않도록 복습하는 단계입니다.

6단계는 1, 2, 3교시 동안 학습한 모든 내용을 정리·요약하는 단계로 각 장의 뒷부분에 나와 있습니다. 학급이 큰 소리로 함께 읽으면서 그날 학습한 전체 내용을 반복하여 복습하도록 하였습니다.

7단계는 전 주의 학습내용 요약 부분을 다시 읽어 보고 회상하며 복습하는 단계입니다. 따라서 각 장은 7단계의 반복적인 학습단계로 구성하여 중간고사나 기말고사를 준비하기 좋도록 반복·인지함으로써 시험준비를 위해 밤샘 암기를 해야 하는 학습자의 부담을 감소시켰습니다.

8단계에서는 1차 심화학습을 위한 관련 자료 소개로 개인적 학습을 강화하도록 하였고 2차 심화학습을 하는 단계라고 할 수 있습니다. 그룹이나 단체로 강의실에서 배운 이론을 현장기관 방문/견학 등을 함으로써 예비 교사의 현장역량 강화와 연계교육을 위해 유관기관을 소개하였습니다.

이 책을 사용하시는 교수님들과 예비 교사들께 당부드릴 것은 세계의 유아교육 역사의 흐름에서 볼 때 동서고금을 막론하고 철학, 정치, 경제, 사회, 문화, 법, 종교, 예술과 교육 분야에서 이론과 현장에서 몸담고 있는 지극히 많은 분이 창조주 하나님을 바르게 알고 그 뜻과 그의 형상을 가진 어린이들의 소중함과 존중을 살리려 노력해 왔다는 사실을 부정하지 말자는 것입니다. 세계의 역사 속에서 정치적 목적으로, 경제적 궁핍으로, 계몽되지 않았던 지식의 부재로 짓밟히고 학대당하며 제대로 인지되지 못했던 어린이들을 하나님의 아들 예수님께서 천하보다 귀한 영혼과 육의 온전하고 총체적인 전인적 발달이 영유아기를 포함한 전 인생에 걸쳐 중요함을 주장하셨을 뿐만 아니라, 천국에 들어갈 자격이 있는 자로 어린이들을 사랑하시고 안으시고 머리에 안수하시고 축복하셨음을 인정하고 이것을 세상에 공표하는 일을 땅에 묻지 마시고 당당히 주장하고 귀하게 여겨야 함을 간곡히 말씀드리고 싶습니다.

구약성경 잠언 22장 6절 "마땅히 행할 길을 아이에게 가르치라 그리하면 늙어도 그것을 떠나지 아니하리라"라는 말씀은 지금부터 3,000여 년 전 유대인의 지혜의 왕 솔로몬의 잠언 중 하나로, 당시 이스라엘의 나라 전체 백성에게 읽혔던 왕의 잠언이며 유대인의 경전에서 나온 말씀입니다. 이 말씀의 내용은 마땅히 나이가 어린 시기의 아이가 배우고 지켜야 할 것들을 부모, 교사, 교육공동체, 나라의 모든 이들이 가르치게 되면 그 가르침은 평생토록 그것에서 벗어나지 않는다는 로렌츠(Lorentz)의 인생 초기의 각인학습 효과와 부모, 교사, 지역사회, 그리고 국가의 공동 육아에 대한 책임을 역사적으로 잘 드러내 주고 있습니다.

신약성경 누가복음 2장 46-47절 "사흘 후에 성전에서 만난즉 그가 선생들 중에 앉으사 그들에게 듣기도 하시며 묻기도 하시니 듣는 자가 다 그 지혜와 대답을 놀랍게 여기더라"와 52절 "예수는 지혜와 키가 자라가며 하나님과 사람에게 더욱 사랑스러워 가시더라"의 말씀은 오늘날 표준보육과정과 누리과정에서의 5개 영역, 즉 신체운동건강, 의사소통, 사회관계, 예술경험, 자연탐구 영역에서의 지정의(知情意), 관계, 행실, 정서 영역에 있어 균형 잡힌 영ㆍ효ㆍ몸을 겸비한 영유아들을 돌보고 또 교육하고자 하는 유아교육의 전형적 모델링을 2,000여 년 전의 성자 예수님의 성장과정 속에서 잘 살펴볼 수 있습니다.

저희 집필진들은 영원부터 영원까지 진리이신 성경 말씀을 주요 참고문헌으로 활용하는 일에 주저하지 않고 이에 미력이나마 최선을 다하여 적극적으로 참여하였습니다. 의도적으로 역사적 사실을 배제하는 학문조류에 편승하지 않고 오히려 있는 분명한 역사적 진실을 드러내는 일에 적극 동참하고자 합니다.

부디 저희의 부족은 언제든지 질책해 주시고 잘한 점은 응원해 주셔서 더 나은 연구와 집필로 여러분의 기대와 격려에 보답하며 유아교육의 튼실한 학문에 조금이나마 기여할 수 있도록 협력해 주시기를 간곡히 부탁드리며 우리들의 미래인 영유아들의 공동의 선을 위해 동역함에 진심으로 감사를 드립니다. 여러분의 삶과 학문 그리고 현장 속에 늘 영원한 샬롬을 기원합니다.

2024년 4월 선지동산에서
책임 집필자 강은주

차례

01

유아교육 개념 및 중요성

김명정

 핵심주제

- **유아**: 3세부터 6세 미만의 어린이
- **유아교육**: 초등학교 취학 전까지의 모든 유아를 대상으로 일상의 경험을 통해 유아의 전인 발달, 즉 신체, 사회, 정서, 언어, 인지 발달을 도모하며 유아 내부에 잠재된 능력을 발현하도록 하는 교육의 일체
- **유치원**: 유아의 교육을 위하여 유아교육법에 따라 교육부, 교육청 산하의 3~5세까지의 유아들을 담당하는 처음학교
- **어린이집**: 영유아보육법에 따라 보건복지부, 지방자치단체 산하의 0~5세를 위탁받아 보육하는 기관
- **유보통합**: 2025년부터 유치원 · 어린이집에 대한 관리체계를 교육부 · 교육청을 중심으로 일원화

1. 유아교육의 개념

1) 유아의 개념

유아교육(early childhood education)은 쉽게 말해, 유아기(early childhood) + 교육 (education), 즉 유아기의 어린이를 대상으로 하는 교육으로 볼 수 있다. 유아교육의 개념을 이해하기 위해서는 교육의 대상이 되는 유아의 개념을 먼저 이해할 필요가 있다.

유아의 사전적 정의를 살펴보면 표준국어대사전(2000)에서는 유아를 '생후 1년부터 6세까지의 어린아이'라고 정의하고 있다. 한자로 유아는 '幼兒'이며 이를 한국 한자어 사전(1996)에서 살펴보면, 먼저, 幼(유)는 '어리다, 미숙하다, 작다, 조그마하다, 사랑하다, 누에가 잠을 자다'라는 의미가 있다. 幼(유)를 풀어서 살펴보면, 요(幺)와 력(力)이 합하여 진 것으로 작을 요(幺)는 누에의 고치에서 갓 나온 가느다란 실에 힘 력(力)이 합하여 꼬아서 실을 만드는 일을 의미한다. 다음으로, 兒(아)는 '아이, 아기, 젖먹이, 나이가 어린 사람, 다시 날 이'라는 의미를 가진다. 兒(아)를 풀어서 살펴보면, 兒(아)는 이를 강조하여 그린 사람의 모습으로서 영구치가 다시 날 때 즈음을 의미하거나 혹은 臼(구)의 부분을 젖먹이의 머리뼈가 아직 굳지 않은 모양으로 설명하기도 한다. 한자풀이를 정리하자면, 머리뼈가 아직 굳지 않을 시기부터 영구치가 날 때 즈음의 어린아이로서 작고 미숙하지만 누에가 만들어 낸 실을 꼬아 실타래를 만드는 것과 같은 노력, 즉 교육에 의해 많은 변화가 일어나는 시기라 볼 수 있다.

전미유아교육협회(National Association for the Education Young Children: NAEYC) 에서 제시한 발달에 적합한 실제(Developmentally Appropriate Practice: DAP)에서는 출생부터 8세, 즉 초등학교 저학년까지를 그 대상으로 정의하고 있다(NAEYC, 2009). 발달심리학적 관점에서는 전통적으로 신생아기와 영아기 이후의 시기인 3세에서 5세까지의 시기를 '유아기'로 보고 있다. 이 시기는 인간의 발달에 있어 기초를 이루며 이 시기의 발달과업 성취는 이후 전 생애에 걸쳐 영향을 미치므로 매우 중요한 시기로 본다.

　우리나라 유아교육 관련 법에 나타난 정의를 살펴보면, 먼저, 유치원 관련 법인 「유아교육법」 1장 2조에 의하면 유아란 3세부터 초등학교 취학 전까지의 어린이로 정의하고 있다. 다음으로 어린이집 관련 법인 「영유아보육법」 1장 2조에 의하면 영유아란 6세 미만의 취학 전 아동으로 정의하고 있다. 이러한 두 가지 정의는 우리나라 유아교육제도의 이원화와도 관련된다. 이를 반영하듯, 한국유아교육학회(2012)에서는 유아에 대해 광의로는 0세에서 8세를 지칭하지만 0~2세의 유아를 영아로 분리하는 경우에는 3세부터 6세를 유아로 정의하고 있다. 한국유아교육학회의 이러한 정의는 유치원과 어린이집으로 이원화되어 있는 우리나라 유아교육의 제도적 특성을 반영한 것으로도 볼 수 있다.

　살펴본 바와 같이 유아에 대한 개념은 시기와 기간에 따라 조금씩 차이가 나는 것을 알 수 있다. 첫 번째 차이는 교육대상 연령의 하한선이다. 0세를 모체 내에서의 수태 순간부터로 볼 것인지, 출생 후로 볼 것인지에 대한 차이이다. 우리나라는 전통적으로 '태교'라 하여 수태한 순간부터 생명으로 귀하게 여기며 '교육'의 대상으로 보았다.

　두 번째 차이는 교육대상 연령의 상한선이다. 「초중등교육법」 13조 1항에 의하면 현재 우리나라 초등학교 입학 연령은 6세에 달하는 자로 보고 있다. 앞서 살펴본 유아의 정의에 의하면 초등학교 저학년이 유아의 개념에 포함되어 있는 것을 알 수 있다. 교육의 효과성을 고려할 때 유·초연계를 통해 연속적이고 의미 있는 교육경험이 제공되어야 할 것이다.

　종합해 보면, 유아의 개념을 정의하기 위해서는 유아교육기관에 재원하는 기간이나 이원화되어 있는 우리나라 유아교육의 제도적 특성보다는 태내에서부터 시작된 하나의 생명으로서의 인간 발달적 특성을 고려할 필요가 있다. 그러나 이 장에서는 널리 통용되는 구분인 3세부터 6세 미만인 자로 구분하여 정의하고자 한다.

2) 교육의 개념

교육은 일반적으로 교사, 학습자, 교육내용이라는 3요소가 서로 영향을 주고받으며 가르치고 배우는 행위로서 행동의 변화를 일으키는 일련의 과정으로 볼 수 있다.

교육의 개념을 보다 구체적으로 이해하기 위해 단어의 의미를 중심으로 살펴보면, 먼저 영어의 'education'과 프랑스어의 'éducation'은 라틴어 'educare'에서 유래한 것이다. 이는 'e(ex)'의 '밖으로'와 'ducare'의 '끌어내다'가 합쳐진 합성어로서 모두 인간이 가진 잠재력이 발현되도록 이끌어내 주는 의미를 가지고 있다(노영희, 홍현진, 2011). 한자로 교육은 '教育'이며 이 한자는 맹자(孟子)의 '득천하영재이교육지(得天下英才而教育之), 즉 '천하의 영재를 모아 교육하다'라는 글에서 비롯되었다고 한다. 한국 한자어 사전(1996)에서 살펴보면, 먼저 가르친다는 의미의 '敎(교)'는 爻(효)와 攵(회초리)가 합쳐진 단어로서 아이를 회초리로 쳐서 가르쳐 배우게 한다는 뜻이고, 기르다는 의미의 '育(육)'은 아이를 거꾸로 세운 모양인 갓난아이와 月(월)이 합쳐진 단어로서 낳은 아이를 기르는 일을 의미한다. 이 두 가지 한자가 가진 다양한 뜻을 살펴보면 더욱 명확해진다. 교육의 '교(敎)'는 본받음(效), 가르침(訓), 알림(告), 훈계(訓戒), 학문(學), 도덕(道德), 종교(宗教) 등의 의미로, '육(育)'은 기름(養), 낳음(生), 자람(成) 등의 뜻을 가지고 있다. 이 두 한자는 모두 육성한다, 올바르게 자라난다 등을 의미한다.

어원을 살펴볼 때 교육은 교사와 학습자가 동시에 영향을 주고받는 일직선상에 있음을 알 수 있다. 교육의 과정에서 교사는 학습자가 자신의 잠재력을 발견하도록 안내하거나 잠재력을 발견해 주는 역할을 수행한다. 또한, 지식을 전달하는 동시에 양육하는 역할을 수행한다. 학습자는 교사에 의해 자신의 잠재력을 발견하여 더 나은 수준의 학습을 수행하거나 자신의 잠재력을 스스로 발견하기도 한다. 또한 교사로부터 지식을 전수받거나 스스로 지식을 탐구하기도 한다. 교사와 학습자는 무엇보다 마치 부모와 자녀와 같이 서로 돌보아 주는 양육을 수행하기도 한다. 이는 인간이 가진 선천적인 두 가지 욕구, 즉 가르치고 싶은 욕구와 배우고 싶은 욕구가 긴밀히 교류하는 과정이라고 정리할 수 있다.

교육은 가치로운 것을 추구하는 태도를 수반하는 것으로서 본질적으로 가치지향적인 특징을 가지고 있다(노영희, 홍현진, 2011). 따라서 교육이 수행되는 교육기관, 교육현장에 직접적으로 참여하는 교사가 가진 교육철학과 가치는 매우 중요하다.

교육현장에서 교육은 가르치는 자가 계획한 수업에 의해 진행되는 형식적 교육과 계획되지 않은 비형식적 교육, 즉 일상의 모든 과정에서 이루어지는 교사와 학생과의 상호작용, 교사의 모델링 등을 통해 다양한 방법으로 이루어진다. 이때, 교사가 가진 개인적인 신념, 가치, 철학은 매우 강력하게 전달되며 학생의 향후 삶에 직접적인 영향을 미치게 된다. 따라서 교사는 학생에게 가장 많은 영향을 주는 존재로서 반성적 사고를 통해 자신의 수업과 학생과의 상호작용을 되돌아 보아 지속적으로 스스로의 교육철학을 점검해 볼 필요가 있다. 무엇보다 교육은 근본적으로 개인의 '좋은 삶'을 추구하고 실현하는 데 관심이 있다는 플라톤의 말처럼 개인의 좋은 삶을 추구하는 데 필요한 개인적 자질을 양성하기 위해 노력하는 일련의 과정이 되어야 할 것이다(김병희, 2008 재인용).

종합해 보면, 교육은 교사, 학생, 교육내용의 3요소로 구성된 것이며 인간의 삶과 행동에 영향을 주는 강력한 가치전달 수단이다. 이를 통해 인간은 성장 · 발달해 나가는데, 이 과정에서 무엇보다 학생과 교사는 서로에게 가장 직접적인 영향을 미치는 존재이다. 그리고 동등한 위치에서 존중하며 서로에게 내재된 잠재력을 발견하고 이끌어 주는 존재로서 상호작용한다. 따라서 교육은 사회적으로 중요한 가치와 지식을 전달함과 동시에 인간이 보다 더 성숙하고 사회적으로 요구되는 바람직한 인간상을 형성해 갈 수 있도록 하는 일련의 과정이라고 볼 수 있다.

앞서 살펴본 유아와 교육의 개념을 토대로 유아교육의 개념을 살펴보면 먼저, 박찬옥, 조형숙, 엄은나(2008)는 유아의 발달 및 학습에 대한 이해를 바탕으로 유아의 건강한 성장과 발달을 돕는 것이며 유아와 가족의 요구를 반영한 가족지원 및 가정–기관 연계를 포함한 포괄적인 서비스 체계라고 정의하였다. 이러한 정의는 유아교육의 개념에 대해 유아에게 직접적인 영향을 미치는 환경적 측면을 고려한 정의로, 부모, 기관, 지역사회 및 정책적인 차원을 모두 고려하고 있는 현대적 개념에서의 정의라고 볼 수 있다. 이기숙, 장영희, 정미라, 엄정애(2016)는 0세부터 8세까지의 연령을 대상으로 타고난 잠재능력이 바람직한 방향으로 변화하도록 계획적으로 돕는 과정이라고 정의하면서 일반적으로 혼용해서 사용하던 취학 전 교육, 학령

전 교육과는 다른 개념임을 설명하였다. 신옥순(2013)은 유아교육은 유아교육기관뿐 아니라 일상의 삶을 통해 유아가 경험하는 다양한 현상을 이해하고 배워가는 과정이라고 하였다. 이러한 정의는 일상에서 이루어지는 비형식적 교육을 중요하게 보는 관점이라고 할 수 있다.

조형숙, 김현주, 김명하, 김명정(2017)은 유아교육의 여러 개념을 종합하면서 다섯 가지로 개념을 정리하였다. 첫째, 유아교육은 유아, 부모, 가족구성원을 대상으로 하는 포괄적 성격의 교육이다. 둘째, 유아교육은 유아의 신체적ㆍ정서적ㆍ사회적ㆍ인지적 발달을 모두 포함하는 전인 교육이다. 셋째, 유아교육은 유아의 관심과 욕구를 반영하는 아동 중심 교육이다. 넷째, 유아교육은 유아교육기관에서 진행되는 형식적 교육뿐만 아니라 일상에서 경험하는 다양한 현상을 이해하고 경험하는 비형식적 교육을 포함한다. 다섯째, 유아교육의 궁극적 목표는 유아의 행복한 삶이다.

요약하면, 유아교육은 0세부터 6세까지의 모든 유아를 대상으로 일상의 경험을 통해 유아의 전인 발달, 즉 신체ㆍ정서ㆍ사회ㆍ인지 발달을 도모하며 유아 내부에 잠재된 능력을 발현하도록 돕는 과정이라고 할 수 있다.

2. 유아교육의 중요성

유아를 바라보는 관점은 시대적, 문화적 배경에 따라 변화해 왔다. 유아라는 존재가 인정받지 못하던 시기를 지나 철학적으로 유아의 존재적 가치를 규명하기 시작하면서 유아는 점차 주목받기 시작하였다. 이후 과학적인 연구결과들로 유아기의 중요성이 강조되었고 이를 교육을 통해 지원하고자 하는 노력이 현재까지도 계속되고 있다. 이에 유아교육의 중요성에 대해 철학적 관점, 발달심리학적 관점, 사회문화적 관점, 성경적 관점으로 나누어 살펴보고자 한다.

1) 철학적 관점

역사적으로, 시대적 변화와 문화적 차이에 따라 유아를 바라보는 관점은 변화해 왔다. 고대 그리스의 아테네와 스파르타는 이러한 차이를 극명하게 보여 주고 있다. 스파르타는 강인하고 용맹하며 국가에 충성하는 군인으로서의 인간을 양성하는 것이 목적이었던 바 국가가 정해 놓은 훈련과정을 거쳐야 시민으로 인정하였다. 이러한 목적을 달성하기 위해 아기가 태어나면 국립검사장인 렉제(lechse)에서 건강검진을 실시하였다. 이곳에서는 아기의 몸에 포도주를 닿게 해서 움츠리거나 경련을 일으키면 허약한 아기로 분류되어 버려졌다(계영희, 2011 재인용). 이후 6세까지는 가정에서 양육되다가 7세부터는 공동교육기관에 입소하고 훈련을 받으면서 시민으로 양육되었다. 당시 유아들은 찬물로 목욕하며 얇은 옷을 입었고 익히지 않은 음식을 먹거나 어두운 방에서 홀로 지내도록 훈련받았으며 고함을 지르거나 우는 행위는 허락되지 않았다. 이렇듯, 스파르타의 교육은 교육목적에 따라 신체적 훈련이 강조된 반면, 지적 활동은 최소한의 읽기와 쓰기만을 다루었다. 엄격한 군사훈련을 위해서 인간의 개성과 존엄성은 무시되었으며 체벌은 당연시되었다.

반면, 아테네는 자유주의 사상과 독립정신을 존중하고 사유와 통찰, 심미적이고 예술적인 창조력이 중요시되었으며 교육의 목적은 민주시민으로서 원만하고 균형 잡힌 조화로운 인간, 즉 지혜로운 사람, 선하고 아름다운 사람을 육성하는 것이었다. 아테네에서는 7세 학교교육이 시작되기 전까지, 즉 6세까지는 가정에서 그리스 신화를 들으며 다양한 장난감을 가지고 놀이하였으며 가정에서 키우는 동물을 돌보는 등의 가정교육을 받았다. 7세부터 가정에서는 가정교사가 시민으로서의 예절과 품행을 교육하였고 학교에서는 음악, 문법, 체육, 시, 읽기, 쓰기, 셈하기 등을 학습하였다(김기수, 2009; 이선숙, 양영숙, 2007).

고대 그리스의 대표적인 철학자인 플라톤(Platon)은 유아의 개인차를 고려한 맞춤교육이 중요함을 주장하면서 놀이를 통해 교육해야 함을 강조하였다. 특히, 유아기의 경험을 중요시하면서 이 시기의 경험이 인간 발달에 많은 영향을 끼친다는 것을 발견하였다(김기수, 2009; 박창균, 2002). 유아기에는 개인의 관심과 능력에 따라 신화이야기, 시, 음악, 미술, 체육 등의 교육내용을 가르쳐야 한다고 설명하면서 그리스가 추구했던 가치인 조화와 균형이 교육에 그대로 반영되어야 함을 강조하였다(김재희, 2003; 팽영일, 2007). 그러나 유아 개인의 본질적 이해보다는 국가의 발전에 이바지하는 인재 양성이라는 큰 범위에서 교육의 효과를 이해하였다는 한계점

은 가지고 있었다. 여전히 교육은 국가에 헌신하기 위한 개인을 양성하기 위한 수단
이었고 유아는 성인에 의해 버려지는 존재였다.

　중세시대에는 봉건제도의 영향으로 부모의 신분고하에 따라 유아의 삶이 달라
졌다. 귀족계급의 경우 유모에 의해 길러졌고 가정교사에 의해 교육받았다. 부모의
신분이 낮을 경우 노동을 강요받았고 귀족계급 재산의 일환이었으며 매매의 대상
이 되기도 하였다. 그러나 신분고하를 막론하고 유아는 기본적으로 성인의 축소물
로 인식되었다. 이러한 인식은 중세시대 그림 속에 나타나 있는데, 중세시대의 그림
속에서 성인과 동일한 의상을 입고 진지한 표정을 하였으나 단지, 신체 크기만 작
게 그려진 유아의 모습을 쉽게 발견할 수 있다. 중세시대 유아의 생활에 대한 기록
은 매우 부족하나 기록에 의하면 유아들은 성인의 권위에 복종하는 존재였으며 엄
격하게 길러졌다. 이러한 관계로 이제껏 중세시대 유아들의 놀이가 없는 듯 알려져
왔으나 성 니콜라우스 축일(12월 6일)에는 마음껏 놀도록 허락받았으며 팽이, 나무
로 된 보행기, 진흙구슬, 장난감 손수레, 나무인형, 바퀴달린 말, 가죽 공 등의 장난
감을 가지고 놀이한 기록과 유물이 발견되었다. 비록 그렇다 하더라도 만연한 빈곤
과 비위생적인 환경에서 병으로 혹은 유기나 살해 등으로 인한 유아 사망률이 높았
다(Seibt, 1999).

　유아를 성인과 구별하여 독특한 존재로서 바라보기 시작한 것은 17세기에 코메
니우스(Comenius)가 등장하면서부터였다. 코메니우스는 인간을 하나님의 귀중한
선물로 보며 특히, 유아기의 중요성을 강조하였다. 6세 이전의 교육은 '어머니 무
릎'에서 이루어져야 한다고 보고 가정에서의 교육을 중요하게 보았다. 이후 로크
(Locke)는 인간은 본래 하얀 도화지와 같이 깨끗한 본성을 가졌다고 보는 '백지설'을
주장하면서 유아의 존재 역시 그 안에 내재된 본성을 교육에 의해 발현하여야 함을
설명하였다. 루소(Rousseau)는 유아에게 내재된 자연 그대로, 본성 그대로의 교육을
강조하면서 발달 특성을 면밀히 관찰하여 영아기, 아동기, 소년기, 청소년기 등으로
발달단계를 구분짓기도 하였다.

　19세기에 유치원의 창시자인 프뢰벨(Fröbel)이 등장하면서 보다 구체적인 교수방
법이 제시되기 시작하였다. 프뢰벨은 놀이의 중요성을 강조하였는데, 유아는 직접
만지고 놀이하는 가운데 세상을 알아가는 존재임을 설명하였다. 이에 하나님이 주

신 선물이라는 의미의 '은물(gabe, gift)'을 구안하여 구체적인 교육 프로그램으로 체계화하였다.

20세기는 '아동의 세기'라 불릴 만큼 아동의 존재가 주목받는 시기였다. 이전까지는 철학적으로 유아의 존재를 바라보았다면 유아의 특성에 대해 보다 체계적으로 접근한 연구결과들이 쏟아져 나오게 되면서 기존의 철학들이 학문적으로 입증 받는 시기가 되었다.

2) 발달심리학적 관점

20세기 이후 객관적인 연구결과들에 의해 유아교육의 중요성이 입증되기 시작하였다. 발달심리학의 연구결과들은 특정 발달과업을 가장 잘 성취할 수 있는 특정 시기가 있다는 발달의 적기성, 발달은 일정한 방향으로 진행된다는 발달의 방향성, 이전 단계의 발달은 다음 단계의 발달의 기초가 된다는 발달의 기초성 등 보편적인 인간 발달의 원리를 과학적으로 규명하였다. 발달의 원리는 생애 초기인 유아기의 중요성을 일깨우는 계기가 되었으며 일정 시기가 지나가면 회복되기 어려운 인간 발달의 특수성을 증명하였다. 무엇보다 이전 시기까지 성인에 가려져 주목받지 못했던 유아 자체를 주목하였으며 유아의 신체, 언어, 사회, 정서, 인지 등 각 발달영역이 어떤 식으로 발달해 가는지, 주변과 어떤 영향을 주고받는지 등을 규명하여 이론으로 정립하였다.

인간 발달의 보편적인 원리 규명과 더불어 여러 학자들이 자신의 관점에 따라 각각 이론을 정립하기 시작하였다. 정신분석이론은 인간의 행동에 대해 무의식적 동기에 의해 영향을 받으며 발달하는 단계가 있다고 주장하며 생애 초기 경험의 중요성을 이해하는 단초를 제공하였다. 대표적으로 프로이트(Freud)는 생애 초기 인간의 본능적인 욕구와 사회적인 요구 사이의 갈등을 겪는 과정 중 성격이 발달된다는 입장에서 심리성적 발달단계를 설명하였고 각 발달단계의 욕구가 원만하게 충족되어야 이후의 발달이 순조롭다고 보았다. 에릭슨(Erikson)은 프로이트의 이론을 사회문화적 배경과 연결 지어 심리사회적 발달이론을 주장하였다. 에릭슨은 인간의 발달이 8단계로 이루어진 심리사회적 발달이론의 단계마다 해결해야 할 발달적 위기를 원만하게 극복하느냐의 여부가 중요하며 유아를 둘러싼 사회문화적 배경의 영향을 받는다고 보았다.

　행동주의 이론은 인간의 행동이 외부환경에 의해 형성되어 가며 이를 충분히 통제할 수 있다고 보았다. 또한 인간의 행동은 반복적인 조건형성과 학습의 결과라고 보았다. 대표적으로 스키너(Skinner)는 반응을 한 뒤 반응 결과에 따라 자발적으로 행동이 통제 가능하다고 보는 조작적 조건형성이론을 주장하였다. 바람직한 행동을 강화하기 위해 적절한 보상이나 벌을 사용하여 인간의 행동을 통제할 수 있다고 보았다. 밴듀라(Bandura)는 사회적 상황에서 타인의 행동을 관찰함으로써 학습이 일어난다고 보는 사회적 학습이론을 주장하였다. 또한 모방을 위한 대상이 매력적이거나 즉각적인 보상이 주어졌을 때 효과적인 학습이 일어난다는 모방학습을 설명하였다.

　인지 발달 이론은 인간의 사고과정과 지식의 구성을 이해하기 위해 환경을 인식하고 사고체계 내에서 지식을 어떻게 구성해야 하는지 규명하고자 하였다. 대표적으로 피아제(Piaget)는 정신을 구성하는 지식이 구조화되는 과정과 발달 연구에 매진하였다. 피아제는 유아를 주변 환경과 능동적으로 상호작용하는 과정에서 인지가 발달해 가는 존재로 보았으며 지식의 기본단위인 도식을 활용하여 인지 발달에 대해 설명하였다. 비고츠키(Vygotsky)의 경우 피아제보다 사회문화적 맥락 내에서 인간을 이해하고자 하였다. 또한 높은 수준으로의 학습은 유능한 또래와 성인에 의한 비계설정을 통해 가능하다고 보았다. 즉, 인간이 가진 내적 잠재력을 중요하게 여겼다.

　이처럼 발달심리학은 다양한 관점에서 생애 초기의 경험이 이후 인간의 발달에 어떠한 영향을 미치는지 규명하였으며 유아의 신체, 언어, 사회, 정서, 인지 등 각 영역의 발달을 돕는 방법에 대한 구체적인 교육의 실재를 제시하는 근거가 되었다.

3) 사회문화적 관점

　유아를 바라보는 관점은 유아가 살아가고 있는 사회문화적 배경에서 자유로울 수 없다. 따라서 사회문화적 관점에서 유아교육의 중요성을 알아보기 위해서는 현재 유아가 살아가고 있는 현대사회의 특징을 먼저 살펴보아야 할 것이다.

　현대사회의 가장 큰 특징이라고 할 수 있는 도시화, 산업화가 진행됨에 따라 부

모와 자녀로 구성된 전통적인 가정의 형태에서 벗어나 가족의 형태가 다양화되었
다. 전통적인 가정에서는 조부모-부모-자녀로 이루어진 대가족이 기본적인 가족
의 형태였다. 자녀 양육의 경우 대체적으로 가정에서 어머니나 조부모가 담당하는
것이 일반적이었다. 그러나 자녀들이 도시로 이주함에 따라 가족 간의 물리적 거리
가 멀어지게 되었고 대부분 부부 모두가 일을 하는 맞벌이 가정의 형태인 까닭에 더
이상 가정 내에서만 자녀 양육을 담당하기에는 어려움이 발생하게 되었다. 또한 도
시로 이주한 미혼 자녀의 경우 결혼하지 않고 혼자 지내는 1인 가구, 비혼 가구 등의
비율이 많아졌으며 결혼한 가정도 여러 가지 여건상 자녀계획을 미루는 경우가 많
아졌다. 이러한 현대사회의 변화에 따라 우리나라는 초저출산 국가가 되었다.

　여성의 경제활동 참여율은 2005년에 최초로 50%를 넘어선 이래 꾸준히 증가하
여 2021년 기준으로 우리나라 여성의 53.3%가 경제활동에 참여 중인 것으로 나타났
다. 이는 2020년 기준 OECD 주요 국가인 미국 67.8%, 일본 72.5%에 비해 여전히 낮
은 실정이다. 그 원인으로는 결혼, 임신, 출산으로 인한 경력단절이 가장 큰 것으로
보인다. 실제로 출산율은 여성의 경제참여율과 반비례하고 있는 것으로 나타났는데
2021년 총 출생아 수는 26만 600명으로 2019년 30만 2,676명에 비해 4만 2,076명 감
소한 것으로 나타났다(통계청, 2022).

　한국여성정책연구원에서 2022년에 수행한 여성가족패널조사 결과에 따르면 취
업모들은 일을 하는 것이 삶의 보람과 활력을 준다고 느끼고 있었다. 또한 이전 연
도의 조사 결과와 비교하였을 때 일과 가정의 양립에 대한 인식이 다소 긍정적으로

표 1-1 여성의 경제참여율 및 출산율 연도별 추이

	2012	2013	2014	2015	2016	2017	2018	2019	2020	2021
출생아 수 (단위: 천 명)	484.6	436.5	435.4	438.4	406.2	357.8	326.8	302.7	272.3	260.6
합계 출산율 (단위: 여성 1인당 명)	1.297	1.187	1.205	1.239	1.172	1.052	0.977	0.918	0.837	0.808
경제참여율 (단위: %)	55.2	55.6	57.1	57.9	58.3	59.0	59.4	60.0	59.1	53.3

출처: e-나라지표(2022)에서 재구성.

변화되어 가는 것으로 나타났다. 이러한 결과는 실제로 가정 내 가사분담과 관련하여 최근으로 올수록 여성의 노동은 줄어드는 반면, 남성의 가사노동 참여 및 만족도가 완만하게 증가하는 추세로 나타난 것을 통해 알 수 있다. 그러나 남편의 가정 내 돌봄 만족도의 경우, 집안일 분담 만족도보다 낮게 나타났으며 이것은 돌봄에 대한 남성의 역할이 만족스럽게 분담되고 있지 않음을 보여 주는 것이다. 이에 따라 취업모들은 자녀 양육에 가장 부담을 느끼고 있었으며 그 외 집안일, 요양 및 돌봄 등의 일이 일을 수행함에 있어서 부정적인 영향을 준다고 느끼고 있었다(한국여성정책연구원, 2022).

이러한 실태를 반영하여 여성가족부에서는 범부처 차원에서 제3차 경력단절여성등의 경제활동촉진 기본계획(2020~2024년)을 수립하여 여성의 경력단절을 예방하고, 경제활동 참여 및 경력을 유지하기 위한 정책수립을 추진하고 있다. 그중 자녀 양육부담 완화를 위한 돌봄 지원체계 강화의 일환으로 맞벌이 가구 · 취업모를 위한 국공립어린이집 확충 및 종일교육 보육교사 인력 배치, 아이 돌봄 서비스 지원 강화, 가족센터 등을 활용한 지역사회 돌봄 체계 강화 등을 추진 중에 있다(여성가족부, 2020). 그러나 무엇보다 여성의 가정과 일의 양립을 도모하기 위해서는 범정부 차원에서의 정책적인 노력과 함께 가정과 사회에서 여성 불평등 해소를 위한 인식개선 작업이 동시에 이루어져야 할 것이다.

최근의 저출산 문제는 비단 여성의 사회진출만의 문제가 아닐 것이다. 미혼의 여성을 대상으로 결혼의향을 조사한 결과 '결혼을 생각해 본적이 없다.'고 응답한 여성은 2019년 15.8%에서 2020년 47.3%로 크게 증가하였다(한국여성정책연구원, 2022). 결혼을 하지 않으려는 의향으로의 변화라기보다는 결혼에 대한 고려 자체를 하지 않게 되는 경향을 반영한 것으로 볼 수 있다. 이밖에도 임금, 근로시간, 초혼연령 상향, 둘째아 출산 저조 등 사회 전반의 변화가 이에 영향을 미친 것으로 볼 수 있다.

이러한 전반의 문제를 해결하기 위해서는 '가족이 환영받는 느낌', 즉 가족 친화적인 사회를 만드는 것이 우선시되어야 한다고 생각한다. 자녀를 낳고 양육함에 있어서 정책적 뒷받침과 더불어 사회적 인식개선이 필요한 시점이다.

앞에서 살펴보았듯이 이러한 사회적 변화는 결국 유아교육기관의 역할을 강화하는 결과를 낳았다. 전통적으로 가정 내에서 수행하던 양육이 이제는 유아교육기관에서 교사에 의해 수행되게 된 것이다. 이에 유아에게 가장 큰 영향을 미치는 유아교사의 전문성 향상과 처우개선을 통한 교사의 질 관리와 유아교육기관 평가와 재정 지원을 통한 교육의 질 관리가 더욱 중요하게 되었다. '3~5세 연령별 누리과정'의 제정은 유아교육의 질 향상을 위한 노력의 일환이라고 볼 수 있다. 특히, 누리과정에서 창의인성교육, 신체활동이 더욱 강조된 것은 전통적으로 가정 내에서 어른을 통해 자연스럽게 배웠던 과업이 이제는 유아교육기관을 통해 수행되어야 하는 사회적 변화를 반영한 것이라 볼 수 있다.

사회의 변화에 따라 유아교육의 중요성이 더욱 강조됨에 따라 유아교육에 투자하는 재정 지원의 규모가 매해 증가하고 있다. 2019년을 기준으로 OECD 회원국의 경우 유아 1명당 공사립유아교육기관에 대한 공공 및 민간 재원의 연간 지출은 평균 9,600달러인 것으로 나타났다. 우리나라의 누리과정 예산 증가는 세계적인 추세를 반영하고 있는 것으로 이해할 수 있다.

범정부적으로 정책적 노력을 통한 교육지원, 여성에 대한 인식 개선, 돌봄 지원 서비스 등의 일련의 노력은 유아교육의 중요성을 더욱 강조하고 있으며 유아교육의 재정 지원 확대는 유아교육기관의 질 향상을 도모하고 있다. 그러나 가정의 업무를 유아교육기관이 대신 수행한다는 인식보다는 가정과 유아교육기관의 구성원이 함께 유아를 양육하는 일에 동참하는 협력적 관계 형성이 무엇보다 중요할 것이다.

4) 성경적 관점

성경적 관점에서 본 유아에 대해 기술하기 위해서는 성경이 쓰인 시대적 배경을 이해하는 작업이 선행되어야 한다. 유대인의 애굽 이주 BC 1847년부터, 예수님 탄생 추정 연도인 BC 4년, 요한의 죽음 AD 100년으로 마무리되는 성경은 인류역사의 비교적 초기 시기에 작성되었음을 알 수 있다. 이스라엘 민족의 조상은 갈대아 우르 땅에서 살았던 민족이다. 이스라엘은 본래 이주민 태생인 것이다. 가나안 정착 이후 이들은 유목민의 삶을 살았고 광야에서 때를 따라 가축을 이동하며 거처를 옮겼다.

가나안 이주 후 농경지에 정착하였음에도 유목민 시절의 풍습은 그대로 남아 있었다. 그들은 광야 생활에서 안전하게 지내기 위해 혈연으로 구성된 강한 가족집단을 형성하였으며 종족 간의 강한 연대를 위해 피는 피로 복수(창 4:23-24, 민 19:1-3)하였으며 손님을 접대하는 고유의 풍습을 가지고 있었다(창 19:1-8, 삿 19:16-24). 이러한 그들의 풍습은 이스라엘 정착기간이 길어짐에 따라 서서히 변화되었으나 언어 표현에는 고스란히 남아 광야생활에서 소중한 보금자리였던 천막 혹은 장막은 여전히 그들의 집으로 표현되었고(삼상 13:2) 지도자를 목자로 비유하였다(겔 34:2).

　이스라엘 가족은 대집단으로 구성되었고 여러 가족이 모여 종족을 이루며 살아갔다. 종족의 강한 연대를 위해 가족 내 가장의 권위는 절대적이었으며 종족의 대표인 족장은 생사를 주관할 정도로 큰 권한을 가지고 있었다. 아브라함이 이삭을 제물로 바치려던 사건(창 22: 9-12)이 대표적 사례라고 할 수 있다. 가족 내에서 아버지는 영적 제사장으로서 하나님이 정하신 절기를 규례에 따라 지켰으며 가족이 함께 모여 예배에 참여하였다(출 12:3-14). 가정 내에서 어머니는 아버지 아래 예속된 존재였으나 독립적이었고 아버지와 동등하게 자녀교육에 참여하였음을 잠언 1장 8절 "내 아들아 네 아비의 훈계를 들으며 네 어미의 법을 떠나지 말라"라는 성경구절을 통해 잘 나타내고 있다. 여느 고대사회가 그러하듯 구약성경 시대의 유아는 종족 보존과 세력 확장을 위해 필요한 인적 자원으로서 존재하였다. 그러나 성경적 관점에서 유아는 단순한 인력으로서 소모되는 존재라기보다는 축복의 결과물로 여겨졌다. 성경 시편 137편 3-5절에 기록된 자녀(유아)에 대한 하나님의 시각이 다음과 같이 귀하게 묘사되었다.

> (시 127:3) 보라 자식들은 여호와의 기업이요 태의 열매는 그의 상급이로다
>
> (시 127:4) 젊은 자의 자식은 장사의 수중의 화살 같으니
>
> (시 127:5) 이것이 그의 화살통에 가득한 자는 복되도다 그들이 성문에서 그들의 원수와 담판할 때에
> 　　　 수치를 당하지 아니하리로다

　성경은 유아를 하나님이 주신 기업이요 상급이라고 설명하고 있다. 또한 화살통에 가득한 화살 같아서 부모가 수치를 당하지 않도록 도리어 힘이 되어 주는 존재라

고 묘사하고 있다. 이런 관점을 가지고 있었기 때문에 라헬과 야곱의 일화(창 30:1)에서 알 수 있듯이 자녀가 없는 것을 저주받은 것이라 여길 정도였다.

성경 속 유아는 여러 장면에서 등장하고 있다. 성경 속에 나타난 어린아이에 대한 최초의 기록은 창세기 3장 16절에 아담과 하와의 죄의 결과로 하와에게 하신 말씀 속에 나타난다. 성경 속 최초의 기록에서 어린아이는 임신하는 고통과 수고의 결과로 얻은 존재인 것이다. 기록 속에서 볼 수 있듯이 유아는 하나님의 계획에 의해 부모를 통해 세상에 보내진 존재, 즉 부모의 계획과 실행에 의해 얻어지는 존재 이상임을 알 수 있다.

그 외 성경의 여러 곳에서 유아에 대해 서술하고 있는데 먼저, 유아는 겸손하고 순결한 존재로서 비유되어 있다. 예수님이 하신 비유를 살펴보자.

(마 18:4) 그러므로 누구든지 이 어린아이와 같이 자기를 낮추는 사람이 천국에서 큰 자니라

(막 10:14) 예수께서 보시고 노하시어 이르시되 어린아이들이 내게 오는 것을 용납하고 금하지 말라 하나님의 나라가 이런 자의 것이니라

(막 10:15) 내가 진실로 너희에게 이르노니 누구든지 하나님의 나라를 어린아이와 같이 받들지 않는 자는 결단코 그곳에 들어가지 못하리라 하시고

예수님은 어리석은 군중을 향해 어린아이와 같은 믿음을 가질 것을 말씀하신다. 즉, 유아를 천국에 합당한 자, 순결하고 겸손한 자의 표상으로 비유하고 계신 것이다.

한편, 유아는 미숙하여 보호받아야 할 존재로 비유되기도 하였다.

(고전 13:11) 내가 어렸을 때에는 말하는 것이 어린아이와 같고 깨닫는 것이 어린아이와 같고 생각하는 것이 어린아이와 같다가 장성한 사람이 되어서는 어린아이의 일을 버렸노라

(살전 2:7) 우리는 그리스도의 사도로서 마땅히 권위를 주장할 수 있으나 도리어 너희 가운데서 유순한 자가 되어 유모가 자기 자녀를 기름과 같이 하였으니

바울은 고린도와 데살로니가 교회에 서신을 쓰면서 신앙적으로 미숙하였던 자기 자신을 어린아이로 묘사하거나 성도들을 생각하며 보살피는 마음을 어린아이를 기

르는 유모와 같다고 표현하고 있다.

　이와 같이 유아는 겸손하고 순결하지만 미숙하여 보호가 필요한 존재이므로 교육이 필요하다고 보고 있다. 이스라엘 민족에게 있어 교육은 매우 중요하였다. 예수님의 성장을 묘사한 구절 '아기가 자라며 강하여지고 지혜가 충만하며 하나님의 은혜가 그의 위에 있더라(눅 2:40)'에서 알 수 있듯이 이스라엘 민족의 교육은 세상을 살아가는 지식과 지혜를 전수하되 궁극적으로는 하나님과의 관계에 초점을 맞추고 있다. 그러기 위해서는 유아기부터 성경에 대해 교육해야 했다. 디모데후서 3장 15절에 '또 어려서부터 성경을 알았나니 성경은 능히 너로 하여금 그리스도 예수 안에 있는 믿음으로 말미암아 구원에 이르는 지혜가 있게 하느니라'는 구절에서 알 수 있듯이 이스라엘 민족에게는 성경 자체가 교육매체였고 교육의 내용이었다.

　성경 잠언 22장 6절에서는 "마땅히 행할 길을 아이에게 가르치라 그리하면 늙어도 그것을 떠나지 아니하리라"는 말씀으로 어려서 마땅히 아이가 알고 행할 바를 가르치라고 명령하고 있다. 또한 인생 초기의 교육의 효과가 평생교육의 학습효과가 있음을 밝히고 있다. 누가복음 2장 46절과 52절에는 "(예수)그가 선생들 중에 앉으사 그들에게 듣기도 하시며 묻기도 하시니…… 예수는 지혜와 키가 자라가며 하나님과 사람에게 더욱 사랑스러워 가시더라"라는 기록에서 부모가 자녀를 키운 모습이 어린 예수님이 성장기에 어머니 마리아를 통해 낳아 길러지면서 신체와 의사소통능력이 잘 발달하였고, 사람들과의 관계 속에서 자신이 궁금한 점을 묻기도 하는 탐구력을 보였다. 또한, 성경교사들의 질문에 잘 대답하기도 하면서 사람들에게 사랑받고 인정받는 존재로 잘 성장하고 있음을 보여 주는 교육의 현장을 잘 드러내고 있다. 더불어, 잠언 13장 24절에서도 "매를 아끼는 자는 그의 자식을 미워함이라 자식을 사랑하는 자는 근실히 징계하느니라"라고 하면서 교육에 있어 자녀에게 분명한 잣대와 훈계의 방침을 제시하기도 한다.

　성경은 하나님의 원대한 계획 속에 우리에게 맡겨진 선물인 유아를 어린 시기부터 하나님의 말씀 안에서 가르쳐야 할 필요성을 일관되게 강조하고 있다. 교사된 우리 역시 이러한 필요성에 깊이 공감하고 유아를 가르치는 일에 동참하여야 할 것이다.

3. 유아교육기관의 유형 및 특성

유아교육기관은 관할 기관에 따라 크게 유치원과 어린이집으로 구분된다. 각각의 유형과 특성을 살펴보고자 한다. 최근 유아교육발전 혁신방안이 발표됨에 따라 기존 유치원 유형과 교육과정에 있어 변화가 예상된다. 이 장에서는 학생들의 이해를 돕기 위해 2019년 1월을 기준으로 유치원 유형과 교육과정을 설명하였으며 향후 변화될 유치원 유형과 교육과정에 대해서는 12장에서 보다 구체적으로 살펴보도록 한다.

1) 유치원

유치원은 「유아교육법」에 의하면 3세부터 초등학교 취학 전까지의 유아를 교육하기 위해 교육부 관할하에 설립·운영되는 학교를 말한다. 유치원은 국가가 설립·경영하는 유치원인 국립유치원, 지방자치단체가 설립·경영하는 유치원인 공립유치원, 법인이나 개인이 설립·경영하는 사립유치원으로 구분된다.

유치원을 설립하기 위해서는 국가에서 정한 시설·설비 설립기준을 준수해야 하며 교육감의 인가를 받아야 한다. 유치원은 연간 180일 이상 운영을 원칙으로 하며 국가수준의 교육과정인 '3~5세 연령별 누리과정'을 운영하고 이후에는 지역과 기관의 실정에 맞게 종일제, 에듀케어, 엄마품온종일돌봄교실 등의 다양한 형태로 방과후 과정을 운영할 수 있다. 서울시교육청의 경우 유치원 교육과정의 운영형태는 [그림 1-1]과 같다.

유치원의 구성원은 교원과 직원으로 구분되는데, 교원으로는 원장, 원감, 수석교사 및 교사 등이며 각각 대통령령으로 기준한 자격 기준에 입각하여 자격증을 취득한 자가 수행할 수 있다. 직원으로는 기관의 규모에 따라 영양사, 간호사, 간호조무사, 행정직원 등이 있을 수 있다. 유치원 구성원의 자격 기준에 관한 구체적인 내용은 7장과 9장에서 좀 더 살펴보기로 한다.

유치원은 크게 국립유치원, 공립유치원, 사립유치원으로 구분된다. 먼저, 중앙정부 및 지방정부에 의해 설립되고 교육부가 직접 관장하는 곳인 국립유치원은 한국교원대학교부설유치원, 공주대학교사범대학부설유치원, 강릉원주대학부설유치원으로 총 3곳이며 모두 국립대학교 부설유치원이다.

다음으로 공립유치원은 설립형태에 따라 병설유치원과 단설유치원으로 다시 구분된다. 2021년을 기준으로 공립유치원은 전국에 총 5,113곳 설립되어 있다. 먼저, 병설유치원은 공립 초등학교에 부설되어 있는 유치원으로, 초등학교의 일부 공간

아침 돌봄	교육과정	방과후 과정*	
	교육과정 4~5시간 (09:00~13:00/14:00)	종일제(사립) (교육과정 포함 1일 8시간 이상)	
		오후에듀케어(공립) (교육과정 포함 1일 8시간 기준)	
에듀케어(07:00~09:00)		에듀케어(13:00/14:00~20:00)	
온종일돌봄교실 (07:00~09:00)		종일제/오후에듀케어	온종일돌봄교실 (17:00~22:00)

07:00　　　09:00　　　13:00~14:00　　　17:00　　　20:00　22:00

* 방과후 과정 시작 시각은 유치원별 교육과정 운영 시간에 따라 조정됨

종일제 (사립)	교육과정 포함 1일 8시간 이상 운영 • 맞벌이 가정 포함 돌봄이 필요한 유아
오후에듀케어 (공립)	교육과정 포함 1일 8시간 기준 운영 • 맞벌이 가정 포함 돌봄이 필요한 유아
에듀케어 (공립/사립)	교육과정 포함 1일 13시간 기준 운영 • 맞벌이 가정 유아를 위한 교육과 보육의 내실 있는 서비스 연중 제공
온종일돌봄교실 (공립/사립)	교육과정 포함 1일 15시간(07:00~22:00) 운영 • 이른 아침부터 늦은 저녁까지 일하는 가정 유아를 위한 돌봄 서비스 연중 제공 • 인근 유치원 및 어린이집 유아(3~5세) 이용 가능

[그림 1-1] 유치원 교육과정 운영형태

출처: 서울시교육청(2017).

을 개조하여 유치원으로 사용하고 있으며 실외 놀이터 등 기타 시설은 초등학교와 함께 사용하고 있다. 대체적으로 병설유치원의 원장, 원감은 초등학교의 교장과 교감이 맡아 업무를 수행한다. 단설유치원은 유치원 시설·설비기준에 따라 단독으로 유치원 건물을 세우고 유치원 원감과 원장이 업무를 수행한다.

　사립유치원은 개인이나 법인에 의해 설립된 유치원으로, 2021년을 기준으로 전국에 3,446곳이 있다. 사립유치원은 개인, 종교재단이나 대학교 재단법인의 재정과 원아의 수업료로 운영된다.

　이 밖에도 새터민 유치원, 유아 특수학교, 외국인 유치원 등 다양한 형태의 유치원이 존재한다. 새터민 유치원은 새터민이 최초로 거주하는 하나원의 '하나둘 학교' 유치반에서 담당하며 초기 3개월 동안 신체활동, 동화듣기, 텃밭가꾸기, 동물키우기, 음악감상 및 동요부르기 등의 마음풀기 활동, 나들이 활동, 한글교육, 미술활동, 정리정돈, 차례지키기 등의 생활교육, 놀이치료 등의 교육과정을 운영하고 있다(이부미, 2003).

　유아 특수학교는 신체적·정신적·지적 장애 등으로 특수교육이 필요한 유아에게 유치원에 준하는 교육과 실생활에 필요한 지식·기능 및 사회 적응 교육을 하는 것을 목적으로 운영되는 학교이다. 일반 학교에 특수학급을 설치하거나 장애유아 전담기관이 운영되기도 하는 등 다양한 형태로 운영된다. 현재 전국에 187개교가 있는데 이 중 유치원 과정은 장애영아 39학급, 유치원 288학급에서 운영되고 있다(교육부, 2021). 대표적으로 전주유화학교, 광성하늘빛학교, 누리학교 등이 있다.

표 1-2 유치원 설립주체별 현황　단위: 유치원 수(개), 원아 수(명), 교원 수(명)

	2019			2020			2021			2022		
	유치원 수	원아 수	교원 수	유치원 수	원아 수	교원 수	유치원 수	원아 수	교원 수	유치원 수	원아 수	교원 수
국립	3	275	29	3	273	29	3	264	25	3	255	25
공립	4,856	177,055	17,305	4,973	178,628	19,080	5,058	177,097	20,279	5,113	167,230	21,318
사립	3,978	456,583	36,028	3,729	433,637	34,542	3,599	405,211	33,153	3,446	385,327	32,353
계	8,837	633,913	53,362	8,705	612,538	53,651	8,660	582,572	53,457	8,562	552,812	53,696

출처: 교육부, 한국교육개발원(2022).

마지막으로 외국인 유치원의 경우 우리나라에 거주하는 외국인 유아를 위해 설립된 유치원을 말하며 일반 외국인 학교에 유치원 교육과정을 운영하는 경우가 많다. 외국인 유치원은 우리나라 중앙정부의 체계적인 관리시스템에 의해 운영되기보다는 지방자치단체나 해당 민족단체에 의해 설립되고 독립적으로 운영한다. 현황조사가 시행된 2018년을 기준으로 전국 외국인 학교는 44개교인데 이 중 유치원 학급을 운영하고 있는 외국인 학교는 총 30개교이다. 대표적으로 프란치스코외국인유치원, 남산국제유치원, 한국한성화교소학교, 서울일본인학교 등이 있다.

최근 4년간 유치원 수는 2019년 8,837개원에서 2022년 현재 8,562개원으로, 원아수는 2019년 633,913명에서 2022년 현재 552,812명으로 감소하고 있는 추세이다. 이는 최근 우리나라에서 전반적으로 나타나고 있는 저출산의 영향이 큰 것으로 보인다. 설립유형별로 살펴보면 공립유치원의 비중이 꾸준히 증가한 것에 비해 사립유치원은 감소하고 있어 교육 공공성 강화를 위한 노력이 지속되고 있음을 알 수 있다. 하지만 사립유치원에 비해 공립유치원의 숫자가 많음에도 불구하고 사립유치원에 재원하는 유아의 비중은 여전히 높은 점을 통해 여전히 사립유치원의 의존도가 높다는 것을 알 수 있다. 교원 수는 공사립유치원 모두에서 꾸준히 증가 추세에 있는 것을 알 수 있다. 원아 수의 감소와 교원 수의 증가는 결국 교원 1인당 유아 수의 비율을 낮추어 주었다고 볼 수 있다.

2) 어린이집

어린이집은 「영유아보육법」에 의하면 보건복지부의 관할하에 6세 미만의 취학전 아동을 대상으로 친권자, 후견인 등 사실상 보호하고 있는 보호자의 위탁을 받아 건강하고 안전하게 보호·양육하고 영유아의 발달 특성에 맞는 교육을 제공하는 어린이집 및 가정 양육지원에 관한 사회복지서비스를 말한다. 어린이집은 국가나 지방자치단체가 설치·운영하는 어린이집인 국공립어린이집, 「사회복지사업법」에 따른 사회복지법인이 설치·운영하는 사회복지법인 어린이집, 사회복지법인을 제외한 각종 비영리법인이나 단체 등이 설치·운영하는 법인 단체 등 어린이집, 사업주가 사업장의 근로자를 위하여 설치·운영하는 직장 어린이집, 개인이 가정이나 그에 준하는 곳에 설치·운영하는 가정어린이집, 보호자 또는 보호자와 보육교직원이 조합(영리를 목적으로 하지 아니하는 조합에 한정한다)을 결성하여 설치·운영하는 협동 어린이집, 그 외 민간 어린이집 등 종류가 매우 다양하다.

어린이집은 0, 1, 2세 영아반과 3, 4, 5세 유아반으로 운영되는데, 정원에 있어 교사 1인당 0세는 3명, 1세는 5명, 2세는 7명, 3세는 15명, 4세 이상은 20명으로 하되 기관의 개별 여건을 고려하여 최대한 준수하도록 되어 있다.

어린이집은 6일 이상 하루 12시간 보육하는 것을 원칙으로 하되 어린이집운영위원회의 결정에 따라 토요일은 휴무할 수 있으며, 보호자의 근로시간 여건에 따라 기준시간 초과보육, 휴일보육 등이 운영 가능하다. 어린이집은 연중무휴가 원칙이므로 임시휴원(방학)이 불가능하나, 보호자에게 수요조사를 한 뒤 보육공백을 최소화하는 범위 내에서 반구성, 교사 대 아동비율을 조정하여 운영할 수 있다(보건복지부, 2017a).

어린이집은 유아의 신체·정서·언어·사회성 및 인지적 발달을 도모할 수 있는 내용을 포함한 보육과정, 즉 국가수준 보육과정인 0~2세 표준보육과정과 3~5세 연령별 누리과정을 기본으로 보육과정을 운영하도록 한다. 어린이집의 구성원은 유아의 보육, 건강관리 및 보호자와의 상담, 그 밖에 어린이집의 관리·운영 등의 업무를 담당하는 자로서 어린이집의 원장 및 보육교사와 그 밖의 직원으로 구성된다.

어린이집의 유형은 앞서 살펴보았듯 매우 다양하다. 먼저, 국공립어린이집은 중앙정부와 지방자치단체가 설치·운영하는 기관으로 상시 유아 11인 이상을 보육할 수 있는 시설이다. 저소득층 밀집 지역, 농어촌 지역 등의 취약지역, 일정세대 이상의 공동주택을 건설하는 주택단지에 우선 설치한다. 2021년을 기준으로 국공립은 현재 5,437개소 설치되어 있다. 제3차 중장기 보육기본계획(2018~2022)에 따르면 공동임대주택, 공공청사 및 학교 내 유휴 공간 활용, 민간 어린이집을 장기임차하여 국공립으로 전환하는 등 국공립유치원의 유형이 다양화할 것으로 예상된다.

다음으로 사회복지법인 어린이집은 「사회복지사업법」에 따른 사회복지법인이 설치·운영하는 어린이집으로 상시 유아 21인 이상을 보육할 수 있어야 한다. 2021년을 기준으로 사회복지법인 어린이집은 1,285개소 운영되고 있다.

다음으로, 법인 단체 등 어린이집은 사회복지법인을 제외한 각종 비영리법인이나 단체 등이 설치·운영하는 기관으로 종교단체, 학교법인, 근로복지공단 등에서 주로 운영한다. 2021년을 기준으로 640개소 운영되고 있다. 이 기관 역시 상시 유아 21인 이상 보육할 수 있는 시설을 갖추어야 한다.

다음으로 직장 어린이집은 사업주가 사업장의 근로자를 위하여 설치·운영하는 어린이집으로 국가 또는 지방자치단체의 장이 소속 공무원을 위하여 설치·운영하는 어린이집을 포함한다. 상시 유아 5인 이상을 보육할 수 있는 시설을 갖추도록 되어 있다. 여성근로자 300명 이상이나 근로자 500명 이상을 고용하고 있는 사업장의 사업주는 반드시 직장 어린이집을 설치하도록 되어 있다. 공공기관 직장 어린이집 운영 시 정원의 여유가 있을 경우 지역사회 일반 아동의 어린이집 이용이 가능하다. 2021년 기준 직장 어린이집은 1,248개소이며, 2019년 1,153개소, 2020년 1,216개소인 것을 볼 때 꾸준히 증가하고 있는 추세이다. 제3차 중장기 보육기본계획(2018~2022)에 따르면 2022년까지 직장 내 의무설치율 향상, 중소기업 직장 어린이집 설치 지원 등 직장 어린이집 활성화를 위한 노력이 지속될 것으로 예상된다.

다음으로 가정어린이집은 개인이 가정 또는 그에 준하는 곳에 영유아보육법상의 설치기준을 모두 갖추어서 설치·운영하는 어린이집으로 상시 유아 5인 이상 20인 이하를 보육할 수 있어야 한다. 2021년 기준으로 가정어린이집은 13,891개소로 보육에 있어 상당히 많은 비중을 차지하고 있다.

다음으로 협동 어린이집은 보호자 또는 보호자와 보육교직원 11인 이상이 비영리 목적의 조합을 결성하여 설치·운영하는 어린이집이다. 상시 유아 11인 이상을 보육할 수 있어야 하며 관할 시장·군수 또는 구청장에서 사전에 인가를 신청하여야 한다. 상시 유아 20인 이하를 보육하는 협동 어린이집은 가정어린이집을 설치할 수 있는 곳에도 설치가 가능하다. 협동 어린이집은 조합원의 약정에 따라 금전이나 기타 재산으로 재원을 마련하며 조합원은 보육의 필요성이 없게 되거나 계약으로 정하는 시기에 조합에서 탈퇴할 수 있다. 2021년을 기준으로 협동 어린이집은 142개소가 있다.

마지막으로 민간 어린이집은 국공립, 사회복지법인, 법인단체 등, 직장, 가정, 협동 어린이집이 아닌 어린이집으로 상시 21명 이상 300명 이하의 유아를 보육할 수 있어야 한다. 민간 어린이집의 경우 2019년 12,568개소에서 2020년 11,510개소, 2021년 10,603개소로 점차 감소하고 있는 추세에 있다. 2017년 기준 14,045개소가

| 표 1-3 | 어린이집 유형별 현황 | | | | | 단위: 기관 수(개), 원아 수(명) |

	2019		2020		2021	
	기관 수	원아 수	기관 수	원아 수	기관 수	원아 수
합계	37,371	1,365,085	35,352	1,244,396	33,246	1,184,716
국·공립	4,324	232,123	4,958	253,251	5,437	268,967
사회복지법인	1,343	86,775	1,316	78,322	1,285	72,085
법인·단체 등	707	38,538	671	34,066	640	30,998
민간	12,568	664,106	11,510	578,196	10,603	535,428
가정	17,117	273,399	15,529	230,444	13,891	208,842
협동	159	4,121	152	3,716	142	3,465
직장	1,153	66,023	1,216	66,401	1,248	64,931

있다. 제3차 중장기 보육기본계획(2018~2022)에 따르면 우수 민간·가정어린이집이 국공립 수준의 서비스 제공이 가능하도록 공공형 어린이집을 강화할 것으로 예상된다.

어린이집 유형별 현황을 연도별로 살펴보면 다음과 같다. 2021년 전체 어린이집 수는 33,246개소로 전년 35,352개소보다 106개소 감소하였다. 유형별로 살펴보았을 때 국공립어린이집 및 직장 어린이집은 증가하였으나 가정어린이집, 민간 어린이집은 감소하였다. 원아 수의 경우 2019년 1,365,085명에서 2021년 1,184,716명으로 감소하는 추세이다. 보육교사의 수 역시 2019년 239,973명에서 2021년 236,085명으로 감소하고 있다.

지금까지 살펴본 바와 같이 우리나라의 영유아 교육·보육을 담당하는 기관은 유치원과 어린이집으로 이원화되어 있다. 이러한 까닭에 재정 지원 규모, 관리체계, 교사자격 등이 각기 상이하여 교육·돌봄 환경의 차이가 발생하였고, 이는 결국 부모의 양육부담으로 이어질 우려가 있다는 지적이 꾸준히 제기되어 왔다.

이에 2023년 1월 30일 교육부는 유보통합 추진방안을 발표하면서 국가책임의 교육·돌봄 구현을 강조하였다. 2025년부터 어린이집, 유치원에 대한 관리체계를 교육부와 교육청으로 일원화할 예정이다. 이를 위해 1단계에는 유보통합추진위원회와 추진단을 중심으로 유치원과 어린이집의 격차 해소와 통합기반 마련을 추진하고, 2025년부터 2단계에는 교육부와 교육청을 중심으로 통합을 본격적으로 시행할 예정이다. 그러나 교사자격, 시설기준 등 유보통합 과정에서 조율해야 하는 과제가 산재되어 있고 관련 집단 간의 첨예한 의견 대립으로 인한 갈등이 지속되고 있는 중이다. 이는 육아정책연구소(2021)에서 지적하였듯 유보통합 추진 과정에서 구체적 방식에 대한 사회적 합의를 도출하지 못하였고 관계자 집단 간 이해관계 사항에 대한 조정이 부족했기 때문이라 볼 수 있다. 향후 이에 대한 사회적 합의에 의한 민주적인 문제해결 과정이 요구된다.

4. 요약

① 유아교육은 초등학교 취학 전까지의 모든 유아를 대상으로 일상의 경험을 통해 유아의 전인 발달, 즉 신체, 사회, 정서, 언어, 인지 발달을 도모하며 유아 내부에 잠재된 능력을 발현하도록 하는 과정이다.

② 유아를 바라보는 관점은 철학적 관점, 발달심리학적 관점, 사회문화적 관점, 성경적 관점에 따라 다르다.

③ 유치원은 3세부터 초등학교 취학 전까지의 유아를 교육하기 위해 교육부 관할하에 설립·운영되는 학교로서 국공립(병설/단설)과 사립으로 구분된다. 향후 공립유치원의 경우 단설(정부설립, 위탁형), 병설유치원으로, 사립유치원의 경우 사인형, 법인형, 공영형으로 다양화될 것으로 예상된다.

④ 어린이집은 보건복지부의 관할하에 6세 미만의 취학 전 아동을 대상으로 친권자, 후견인 등 사실상 보호하고 있는 보호자의 위탁을 받아 건강하고 안전하게 보호·양육하고 유아의 발달 특성에 맞는 교육을 제공하는 어린이집 및 가정 양육지원에 관한 사회복지서비스로서 국공립어린이집, 사회복지법인 어린이집, 법인 단체 등 어린이집, 직장 어린이집, 가정어린이집, 협동 어린이집, 민간 어린이집으로 구분된다.

⑤ 2025년부터 유치원과 어린이집이 교육부를 중심으로 일원화하는 유보통합 계획이 발표되었다. 이에 따라 교사자격, 시설기준 등 향후 많은 변화가 예상된다.

동영상 시청과 토론

1교시

◆ 동영상
- [교육부] 아이들에게 놀이를 돌려주자! '놀이의 발견' 하이라이트

◆ 토론
- 앞의 동영상을 감상하고 유아는 어떤 존재인지 이야기 나누어 보세요.

2교시

◆ 동영상
- 초등 및 유치원 '나는 유치원에 갑니다(지원이의 하루)'
  서울특별시교육청TV

- 다큐멘터리 하루-아이들이 더 커가는 공간,
  어린이집의 하루(수원 보라매 어린이집)

◆ 토론
- 앞의 동영상을 감상한 후 유아교육의 중요성에 대해 조별로 토론해 봅시다.

3교시

◆ 동영상
- [EBS육아학교] 어린이집과 유치원은 어떤 차이인가요?

◆ 토론
- 어린이집과 유치원은 어떤 차이가 있나요?

심화학습을 위한 자료

• 『유치원에 가면』(김선영 저, 배현주 그림, 애플비, 2013)

• 『엄마는 회사에서 내 생각해?』(김영진 글/그림, 길벗어린이, 2014)

• 『아빠는 회사에서 내 생각해?』(김영진 글/그림, 길벗어린이, 2015)

선정 이유: 유아교육기관과 그곳에서의 생활에 대한 이해를 돕기 위한 내용을 담고 있어
서 선정하였다.

추천할 만한 견학기관

• 서울특별시교육청유아교육진흥원 http://seoul-i.sen.go.kr/

전화: 02-2176-9422(유아체험), 9423(가족체험, 문화예술), 9413(교원연수),

9412(학부모지원)

 **참고문헌**

계영희(2011). 유아교육의 철학적 기초: 고대 그리스와 로마의 유아교육. 한국수학사학회지, 24(1), 45-61.

교육부, 한국교육개발원(2022). 교육통계연보.

교육부(2021). 특수교육통계.

국립국어연구원(2000). 표준국어대사전. 두산동아.

김병희(2008). 플라톤의 인식론에 비추어 본 유아교육의 성격. 한국유아교육연구, 5(1), 131-143.

김기수(2009). 교육의 역사와 철학 강의. 태영출판사.

김재희(2003). 유아이해를 위한 교육철학. 동문사.

노영희, 홍현진(2011). 교육관련 국제기구 지식정보원. 한국학술정보.

단국대학교 동양학연구소(1996). 한국 한자어 사전. 단국대학교 동양학연구소.

박찬옥, 조형숙, 엄은나(2008). 한국 유아교육의 질 제고를 위한 정책방향 탐색. 유아교육학논집, 12(1), 5-29.

박창균(2002). 플라톤주의와 사회구성주의. 한국수학사학회지, 15(2), 69-76.

보건복지부(2017a). 보육사업안내.

보건복지부(2017b). 보육통계.

산업통상자원부(2015). 외국인학교 실태조사 및 수요공급 현황 분석연구 최종보고서.

서울대학교 교육연구소(1995). 교육학용어사전.

서울시교육청(2017). 유치원 방과 후 과정 길라잡이.

신옥순(2013). 유아교육학개론. 학지사.

여성가족부(2020). 제3차 경력단절여성등의 경제활동촉진 기본계획(2020~2024).

유아교육학회(2012). 유아교육사전—용어편. 사전전문.

육아정책연구소(2021). 2022~2027 유아교육·보육 중장기 발전방안 연구. 육아정책연구소 연구보고, 2021-10.

이기숙, 장영희, 정미라, 엄정애(2016). 유아교육개론. 양서원.

이부미(2003). 탈북가정 유아의 남한사회 적응과정에 대한 현장연구: 탈북 적응교육 훈련원(하나원)을 중심으로. 유아교육연구, 23(2), 115-145.

이선숙, 양영숙(2007). 유아교육의 역사와 철학적 이해. 청목출판사.

조형숙, 김현주, 김명하, 김명정(2017). 유아교육개론. 학지사.

통계청(2017). 경제활동인구조사.

통계청(2017). 2016년 출생통계.

통계청(2022). 2021년 출생 통계. https://kostat.go.kr/board.es?mid=a10301010000&bid=204 &tag=&act=view&list_no=419974&ref_bid=203,204,205,206,207,210,211,11109,11113,1 1814,213

팽영일(2007). 유아교육의 역사와 사상. 양서원.

한국교육개발원(2016). 2016년 OECD 교육지표.

한국여성정책연구원(2022). 2022년 여성가족패널조사.

e-나라 지표(2022). 경제참여율. https://www.index.go.kr/unity/potal/main/EachDtl PageDetail.do?idx_cd=1497

e-나라 지표(2022). 출생아 수. https://www.index.go.kr/unity/potal/main/EachDtl PageDetail.do?idx_cd=1428

e-나라 지표(2022). 합계출산율. https://www.index.go.kr/unity/potal/main/EachDtl PageDetail.do?idx_cd=1428

NAEYC (2009). Developmentally Appropriate Practice in Early Childhood Programs Serving Children from Birth through Age 8. A position statement of the National Association for the Education of Young Children.

Seibt, F. (1999). *Glanz und elend des mittelalters*. 차용구 역(2000). 중세의 빛과 그림자. 까치.

02

유아교육사상

김진희

 핵심주제

- **유아교육사상**: 시대적으로 유아교육에 영향을 미친 교육과 유아에 대한 관점 및 철학
- **우리나라의 유아교육사상**: 전통적으로 불교와 유교, 근대 이후 천도교와 기독교 등이 국내 유아교육에 끼친 사상
- **서양의 유아교육사상**: 고대사회에서 그리스의 철학, 중세사회에서 기독교, 근대 이후 실학주의, 계몽주의, 신인문주의가 유아교육에 끼친 사상
- **듀이의 교육사상**: 실생활의 가치를 중시하고 유아의 경험과 호기심, 자발성을 강조하는 20세기 아동 중심 교육사상
- **몬테소리의 교육사상**: 유아를 내면의 생명력을 가진 자율적 존재로 보고, 교육에서 준비된 환경의 중요성을 강조한 20세기 아동 중심 교육사상
- **피아제의 교육사상**: 인간의 인식론에 기초한 영유아의 인지 발달의 생물학적 조절과 동화로 설명하고 최초로 인지 발달단계를 구분화한 스위스의 인식론자 · 교육철학자 · 심리학자로 전 세계적인 영향을 미친 인지 발달에 기초한 사상
- **레지오 에밀리아의 교육사상**: 부모−교사, 유아들의 주도적인 학습과정을 면밀히 관찰, 추적한 교사 중심의 전통적 교수−학습법이 아닌 유아 중심의 프로젝트 접근법으로 세계적인 영향을 미친 교육사상과 접근법

1. 유아교육사상의 개념과 필요성

서양과 동양의 교육사상은 서양의 기독교라는 커다란 종교적 맥락에서 시작되었다면 동양은 불교와 유교의 맥락에서 시작되어 발전해 왔다고 할 수 있다.

교육은 사회적이며, 문화적이므로, 인간을 사회화시키고자 하는 목적을 가지지만 역동적으로 사회를 변화시키는 기능을 하기도 한다(황해익 외, 2016). 교육은 인간의 역사적인 흐름과 문화의 변화 속에서 살펴볼 때 전체적인 교육의 흐름과 그 시대 속에서 교육이 어떤 영향을 받고 또 그 영향으로 인간이 어떻게 교육해 왔는지 말해 준다.

이러한 관점에서 서양과 동양의 교육사상에 대해 알아본다는 것은 유아교육사상의 흐름을 이해하는 데에 큰 의미를 갖는다. 과거 종교의 흐름이 교육에 어떤 영향을 미치고 과거의 철학에 대해 알게 됨으로써 현재 교육의 의미들을 다시 한번 다질 수 있는 기회가 될 수 있다. 과거의 철학들이 과거에 머무는 것이 아닌 시대의 흐름, 역사, 문화에 따라 재현되고 재창조되어 새로운 교육의 흐름으로 이어지기 때문에 과거의 유아교육사상을 이해하는 것은 역사적 기원을 통해 앞으로의 유아교육이 나아가야 할 방향을 새롭게 찾아볼 수 있는 안목을 갖게 한다. 유아교육사상의 의미는 선인들의 교육적 예지를 배우고, 현재의 유아교육 당면 문제에 대한 역사적이고 문화적인 배경을 이해하고, 미래사회의 발전 방향을 예견하게 하며 교육 현실을 바로 보아 궁극적으로 세계적인 유아교육의 방향을 이해할 수 있게 해 준다(송준식, 사재명, 2006).

이와 같이 과거의 철학, 유아교육사상을 알아가고 이해한다는 것은 지금의 교육을 이해하고 알아가는 기초가 되며, 그것을 기초로 지금 당면한 문제들과 미래에 나아가야 할 교육의 방향들을 새롭게 예견할 기초가 된다. 유아교육사상의 이해는 과거를 돌아보지 않고는 현재의 우리도 미래의 교육도 존재하지 않기 때문에 과거의 사상들을 이해하고 또 그런 사상이 나오게 된 역사적, 문화적 현실을 이해하면서 지금의 역사적 현실에 맞는 교육과 세계적인 교육의 흐름들을 이해하고 찾아가는 출발점이 될 것이다.

2. 우리나라의 유아교육사상

1) 불교에 나타난 유아교육사상

불교는 이상적 인간상을 부처에 두며, 그 궁극적인 목적은 깨달음이다. 불교에서는 나이의 고하나 성별, 신분의 귀천에 상관없이 모든 인간은 깨달음을 통해 부처가 될 수 있다고 본다. 이를 성불(成佛)이라고 말한다. 부처의 깨달음을 통해 만물의 이치를 바로 인식하고 지혜와 자비를 실천하는 인간상이 바로 불교에서 추구하는 인간상이다. 또한 불교에서는 인간은 선천적으로 불성을 가지고 태어나며 누구나 부처가 될 수 있고, 유아도 역시 그러하다고 생각한다. 그러므로 불교에서의 유아교육은 스스로의 깨달음을 통해 지혜의 밝음과 자비의 따뜻함을 추구하는 부처의 인격을 닮아가도록 도와주는 데 기본 원리를 두고 있다(김주영, 2008).

불교의 경전인『육방예경(六方禮經)』에서 부모 자식에 대한 도리를 통해 보면, 유아는 자유방임되거나 방치되어야 할 존재가 아니며 그 유아에 대한 보호와 교도의 책임은 일차적으로 부모에 있다고 함으로써 유아를 대하는 부모의 마음가짐을 강조하고 있다(이기숙 외, 2004). 유아란 축소된 성인이 아니고 성인도 본받을 점이 있는 순수한 존재로 본다. 유아의 놀이도 인간 형성 과정의 중요한 과정으로 인정받고 있다(교육부, 1997).

『방광대장엄경(方廣大莊嚴經)』에서는 몸과 마음과 행동의 모든 방면에서 아름답고 건전해야 하는 것이 부모로서의 자격을 갖추는 것이라 하여 유아교육의 출발점은 유아가 태어난 이후가 아닌 부모로부터 시작되므로 임신 시기가 더욱 강조되는 태교의 중요성을 제시하고 있다(김수향 외, 2015). 즉, 유아기의 임신과 출산의 전 과정과 부모의 역할을 더욱 중시하여 한 인간의 탄생은 부모인 나의 업의 작용이며 올바른 교육의 전제조건으로 부모의 역할에 더욱 초점화하였다(황해익 외, 2016).

불교의 교육 방향을 정리해 보면 자발성, 개성화, 직관, 흥미, 선이라고 말할 수 있다. 자발성은 유아 스스로가 선택하고 결정해서 책임질 수 있도록 적극적으로 부모가 유아를 믿어 주는 것에서 출발한다. 유아는 개인의 개인차를 고려하여 유아 개인이 최대한 성장하여 개성화를 이루도록 도움 받아야 한다. 또한 불교의 깨달음은 점진적인 원리가 아닌 비약적인 각성의 원리에 따라 일어나므로 구체적인 사물을 통해 직관적으로 알아갈 수 있도록 강구되어야 한다. 마지막으로, 유아가 부처의 가르침을 본받아 예화와 주제에 몰입할 수 있도록 적절한 흥미를 제공하는 것이 선행되고 무엇이든 선의 가르침과 마음의 평정을 유아가 펼칠 수 있도록 올바른 인식을 심어 주어야 한다(김주영, 2008).

불교에서 말하는 불성은 아이의 '내적인 힘' '내적인 잠재력'이라 할 수 있으며 부처의 가르침에서는 아이가 순수하고도 청정한 마음을 가지고 있어야 깨달음을 얻을 수 있다고 말한다(김주영, 2008). 불교에서는 유아가 전인적으로 성장할 수 있도록 부모나 교사가 조력하고, 잠재적인 능력을 개발할 수 있도록 환경을 제공하고, 그 중심에 부처의 깨달음이 있어야 한다고 강조한다. 개인적인 능력과 결과만 강조하는 현재 사회와 교육이 아닌 인간 내면의 교육, 가능성을 중시하는 불교의 교육은 현재의 교육과 앞으로 나아가야 할 방향에 깊은 성찰을 제시하고 있다.

2) 유교에 나타난 유아교육사상

유교(儒敎)는 공자를 시조로 하는 중국의 대표적인 사상으로 인(仁)을 모든 도덕을 일관하는 최고 이념으로 삼고, 수신(修身)·제가(齊家)·치국(治國)·평천하(平天下)의 실현을 목표로 하는 일종의 윤리학이자 정치학으로 중국·한국·일본 등 동양의 사상을 지배하여 왔다. 유학에서 유아는 소아(小兒)를 지칭하며 성인과 대조적인 의미이며 법률적인 측면에서는 20세에 달하지 않는 판단능력이 부족한 사람을 의미한다(이기숙 외, 2004).

유교에서는 교육을 통해 현대의 경쟁적이고 개인의 욕구, 성공을 중시하는 삶의 태도보다는 개인의 성품, 사회적 관계 속에서 나와 타인, 사회와의 관계를 위한 교육을 단순히 가르치는 것이 아닌 참된 인간을 만드는 과정을 중시하고 있다.

유교의 교육은 인간관(人間觀)에 기반하여 크게 역사적 교육방향, 도덕적 교육방향, 완전한 인간이라는 의미의 완인적(完人的) 교육방향의 세 가지 방향을 제시하고 있다.

첫째, 역사적 교육방향에서는 인간은 역사적 존재이고 선조들의 성과에 근거하여 교육하고 그것을 알아가면서 새로운 지식을 알게 된다고 가르친다. 즉, 옛것을 익혀 새로운 것을 안다는 방법으로 옛 선인들의 지혜와 성과를 배우는 것에 그치지 않고 미래로 나아가고 현실에 맞게 발전시켜 가는 교육을 지향한다.

둘째, 도덕적 교육방향에서 학문의 기본 자세는 물질에 대한 욕심을 이겨내고 본성을 되찾는 모습이 되어야 한다는 공자의 가르침을 기본으로 한다. 물욕을 이겨내고 자신의 마음을 단련하여 자신의 내면이 선화(善化)되는 모습의 교육을 지향한다.

셋째, 완인적 교육방향에서는 인간을 완성된 인격자, 군자(君子)로 만드는 데 있다. 여기서 군자는 도덕적으로 완전한 인격자, 즉 전인을 말한다. 완전한 인격자는 어느 곳 하나에만 쓰이는 그릇이 아닌 여러 방면으로 쓰일 수 있으며 세상 어떤 일에도 두루 쓰일 수 있는 그릇을 비유하는 것이다(백수정, 2003).

전체적인 유교의 가르침에서는 유아들이 지켜야 할 규칙을 남녀 분별 교육, 습관화 교육, 예의 교육, 교육환경의 네 가지로 강조하고 있다(이기숙 외, 2004). 유교에서의 유아교육에서는 남녀 구별 교육을 강조하고 어려서부터 말소리, 고질된 습관 바로잡기 등 행동거지를 법도에 맞출 수 있게 하였다. 또한 의복, 음식, 언어를 비롯하여 각종 행동에도 예의가 있어야 한다고 강조하였다. 결국 유아교육과 관련되어서는 심리, 행동에서의 '절제'나 '절도'가 지나치게 강조되었다고 할 수 있다. 그러나 내칙에서는 유아들의 발달상 특징을 고려하여 지나친 절제나 식사, 취침에 대하여 충분히 고려해야 한다는 내용을 볼 때 유교의 유아교육의 목적은 유아기부터 자신의 행동, 몸가짐을 바르게 하여 마음과 태도를 바로 세워 개인과 사회를 조화롭게 일치하는 인간을 육성하는 데 중점이 두어졌다고 할 수 있다.

3) 천도교에 나타난 유아교육사상

동학에서는 유아의 능력을 성인과 마찬가지라고 인정하고 성인과 유아는 동등하게 대우를 받아야 한다고 보았다. 아동은 태어날 때부터 성인과 대등한 능력을 지닌 존재로 인식되어 존엄하다고 보는 근대적인 아동관을 가졌다는 점이 주목할 만하다(심성경 외, 2004).

동학사상은 조선 말기에 최제우에 의해 시작되어 1906년 손병희에 의해 천도교로 명칭이 변경되었다. 동학사상은 조선 말기 사회개혁과 독립운동의 사상적 기초가 되었으며, 다양한 어린이문화운동 전개와 근대 유아교육발전의 기초를 마련해 주었다(김수향 외, 2015).

동학의 핵심사상은 시천주로 자신의 몸 안에 '한울님'을 모시고 있다는 사상이다. 따라서 모든 사람은 그 자체로 존중받아야 하고 차별 없이 평등해야 하며, 유아나 성인 모두가 평등하다는 인간평등 사상을 주장하고 있다. 또 하나의 후천개벽 사상은 역학의 원리에 따라 선천시대가 지나고 후천시대가 열린다는 사상으로 계급주의가 지나가면 인간의 모든 삶이 바뀌는 평등사회(이상사회)가 실현될 것이라는 사상이다(황해익 외, 2016). 이러한 동학의 사상은 교육사상으로 이어져 인간교육관과 평등교육관, 민중교육관과 연결되어 인간은 누구나 평등하고 그 자체로 존중받아야 하기 때문에 사회의 약자, 어린이, 여성, 신분에 관계없이 평등교육이 이루어져야 함을 태동시켰다.

동학사상에서의 어린이관은 인격적 존재인 유아를 한울님(하느님)을 모시듯이 어린이를 소중하게 길러야 한다는 사상으로 성인은 어린이의 말소리에 귀를 기울이고 어른들의 생각이나 행동의 지시 속에 어린이를 가두는 것이 아닌 어린이 스스로 선택하고 놀이할 수 있도록 존중하는 것이다. 이러한 사상은 이후 우리나라 소년해방운동의 배경의 핵심인 방정환의 어린이 중심 사상의 기초가 된다. 동학의 3대 교주 손병희의 셋째 사위인 소파 방정환은 어린이운동, 어린이문학의 선구자이며 어린이문학 출판, 문화예술, 소년단체를 조직하는 활동에 주력하여 생을 바쳤다.

방정환의 어린이 중심 사상이 생기기 전에 어린이는 성인과의 서열화된 관계 속에서 어른을 공경하고 복종하는 관계에만 머물러 있었다. 방정환은 어린이를 이미 한울님의 성품을 가진 존재라 하면서 성인은 선한 어린이의 성품을 그대로 보존해야 한다고 주창하였다. 따라서 교육이란 어린이가 스스로 자율성에 따라 삶을 살아가도록 도와주는 것으로 어린이가 자율적인 삶을 살아갈 수 있도록 좋은 환경을 제공해 주어야 한다고 강조하였다. 좋은 환경이란 유아의 흥미와 자율적인 표현을 통해 올바른 성장을 도와주는 환경을 의미한다(이기숙 외, 2004).

어린이의 올바른 성장을 돕는 환경의 원리인 흥미와 표현의 원리를 구체적으로 살펴보면 다음과 같다.

첫째, 흥미의 원리에서는 어린이의 본성에 기초하여 흥미에 기초한 놀이를 강조하였다. 방정환은 『어린이』 창간지에서 "교훈은 학교에서 많이 듣는 고로 여기에서는 그냥 놀자. 그리고 놀면서 저절로 깨끗하고 착한 마음이 자라게 하자. 이렇게 생각하고 꾸몄다."라며 어린이의 흥미와 놀이가 강조되는 그의 생각을 편집후기에 기술하였다.

둘째, 표현의 원리에서는 어린이가 자신의 생각이나 현실을 꾸밈없이 느낀 대로 표현해야 됨을 강조하였다. 소파 방정환은 예술교육에서 어린이가 느낀 것을 자연스럽게 표현해야 함을 강조함으로써 자신이 가지고 있는 그 세계의 창의성을 인정하고 자기 표현 활동이 어린이 시기에 얼마나 많이 필요한지 그 중요성을 강조한 것이라고 볼 수 있다.

소파 방정환은 예술문화운동과 소년단체운동 등을 활발히 전개하면서 좋은 환경은 어린이의 올바른 성장을 도와주는 것이며 어린이의 잠재력을 믿고 어린이가 자율적으로 성장하는 것을 돕기 위해서 그가 중시한 어린이의 본성과 환경에 대한 강조를 실천적으로 펼쳐 나갔다.

사람이 곧 하늘이며 어린이도 하늘이라는 동학의 인내천 사상에 영향을 받은 소파 방정환은 우리 민족 고유의 특성에 맞게 유아의 놀이와 표현을 중시하고 예술, 문학과 연결하여 민족의 자주독립과 연결하고 실천적으로 어린이의 권리를 펼쳐나간 실행적인 교육의 실천가라고 할 수 있다.

4) 기독교에 나타난 유아교육사상

기독교는 우리나라에서 유아교육이 시작되는 1900년대에 가장 많은 영향을 끼쳤다(교육부, 1997). 기독교는 만민이 평등하므로 성인이나 유아 모두 사랑으로 가르쳐야 하고 누구나 교육을 받아야 한다는 보편적 유아교육을 강조하였다.

기독교의 교육은 성경에 근거를 두고 성령의 권능을 받아서 그리스도 중심으로 가르치고 배우는 과정을 중요시한다. 또한 모든 학습자들에게 하나님의 창조와 구원의 목적과 계획을 경험하고 알도록 가르치되, 삶의 모든 영역에서 인간의 죄를 대속(인간의 죄를 대신 지시고 인간 대신 죽으실)하신 예수 그리스도를 모델 삼아 가르치는 것을 교육 방법으로 추구하고 있다(김형태, 1994). 따라서 기독교 유아교육은 유아들에게 성경에 제시된 하나님의 훈련과 훈계 안에서 진리를 가르쳐 신성과 인성을 갖춘 그리스도를 닮은 인격을 형성하고 하나님이 주신 재능과 소질을 발견하여 지원해 줌으로써 구원자 예수 그리스도를 구세주로 고백하고 그의 외로운 삶의 증인이 되고 그의 제자의 삶을 살도록 교육한다. 즉, 기독교 유아교육의 목적은 각 개인으로 하여금 한 사람의 기독교인으로서의 삶의 결단을 하게 하는 교육의 목적이 있다. 하나님을 알고 진리를 이해한 다음, 그 뜻에 따라 실천적 삶의 생활을 하도록 하는 것이다(최상권, 2008).

기독교 유아관을 살펴보면, 유아는 순수하고 미숙하면서 인간의 원리를 갖고 태어나므로 유아가 자율적이고 책임감 있게 성장할 수 있도록 부모와 교사가 어려서부터 잘 교육할 책임이 있다고 말한다. 기독교가 전파되던 시기에 우리나라는 계급과 차별이 심했던 시기였다. 그 시기에 기독교는 모든 인간이 평등하고 사랑받을 자격이 있다는 하나님의 사랑과 기독교의 진리를 전파하면서 소외받고 핍박받던 사람들에게 희망을 주었고 그런 차별을 이겨내기 위해 기독교의 교육활동을 받아들여 활발한 기독교 유아교육이 이루어지게 되었다.

1900년대 초 이전에는 서당에서 남자 아이들만 배우던 교육을 유치원 교육과 함께 기독교를 전파하려는 선교사에 의해 유아의 흥미를 중심으로 하고 유교적 전통의 권위주의와 일제하에서 벗어나려는 우리 민족의 잠재력을 깨우는 데 중요한 계몽적 역할을 하였다(이기숙 외, 2004). 제도적인 면에서 유아교육이 현대화되면서 1900년대 초반에 기독교의 영향은 매우 컸다. 선교사를 통해 기독교 유아교육의 모태인 이화유치원, 중앙유치원 등이 생겨났다.

1914년에 한국인을 위한 한국 최초의 유치원으로 선교사에 의해 설립된 이화유치원은 기독교 정신을 토대로 유아의 성장과 발달에 도움되는 교육시설과 내용으로 민주시민을 육성한다는 교육이념으로 시작되었다(이화여자대학교 사범대학 부속이화유치원, 2014). 3 · 1 독립운동의 민족 대표 33인 중 한 사람인 박희도, 중앙교회 목사 장낙도, 실업가 유양호가 일제의 통치 시대에 기독교의 민족 운동 정신에 입각하여 중앙유치원을 설립한 것이 오늘날 중앙대학교의 모태가 되었다(중앙대학교 사범대학 부속유치원, 2014).

또한 1985년부터 기독교 유아교육을 선도하고 있는 총신대학교 부속유치원에서는 기독교 통합유아교육과정을 운영하며 그리스도의 지정의를 닮은 전인적 유아교육을 실천해 오고 있을 뿐만 아니라 장애아 통합교육도 1995년부터 실천해 오고 있다.

하나님의 본질인 사랑을 실천하고자 많은 외국 선교사들이 소외된 계층의 사람들에게 평등과 앎의 즐거움을 가져다 주었다. 사랑의 가치를 몸소 실천한 예수님의 교육적 활동과 삶을 통해 한결같은 사랑의 마음과 가르침을 이어간 선교사들과 기독교 선조의 희생 및 사랑의 교육 실천은 현재의 교사들이 닮아야 할 모범이 된다(이기숙 외, 2004).

기독교가 지향하는 교육은 일방적으로 주입하고 가르치는 것보다 스스로 깨우치고 각성하게 하며, 가난하고, 병들고 헐벗은 사람들에게 하나님 나라의 주인이 될 수 있음을 선포하며 하나님이 자랑하는 자녀된 삶을 새롭게 살라는 책임적 존재로서의 삶의 교육실천이 바로 우리 근대사의 유아교육을 일으킨 원동력이 되었다.

예수님은 성경을 통하여 많은 가르침과 유아교육의 모델, 교육의 본을 보이셨다. 또한 성경을 통해 학대 받고 무시당했던 어린이들을 존중하고 사랑하셨으며, 만인 앞에 그들의 소중함을 선포하셨다.

> 예수께서 이르시되 어린아이들을 용납하고 내게 오는 것을 금하지 말라 천국이 이런 사람의 것이니라 하시니라(마태복음 19:14).

또한 유아기의 마땅한 교육을 예배와 교육공동체인 씨족사회 어른들에게 해야함의 당위성과 그 효과도 함께 명시하셨다. 성경은 유아교육의 시기, 대상, 가르칠 자, 교육내용, 각인의 교육효과와 평생학습 그리고 공동체 교육의 이론적 근거를 제시하였다.

> 마땅히 행할 길을 아이에게 가르치라 그리하면 늙어도 그것을 떠나지 아니하리라(잠언 22:6).

예수님은 실물교육, 현장 교육, 구체물 교육, 시기에 적절한 교육, 감성교육을 하신 유아교육의 선구자임을 성경을 통해 알 수 있다.

> 공중의 새를 보라 심지도 않고 거두지도 않고 창고에 모아 들이지도 아니하되 너희 하늘 아버지께서 기르시나니 너희는 이것들보다 귀하지 아니하냐 너희 중에 누가 염려함으로 그 키를 한 자라도 더할 수 있겠느냐 또 너희가 어찌 의복을 위하여 염려하느냐 들의 백합화가 어떻게 자라는가 생각하여 보라 수고도 아니하고 길쌈도 아니 하느니라 그러나 내가 너희에게 말하노니 솔로몬의 모든 영광으로도 입은 것이 이 꽃 하나만 같지 못하였느니라(마태복음 6:26-29).

예수님은 이와 같이 비유와 말씀으로 구체적이며 바로 현장에서 볼 수 있는 것들을 '진리'와 연결하여 쉽게 깨닫고 느낄 수 있도록 말씀하셨다.

3. 서양의 유아교육사상

서양 유아교육의 뿌리와 흐름, 변천과정을 알 수 있는 유아교육사상은 고대, 중세, 근대, 20세기 이후로 나누어서 살펴볼 수 있다. 각 시대별 아동관, 대표학자를 통해 유아교육사상을 고찰해 보면 다음과 같다.

1) 고대사회(청동기 시대~5세기까지)에 나타난 유아교육사상

고대 플라톤은 『국가론』에서 "인생 초기는 무슨 일이든지 가장 중요하며, 특별히 어리고 부드러운 사물일 경우에는 사물의 특성이 형성된다."며 놀이의 중요성을 언급하였다. 플라톤은 유아교육자는 아니었지만 유아교육의 방법론을 제시하였다. 그의 제자인 아리스토텔레스는 어린이들은 7세가 될 때까지 가정에서 어머니 또는 유모의 양육을 받고 가정교사가 어린이에게 들려주는 동화나 놀이를 감독해야 한다고 말했다(심성경 외, 2004).

플라톤과 아리스토텔레스 모두 건강한 국가의 목적을 위해 유아기의 교육을 언급하였으며 유아교육의 중요성을 일찍부터 주장한 것에 주목할 만하다. 원시시대의 종족 보존과 안전을 최우선으로 하던 시대를 지나 교육의 내용도 의식주를 해결하거나 부모가 교사였던 고대 그리스 시대의 플라톤과 아리스토텔레스의 교훈은 현대에까지 영향을 미친다고 할 수 있다.

아리스토텔레스는 인간 행동을 다루는 영역을 넓은 의미에서 '정치학'이라고 불렀으며 '어떻게 하면 좋은 행동을 습득시킬 수 있으며, 좋은 사람으로 기를 수 있는가?'에 대한 궁극적 문제해결을 추구하였다. 그는 교육의 목적을 사람들이 행복한 삶을 살게 하며 기본적으로 교육을 통해 획득된 지식이나 삶의 지혜로 미덕과 행복을 추구할 수 있다고 생각하였다. 특히 유아교육에 대한 중요성과 방법에 대하여 발달에 맞는 교육을 시키고 가능한 신체활동을 많이 시킬 것을 권장하였다(이기숙 외, 2004).

고대의 플라톤과 아리스토텔레스 모두는 유아의 특성을 고려하지 않고 강제적으로 교육하거나 학습하면 안 되며 개인의 성향과 유아의 발달 특성에 맞게 신체활동과 올바른 정신을 기르는 것을 강조함으로써 오늘날의 발달에 적합한 교육의 최초 주창자라고 할 수 있다. 또한 유아의 성장에 가장 필요한 신체활동과 건전한 육체의 단련이야말로 아동의 좋은 습관을 형성시켜 주며 육체의 건강이 정신의 건강 또한 만들어 갈 수 있기 때문이라고 주장함으로써 인성교육과 신체·건강·안전교육의 시조라고도 할 수 있다.

2) 중세사회(5~15세기)에 나타난 유아교육사상

서양 중세사회의 유아교육관은 종교에 기초하여 이루어진다. 즉, 인간은 원죄로 인해 태어날 때부터 악의 성향을 갖고 있으므로 인간이 구원되고 올바른 길로 가려면 그리스도의 구속의 은혜를 얻을 수 있도록 교육해야 한다는 유아교육관이 지배적이었다. 즉, 기독교 사상이 가장 큰 영향을 미쳤던 중세사회에서 유아는 성인의 축소판일 뿐 유아들은 성인과 같은 놀이를 하고 같은 종류의 옷을 입고 성경을 기초로 유아들을 가르쳤다. 유아들의 자발적 표현이나 놀이 활동이 죄악시되었으며 끊임없는 감독과 엄격한 훈육의 필요성이 강조되었던 시기이다(이기숙 외, 2004).

어거스틴은 인간은 은혜와 구원을 받기 위해 원죄 속에서 발견되는 욕망을 억제해야 한다고 말하였다. 인간의 천성은 선한 것이 아니며, 원죄로 인해 태어날 때부터 죄성을 가지므로 끊임없이 유아를 감독하고 훈육해야 한다고 주장하였다.

중세의 기독교 유아교육에서는 사랑으로 뒷받침된 엄격함이 교사와 부모의 권위를 강화시켜, 하나님의 형상을 지닌 유아를 인격체로 사랑하지만 엄격한 기독교 교리를 바탕으로 부모와 성인에게 순종하는 것이 중요시되었다. 그러다 중세 말기 십자군 전쟁으로 촉진된 도시의 발달과 화폐의 보급으로 새로운 시민사회가 형성되면서 중세의 기독교 교육과는 다른 직업교육이 등장하였고, 봉건제도의 몰락이 가속화되면서, 새로운 시민 계급이 등장하였고 특권층에 제한된 교육이 시민에게도 부여되었다.

중세사회의 인간에 대한 억압적 교육과 중세교회의 부패에 대한 반발은 르네상스의 계기가 되었다. 르네상스 혁명은 주체적인 개인에 관심을 가지며 참된 인간성 회복을 추구하였다. 교육방법도 엄격하고 가혹한 중세교육 방식을 거부하면서 유아의 흥미를 고취하는 데에 집중하려 했다. 르네상스 시대의 가정교육은 유아 심신의 조화로운 발달을 중요시하며 가문의 영광을 이어갈 후계자 양성을 위해 가정의 모든 측면을 교육하며 자연스럽게 근대 유아교육사상으로 발전하게 되었다(황해익 외, 2016).

3) 근대사회(르네상스~19세기)에 나타난 유아교육사상

근대의 유아교육은 실학주의, 계몽주의, 신인문주의 사상적 흐름과 맥락에 따라 코메니우스, 루소, 페스탈로치, 프뢰벨로 이어지는 아동 중심 교육으로 발전하였다. 유아를 성인의 축소판이라고 여겼던 중세사회와 달리 유아를 한 인격적 독립체로 인식하게 되면서 아동존중사상가에서 유치원의 창시자까지 많은 사상가들이 나타나게 되었다.

(1) 코메니우스

코메니우스(Johann Amos Comenius, 1592~1670)는 근대 유아교육의 선구자 역할

을 한 교육사상가이다. 르네상스와 종교개혁 이후 인간
의 관심이 물질문명으로 바뀌어 가면서 실학주의가 대
두되고 근대 과학이 발달하게 되었다. 이런 사상의 발달
과 코메니우스의 기독교를 바탕으로 한 교육에서는 모
든 지식은 성경에 의해서 적극적으로 인도되어야 할지
라도 유아들은 교육을 통하여 특정 문화적 여건과 조화
를 이루어야 한다고 주장하였다(김수향 외, 2015).

코메니우스
(Comenius, 1592~1670)

　세계 최초의 체계적 교육학 저서로 알려져 있는『대교
수학』에서 코메니우스는 "인간의 형성은 인간 최초의 시기에 행하는 것이 가장 적
절하고, 그 시기를 잃고서는 행할 수 없다."라고 하여 적기의 유아기 교육의 중요성
을 강조하였다. 하나님을 위해 태어나고 하나님에 의해 우리에게 맡겨진 유아를 보
호하고 교육을 통해 참된 인간을 형성하여 한다고 한 것이다(김수향 외, 2015). 영유
아기에는 모든 것을 감각기관을 통하여 흡수하기 때문에 지식의 형성은 감각기관
을 통해 시작되어야 하며 유아기의 실물을 통한 감각교육을 강조한 것은 현대의 피
아제의 발견보다 300년 앞선 통찰이 아닐 수 없다.

　『대교수학』제4편 '학교계통론'을 살펴보면 인간이 배우는 기간을 출생부터 24세까
지로 잡고 이 기간을 네 단계로 나누어 각 시기에 맞는 교육을 제시하였다(심성경
외, 2004). 제1기는 유아기 교육에 해당되는 이 시기를 어머니 학교라고 불렀다. 유
아를 가정에서 부모가 교육하며 주된 일상생활과 기초지식, 도덕적인 습관, 신앙에
대한 기초를 일깨워 주는 것이다. 제2기는 7~12세 아동기 교육으로 모국어 학교라
칭했다. 독일어의 읽기, 쓰기, 셈하기와 일반적 기초지식을 습득시키는 시기라 하였
다. 제3기는 라틴어 학교로 13~18세 소년기 학생을 대상으로 과학, 지리, 역사, 윤
리, 종교를 가르치고 모국어, 라틴어, 그리스어, 히브리어를 가르치는 시기라고 하
였다. 제4기는 대학과 여행기이다. 19~24세까지의 청년에게 신학, 철학, 법학 그리
고 고전을 가르치고 여행을 통해 교양을 쌓도록 제시하였다.

　코메니우스의 교육의 핵심인 기독교 교육은 인간 내면에 존재하는 신앙심을 길
러 주는 것으로 6세가 될 때까지 신의 존재, 신의 가호, 신의 축복, 신에 의한 벌, 신
에 대한 두려움과 애정, 신에 대한 복종, 신과의 합일 등을 유아의 마음에 새기도록

하는 것을 말한다. 그의 교육사상은 중세의 기독교 사상을 벗어나지 못했지만 시대의 흐름에 따라 과학적인 교수방법, 직관적인 교수법, 시청각을 이용한 교육, 기술교육, 언어교육 등 현실에 필요한 교육들을 유아의 발달과 맞는 실물교육과 단체교육, 개별적 유아의 발달 차이를 고려한 교육 또한 강조하였다(지성애 외, 2018).

코메니우스는 유아교육의 필요성과 가능성을 강조하면서 유아들은 자신의 내부에 지식, 덕성, 경건의 좋은 씨앗과 뿌리를 가지고 있다고 보고 그것을 방치하면 결코 좋은 결실을 맺지 못하게 되므로 유아들의 씨앗을 개발시켜 올바른 인간이 되기 위해 교육하여야 한다고 하였다. 인생에서 가장 중요한 개념들을 유아기에 받아들인다고 보고 인생의 초기부터 바른 교육을 시작해서 유아에게 진정한 지혜의 길을 열어 주어야 한다고 강조하였다(김수향 외, 2015).

코메니우스의 유아관은 철저한 하나님 중심 사상에서 성경에 입각한 기독교적 가치관으로 유아에 대한 시대적 흐름을 기독교와 그 시대의 과학적이고 실제적인 교육을 연결시키고 교육현장에 적용시켜 종교와 교육을 직접적으로 결합한 통합적 교육이라고 할 수 있다(이경영, 2005).

(2) 루소

루소(Jean Jacques Rousseau, 1712~1778)의 교육사상은 이전 시대의 아동을 성인의 축소판이라고 생각한 것을 비판하고 유아의 특성을 이해하고 개별적인 존재로 여겨야 한다는 아동존중사상이다. 성인으로 취급받는 유아의 생활은 용납되어서는 안 되며 어른을 위해 유아들의 행복이 희생되어서는 안 된다고 하였다. 그는 유아가 스스로 학문을 찾아내도록 이끌어 주어 자연 상태에서 인간의 자유와 평등을 목표로 하는 인간의 의지로 사

루소
(Rousseau, 1712~1778)

회 속에서 살아가는 참된 자연인을 형성해야 한다고 하였다.

그는 『에밀』(1762)에서 "모든 것은 조물주의 손으로부터 나올 때 더할 나위 없이 선하다."며 성선설을 주장하였다. 이 책에서는 특히 유아, 자유, 자연이 강조되면서 무엇보다 유아의 이해를 강조하였다. 유아에 대한 이해가 모자란 나머지 불충분하

고 그릇된 유아관이 탄생하게 되었다는 것이 그의 핵심 주장이다. 루소는 인간애를 제쳐놓고 어떠한 지혜도 있을 수 없으며 유아들의 놀이, 유아들의 기쁨, 유아들의 사랑스러운 본능을 호의를 가지고 지켜보며 유아의 사랑에 대한 실천을 강조하였다.

유아기에 성급한 교육 성과를 위해 서투른 교육을 하지 말 것을 당부하며, 유아 스스로 분명히 증명하고 판단이 확인될 때까지 기다려 주는 것이 필요하다고 강조하였다. '유아기에 시간을 소비하고 성숙할 시간을 주고, 유년시절을 존중하여 자유로이 혼자 놔두라'라는 글귀는 유아 시기의 자유를 강조하였다고 할 수 있다(이진구, 2002).

루소의 교육사상은 자연성, 자유, 인간의 본질적 권리, 유아의 개성, 자발적인 성장과 자유로운 활동을 존중하고 그들만의 경험과 성인의 간섭을 최소화하고 기다려 주는 교육이다. 이러한 교육방법은 페스탈로치와 프뢰벨의 유아교육 실천으로 이어지게 되었다.

(3) 페스탈로치

페스탈로치(Johann Heinrich Pestalozzi, 1746~1827)는 스위스의 취리히에서 태어난 자연주의 교육사상가이며 고아와 빈민을 위해 평생을 바쳤다. 그는 다섯 살에 아버지를 여의고 신앙심이 깊은 어머니 밑에서 자랐다. 가정부인 바벨리로부터 모성에 대한 위대한 교육의 힘을 배우게 되었다.

페스탈로치
(Pestalozzi, 1746~1827)

페스탈로치는 자연주의 교육관에 기초해 빈민을 구제하고 사회를 개혁하고자 노력하면서 「유아교육서한」을 통해 유아교육은 모성애에 의한 가정과 생활권을 중심으로 한 조기교육이 되어야 함을 강조하였다. 그는 어머니들은 유아의 발달을 돕기 위해 가장 큰 사랑으로 유아를 도와야 하며 가정교육의 중요성을 강조하였다.

페스탈로치가 말한 조기의 교육은 오늘날의 지식 개발이 아닌 유아 속에 내재하고 있는 인간 본성의 모든 능력을 조화롭게 발달시킨다는 의미로 '유아는 모든 인간 본성의 능력을 부여받은 존재로서, 어느 능력도 아직 발달되지 못한 상태'라고 하면서 유아가 가지고 있는 능력이 잘 발현되도록 도와주는 것이 어머니들이 가져야 할 천명이라고 하였다.

　페스탈로치는 인간의 도덕, 정신, 신체 등 전체의 부분이 조화롭게 발전하는 전인적 발달을 강조하면서 아이들의 능력을 신장시켜 주는 학교교육보다 아이들의 마음속에 정서를 키워 주는 모성의 교육을 강조하였다. 유아교육은 가족공동체에 의해 이루어져야 하며 냉혹한 방법이 아닌 어머니의 가슴과 사랑으로 길러져야 한다고 주장하였다. 또한 직관교육을 강조하여 사물을 직접 보여 주면서 가르치고 감각교육을 통해 유아들이 더 잘 기억할 수 있도록 3H 교육(Head, Heart, Hand)을 실천하였다. 노작교육을 강조하여 아이들이 공부에 싫증을 느끼지 않도록 하기 위해 생활교육이 필요하다고 강조하며 이를 실천하였다(이계옥, 1994).

　페스탈로치는 모성교육에 바탕이 되는 이 사상은 교사와 학생의 관계 또한 사랑에 기초하고 사랑에 의해 가르쳐야 하며 학생 하나하나의 개성과 개별성을 존중하여 훈육보다 더 높은 가치에 목적을 두어 가르쳐야 한다고 하였다. 그는 루소의 아동존중사상을 이어받아 이를 실천하려고 노력하였고 특히 가정교육, 어머니 교육을 강조하며 머리, 손, 가슴의 조화로운 교육(3H 교육), 합자연의 교육을 강조하였다. 페스탈로치의 교육은 특권층에만 국한된 것이 아닌 모두에게 열려 있는 평등한 교육이 특징이다.

(4) 프뢰벨

　프뢰벨(Friedrich Wilhelm August Fröbel, 1782~1852)은 유치원의 창시자로 유아를 위한 프로그램을 개발하고 유치원 교사교육에 힘쓴 교육사상가이다. 그는 독일의 작은 마을 목사의 아들로 태어나 생후 9개월 만에 어머니를 여의고 외로운 청소년기를 보냈다. 프뢰벨은 페스탈로치와의 만남으로 그의 교육사상을 본받아 교육자로 살아가며 직관적이며 자연주의적인 학습방법에 대해 알아가게 되었다.

프뢰벨
(Fröbel, 1782~1852)

　프뢰벨의 교육사상은 그의 대표적인 저서인 『인간교육』에 나타나 있다(이경민,

2011). 그 저서에는 통일의 원리, 자기활동의 원리, 노작의 원리, 사회화의 원리가 구체적으로 설명되어 있다.

통일의 원리는 만물을 지배하고 영구히 존재하는 통일자는 신(하나님)이며, 만물의 창조주 하나님이 중심이고 생명의 근원이다. 신적인 통일에 기초를 두는 프뢰벨의 세계관은 만물의 본질이 신성이며 만물의 사명은 그의 본질인 자기 내부의 신성을 외부에 표현하는 것이라고 보았다. 유아교육은 이러한 신성을 충분히 의식하여 생활 속에서 표현할 수 있는 방법과 수단을 제공해 주는 것이다(지성애 외, 2018).

자기활동의 원리는 교육에 있어 자기활동을 창조하는 것이다. 유아교육은 유아의 자기표현을 도와주고 유아의 욕구에 따른 창조적 자기활동에 따라 교육이 이루어져야 한다는 것이다. 이것은 그가 놀이와 은물을 제작하고 유치원을 창립한 것에 토대가 되는 원리라고 할 수 있다(김수향 외, 2015).

노작의 원리는 페스탈로치의 노작의 원리를 계승한 것으로 '노작은 그 자체가 목적이며 인간 생명의 창조적이고 자발적인 활동이다.'라고 하였으며 유아의 놀이가 최초의 생산활동으로 간주되었다.

사회화의 원리는 사회화 활동을 강조하며 유아 중심의 협동과 예절이 강조되었다. 즉, 자발적으로 자신의 능력을 충분히 계발하고 원만하게 사회적인 관계를 맺을 수 있도록 사회화 교육을 하는 것이 인간을 만드는 교육의 목적이 된다는 것을 강조하였다(곽노의, 홍순정, 2000).

프뢰벨은 교육과 종교의 입장을 더욱 확고히 하였다. 교육이란 유아의 본성인 신성은 무한하며 절대적이므로 신성을 넓게 펴고 나타내는 것을 목적으로 하는 인간의 교육은 유아에게 무한을 무한하도록 하고 절대를 절대적으로 하는 깨끗한 움직임이 되어야 한다고 주장하였다(송지은, 2018).

프뢰벨은 인간이 가지고 있는 신성은 활동, 창조, 노동이며, 어린이의 신성은 놀이를 통하여 나타난다고 보았다.

프뢰벨은 놀이를 가장 순수한 정신적 활동이며 인간 발달을 좌우하는 중요한 요소로 보고 페스탈로치의 작업교육을 받아들여 인간의 생산적인 활동의 의미와 가치를 인정하고 신성한 자신의 내적 본질을 구체적인 행위를 통해 표현하도록 도와주어야 한다고 보았다(지성애 외, 2018).

프뢰벨이 창시한 유치원은 유아교육과정과 훈련받은 교사에 의해 교육이 진행되었으며 그 교육과정의 핵심에는 '은물' 중심의 놀이 활동이 있었다. 유아의 놀이 중심을 위해 고안한 은물은 유아의 창의적 충동을 자극하는 것으로 단일함 속에서 자연의 법칙을 담아내었다. 은물을 통해 감각기관을 훈련하고 논리수학적 지식도 획득할 수 있다고 보았다. 신체 발달뿐만 아니라 정신적인 발달을 촉진하기 위한 것으로서, 유아들은 은물을 통하여 형태와 수, 감각과 인지를 조화롭게 발달시킬 수 있고, 유아의 본능적인 창조의 충동을 만족시켜 주는 교육적 가치를 지니고 있다(김수향 외, 2015).

4) 20세기 이후에 나타난 유아교육사상

20세기 이후의 유아교육에서는 아동을 권위로부터 자유롭게 하고 아동이 가지고 있는 자발성과 자유를 발견하자는 듀이와 몬테소리의 교육사상이 발달하였다. 20세기는 자본주의와 민주주의가 가장 많이 발달한 시기였다. 모든 인간이 평등하게 교육받을 권리가 있다는 사상들이 대두되면서 교육의 평준화가 이루어졌다. 과학과 심리학의 발달은 유아기의 발달의 속성과 특성을 좀 더 자세히 설명하고 발전시킬 수 있었으며 모든 교육에서 유아의 발달과 관점을 설명하려 노력하였다. 20세기 이후에서는 유아의 교육관에 가장 영향을 미친 듀이와 몬테소리의 사상에 대해 구체적으로 살펴보기로 한다.

(1) 듀이

듀이(John Dewey, 1859~1952)는 유아들의 경험과 생활에 중심을 두고 진보적인 교육을 실천한 실용주의 철학을 대표하는 미국의 사상가이자 철학자이다. 실용주의를 대표하는 그의 교육사상은 진리의 절대성, 관념론적 상징주의를 비판하며, 실제에 유용한 지식과 교육의 중요성을 강조하여 교육에 적용하려 하였다. 고정되고 영원한 것을 비판하고 인간의 경험을 중시하며 인간의 자발성, 자주성, 자유를 중심으로 인간의 생활을 강조하였다. 학습자에게 경험과 생활이란 인간과 사회의 상호작용이라 하였으며 인간이 환경과 접촉할 때 경험이 생기며 이 경험이 풍부해짐에 따라 인간이 성장한다고 보았다.

듀이에게 교육은 학습자의 자기활동에 의해 이루어지는 것으로 아동 중심적이며 아동이 스스로 활동을 계획하고 활동할 때 흥미를 느끼게 하는 교육이 가장 효과적인 교육이라고 하였다(문미옥, 이혜상, 2003).

아동 중심 교육은 아동이 살아가는 사회와의 끊임없는 상호작용으로 얻게 되는 지식의 재구성 과정이며, 자발성, 계속성, 상호작용의 원리, 흥미에 기초한 활동을 토대로 이루어져야 한다고 하였다. 듀이는 교육목표를 삶이 바로 경험이고 경험이 교육이며 유아의 성장이 교육의 목적이 되는 것이어야 한다고 주장하였다(나성식, 2004). 듀이의 교육원리는 성장의 원리, 경험의 원리, 탐구의 원리, 지성의 원리로 나누어서 살펴볼 수 있다(심성경 외, 2004).

① 성장의 원리

현재의 경험이 미래의 성장을 왜곡시키면 그것은 비교육적이다. 교사는 학습자의 현재 경험이 미래로의 성장을 가능하게 하는 경험을 형성하도록 지원해야 한다. 성장은 외부로부터 힘을 가하는 것이 아닌 학습자 내부로부터의 힘이 스스로 활동하는 데 있다. 즉, 유아의 자유로운 활동을 통한 성장이 이루어져야 한다.

② 경험의 원리

듀이는 모든 교육에 경험을 강조하였다. 경험의 시간, 공간적인 측면이 함께 연결되어 있으므로 교육은 형식적이 아닌 실생활과 관련된 요리, 방목, 목공예 등 협동적이고 실생활적인 교육내용을 통해 경험되어야 한다.

③ 탐구의 원리

듀이는 결론보다는 과정을 중시하였다. 책상에서 앉아서 하는 교육이 아닌 작업, 실험을 강조하고 그림, 독서, 놀이 등의 활동을 제공하고 활동 과정 속에서 유아의 탐구 활동을 통한 교육의 원리를 주장한다.

④ 지성의 원리

인간을 지성적 존재로 보고, 지성은 경험을 갱신하는 과정 속에서 작용하여 경험과 과정에 목적을 부여하고 미숙한 어린이를 스스로 성장하게끔 유도하게 한다(지성애 외, 2018).

이와 같이 듀이는 교육이 삶, 경험, 지속적인 재구성 과정을 통해 이루어진다고 보았다. 교사는 새로운 경험을 위해 적절한 자극을 주고 변화 재구성, 재조직화하는 놀이와 활동을 제공해 주어야 한다고 하였다. 그는 유아들의 놀이를 강조하며 신체적 운동과 정신적 사고뿐만 아니라 모든 능력의 자유롭고 조화로운 상호작용을 통해 유아가 성장한다는 사회적 삶을 중요시하는 교육내용을 제시하였다. 단편적인 지식 전달식 수업이 아닌 유아가 스스로 경험하고 흥미를 유발할 수 있는 현장 교육을 강조하고 능동적인 교육을 이끌어 내기 위한 동기를 부여하는 활동들이 강조되었다.

(2) 몬테소리

몬테소리(Maria Montessori, 1870~1952)는 이탈리아 출신이며, 이탈리아 최초의 여의사이다. 정신장애아의 치료를 담당하면서 감각과 활동을 통한 치료 효과에 많은 영향을 받았다. 1907년 빈민가에 '어린이집(Casa dei Bambini, 까사 데 밤비니)'을 설립하면서 그 시대 빈민들의 자녀들 대부분이 하루 종일 일터에 나가 부모로부터 방임된 상태로 놀이하던 것에 착안하여 빈민촌 개선을 위해 몬테소리에게 공동주택 교육시설을 만들어 맡기게 되었다.

몬테소리
(Montessori, 1870~1952)

몬테소리의 교육사상은 『어린이의 발견』이라는 그녀의 저서에서 새로운 유아관을 제시해 주고 있다. 몬테소리의 유아관은 유아는 성인과 다른 존재이며 성장은 위계적으로 이루어지고, 심리적 성장 패턴은 타고나서 성장하고 독립을 지향하는 것은 자연스러운 일이라고 보았다. 또한 신체와 정서적 성장은 서로 연관되어 있고, 유아는 민감기를 거쳐 작업을 통해 창조력을 발휘하며 유아의 발달은 신비로우며 유아는 자발적인 내적 훈련을 통해 성장한다고 보았다(권장진, 1997). '스스로 성장하고자 하는 내면 생명력을 가지고 있는 자유로운 존재'로서 선택활동을 하는 능력을 지닌 유아들은 온순하고 독립심이 강하고 자발적으로 자기규율을 조절할 수 있는 마음으로부터 기쁨을 표현할 수 있다고 강조하였다(이윤경 외, 2004).

몬테소리는 유아들의 신체적, 인지적, 사회적 발달이 상호 연관되어 있으므로 총체적 교육 방식을 강조하였다. 유아교육의 목적은 유아의 잠재력이 충분히 발휘되도록 돕기 위해 유아의 모든 능력, 신체, 정서, 사회 능력이 모두 함께 개발되어야 하므로 어느 한 영역의 교육내용만이 아니라 모든 영역의 발달을 도모할 수 있도록 총체적 관점에서 교육내용이 제시되어야 한다고 하였다(김수향 외, 2015).

몬테소리는 교사가 유아의 자기 형성, 인격을 이루어 갈 수 있도록 준비된 환경을 만들어 주어야 한다고 강조하였다. 준비된 환경이란 유아가 교육적으로 인성을 발달시킬 수 있는 생활 장소이며 교육의 장이다. 발달은 경험을 통해 이루어지므로 단순한 환경이 아닌 문화적 환경을 뜻하며 유아와 가정, 지역사회와 문화, 유아와 또래들과의 관계를 고려한 환경이어야 한다고 주장한다(김숙경, 2009).

유아를 위한 환경에서는 유아가 자주적이며 독립적이 되고 자신의 환경을 잘 구성해 나갈 수 있도록 하기 위해 유아에게 맞는 교구와 교육이 제공되어야 하며 유아들의 의자, 책상, 화장실, 가구 등을 유아의 신체적 발달단계에 맞도록 고안해야 한다고 하였다. 교실과 교구는 유아에게 관심과 동기를 유발하여 유아의 인지 발달과 감각 능력이 발달할 수 있도록 아름답게 고안되어야 한다고 주장했다. 질서 있고 순서적이며 아름답게 준비된 교재·교구는 일정한 장소에 정돈되어 있고 난이도와 복잡성 정도에 따라 계열성 있게 정리되어야 하는데 이는 유아들이 스스로 정리하고 질서를 만드는 데 도움을 주는 교육과정의 역할을 한다고 강조하였다.

몬테소리는 교사의 역할을 강조하였는데 여기서 교사는 유아들을 가르치고 강요하는 것이 아닌 많이 관찰하는 교사의 역할을 강조하였다. 교사는 안내자라는 명칭을 써서 '안내자'로서 유아의 활동을 지켜보고 아동이 자발적으로 활동하게 하기 위한 관찰자여야 한다고 하였다. 교사는 이런 활동을 하면서 준비된 환경을 만들어 주기 위해서 환경을 재정비하고 매력적인 교구와 환경을 조성해 주기 위해 노력해야 한다고 하였다.

(3) 피아제

피아제는(Jean Piaget) 인지 발달 이론의 대표적인 학자로 인간이 어떻게 지식을 구성해 가는가에 관심을 가졌으며 유아의 사고과정이 성인과는 다른 특성을 가지

피아제
(Piaget, 1896~1980)

고 있음에 관심을 가졌다. 그는 한 사람의 유아기가 사람의 발달과정에서 핵심적이고 중요한 역할을 한다고 생각했다. 그리고 이를 자신의 세 자녀가 성장하는 과정을 관찰하며 이론으로 발전시켰다(Kurt, 2022).

피아제는 인간의 인지와 사고에 초점을 두었으며, 인간이 환경에 적응하기 위해서 자신의 인지구조인 도식(schemes)을 바탕으로 동화(assimilation)와 조절(accommodation)을 통해 평형화(equilibration)를 이루며 끊임없이 사고한다고 보았다(김영옥, 2020). 피아제의 도식은 사물이나 사건에 대한 전체적인 윤곽을 말한다. 사고의 틀이라고 보고 유사한 환경 안에서 반복에 의해 변화되고 일반화되는 구조 또는 조직화를 의미한다(Practical Psychology, 2023). 동화란 외부 환경에서 새로운 정보를 받아들일 때 자식이 가지고 있는 도식에 맞춰 받아들이는 것을 의미한다. 조절은 외부 환경이나 새로운 정보가 가지고 있는 도식과 맞지 않을 때 그 도식을 변경하고 수정하는 과정을 말한다. 또한 피아제는 유아가 가지고 있는 도식을 새로운 환경을 제공함으로 유아들이 스스로 동화와 조절을 통해 능동적으로 학습할 수 있도록 지원해야 한다고 하였다.

피아제는 인간의 인지 발달은 네 단계를 통하게 되며, 이 단계들은 정해진 순서대로 진행됨으로 유아의 발달에 기초한 교육이 이루어져야 함을 강조하였다. 이 단계는 감각운동기, 전조작기, 구체적 조작기, 형식적 조작기로 구분되는데 다음과 같이 설명될 수 있다(하소윤, 2014; Mcleod, 2023).

① 감각운동기

감각운동기(Sensori motor stage, 출생~2세)의 발달 특징은 눈, 귀, 손 등으로 세상을 탐색하며, 영아의 행동은 자극에 의해 반응하는 것에 불과한데 이는 언어가 발달하기 이전의 단계이기 때문이며, 대상이 보이지 않더라도 존재한다는 것을 알게 되는 대상영속성의 개념이 형성된다.

② 전조작기

전조작기(Preoperational stage, 2~7세)의 유아는 이전 단계의 감각운동적 경험을 표상하기 위해 상징 체계를 사용한다. 소꿉놀이나 병원놀이와 같은 것으로 가상의 사물과 상황을 실제 사물이나 상황처럼 상징할 수 있는 가상놀이를 할 수 있게 된다.

③ 구체적 조작기

구체적 조작기(Concrete operational stage, 7~11세)의 아동은 논리적 사고가 가능해지며 수나, 양의 보존 개념을 형성한다. 사물을 분류, 유목화하는 사고가 가능하지만 추상적인 사고는 하지 못한다.

④ 형식적 조작기

형식적 조작기(Formal operational stage, 11세 이후)는 청소년기가 되면서 추상적 사고가 가능해지며 가설적, 과학적, 추상적, 체계적 사고 등의 능력이 생기게 된다.

(4) 레지오 에밀리아의 교육사상

Reggio Emilia Approach®(레지오 에밀리아 접근법)에 따르면, 1945년 레지오 에밀리아에서 파시스트의 독재와 제2차 세계대전이 끝나던 때 시작되었다. 억압으로부터 새로운 세계를 창조하고자 하는 변화에 대한 요구가 있었던 시기로 부모들은 자기 자녀들을 위한 학교를 자기들 손으로 짓기 위해 힘을 모으려고 하던 시기였다.

레지오 에밀리아 접근법은 이탈리아의 소도시 레지오 에밀리아에서 학교교육에 대한 대안으로 제시된 프로젝트 방식의 통합교육이다. 레지오 교육의 창시자인 말라구치(Loris Malaguzzi)는 당시 중학교 교사였으나 어린이들에 대한 학교의 무관심과 무지, 그리고 정형화된 지식을 강요하는 것을 벗어나기 위해 열정을 지닌 부모님들과 함께하게 되었다(https://www.reggiochildren.it/en/reggio-emilia-approach/loris-malaguzzi/).

레지오 에밀리아 접근법의 교육사상은 지역사회와의 연계, 가정, 그리고 유아 간의 협동을 강조한다. 말라구치는 기존의 여러 이론을 바탕으로 하지만 교육적 원리와 실제가 이미 공식화된 교육 모델이나 이론에서만 도출되는 것은 아니라고 생각했기 때문에 레지오 학교 설립 당시의 의미 있는 역사와 양질의 교육을 위해 투쟁해 온 발전의 역사 그리고 정치, 사회, 문화적 배경 등을 중요하게 생각했다(김수향 외, 2015).

레지오 에밀리아 접근법에서 아동은 권리를 가지고 있고 유능하고 능동적인 존재이며 성인과 다르게 자신의 목적을 달성하는 과정에서 다양한 선택을 할 수 있고 자신들만의 여러 가지 표현 방식을 가졌다고 보았다. 유아들의 잠재력과 유능함을 믿고 지지해 주면 스스로 생각하고 탐색하고 표현해 내는 능력을 가진 유능한 주인공이라 여겨졌다(김영옥, 2020). 레지오 에밀리아 접근법의 특징은 다음과 같다(박유진, 2017).

표 2-1 레지오 에밀리아 접근법의 특징

특징	내용
발현적 교육과정	• 유아들의 흥미로부터 유도되어야 하며, 유아들이 심도 있게 주제를 탐색해 나갈 때 자연적으로 발현적 교육과정이 일어난다. • 주제 선정은 유아의 흥미나 경험에 의해서 할 수도 있고 교사와 유아 간의 상호 협의를 통해 선정될 수도 있다.
학습을 위한 그리기 활동	• 학습 과정에서 자신의 사고를 표현해 보고자 그리기 활동을 한다. • 그리기 활동은 유아의 이해정도를 알 수 있고, 학습내용을 탐색하기 위해 그리기를 하며, 의사소통의 수단이 될 수도 있다.
상징화의 주기활동	• 자신의 생각을 표현하고자 다른 유아나 교사와 토의하고, 그림 그리고, 조사하고 다시 탐색하고 수정하는 다양하고 상징적인 방법을 사용하게 된다.
의사소통 맥락을 통한 학습	• '아뜰리에스타'라는 미술 교사가 있어 유아들과 표상활동을 하면서 경험을 공유하고, 유아들에게 표상재료나 도구의 사용방법을 가르친다. 미술적인 측면의 기술을 가르치는 것이 아닌 유아와의 의사소통을 통해 표상을 격려하고 지원하는 것이다.
사회적 상호작용	• 또래와 교사와의 인지적 갈등을 토의를 통해 문제해결 능력을 새로운 학습 계기로 활용한다. 이런 협상의 과정을 통해 자율성과 책임감 그리고 소속감을 기르게 된다.
기록화 활동	• 유아들의 작업 등의 활동이나 생활에 대해 체계적으로 기록하고, 기록한 것을 해석하고 연구하는 시간을 갖는다. 자필기록 외에 유아들의 작품, 관찰내용, 녹음, 비디오, 사진을 이용한 기록이 모두 포함된다. 활동 과정에 중점을 두고 있다.

출처: 박유진(2017).

4. 요약

① 우리나라의 유아교육사상은 역사적으로 불교, 유교, 천도교, 기독교의 영향을 받아 왔다. 불교에서는 유아가 전인적으로 성장할 수 있도록 유아의 잠재적인 능력을 개발할 수 있는 환경을 제공하여야 하고 그 중심에 부처의 깨달음이 있어야 한다고 보았다.

② 유교에서 교육의 목적은 이상적인 삶과 인간상에 도달하는 것으로 유아교육에 있어서도 습관교육과 윤리, 예절의 습득이 중요시되었다.

③ 천도교에서는 모든 인간의 평등과 존엄성을 강조하여, 유아가 태어날 때부터 성인과 동등한 가치를 지닌 존재라고 보는 근대적인 아동관을 중요시하였다.

④ 기독교는 1900년대 이후 우리나라 유아교육에 많은 영향을 주었다. 기독교는 유아를 사랑으로 가르치고 누구나 교육을 받아야 한다는 만민 평등의 유아교육을 강조하였다.

⑤ 서양 고대사회의 철학자들은 유아기의 중요성과 유아의 특성을 고려한 교육을 강조하였다. 중세사회에서 교육은 기독교적 신앙에 기초하여, 인간은 악한 성품을 가지고 태어나므로 올바르게 성장하기 위해서는 어려서부터 훈련되어야 한다고 보았다. 근대 유아교육은 실학주의, 계몽주의, 신인문주의 사상에 영향을 받은 코메니우스, 루소, 페스탈로치, 프뢰벨 등의 교육사상에 영향을 받았다.

⑥ 20세기 이후 유아교육은 생활에의 유용성과 경험과 호기심, 자발성을 강조한 듀이, 학습자의 잠재력과 준비된 환경을 주장한 몬테소리, 영유아의 환경적응과 인지도식의 생물학적 발달을 조절, 동화의 과정의 인지 발달단계를 설명한 스위스 교육심리학자 피아제, 부모-교사-지역사회 협력, 유아들의 주도적인 프로젝트 접근법을 현실화시킨 레지오 에밀리아 교육사상에 크게 영향을 받았다.

동영상 시청과 토론

1교시

◆ 동영상

• 유아교육사상가, 페스탈로치의 삶

  https://www.youtube.com/watch?v=wPQhKQT8Woo

◆ 토론

• 페스탈로치의 삶이 유아교사에게 주는 시사점을 이야기해 봅시다.

2교시

◆ 동영상

• 역사채널e 유아교육사상가, 소파 방정환

◆ 토론

• 우리 사회의 모든 유아들은 충분한 존중과 사랑을 받고 있을까요? 토의해
  봅시다.

3교시

◆ 토론

• 이 장에서 언급된 교육사상들을 비교해 보고 교육에 대한 자신의 생각을
  이야기해 봅시다.

심화학습을 위한 자료   • • •

• 『기독교유아교육과정』(임희옥, 김정원, 김정준, 방은정, 최성진 공저, 창지사, 2019)

선정 이유: 기독교 교육의 철학, 심리학, 사회적 기초의 개념을 이해하고 기독교유아교육과정을 통합적으로 적용하는 기독교 교육의 실재를 다룬 책이므로 선정하였다.

• 『우리 반 방정환: 어린이의 벗 방정환, 가족을 만나다!』(장경선 저, 원유미 그림, 리틀씨앤톡, 2022)

선정 이유: 여러 가지 고민으로 현재를 살아가는 어린이들의 마음을 들어주며 새로운 시대의 가족에 대해 다시 생각해 볼 수 있도록 하고, 다양한 시선으로 방정환이 펼치고자 했던 어린이 사랑을 세대를 넘어 생각하도록 하는 책이므로 선정하였다.

• 『아이의 자립심을 키우는 몬테소리 육아: 집에서 할 수 있는 30가지 몬테소리 놀이』(델핀 질 코트 저, 조선혜 역, 한국교육정보연구원, 2021)

선정 이유: 아이들과 함께 동화를 읽으며 실생활에서 아이들이 스스로 무언가를 도전하고 연습하고 직접해 볼 수 있도록 유도하고, 아이와 함께 쉽게 유치원에서 가정에서 할 수 있는 놀이 아이디어가 많은 책이므로 선정하였다.

추천할 만한 견학기관

• 기독교유아교육과정을 운영하는 총신대학교 부속유치원

주소: 서울시 동작구 사당로 143, 전화: 02-3479-0550

• 기독교 사상을 바탕으로 한 이화여자대학교 부속유치원

주소: 서울시 서대문구 이화여대길 52, 전화: 02-362-6177

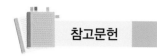 **참고문헌**

곽노의, 홍순정(2000). 유아교육사상. 문음사.

권장진(1997). 프뢰벨과 몬테소리 교육 이론이 현대 유아 교육에 미친 영향에 관한 연구. 경기대학교 교육대학원 석사학위논문.

교육부(1997). 고등학교 유아교육원리. 대한교과서 주식회사.

김숙경(2009). 몬테소리 교육 프로그램의 수학연한과 성별에 따른 유아 정서지능과의 관계. 대구카톨릭대학교 일반대학원 석사학위논문.

김수향, 이경하, 이용주, 임영심(2015). 유아교육개론. 공동체.

김영옥(2020). 유아교육과정. 공동체.

김주영(2008). 생태유아교육과 불교유아교육의 사상에 관한 연구. 동국대학교 교육대학원 석사학위논문.

김형태(1994). 기독교 교육의 기초. 한국장로교 출판사.

나성식(2004). 존 듀이 교육론의 유아교육적 함의. 중앙대학교 대학원 석사학위논문.

문미옥, 이혜상(2003). 동서양이 만난 유아교육개론. 교육아카데미.

박유진(2017). 레지오에밀리아 접근법 교육 경험에 대한 자서전적 연구. 숙명여자대학교 교육대학원 석사논문.

백수정(2003). 최한기의 유아교육사상에 관한 연구. 이화여자대학교 대학원 석사학위논문.

송준식, 사재명(2006). 유아교육의 역사와 사상. 학지사.

송지은(2018). 프뢰벨과 몬테소리의 유아교육이론 비교연구. 서울교육대학교 교육전문대학원 석사학위논문.

심성경, 조순옥, 이정숙, 이춘자, 이선경, 이효숙(2004). 개정 유아교육개론. 창지사.

안인희 역(1987). 현대교육고전의 이해. 이화여자대학교 출판부.

이경민(2011). 프뢰벨의 인간교육에 대한 연구. 한신대학교 대학원 석사학위논문.

이경영(2005). 코메니우스의 범교육사상과 기독교 유아부모교육. 호남신학대학교 기독교상담대학원 석사학위논문.

이계옥(1994). 페스탈로찌의 유아교육사상에 관한 연구. 건국대학교 교육대학원 석사학위논문.

이기숙, 장영희, 정미라, 엄정애(2004). 유아교육개론. 양서원.

이윤경, 김선영, 김성희, 김지은, 나종혜, 문혁준, 신인숙, 안선희, 천희영, 최은미, 황혜신, 황혜정(2004). 유아교육개론. 창지사.

이진구(2002). 루소의 자연주의 유아교육사상 연구. 대구대학교 교육대학원 석사학위논문.

이화여자대학교 사범대학 부속이화유치원(2014). 이화유치원 역사 이야기. 이화여자대학교 출
　판문화원.

중앙대학교 사범대학 부속유치원(2014). 중앙대학교 사범대학 부속유치원 교육과정. 공동체.

지성애, 배율미, 신금호, 박희숙, 정재은, 정하나, 김성희, 신수경(2018). 유아교육개론. 정민사.

최상권(2008). 종교 교육적 핵심가치의 비교 연구. 연세대학교 교육대학원 석사학위논문.

하소윤(2014). 피아제의 인지발달단계에 기초한 유아 음악수업지도법 연구. 경희대학교 교육
　대학원 석사논문.

황해익(2004). 유아교육평가. 양서원.

황해익, 서정현, 송연숙, 이경화, 최혜진, 정혜영, 김남희, 이혜은, 손유진, 박순호, 손원경, 남
　미경, 김인순, 고은미, 유수경(2016). 유아교육개론. 공동체.

Bredkamp, S. (1995). Early Childhood Education. In J. Sikula, T. J. Buttery, & E. Guyton (Eds.),
　Handbook of research on teacher education (pp. 323-347). Basic Books.

Kurt, S. (2022. 11. 17.). Jean Piaget: Biography, Theory And Cognitive Development.
　https://educationlibrary.org/jean-piaget-biography-theory-and-cognitive-
　development/

Mcleod, S. (2023). Piaget's Theory And Stages Of Cognitive Development. https://www.
　simplypsychology.org/piaget.html

Practical Psychology (2023. 9. 20.). https://practicalpie.com/assimilation-vs-
　accommodation/

https://www.reggiochildren.it/en/reggio-emilia-approach/

https://www.reggiochildren.it/en/reggio-emilia-approach/loris-malaguzzi/

03

유아교육과 발달

이성복

핵심주제

- **발달**: 수정에서 사망할 때까지 사람에게 일어나는 체계적이고 연속적인 변화과정
- **발달단계**: 태내기, 영아기, 유아기의 발달 특징을 보이는 발달의 특징적 과정
- **발달영역**: 신체운동 · 건강, 의사소통, 사회관계, 예술경험, 자연탐구 등의 특징에 따라 구분된 상호보완 관계 발달의 영역
- **발달원리**: 발달의 일정한 순서와 방향, 개별차, 연속성, 결정적 시기를 갖춘 발달의 원리
- **발달이론**: 정신분석이론, 행동주의, 천성주의, 상호작용주의 등 유아 발달을 설명할 수 있는 기초 이론
- **발달 특성**: 영아기, 유아기를 중심으로 신체운동 · 건강, 의사소통, 사회관계, 예술경험, 자연탐구 영역별로 나타나는 특성들

1. 발달의 기초

1) 발달의 개념

발달이란 수정에서 사망할 때까지 사람에게 일어나는 체계적이고 연속적인 변화과정을 말한다. 발달(development)은 변화(change)라고 할 수 있으며 변화는 양적, 질적 변화의 과정을 포함한다. 발달이라는 용어와 관계된 개념으로는 성장(growth), 성숙(maturation), 학습(learning) 등이 있다.

성장은 양적으로 증가하는 과정을 말하며 측정 가능한 것이다. 즉, 신체적·생리적 측면의 양적 증가를 의미하며, 신장이나 체중 등의 증가가 그 예라고 할 수 있다. 신체 각 부분의 변화, 기능적 분화, 기능의 계속적인 증가를 성장이라고 본다(Gallahue & Ozmun, 2006).

성숙은 운동이나 감각기관 등에서 일어나는 기능의 변화를 의미하며, 학습에 의해 일어나는 것이 아니라 선천적으로 갖고 태어나는 유전적인 변화를 말한다. 예를 들어, 유전적 성숙에 의해 태어나서 2, 3개월에 옹알이를 하고 1세 정도가 되면 말을 하게 되고 걸음마를 하며, 3, 4세에 운동기능의 성숙이 일어나는 것을 말한다. 성숙은 신체구조, 운동기능, 인지기능, 정서 등에서 일어나는 질적 변화를 의미하며 유전적 힘에 의한 변화를 의미한다.

학습은 후천적인 경험이나 노력에 의해 일어나는 변화나 능력을 획득하는 것으로 연습이나 훈련과 같은 직접적 또는 간접적 경험에 의해 나타나는 발달적 과정을 의미한다. 다시 말해, 학습은 놀이의 연습이나 경험을 통해 생각, 행동, 감정 등에서 이루어지는 비교적 영속적인 변화라고 할 수 있다. 예를 들어, 인간은 인간과의 상호작용을 통하여 인간 개개인의 가치, 신념, 사고방식 등의 학습이 이루어진다.

발달을 변화라고 볼 때 이러한 변화를 일으키는 힘의 근원이 무엇인가에 대한 논의가 끊임없이 이어지고 있다. 즉, 발달은 유전과 환경에 관한 것으로 유전론자들은 정해진 순서에 의해 발달이 일어난다고 보는 반면, 환경론자들은 사회적 환경과 경힘을 중심으로 발달이 일어난다고 본다. 하지만, 최근에는 유전과 환경의 상호작용 속에서 발달이 일어난다고 보는 견해가 지배적이다.

2) 발달의 단계

수정에서 사망에 이르기까지 인간 발달의 단계를 구분하는 데 서로 다른 견해가 있으나 일반적으로 연령에 따라 태아기, 영아기, 유아기, 아동기, 청년기, 성인기, 중년기, 노년기로 나누어진다. 이 중 유아기까지의 발달단계인 태내기, 영아기, 유아기의 특징을 살펴보고자 한다.

(1) 태내기

임신해서 출생까지의 시기를 의미한다. 어머니의 자궁 내에서 태아의 신체 조직이 발달되고 인간 발달 중 신체 성장이 가장 많이 일어나는 단계이다. 수정 후부터 태내 발달이 시작되며 난체기(착상이 일어나는 기간), 배아기(수정 후 약 2~8주 사이), 태아기(수정 8주~출생까지)를 가르킨다. 이 기간 동안 태아의 신체 기관이 형성되고, 각 기관이 기능하기 시작하며, 기관의 크기와 무게가 급속하게 증가한다. 특히, 태내기 첫 3개월 동안은 태내 환경에 의해 신체구조와 기관 형성에 영향을 많이 받기 때문에 조심하여야 한다.

(2) 영아기(0~24개월)

출생 후 약 2주까지는 신생아기라고 하고, 약 24개월까지는 영아기라고 한다. 영아기는 독립적으로 생활할 수 없으므로 신체적, 심리적으로 성인에게 의존하며, 부모나 주 양육자의 돌봄을 통해 애착을 형성한다. 영아기는 출생 후 그 어느 단계보다도 신체의 빠른 성장과 신경 및 대뇌 발달의 중요한 시기이다. 신체 발달의 큰 특징 중 하나는 이동 운동, 즉 걷기를 할 수 있는 단계라는 것이며, 영아기는 감각을 통해 획득한 정보를 지각, 해석할 수 있는 시기이다. 또한 옹알이에서 한 단어, 두 단어를 사용하며 자기중심적 언어를 사용한다.

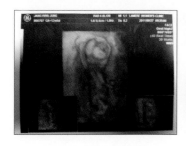  

사진 3-1 태내기, 영아기, 유아기

(3) 유아기

유아기는 0∼8세지만, 학제에 따르면 3세∼취학 전 시기를 유아기로 구분한다. 유아기는 운동 발달이 급속히 일어나고 기본운동능력, 즉 대소근육 운동 기술이 발달되며 자조 기술을 획득하는 시기이다. 어휘력의 증가와 의사소통 기술 및 사고능력이 발달하며 다양한 상상력과 기본적인 학습능력이 발달된다. 유아기는 또래나 이웃과의 접촉을 통해 그 사회에 적합한 구성원으로 성장한다. 또한 자신과 타인의 감정에 대처하는 능력이 발달되고 사회적 상황에 맞는 정서표현력을 기르는 시기이다.

3) 발달의 영역

많은 발달심리학자에 따르면 인간의 발달은 다르게 구분되지만 일반적으로 인간

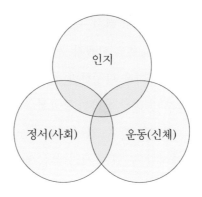

[그림 3-1] 인간의 발달영역

출처: 곽노의, 김경철, 김유미, 박대근(2013).

의 발달은 세 가지 범주에서 다루어지고 있다. 바로 인지, 정서, 운동의 세 영역으로 인지는 인간이 사고하는 영역이며, 정서는 사람의 감정의 영역이고, 운동은 신체 움직임을 일으키는 영역이다. 이러한 세 영역이 있음으로 해서 인간은 생각하고 느끼고 움직이는 것이다. 이 세 부분 외에 사회성과 신체도 발달의 중요한 부분이며 각각의 정서와 운동도 포함시키고 있다. 이러한 발달영역을 중심으로 누리과정에서는 신체운동·건강, 의사소통, 사회관계, 예술경험, 자연탐구영역으로 구분하여 제시하고 있다. 또한 영성심리학자에 따르면 영성 발달 역시 중요한 발달영역이다.

인간행동의 기본이 되는 인지, 정서, 운동 중 유아기에 가장 먼저 발달하는 분야는 정서와 운동이며, 인지의 순이다. 각 발달영역은 개별적이기도 하고 통합되어 영향을 주고받으며 발달하기도 한다.

4) 발달의 원리

이제승(2017)이 제시한 발달의 순서, 발달의 방향, 개인차, 발달과정의 연속성, 발달영역의 상호 연관성, 발달의 결정적 시기에 따른 발달의 원리를 종합 정리하면 다음과 같다.

(1) 발달의 순서

발달에는 순서가 있으며 그 순서는 일정하며 누적적이다. 발달은 일정한 순서를 통해 기존의 발달에 새로운 발달내용이 추가되는 누적적이면서 새로운 형태로 발전되어 나아간다. 이러한 원리는 모든 영역에서 일어난다. 즉, 출생 후 영아는 누워 있다가 뒤집고, 기고, 앉고 그 다음에 걸을 수 있다. 언어 발달 역시 쿠잉, 옹알이, 한 단어, 두 단어 이후 문장으로 말한다.

(2) 발달의 방향

발달은 일정한 방향으로 진행된다. 첫째, 발달은 신체의 위에서 아래로 발달하는 두미 발달의 원칙으로 진행된다. 예를 들어, 신체의 머리 부분이 발달하고 난 이후 몸통이나 팔, 다리가 발달한다. 둘째, 발달은 신체의 중심에서 말초 부분으로 이루어지는 근원 발달의 원칙에 의해 진행된다. 예를 들어, 신체의 중심부에 가까운 다리, 발 그리고 발가락의 말초신경 쪽으로 진행된다. 셋째, 발달은 신체의 일반적인 것에서 세밀한 것으로 이루어지는 세분화 발달의 원칙에 의해 진행된다. 예를 들어, 영아가 사물을 잡으려고 처음에는 팔을 뻗어 손바닥을 이용하여 무작정 잡으려 하지만 점차 손목과 손가락을 이용하여 한 번에 잡을 수 있게 된다.

(3) 개인차

일반적으로 발달의 순서는 일정하지만 속도와 양상은 개인마다 다르게 나타나는 개인차가 있다. 예를 들어, 10개월 정도에 '엄마'를 발화하는 영아가 있는가 하면, 14개월이 되어도 '엄마'를 말하지 못하는 영아도 있다. 영아의 신장, 몸무게, 언어능력, 신체 발달, 정서적 반응 등 발달의 순서는 동일하지만 발달의 속도는 각각 차이가 나타난다. 모든 발달영역에서 개인차가 나타나지만 영역에 따라 다르게 나타날 수 있다. 예를 들어, 동일 연령의 영아와 비교해서 신체 발달, 즉 키와 몸무게가 같다 하더라도 언어능력이나 인지능력은 다를 수 있다.

(4) 발달과정의 연속성

발달은 연속적인 과정으로 이전 단계의 발달에 근거하여 다음 단계의 발달로 진행된다. 또한 발달이 이루어지는 시기는 발달영역에 따라 다르게 나타나지만 발달은 끊임없이 진행된다. 예를 들어, 영아가 뒤집기를 한 후에 기어다닐 수 있으며, 중심을 잡고 설 수 있게 되어야 걷기 운동을 할 수 있게 된다. 또한 영아기에 급속한 성장을 보이는 신체 발달이 유아기에는 영아기만큼의 속도를 나타내지 않으며 옹알이나 한두 단어를 나타내는 영아기와 다르게 유아기는 언어적 폭발 시기로 어휘력이 놀랍게 증가하는 언어능력의 발달을 보여 준다.

(5) 발달영역의 상호 연관성

발달의 각 영역은 상호 영향을 미치며 밀접한 연관성을 가지고 있다. 즉, 한 영역의 발달은 다른 영역의 발달에 직간접적으로 영향을 주고받는다. 예를 들어, 언어능력이 발달된 영아는 사고의 발달과 사회성 발달에 영향을 미친다. 따라서 각 영역은 서로 유기적으로 연결되어 있기 때문에 발달은 서로 분리하여 생각할 수 없다. 즉, 한 영역의 발달 또는 지체는 다른 영역의 발달을 촉진 또는 지연시키게 한다.

(6) 발달의 결정적 시기

발달에는 최적의 발달이 이루어질 수 있는 결정적 시기(critical period) 또는 민감기(sensitive period)가 있다. 발달이 연속적으로 일어나지만 각 영역의 발달에 결정적 시기가 있다. 예를 들어, 영아기 영아와 주 양육자와의 애착형성은 이후 성격발달에 영향을 미치며 2~5세에 폭발적인 어휘력의 증가는 언어 발달에 영향을 미친다.

2. 발달이론

20세기 초 아동 연구가 활발하게 이루어지면서 아동 발달에 관한 이론들이 확립되었다. '인간 발달과정에 영향을 미치는 요인은 무엇인가? 무엇이 발달을 일으키는가?'라는 논쟁은 오랜 시간 동안 지속되고 있다. 대표적으로 발달은 유전에 의해 영향을 받는다는 것과 환경에 의해 영향을 받는다는 이론뿐만 아니라 유전과 환경의 영향으로 발달이 일어난다는 것이다. 아동 발달과 관련된 대표적인 이론을 살펴보면 다음과 같다(정희영 외, 2014).

1) 정신분석이론

정신분석이론은 인간의 행동을 일으키는 정신의 무의식적인 힘을 분석하고 밝히는 데 목적을 둔 이론으로 프로이트(Freud)의 심리성적 이론과 에릭슨(Erikson)의 심리사회적 이론을 다루면 다음과 같다.

(1) 심리성적 이론

프로이트(Sigmund Freud, 1856~1936)는 임상실험을 통해 환자의 문제가 어린 시절 성적 본능에서 비롯되었다는 것을 알고 인간의 가장 중요한 욕구라고 보았다. 이

것을 리비도(libido)라고 불렀으며 어린이가 성장함에 따라 리비도가 집중되는 신체 부위가 달라진다고 보았다. 리비도의 집중이 입에서 항문으로, 항문에서 성기로, 무의식에 잠재되었다가 다시 성기 부위로 위치가 달라짐에 따라 구강기, 항문기, 남근기, 잠복기, 생식기의 5단계로 설명될 수 있다고 하였다.

① 구강기

구강기(oral stage)는 출생 후 1년까지에 해당되며 성적 리비도가 입과 구강 부위의 자극으로 쾌락을 추구하는 단계이다. 이 시기의 영아는 대부분 빠는 행동으로 쾌락을 얻는다. 이 시기에 많이 빨고 깨물고 하는 행동은 리비도의 욕구를 충족시키게 된다.

② 항문기

항문기(anal stage)는 1세에서 3세까지에 해당되며 리비도가 입과 구강에서 항문 주위로 옮겨간다. 괄약근의 발달로 배변을 통제하게 된 영아는 배변조절 능력을 통해 쾌락을 얻으며 리비도의 만족을 얻는다. 그러므로 항문기에 배변훈련이 일어나므로 시기와 훈련방법을 영아의 욕구 발달단계에 맞게 적용하는 것이 중요하다.

③ 남근기

남근기는 3세에서 6세까지에 해당되며 항문에서 성기로 리비도가 옮겨가는 시기이다. 성기를 통해 성적 쾌락을 얻을 수 있는 단계로 성기에 대한 인식이 시작되는 단계이다. 남자와 여자에 대한 인식을 통해 남자아이는 오이디푸스 콤플렉스, 여자아이는 엘렉트라 콤플렉스를 경험한다.

④ 잠복기

잠복기는 6세에서 12세까지에 해당되며, 리비도는 여전히 성기 부위에 있으나 성적인 욕구나 흥미가 약해지는 단계이다. 반면, 성적인 에너지를 학교생활, 운동 등과 같은 사회적으로 바람직한 활동으로 주의를 기울인다.

⑤ 생식기

생식기는 12세부터 시작되며 생식기가 성숙되고 호르몬 분비가 되면서 생식기 부위를 통한 성적인 만족을 얻고자 하는 단계이다. 이성에 대한 관심이 높아지고 성 행위를 통한 리비도의 만족을 추구한다. 이러한 리비도의 표출형태는 전 생애를 걸 쳐 지속된다.

(2) 심리사회적 이론

에릭슨(Erikson, 1902~1994)은 발달에서 사회적 맥락을 강조하면서 프로이트의 심 리성적 5단계에 기초하여 8단계의 심리사회적 발달이론을 정립하였다. 에릭슨은 본 능과 욕구뿐 아니라 사회문화적 요구 간의 상호작용을 통해 발달한다고 보았다. 또 한 프로이트의 제한적 발단단계를 말하기보다는 전 생애 발달단계인 신뢰감 대 불신 감, 자율성 대 수치심과 회의감, 주도성 대 죄책감, 근면성 대 열등감, 정체감 대 역할 혼미, 친밀감 대 고립감, 생산성 대 침체감, 자아통합 대 절망감으로 8단계를 제시하 였다. 여기에서는 유아기까지의 3단계까지만 살펴보고자 한다(김현호 외, 2015).

① 신뢰감 대 불신감

이 시기는 프로이트의 구강기에 속하며, 영아가 세상과 사람에 대해 신뢰할 수 있 느냐 없느냐에 관한 것으로 영아는 어머니(주 양육자)와의 관계를 통해 신뢰감을 형 성한다. 영아는 자신의 심리적·신체적 욕구가 충족되면 신뢰감을 형성하지만 그 렇지 못하면 불신을 갖게 된다.

② 자율성 대 수치심과 회의감

프로이트의 항문기에 속하는 단계로 배변조절 능력을 통한 자율성의 발달로 스스 로 할 수 있는 행동을 통해 자율성을 기르는 단계이다. 이러한 자율적 행동에 대한 외 부 통제가 엄격하게 이루어지면 무능력감을 느끼고 수치심과 회의감을 갖게 된다.

③ 주도성 대 죄책감

프로이트의 남근기에 속한 시기이며 이 시기의 유아는 호기심이 증가하고 어휘력의 증가로 질문을 많이 하며 가상놀이, 상상놀이가 발달하면서 유아 스스로 행동에 대한 목표와 계획을 세우고 그것을 달성하고자 하는 주도성이 발달한다. 주도성을 가지고 목표를 세우고 행동한 것에 대해 가족이나 주변 사람들로부터 제재를 받거나 벌을 받게 되면 자신감을 잃고 죄책감을 갖게 된다. 따라서 유아의 주도성 발달을 위해 부모나 성인의 심리적 지원이 중요한 역할을 한다.

(3) 애착이론

애착은 특정 대상과 접촉하고 근접하려는 정서적 유대관계로(곽노의 외, 2013), 볼비(Bowlby, 1907~1990)는 동물행동학으로부터 영향을 받아 동물의 각인 현상이 인간의 애착과 관련된다고 하며 애착을 가장 먼저 소개하였다. 즉, 동물 새끼의 사회적 행동을 중심으로 밝혀진 각인 현상을 사람인 아기의 애착 과정과 비교하였는데, 유아의 애착 행동이 발달하는 방식과 애착 행동이 차별화된 인물들에게 집중되는 방식이 포유류나 조류에서 발달하는 방식과 유사함을 밝혀 애착이 각인에 포함된다고 하였다. 애착은 특정 대상을 중심으로 형성하는데 애착 행동을 유도하는 반응들로는 울기와 미소 짓기, 따라가기와 매달리기, 빨기, 부르기 등이 있다(Bowlby, 2008).

애착은 양육자에 대한 근접성으로 양육자와의 상호작용을 통해서 발달하며 볼비는 애착의 발달을 다음과 같이 4단계로 나누어 설명하고 있다(정희영 외, 2014).

① 1단계(출생~8주 혹은 12주)

유아는 후각과 청각이라는 제한된 자극으로 인물을 제한적으로 구별하는 지향성과 신호를 갖는다. 유아는 가까이 있는 사람에게 몸을 향하기, 눈의 움직임 추적하기, 붙잡기와 손뻗기, 미소 짓기와 옹알이 등의 행동방식을 취하여 가까이 있는 사람의 행동에 영향을 주고 함께 있는 시간을 증가시킨다.

② 2단계(12주~6개월)

청각과 시각 자극에 대한 차별적 반응으로 한 사람 혹은 그 이상의 구별된 인물들에게 향하는 지향성과 신호를 갖는다. 이런 태도는 다른 사람들보다 엄마에게 더 두드러지게 나타난다.

③ 3단계(6개월~2세 혹은 3세)

신호와 이동에 의해 구별된 인물에 대한 근접성을 보인다. 떠나가는 엄마 따라가기, 되돌아오는 엄마 반기기, 엄마를 탐색의 기지로 활용, 확대하며 타인에 대한 우호적이며 무차별적 반응이 약화된다. 특정 타인을 선택하여 하위 애착–인물로 삼으며 엄마–인물에 대한 애착이 분명해진다.

④ 4단계(3세 이후)

목표 수정적 체계들을 이용하여 애착 인물에 대한 근접성을 유지하기 시작한다. 아이는 엄마의 행동이 무엇에 영향을 받는지에 대하여 엄마의 느낌과 동기에 대한 통찰력을 획득하게 되어 서로에 대해 복잡한 관계를 발전시킬 수 있는 동반자적 관계를 형성한다.

2) 행동주의 이론

행동주의 이론에서는 발달이 유전적인 내적인 힘에 의해 이루어진다고 보지 않고 다양한 환경의 자극에 의해 일어난다고 본다. 행동주의는 로크의 백지설에 영향을 받아 왓슨에 의해 창시되었으며 이후 파블로프, 손다이크, 스키너, 밴듀라에게 영향을 미쳤다(심성경 외, 2017).

(1) 고전적 조건화

파블로프(Pavlov, 1849~1936)는 음식에 대해 선천적인 반사 반응으로 침이 분비되는 사실을 근거로 음식에 대해 개의 타액 분비를 실험하는 과정에서 음식을 가져오는 사람의 발자국 소리만 듣고도 개가 침을 흘리는 것을 발견하였다. 음식에 대한 자극으로 음식을 주기 전 종소리를 들려주었는데 이후 종소리만 듣고도 침을 흘리기 시작했다. 이는 반사 반응을 일으키는 자극(음식)이 중립 자극(종소리)과 연합되면 그 중립 자극 자체가 반응을 일으키게 되는데 이것이 '고전적 조건화'이다.

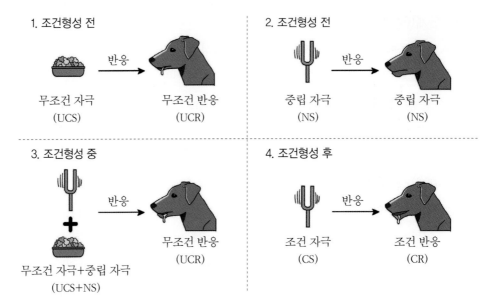

1. 조건형성 전

무조건 자극 →반응→ 무조건 반응
(UCS) (UCR)

2. 조건형성 전

중립 자극 →반응→ 중립 자극
(NS) (NS)

3. 조건형성 중

무조건 자극+중립 자극 →반응→ 무조건 반응
(UCS+NS) (UCR)

4. 조건형성 후

조건 자극 →반응→ 조건 반응
(CS) (CR)

[그림 3-2] 파블로프의 고전적 조건형성에 대한 개의 실험 모형

출처: 정희영 외(2014).

(2) 조작적 조건화

스키너(Skinner, 1904~1990)는 고전적 조건화가 선천적인 반사 행동을 설명하는 데는 유용하지만 유기체 스스로 조작하는 행동을 설명하는 데는 부족하다고 보았으며, 쥐가 먹이를 얻기 위해 지렛대를 누르는 조작적 행동이 강화에 의해 반복적으로 나타나는 실험을 통해 조건형성의 원리를 주장했다. 개가 종소리를 듣고 침을 흘리는 것은 수동적으로 형성된 것이지만 쥐가 능동적으로 지렛대를 밟아 먹이를 얻는 것은 자극과 행동 간의 인과관계를 학습한 것이라고 보았다.

(3) 사회학습이론

직접적인 강화에 의해 반응이 일어난다고 보았던 행동주의와는 다르게 밴듀라(Bandura, 1925~2021)는 관찰을 통해 행동을 모방하거나 동일시한다는 사회학습이론을 주장하였다. 관찰학습은 다른 사람의 행동에 대한 관찰을 통한 모방과 모델링을 통해 다른 사람의 행동을 인지적으로 재현하고 행동한다는 것이다(정옥분, 2006).

3) 인지 발달 이론

(1) 피아제의 인지 발달

인지 발달에 관한 체계적이고 종합적인 학문적 이론을 세운 학자는 피아제 (Piaget, 1896~1980)이다. 인지 발달을 이해하는 것은 인간의 지적 능력이 환경과의 상호작용을 통하여 어떻게 변화되는가의 과정과 변화의 양상을 아는 것이다. 피아제는 아동의 인지 발달단계를 감각운동기, 전조작기, 구체적 조작기, 형식적 조작기의 4단계로 나누었다(정희영 외, 2014).

① 감각운동기(0~2세)

생후 초기 영아는 감각과 운동을 통해 주변 세계와 사물을 인식하며 인지 발달을 형성한다. 즉, 영아는 눈, 코, 입, 귀 등으로 세상을 인식하고 단순한 문제해결 방법들을 습득해 간다. 감각운동기의 중요한 특징의 하나는 대상 연속성 개념이다. 대상 연속성이란 어떤 대상이 눈에 보이지 않아도 그 대상은 계속 존재한다고 인식하는 능력이다. 영아 초기에는 이 개념이 없지만 12개월이 되면 대상 연속성 개념을 획득하게 된다.

② 전조작기(2~7세)

전조작기 유아는 상징적으로 사고하는 능력이 활발히 발달하는 시기로 유아의 언어능력이 급격하게 발달하는 시기이다. 상상력의 발달로 가상놀이가 활발하게 일어나지만 논리적 조작능력은 어려운 단계이다. 이 시기는 직관적 사고와 자기중심성, 물활론적 사고 등의 특성을 지니고 있다.

③ 구체적 조작기(7~11세)

이 시기의 아동은 논리적 사고가 가능하며, 전조작기에 가지지 못했던 보존 개념이 획득되고 탈중심화를 통해 자신과 다른 타인의 입장을 이해할 수 있는 사고능력을 지닌다. 또한 유목화, 서열화, 분류화를 할 수 있고 인과관계를 판단할 수 있다. 그러나 추상적으로 사고하기는 어렵다.

④ 형식적 조작기(12세 이후)

이 시기의 아동은 구체적인 사물에 대한 사고 조작능력에서 벗어나 추상적이고 논리적인 사고를 할 수 있는 단계이다. 체계적이고 과학적 사고가 가능해지며 귀납적, 연역적 방법을 사용하여 문제를 해결할 수 있는 능력을 가진다.

(2) 비고츠키의 사회문화적 인지이론

비고츠키(Vygotsky, 1896~1934)는 인간의 발달은 사회적 · 문화적 배경에 따라 다르며 그가 속한 사회적 · 문화적 배경에 영향을 받아 발달한다고 보았다. 피아제는 유아가 환경과의 상호작용을 통해 인지 발달이 일어난다고 설명하였지만 비고츠키는 성인과 또래와의 사회적 상호작용을 통해 인지 발달이 이루어진다고 하였으며 인지 발달에서 언어의 중요성을 강조하였다. 언어는 사고와 인지 발달을 촉진하는 매개체 역할을 하는데 유아의 혼잣말은 유아 스스로 문제해결을 할 수 있도록 도와준다. 또한 언어는 사회구성원들의 생각과 사물을 이해하는 방식 등을 서로 공유할 수 있는 문화적 도구의 역할을 한다. 성인이나 또래와의 언어적 상호작용은 유아의 사고 및 인지 발달을 돕고 그가 속한 사회의 문화와 가치 등을 배우게 된다(정희영 외, 2014).

① 근접발달영역

비고츠키는 발달수준을 현재적 발달수준과 잠재적 발달수준으로 구분하고 이 두 수준 사이에 존재하는 영역을 근접발달영역이라고 하였다. 유아는 근접발달영역을 스스로 해결할 수는 없지만 성인이나 유능한 또래의 도움을 받아 해결할 수 있는 영역이다. 예를 들어, 혼자서는 10조각의 퍼즐을 맞출 수 없지만 또래의 도움을 받아 퍼즐 맞추기를 완성할 수 있게 된다. 근접발달영역은 같은 연령이라 하더라도 개인에 따라 다를 수 있다.

② 비계설정

비계설정이란 유아 스스로의 힘으로 문제를 해결할 수 있도록 성인이나 유능한 또래가 도움을 주는 것을 뜻한다. 근접발달영역과 매우 밀접한 연관이 있는 개념으로, 비고츠키는 유아의 인지 발달은 그가 속한 사회의 성인이나 유능한 또래와의 상호작용을 통해 이루어진다고 보았다. 즉, 유아가 어떤 문제에 직면했을 때 성인이나 유능한 또래가 문제해결을 위해 질문하거나, 힌트를 주거나, 시범을 보여 주는 등 도움을 제공할 수 있는데 이러한 도움을 지지대라는 뜻으로 비계설정이라고 한다.

4) 신앙 발달

신앙의 발달이란 신앙의 현상을 발달심리학적 관점으로 지속적인 발달단계의 관점으로 바라보는 것을 말한다. 다시 말해, 신앙도 발달의 단계가 있으며 모든 사람은 이 단계를 따른다. 각 단계는 나름대로의 고유한 특성이 있으며 한 단계는 다음 단계와 질적인 차이를 갖는다(박원호, 1991). 유아의 신앙교육을 효과적으로 실시하기 위해서 유아의 신앙이 어떻게 발달되는가에 대한 이해를 하는 것은 중요하다. 즉, 유아가 하나님에 대한 개념을 언제 그리고 어떻게 발달시킬 수 있는가에 대한 관심과 이해는 유아의 신앙 발달을 위한 핵심적 요소라고 할 수 있다. 따라서 유아의 신앙이 어떻게 발달하는가를 신앙 발달이론가 파울러(Fowler)의 이론을 중심으로 살펴보고자 한다(정희영, 2004).

(1) 제임스 파울러의 신앙 발달단계

미국 에모리대학교 신학 및 인간 발달학 교수였던 파울러(James W. Fowler, 1940~2015)는 신앙을 인간의 보편적이며 궁극적인 것으로 이해했다. 그래서 신앙 성장은 일평생을 통해 나타나며, 그 성장은 삶의 의미와 직결되어 있다고 보았다(박원호, 1991) 파울러에 의하면 신앙이란 한 순간에 생겨나 완성되기보다는 인간의 정신 속에 있는 하나의 가능성을 가진 씨앗과 같은 것으로서 점점 성장하고 발달해 감에 따라 서서히 자라서 신앙으로 발전해 나간다고 하였다. 따라서 신앙 성장에 관심을 갖는 사람으로서는 외적인 모습이나 내용 못지않게 내적인 구조의 변화에 관심을 가져야 하고 내적인 구조의 변화가 나타나야 참된 의미의 성장을 말할 수 있다고 하였다(이소희, 2002).

파울러는 신앙 발달을 7단계로 나누어 설명하였다. 이는 미분화된 신앙, 직관적−투사적 신앙, 신화적−문자적 신앙, 종합적−인습적 신앙, 개인적−반성적 신앙, 접속적 신앙, 보편화된 신앙의 7단계이다(박원호, 1996). 유아기에 속하는 0단계와 1단계의 특징을 살펴보면 다음과 같다.

① 0단계: 미분화된 신앙(0~4세)

이 단계는 대략 출생에서 4세까지의 유아가 포함된다. 유아들의 신앙은 출생하고 양육되는 관계 속에서 시작된다. 이 시기의 유아에게 있어 부모의 얼굴, 엄마의 가슴, 영아용 침대, 딸랑이는 궁극적인 환경이 된다. 부모는 유아의 세계를 형성하고 구조화하는 역할을 하므로 유아들의 발달에 있어 매우 중요하다고 할 수 있다(정희영, 2004). 이 시기 유아들의 신앙은 부모와의 관계를 통해 획득되는 신뢰감에서 비롯되며 이러한 신뢰감은 향후 모든 종교적 신앙의 기초 역할을 한다. 즉, 이 시기는 양육자와의 상호작용을 통해 하나님에 대한 전 이미지(Pre-image)가 형성되는 시기로 아직 신앙의 단계라고 부르기에는 이르며 오히려 신앙의 기초가 되는 덕목들이 형성되는 시기이다.

이 시기에는 아직 언어나 개념을 사용하고 형성하는 능력이 발달되어 있지 않고 무의식적으로 세상과 타인 그리고 자신에 대한 태도를 형성하며 본능적인 반사 작용이 주된 수단이다. 이 시기에 신뢰(불신)와 희망(절망), 용기(비겁) 등과 같은 덕목이 길러지며 이는 후일의 신앙 발달에 기초가 된다. 따라서 이 시기는 주 양육자와의 신뢰를 형성하는 것이 신앙 발달과 인간 발달의 기초가 된다고 볼 수 있다.

② 1단계: 직관적−투사적 신앙(4~7, 8세)

대략 4세에서 7, 8세 연령의 유아들이 이 단계에 해당된다. 피아제의 전조작기에 상응하는 단계로 1단계 유아는 사고의 능력이 한정되어 있으며 감각적 경험을 의미 있는 대상으로 조직하기 위하여 언어와 상징적 표현이라는 도구들을 사용한다.

이 시기의 유아는 자기중심적이기에 다른 사람의 관점을 취하는 능력이 제한되어 있으며, 논리적 사고보다는 직관적 사고를 하고 무한한 상상력을 사용한다. 유아들은 아직 환상과 사실을 구분하지 못하며 환상의 세계를 실제의 세계로 여기며 주로 자신의 감정을 사용하여 세상을 대한다(Fowler, 1981). 즉, 유아들의 사고능력은 한정되어 있으며 그들의 세계는 상상으로 가득 차 있다. 이 단계의 유아들은 직관적 사고를 하며 다른 사람의 관점을 취하는 능력이 제한되어 자기중심적으로 이해한다. 또한 유아의 사회의식은 가정에 한정되며 권위는 성인에게서 비롯된다. 그러므로 이 단계에서 유아의 신앙은 자기와 깊은 관계를 맺고 있는 성인의 신앙 본보기, 신앙적 분위기, 신앙 행동에 의해 강하고 지속적인 영향을 받으며 성인으로부터 채택한 것을 모방함으로써 발달하게 된다.

3. 영유아 발달

1) 영아기 발달

(1) 신체 및 운동 발달

① 신체 발달

신체 크기의 변화   영아기는 급격한 신체 발달을 보이며 키와 몸무게가 지속적으로 성장한다. 일반적으로 태어날 때 영아의 키는 남아는 평균 49.9cm이고, 여아는 평균 49.1cm이다. 첫돌이 지나면 일반적으로 출생 시 키보다 1.5배 정도 증가한다. 신생아의 체중은 남아의 경우 평균 3.3kg이고, 여아의 경우 평균 3.2kg이다. 첫돌 무렵에는 출생 시 체중의 약 3배인 10kg 정도로 급성장한다(질병관리본부, 2017).

영아의 신체 중 두뇌의 발달이 가장 먼저 일어나는데 2개월 된 태아의 경우 두뇌가 먼저 성장하여 머리 크기는 전신의 1/2 정도를 차지한다. 출생 후 신생아의 머리 비율은 전신의 1/4 정도이며, 이후 몸통과 팔다리의 성장이 이루어져 성인이 되었을 때 머리 크기가 전신의 1/6~1/8 정도가 된다(〈표 3-1〉 참조).

표 3-1 소아발육표준치

남자				나이	여자			
신장 (cm)	체중 (kg)	체질량지수 (kg/m2)	머리둘레 (cm)	(개월/세)	신장 (cm)	체중 (kg)	체질량지수 (kg/m2)	머리둘레 (cm)
49.9	3.3		34.5	0개월	49.1	3.2		33.9
54.7	4.5		37.3	1개월	53.7	4.2		36.5
58.4	5.6		39.1	2개월	57.1	5.1		38.3
61.4	6.4		40.5	3개월	59.8	5.8		39.5
63.9	7.0		41.6	4개월	62.1	6.4		40.6
65.9	7.5		42.6	5개월	64.0	6.9		41.5
67.6	7.9		43.3	6개월	65.7	7.3		42.2
69.2	8.3		44.0	7개월	67.3	7.6		42.8
70.6	8.6		44.5	8개월	68.7	7.9		43.4
72.0	8.9		45.0	9개월	70.1	8.2		43.8
73.3	9.2		45.4	10개월	71.5	8.5		44.2
74.5	9.4		45.8	11개월	72.8	8.7		44.6
75.7	9.6		46.1	12개월	74.0	8.9		44.9
76.9	9.9		46.3	13개월	75.2	9.2		45.2
78.0	10.1		46.6	14개월	76.4	9.4		45.4
79.1	10.3		46.8	15개월	77.5	9.6		45.7
80.2	10.5		47.0	16개월	78.6	9.8		45.9
81.2	10.7		47.2	17개월	79.7	10.0		46.1
82.3	10.9		47.4	18개월	80.7	10.2		46.2
83.2	11.1		47.5	19개월	81.7	10.4		46.4
84.2	11.3		47.7	20개월	82.7	10.6		46.6
85.1	11.5		47.8	21개월	83.7	10.9		46.7
86.0	11.8		48.0	22개월	84.6	11.1		46.9
86.9	12.0		48.1	23개월	85.5	11.3		47.0
87.1	12.2	16.0	48.3	2세	85.7	11.5	15.7	47.2
97.9	13.3	15.8	48.9	2세 6개월	90.7	12.7	15.5	47.9
96.5	14.7	15.9	49.8	3세	95.4	14.2	15.8	48.8
99.8	15.8	15.9	50.2	3세 6개월	98.6	15.2	15.7	49.3
103.1	16.8	15.9	50.5	4세	101.9	16.3	15.7	49.6
106.3	17.9	15.9	50.8	4세 6개월	105.1	17.3	15.7	49.9
109.6	19.0	15.9	51.1	5세	108.4	18.4	15.7	50.2
112.8	20.1	16.0	51.4	5세 6개월	111.6	19.5	15.8	50.6
115.9	21.3	16.0	51.7	6세	114.7	20.7	15.8	50.9
119.0	22.7	16.2		6세 6개월	117.8	22.0	15.9	
122.1	24.2	16.4		7세	120.8	23.4	16.1	
127.9	27.5	16.9		8세	126.7	26.6	16.6	
133.4	31.3	17.6		9세	132.6	30.2	17.2	
138.8	35.5	18.4		10세	139.1	34.4	17.8	
144.7	40.2	19.1		11세	145.8	39.1	18.5	
151.4	45.4	19.8		12세	151.7	43.7	19.1	
158.6	50.9	20.3		13세	155.9	47.7	19.7	
165.0	56.0	20.8		14세	158.3	50.5	20.3	
169.2	60.1	21.2		15세	159.5	52.6	20.8	
171.4	63.1	21.6		16세	160.0	53.7	21.0	
172.6	65.0	21.9		17세	160.2	54.1	21.1	
173.6	66.7	22.3		18세	160.6	54.0	21.0	

출처: 질병관리본부(2017).

골격과 근육의 변화　　영아의 골격은 태아기에 형성된 부드러운 연골이 점차 석회질화되어 경화된다. 경화는 뼈가 단단해지는 것을 말한다. 성장기 동안 뼈는 계속해서 만들어지고 손목뼈의 경우 12개월 영아는 3개이며 사춘기에는 9개로 늘어난다.

신생아의 근육은 매우 약해 35%가 수분으로 되어 있다. 그러나 근육조직 속의 세포질 용액에 단백질과 염분이 첨가되면서 근섬유로 성장하기 시작한다. 5개월쯤 되면 목을 가눌 수 있을 정도가 되며, 등배 근육이 발달하여 뒤집기를 할 수 있게 된다. 근육의 발달은 두부에서 미부로, 중심에서 말초 방향으로, 대근육에서 소근육으로 발달한다.

뇌의 발달　　출생 직후 신생아의 뇌 무게는 400g 정도로 성인 뇌의 25~30% 정도에 불과하다. 그러나 2세경이 되면 성인 뇌의 75%까지 증가하며 급격한 두뇌성장을 이룬다. 사람의 뇌는 1조 개 이상의 고도로 분화된 뉴런이라는 신경세포로 구성되고 신경세포들은 시냅스로 연결되어 있으며, 뇌를 구성하는 또 하나의 세포인 '신경교'의 발달이 두뇌 성장을 급속하게 하는 데 작용한다고 한다. 또한 출생한 영아의 움직임과 자극은 뇌 발달에 유익을 준다. 영아가 신체적으로 활발히 움직이고 운동함으로써 두뇌에 영향을 공급하고 뇌신경 전달물질을 촉진시켜 두뇌 기능을 향상시키며, 영아가 경험하는 다양한 감각적 자극에 의해 발달한다(Tanner, 1990: 곽노의 외, 2013 재인용).

치아 변화　　출생 후 6개월 정도가 되면 이가 나기 시작하는데, 영아들마다 이가 나는 시기는 조금씩 다르다. 일반적으로 영아의 이는 아랫니부터 나기 시작하는데 일정한 순서대로 진행된다. 유치인 앞니가 나면서 순서대로 양옆으로 이가 나서 생후 12~14개월경 첫 번째 어금니가 나고 생후 20~24개월 정도에 두 번째 어금니가 난다. 치아는 개인차가 커서 최근에는 출생 시 이를 가지고 태어나는 경우도 있고 8개월이 지나서 이가 나는 경우도 있다. 영아의 유치는 모두 20개이고 성장하면서 영구치로 바뀌게 된다.

② 운동 발달

신생아는 다양한 반사를 가지고 태어나며 신생아에게 나타나는 반사운동은 생존과 직결되는 생존 반사와 일정 기간이 지나면 사라지는 원시 반사가 있다. 반사 기능들은 일정 기간이 지나면 사라지는데 이는 대뇌피질이 발달하기 때문이다. 대뇌피질이 발달함에 따라 그동안 피질하(subcortical)의 뇌간(brainstem)에서 지배되던 반사운동은 억제되고 자발적이며 의식적인 운동능력이 발달해 간다(기순신, 김호인, 2012).

표 3-2 신생아 반사

종류	반사	반응과 의미	사라지는 시기
생존 반사	눈 깜박임 반사	눈에 강한 빛이 비치거나 물체가 급히 다가오면 눈을 감거나 깜박여 눈을 보호한다.	지속
	호흡 반사	반복적인 들숨과 날숨을 쉼으로써 체내에 산소를 공급하고 이산화탄소를 방출한다.	지속
	젖 찾기 반사	뺨을 만지면 접촉된 방향으로 고개를 돌리고 빨려고 한다. 아기가 젖꼭지를 찾아 젖을 먹을 수 있도록 한다.	생후 몇 주 내에 사라짐
	빨기 반사	입이나 입술을 자극하면 빨기 시작한다. 생존을 위해 영양을 섭취할 수 있도록 한다.	생후 1년
	삼키기 반사	입속에 음식물이 들어오면 삼킨다. 생존을 위해 영양을 섭취할 수 있도록 한다.	지속
원시 반사	모로 반사	Moro가 발견한 반사로, 아기의 머리 위치를 갑자기 변화시키거나 큰 소리를 내면 팔과 다리를 순간적으로 떨며 움직여 무엇을 껴안으려는 듯한 행동을 보인다.	생후 3~4개월
	바빈스키 반사	Babinski가 발견한 반사로, 아기의 발바닥을 자극하면 발가락을 부챗살처럼 펴는 반사 행동을 보인다.	생후 8개월 ~1년
	잡기 반사	손바닥을 물체로 자극하면 손을 오므려 물체를 잡는다. 원숭이의 매달리기 행동이 진화되면서 남은 흔적으로 해석하는 학자도 있다.	생후 3~4개월
	걷기 반사	아기의 몸을 세워서 발바닥이 지면에 닿게 하면 마치 걷는 것처럼 다리를 움직이는 반사이다.	생후 8주 무렵
	수영 반사	아기를 물속에 넣으면 숨을 멈추고 팔다리를 움직이는 반사운동을 한다. 이로 인해 영아는 물에 뜨게 되어 생존확률을 높인다.	생후 4~6개월

출처: 기순신, 김호인(2012).

대근육 발달　　영아의 대근육 운동은 이동 운동으로 나타나는데 이는 팔다리를 이용하여 몸을 한 장소에서 다른 장소로 이동시키는 것으로 기어가기, 걷기, 달리기 등을 말한다. 이러한 이동 운동은 영아기에 현저한 발달을 보이는데 1~2개월의 영아는 머리를 앞으로 들어 올릴 수 있고, 3개월이 되면 가슴을 들어 올리고 팔을 사용하여 균형을 잡는다. 3~4개월에는 뒤집기를 하고, 7~8개월에는 기어다니고, 8~10개월에는 혼자 일어서고, 10~11개월에는 가구를 붙잡고 이동할 수 있다. 12개월 이후에는 혼자서 걷기를 하다가 18개월 이후에는 달리기를 할 수 있을 만큼 대근육 발달을 이룬다.

소근육 발달　　영아의 소근육 운동능력은 '잡기 반사'에서 시작되지만 그것을 통제하는 능력은 없다. 출생 후 12주가 되면 스스로 잡기를 할 수 있고, 16~44주 사이에는 자극에 따라 손가락을 움직일 수 있다. 엄지와 집게의 사용은 약 8~10개월에 가능하며, 1세가 되면 손가락으로 물체를 쉽게 잡는다. 영아의 소근육 운동능력은 순서가 비슷하게 나타나지만 발달의 시기에는 개인차가 있다.

사진 3-2　영아의 대·소근육 발달

표 3-3 영아 소근육 발달의 예

출생~6개월	
2개월	딸랑이를 거칠게 잡는다.
2개월 반	한 물체에서 다른 물체를 볼 수 있다.
3~4개월	단순한 방법으로 딸랑이를 가지고 놀고 눈으로 움직이는 공을 따라갈 수 있다.
4개월	입으로 물건을 가져갈 수 있다.
4~5개월	두 개의 사물을 잡을 수 있다.
5개월	한 손에서 다른 손으로 물체를 옮길 수 있다.
5~6개월	앉아 있는 동안 눈으로 물체를 쫓을 수 있다.
6~12개월	
6개월	어른의 움직임을 눈으로 쫓는다.
6개월 반	사물을 조작하고 탐구한다. 딸랑이를 손으로 뻗어 잡는다.
7개월	물건을 잡으려고 줄을 당길 수 있다.
7개월 반~8개월 반	엄지와 다른 손가락으로 물건을 잡는다.
8~9개월	테이블의 장난감을 잡기 위해 손을 계속 뻗는다. 손가락을 두드린다. 컵 속에 숨겨진 장난감을 찾는다.
10개월	숟가락으로 컵을 두드린다.
10개월 반~11개월	엄지와 다른 네 손가락으로 콩을 잡는다. 장난감 차를 민다.
11~12개월	용기에 3개 이상의 물건을 넣는다.
12~18개월	
12~18개월	블록을 쌓는다. 큰 종이에 커다란 크레용으로 끄적거리기를 한다. 어른의 무릎에 앉아 책을 2~3페이지씩 넘긴다. 연필을 쥐고 종이에 그리기를 한다.
18~24개월	
18~24개월	연필로 곡선을 그린다. 양손으로 문손잡이를 돌린다. 병마개를 돌린다. 큰 지퍼를 열고 닫을 수 있다.

출처: 기순신, 김호인(2012).

(2) 인지 및 언어 발달

① 인지 발달

인지(cognition)는 생각하고 사고하는 과정을 말한다. 따라서 인지는 태내에서부터 이루어지는 감각기관을 통해 이루어진다. 신생아는 태어나면서부터 감각기관을 통해 주변 세계를 인식하고 많은 정보들을 받아들인다. 신생아와 영아들의 감각기능은 미성숙하지만 감각적 자극을 통해 인지 발달을 이루는 기초가 된다. 영아의 감각 발달을 살펴보면 다음과 같다.

시각 발달   인간은 시각을 통해 외부환경을 탐색하는데 감각정보의 80%를 시각을 통해 인식한다. 하지만 신생아의 감각기관 발달 중 시각이 가장 늦게 발달하는데 이는 시각조절 뇌피질이 늦게 성숙하기 때문이다. 출생 직후 신생아의 눈은 물체의 초점을 맞추지 못하지만 3개월 정도 되면 움직임이 느린 물체를 정확하게 추적할 수 있으며 첫돌이 될 무렵에는 정상적인 시력을 갖게 된다.

청각 발달   태내에서부터 외부 소리에 반응을 보일 정도로 청각은 다른 감각기관에 비해 일찍 발달한다. 신생아는 출생 시 거의 성인과 같은 소리의 세기와 높낮이뿐만 아니라 말소리도 구분할 수 있다. 신생아는 출산 전에 들었던 소리에 반응하며, 생후 2주경에는 사람의 목소리를 구분하여 주 양육자와 낯선 사람의 목소리에 민감하게 반응한다.

촉각 발달   영아의 촉각은 성인과의 관계에서 심리적 안정감을 주며 안정된 성격 형성에도 중요한 역할을 한다. 또한 영아는 촉각을 통해 탐색 활동을 시작하며 주변의 세계를 인식하는 중요한 수단이 된다. 이것은 영아의 인지 발달에 영향을 미친다. 신생아는 온도 변화에 민감한 반응을 보이는데 목욕을 할 때나 우유를 먹을 때 너무 뜨겁거나 차가운 온도에 얼굴을 찡그리거나 우는 반응을 보인다.

미각 발달　　신생아의 감각 중 미각은 가장 잘 발달되어 있는 것 중의 하나로, 맛에 대한 선호도가 명확하다. 예를 들어, 음식을 먹을 때 좋아하지 않는 음식은 바로 뱉어 내거나 좋아하는 음식이나 단맛의 음식을 먹을 때 안정된 상태로 먹는다. 영아는 신맛, 단맛, 짠맛 등에 각기 다른 반응을 보인다.

후각 발달　　후각은 신생아에게 가장 빨리 발달하는 감각으로 출생 후 눈으로 어머니를 구별할 수 없는 상황에서도 냄새를 통해 어머니를 구별할 수 있게 하는 감각이다. 영아의 후각은 주 양육자(어머니)와의 상호작용을 할 수 있는 창구가 된다. 영아는 좋은 냄새와 불쾌한 냄새에 대해 각기 다른 반응을 보인다. 즉, 불쾌한 냄새가 나면 찡그리거나 몸을 돌리고, 좋은 냄새에는 그 방향으로 얼굴을 돌리는 행동을 한다.

② 인지 발달단계

피아제는 영아가 생각하고 사고하는 과정의 발달은 감각운동을 통해 이루어진다고 하였다. 그는 영아의 인지 발달단계를 감각운동기라고 하였으며 감각운동기를 6개의 하위단계로 구분하였다(곽노의 외, 2013).

반사운동기(출생~1개월)　　갓 태어난 신생아는 손에 닿는 모든 물건을 빨거나 잡는 반사적 행동에 의존한다. 빨고 잡고 하는 행동은 환경에 대한 영아의 반응이며 이런 외부환경에 대한 감각적 반응을 통해 내적 도식을 만들어가는 과정이다. 손에 닿는 것을 잡거나 빨아보면서 사물의 특성을 파악하고 조절함으로써 다양한 형태의 감각운동적 도식을 발달시킨다.

1차 순환반응기(1~4개월)　　이 시기의 영아는 빨기나 잡기와 같은 감각적 행동을 반복적으로 하므로 순환반응기라고 한다. 순환반응이란 행동이 순환적이고 반복적으로 일어난다는 뜻으로 행동 · 사건 · 행동이 계속 순환된다는 것이다. 손가락을 빨았을 때 기분이 좋으면 계속해서 빠는 행동을 반복적으로 하는 것을 예로 들 수 있다. 반사운동기보다는 보다 더 정교화된 반응을 나타내며, 이 시기의 또 다른 특징은 감각-운동의 통합이 나타나는 것이다. 즉, 잡기-보기, 잡기-빨기와 같이 개별적인 도식들이 통합된 행동으로 발달한다.

2차 순환반응기(4~8개월)　　이 시기의 영아는 주변의 세계에 더 많은 관심을 가지고 탐색한다. 신체의 움직임이 활발해져 뒤집고, 기어다니고, 앉고 하면서 주변 세계에 대해 반복적으로 탐색한다. 우연히 일어난 경험에 대해 흥미를 가지게 되면 그 행동을 반복적으로 하게 된다. 예를 들어, 우연히 옆에 있는 오뚝이 인형을 넘어트렸는데 소리가 나면서 다시 일어나는 인형을 보고 반복해서 넘어트린다.

2차 순환반응협응기(8~12개월)　　이 단계를 2차 도식 협응기라고도 하는데, 이 시기의 영아는 자신이 하고 싶은 행동의 목표를 정하고 목표를 달성하기 위해 두 가지 이상의 도식을 사용한다. 예를 들어, 영아는 자신이 좋아하는 장난감을 가지고 놀기 위해 앞에 있는 장난감을 치우고 원하는 장난감을 잡을 때 이전에 획득한 치우는 도식과 잡는 도식이 협응되어 목표를 달성하게 된다. 목표를 달성하기 위해 적절한 방법을 찾으려 하고 이 과정에서 이전에 습득한 인지구조를 활용한다. 이 시기 영아들은 인지능력이 향상되면서 숨기기, 찾기 등의 놀이를 통해 대상 연속성의 개념이 나타나는 시기이다.

3차 순환반응기(12~18개월)　　이 시기의 영아는 행동의 목표를 달성하기 위해 자신의 행동을 다양하게 변화시킨다. 즉, 영아들은 단순히 목표를 달성하는 것보다는 다양한 시도를 하는 것에 더 많은 흥미를 갖는다. 영아들은 주변 환경과 사물에 대한 호기심을 가지고 다양한 형태로 실험하며 탐색하는 것을 즐긴다.

내적 표상 단계(18~24개월)　　이 시기의 영아는 감각운동기의 마지막 단계로 전조작기로 넘어가는 질적인 변화를 겪는다. 주변 세계와 사물에 대해 직접 눈으로 보지 않아도 인지할 수 있는 '정신적 표상' '내적 표상'을 할 수 있는 단계이다. 이전 단계에서는 행동을 하고 결과가 나타났다면 이 단계의 영아는 행동하지 않고 머릿속으로 상상할 수 있는 능력이 시작된다.

③ 언어 발달

전언어기　아기는 태어나면서부터 울음으로 자신의 욕구를 표현한다. 배고플 때, 아플 때, 배변을 했을 때 울음으로 표현하는데 초기의 울음은 미분화 상태로 정확한 의미를 알 수 없지만 생후 2개월 정도 되면 울음이 분화된다. 4~5개월경에는 옹알이로 소리를 내고 자신의 소리를 들으면 즐거워한다. 한 단어의 말을 할 때까지 옹알이는 양적, 질적으로 정교해진다. 출생 후 12개월까지인 전언어기의 행동은 쿠잉, 옹알이, 얼굴 표정, 몸짓 등으로 나타난다.

한 단어 문장　출생 후 1년경에 영아는 자신이 이해할 수 있는 한 단어를 사용하며 이 단어는 다양한 의미를 담고 있는 문장의 역할을 한다. 사물이나 사건을 지칭하거나 자신의 욕구나 기분 등을 표현하는 데 주로 사용한다. 예를 들어, 영아가 '엄마~~'라고 부르는 말에는 '엄마 이것 봐.' '엄마 이것 줘.' 등의 의미를 포함한다.

두 단어 문장　2세경이 되면 두 단어를 결합하여 자신의 욕구나 기분 등을 의미있게 전달한다. 두 단어 문장을 사용하며 성인의 말을 모방하게 된다. 두 단어 문장으로 표현될 때 전치사나 동사의 어미는 빼고 단어로만 말하므로 자신의 입장에서 사고하고 말하는 단계이다.

(3) 정서 및 사회성 발달

① 정서 발달

영아는 출생 후 기쁨과 슬픔과 같은 기본 정서를 가지고 태어나지만 아직은 덜 분화된 상태이다. 영아기는 정서의 분화에 있어 불쾌의 정서가 쾌의 정서보다 더 먼저 분화되며 2세 말경이 되면 대부분의 성인이 보이는 모든 정서를 나타낸다. 영아기는 사람들과의 관계 속에서 정서가 분화되어 가며 특히 사람과의 신뢰감 형성은 영아의 정서 발달에 큰 영향을 미친다. 특히, 엄마와의 스킨십, 이야기하기 등과 같은 정서적 교감은 자신의 정서와 타인의 정서를 인식하고 그에 따른 적절한 반응을 하게 된다.

② 기질

기질(temperament)은 개인의 성격을 구성하는 정서적, 행동적 특성을 말하며 기질은 사람마다, 즉 영아들도 각기 다른 기질적 특성을 보인다. 예를 들어, 어떤 아이는 잘 먹고, 잘 자는 반면, 어떤 아이는 깊은 잠을 자기도 어렵고, 자주 울고 보챈다. 어떤 영아는 빠르게 행동하는 반면, 어떤 영아는 느리게 행동한다. 이런 각기 다른 기질을 올포트(Allport, 1961)는 선천적인 것으로 보고 정서적 자극에 대한 감성, 반응의 강도, 기분의 변화 등 개인이 지닌 특유의 본성이라고 정의하고 있다.

토마스(Thomas)와 체스(Chess)는 활동성, 규칙성, 접근/기피, 적응성, 강도, 식역, 기분, 산만성, 주의범위와 지속성의 아홉 가지 행동 차원을 기준으로 분석한 결과 순한 아이, 까다로운 아이, 느린 아이로 구분하였다.

순한 아이는 혼자서도 잘 놀고 새로운 경험에 잘 적응하고 순응적이고 일상생활에 잘 적응하는 아이로 연구 대상 영아의 40%가 순한 아이였다.

까다로운 아이는 순한 아이와 반대되는 기질을 보인다. 새로운 환경의 변화에 느리게 적응하고 낯선 사람에 대해 거부 반응을 보이며 부정적으로 반응하고 자주 운다. 연구 대상 영아의 10%가 까다로운 아이에 속하였다.

느린 아이는 새로운 자극에 회피적이고 활동 수준이 낮고 낯선 사람이나 새로운 사물에 대해 부정적인 반응을 보이나 까다로운 아이보다는 약하게 반응하고 활동량이 적다. 전체 영아의 15%가 느린 아이에 속하였다.

③ 애착

애착이란 영아와 주 양육자와의 친밀한 유대감이다. 애착은 영아기에 형성되는 사회성 발달의 중요한 요소이다. 부모의 양육태도나 영아의 기질 등은 영아의 애착형성에 영향을 미치며 에인즈워스(Ainsworth, 1979)는 영아들에게 의도적으로 낯선 상황을 제공하여 영아의 행동을 관찰한 후 애착형성을 네 가지 유형으로 구분하였다.

• 안정애착을 형성한 영아는 65%의 영아들에게 나타났으며 양육자를 안전기지로 삼고 활발한 놀이 활동을 하였다.
• 불안정 저항애착은 영아의 10%가 이 유형에 속했고, 이 유형의 영아는 낯선 상

황에서 엄마가 가까이 있어도 불안해하며, 잘 놀이하지 못하고 엄마 가까이 머무르려고 한다.
- 불안정 회피애착은 약 20% 정도의 영아에게 나타났는데 이들은 엄마를 회피한다든지, 무시하거나, 가까이 하려고 하지 않고 눈 맞추기를 피하며 불안정한 애착을 보인다.
- 불안정 혼란애착은 영아의 5~10% 정도로 낯선 상황에서 가장 큰 스트레스를 받고 가장 불안정한 태도를 보이며 회피행동과 저항행동이 결합된 것이다.

2) 유아기 발달

(1) 신체 및 운동 발달

① 신체 발달
신체 크기의 변화   유아기는 급격한 신체 발달을 보이는 영아기와는 다르게 키와 몸무게의 성장이 점차 완만해진다. 일반적으로 키는 2~6세까지 매년 5~7cm씩 성장하고 체중은 2kg씩 증가한다. 6세가 되면 남아의 경우 평균 신장은 115.9cm, 체

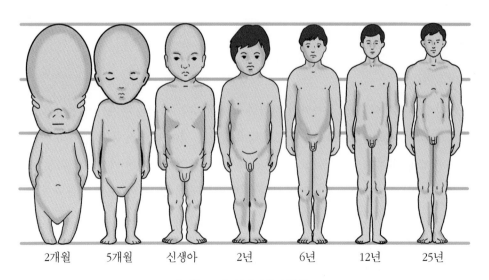

2개월   5개월   신생아   2년   6년   12년   25년

[그림 3-3] 신체비율의 변화

출처: Shaffer (1999).

중은 21.3kg, 여아의 경우 신장은 114.7cm, 체중은 20.7kg으로 남아가 여아보다 조금 더 크고 무겁다. 이것은 유아기의 평균 키와 체중을 말하고 있지만 유아기의 키와 체중은 개인차가 큰 편이다. 영아기의 머리가 큰 비율에서 유아기는 머리의 비율이 점차 작아지면서 하체의 길이가 길어지고 홀쭉한 모습으로 변해간다. 유아의 신체비율이나 변화 또한 개인차가 있다.

골격과 근육의 변화 유아기 골격의 변화는 뼈의 크기와 수, 구성에 있어 비교적 규칙적인 성장을 이루며, 골격의 기능은 신체의 체중을 지지하고 골격근을 부착시켜 주며, 뇌척수나 내장기관 등과 같은 조직을 보호하고 신체의 전반적인 뼈대를 구성하는 것이다. 유아의 뼈는 길이나 넓이 구성 등이 계속적으로 변화하는 상태에 있고 뼈의 조직은 부드럽고 유연하여 상처나 충격에도 비교적 회복이 빠르다. 그러나 너무 심한 타박이나 뼈에 과도한 중량을 일시적으로 가하는 일은 피해야 한다.

근육의 발달은 몸무게의 발달과 거의 비슷한 속도로 발달하며 근섬유 수가 늘어나는 것이 아니고 섬유의 길이와 넓이 및 두께가 늘어나는 것이다. 유아기에는 근육조직보다 지방조직이 먼저 발달하게 되는데 지방조직은 생후 8개월까지 급격히 증가하다가 그 후에는 증가율이 낮아지는 반면, 근육의 크기는 5~6세경에 급격히 증가한다.

뇌와 신경계의 발달 유아기에도 뇌와 신경계의 계속적인 성장이 일어난다. 신경계의 중추 역할을 하는 뇌는 대부분 뉴런이라는 신경세포로 이루어졌고 7개의 부분으로 구성되어 있다. 대뇌는 머리의 대부분을 차지하고 모양은 껍데기를 벗겨낸 호두알맹이와 비슷하다. 대뇌는 정보기능을 통제하고 몸의 균형을 유지하는 역할을 하며, 지각에 의해 취해진 모든 운동신호를 대뇌의 중추신경을 거쳐 척추로 전달하고 그곳에서 신체 각 부위로 다시 연락하여 동작을 일으키는 역할을 한다(류진희 외, 1999).

대뇌는 좌뇌와 우뇌 두 개의 반구체로 이루어졌으며, 각각 좌뇌와 우뇌가 다른 기능을 하는데 이를 뇌의 편측성이라고 한다. 유아기는 이미 뇌의 편측성이 나타나는 시기로 그림을 그리거나 글씨를 쓸 때 오른손을 주로 사용하거나 왼손을 주로 사용하는 예가 바로 뇌의 편측성의 결과이다. 특히, 좌뇌는 3~6세 사이에 급성장이 일

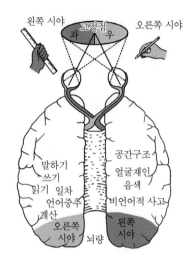

[그림 3-4] 좌반구와 우반구가 하는 기능

출처: 정옥분(2006).

어나다가 6세 이후에는 안정 상태가 되며, 우뇌는 8~10세 사이에 약간의 급성장이 일어나고 아동기와 청소년기를 걸쳐 천천히 성숙한다. 4~5세 유아의 경우 좌뇌와 직결된 신경계가 발달하는 시기로 유아의 신체활동을 통한 뇌의 활성화가 이루어지도록 한다(정희영 외, 2014).

유아기에 대뇌뿐만 아니라 소뇌의 발달이 주로 이루어지는데 소뇌는 뇌의 아래쪽에 있으며 신체동작의 균형과 조절에 중요한 역할을 한다. 소뇌의 크기는 뇌 전체의 1/10 정도이지만 뇌 전체의 절반에 해당하는 신경세포가 모여 몸의 균형감각을 유지하도록 한다. 뇌의 기능과 중량은 3~4세경에 급속히 발달하여 성인의 90%, 12세경에는 성인의 95%에 이른다.

치아의 변화   유아기는 유치가 완전히 난 상태로 유치는 영양분을 섭취할 수 있도록 도와주어 유아의 성장과 발육에 중요한 역할을 하며, 유아의 발음, 이후 영구치의 성장과 발육에도 중요한 역할을 한다. 따라서 유아기에는 치아관리가 중요하며 바른 양치질과 정기적인 치아 검진을 받아야 한다. 20개의 유치 중 6세경을 전후로 하나둘씩 빠지기 시작해 이후 아동기 동안에 유치가 계속해서 빠진다. 보통은 1년에 4개 정도의 유치가 영구치로 바뀌게 되고 영구치의 어금니는 보통 6세경에 첫 번째 어금니가 난다.

② 운동 발달

유아는 연령이 증가하면서 달리기, 뛰기, 자전거 타기 등 다양한 대근육 운동능력이 발달하며 눈과 손의 협응력 발달로 젓가락 사용, 가위질하기, 단추 끼우기 등 소근육 발달도 활발하게 일어난다. 이러한 유아기 대소근육 운동 발달을 살펴보고자 한다(정희영 외, 2014).

운동 발달과정　　인간의 운동 발달단계에 대해 겔라휴와 오즈먼(Gallahue & Ozmun, 2006)은 4단계로 설명하였는데 태어나면서부터 시작하여 생후 약 1년까지 지속되는 반사운동단계, 1~2년 사이에 발달하는 초보운동단계, 3~7세까지 발달하는 기본운동단계, 마지막으로 7세 이후 전문운동단계이다. 이 중 유아기에 해당하는 기본운동단계는 다시 세분화하여 시작단계, 발전단계, 성숙단계로 나누었는데 이를 구체적으로 살펴보면 다음과 같다.

- 시작단계: 2~3세 정도의 유아가 속한 시작단계는 영아기 초보적인 단계에서 보이는 운동능력이 점차 발달하여 의도적인 행동을 시도하는 단계이다. 하지만 의도적인 행동이라 할지라도 아직은 협응이 잘 되지 않아 미숙한 동작을 한다. 걷기, 달리기, 뛰기 등의 운동은 비교적 정교하나 아직은 미숙한 부분으로 이동 운동이 과장되거나 위축되어 보이기도 한다.
- 발전단계: 보통 3~5세 유아가 발전단계에 속하며 이 단계의 발달은 주로 성숙에 의해 이루어지는 것으로 볼 수 있으며 시작단계와 성숙단계 사이의 과도기적 단계이다. 따라서 시작단계의 운동들이 비교적 자연스러운 운동으로 향상되고 협응능력이 발달되어 자신의 이동 운동에 대한 조절 능력이 증가한다. 하지만 여전히 신체 일부분만의 비효율적인 동작을 보이며 균형이 부족하고 위축된 행동이나 유연성의 부족 현상 등이 나타난다.
- 성숙단계: 6~7세 유아가 성숙단계에 이르면 개인차는 있지만 협응을 통한 조절 능력이 증가하고 운동능력이 정확하며 이동 운동에 대한 발달 역시 매우 급속

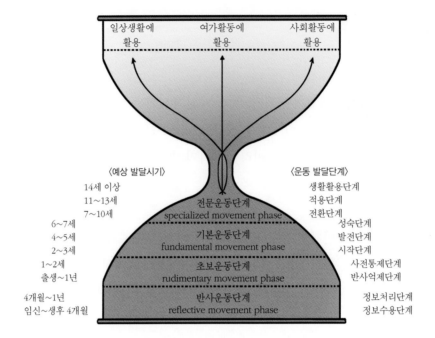

[그림 3-5] Gallahue 운동 발달단계

출처: Gallahue & Ozmun (2006).

하게 이루어진다. 시작 발달단계의 유아보다 더 빨리 달리고, 더 멀리 던지며, 더 높이 뛰는 것이 가능해지는 단계이다.

대근육 운동　유아기는 골격과 근육의 성숙으로 뛰고, 달리고 하는 이동 운동이 발달하며, 신체적 안정성과 이동능력이 발달하면서 대근육 운동능력이 발달한다.

3세 유아들은 움직이는 것을 좋아하며 계단을 오르내릴 때 양발을 번갈아 가며 오르내릴 수 있고 달리면서 방향을 바꾸지는 못하지만 앞으로 잘 달릴 수 있다. 두 발로 뛰는 동작을 잘할 수 있으며 높은 곳에서 뛰어내리는 동작을 좋아한다. 공을 던질 때 발이나 몸을 움직이지 않고 두 팔을 사용하여 던지기를 한다. 신체의 이동 운동을 통해 유아는 자신감과 성취감을 얻게 되고 이는 유아의 긍정적 자아개념을 형성을 하는 데도 중요한 영향을 미친다.

4세 유아는 좀 더 모험적인 활동을 즐기며 걷기를 할 때에도 직선뿐만 아니라 곡선으로도 걸을 수 있고 어렵지만 몸의 균형을 잡는 평균대 위를 걸을 수 있다. 공을

2

사진 3-3 유아의 대·소근육 운동

던질 때에도 팔꿈치를 사용하거나 발을 약간 내밀면서 던질 수 있다. 또한 세발자전거의 페달을 밟아 몸의 균형을 잡을 수 있다.

5세 유아는 성인과 같은 안정된 자세로 달리면서 방향을 바꿀 수 있으며, 뛰기를 할 때도 팔을 앞으로 흔들면서 안정된 모습으로 떨어지는 높이뛰기가 가능하다. 공 던지는 속도도 빨라지고 발을 앞으로 내밀고 팔을 쭉 뻗어 공을 던질 수 있으며, 던져진 공의 움직임에 따라 몸과 팔을 움직여 받을 수 있다. 또한 보조 바퀴가 있는 두발자전거를 탈 수도 있으며 4세보다 훨씬 더 모험적인 활동을 즐긴다.

소근육 운동　소근육 운동은 눈과 손의 협응, 손의 정교성 등의 능력으로 이해되며, 유아기 소근육 운동기능은 유아의 놀이나 학습, 생활을 위한 기술에 필요하며 남아보다 여아들이 더 능력을 보인다(곽노의 외, 2013).

3세 유아들은 긁적거리기를 거쳐 수직선이나 수평선, 원 모양 등을 따라 그릴 수 있으며 아직은 미숙하지만 엄지와 검지를 이용하여 물건을 잡고 쌓아 보는 블록 쌓기를 즐겨 한다. 능숙하지는 않지만 젓가락 사용을 시도하고 혼자서 옷을 벗을 수 있는 시기이다.

4세 유아들은 소근육 협응이 현저하게 발달된 모습을 보이며 자신의 이름을 쓰거나 모양을 따라 그리는 능력이 발달한다. 블록 쌓기에서도 시간을 단축하여 속도의 발달을 볼 수 있으나 때로는 원하는 대로 쌓아지지 않을 때도 있다. 옷을 입고 벗는 것이 가능하며 세수와 양치질, 빗질이 가능한 시기이다.

5세 유아들은 엄지와 검지, 중지를 이용해 연필을 잡을 수 있게 되고 손의 근육을 정교하게 움직여서 글자를 쓸 수 있다. 블록 쌓기가 매우 발달되어 정교성, 속도, 정확성을 나타내며 소근육 동작이 원활하게 이루어진다. 따라서 5세 유아들은 블록 쌓기가 매우 원활하고 능숙해진다(김경중 외, 1994). 훈련된 젓가락 사용의 효과를 나타내며, 단추를 빼고 끼우는 것, 지퍼를 열고 닫는 것을 자유롭게 할 수 있다.

(2) 인지 및 언어 발달

① 인지 발달

유아기에는 사물과 주변 세계에 관한 호기심이 증가하며, 질문하고 탐색하는 과정을 통해 인지 발달이 일어난다.

피아제의 인지 발달 중 유아기는 전조작기 단계에 속하며 이 시기는 2~6, 7세까지를 지칭한다. 전조작기 유아의 인지적 사고의 특징은 상징적 사고, 자기중심적 사고, 물활론적 사고, 보존 개념, 유목 포함 등이 있다(곽노의 외, 2013).

상징적 사고　전조작기의 인지적 성취 중 하나는 상징적 사고의 출현이다. 이 시기의 유아는 놀이 활동에서 비언어적인 상징 행동을 많이 사용한다. 즉, 베개를 아기처럼 업고 다니거나, 막대기를 전화기로 사용하거나 엄마 아빠가 되어 역할놀이를 하는 가상놀이를 한다. 이러한 가상놀이는 가상적인 사물이나 상황을 실제 사물이나 상황으로 상징화하는 놀이로 유아가 가장 좋아하는 놀이이다.

자기중심적 사고　자기중심적 사고는 유아가 다른 사람의 관점을 이해하지 못하고 자기중심적으로 사고하는 것을 의미한다. 유아들이 이기적인 존재여서 자신의 관점만을 주장하는 것을 의미하는 것이 아니라 단순히 자신의 관점과 다른 관점이 존재한다는 사실을 알지 못하기 때문에 모든 사람이 유아 자신이 보는 대로 세상을 보고 있다고 생각하는 것을 말한다.

물활론적 사고　　물활론적 사고는 전조작기의 유아가 생물과 무생물을 구분하는 방식이 성인과는 다른 방법으로 구별하는 것을 알게 한다. 유아들은 대개 생명이 없는 대상에게 감정을 부여하고, 세상 만물이 모두 생명이 있다고 생각하는데 이러한 사고가 물활론적 사고이다. 유아는 처음에는 존재하는 모든 사물에 의지나 생명이 있다고 생각하나, 조금 더 분화되면 움직이는 모든 것은 살아 있다고 생각한다(정갑순, 2009).

보존 개념　　보존 개념은 물질의 양, 수, 길이, 면적 등은 그 형태나 위치를 변화시키더라도 동일하다는 개념이다. 피아제에 의하면 유아들은 보존 개념이 없어 다섯 개의 비스킷을 한 줄로 늘어놓은 뒤 다시 그것의 간격을 벌려 띄엄띄엄 늘어놓아서 그 줄이 길어졌다고 하더라도 비스킷의 개수는 변하지 않는다는 것을 알지 못한다. 전조작기 유아가 보존 개념을 획득하지 못하는 이유를 피아제는 자기중심화 현상, 지각적 특성에 의해 판단하는 직관적 사고, 정지된 상태에 주의를 집중하여 바뀌는 상태를 고려하지 못하는 특성, 비가역성 때문이라고 했다(정옥분, 2005).

유목 포함　　유목 포함은 상위 유목과 하위 유목과의 관계, 즉 부분과 전체의 관계를 이해하는 능력을 말한다. 전조작기 유아는 개가 동물이라는 상위 유목에 포함된다는 것, 즉 여러 개의 하위 유목들이 하나의 상위 유목에 포함된다는 유목 포함의 원리를 이해하지는 못한다.

② 언어 발달

유아기 사고의 특징 중 하나는 상징적 표현의 수단으로 언어를 사용할 수 있는 능력이다. 의사소통하고, 사고하며 학습하는 중요한 수단이 언어이기에 유아기 언어 발달은 시기적으로 매우 중요하다.

어휘력의 증가　　유아는 2세 이후 폭발적 어휘력 증가와 함께 언어 발달을 이룬다. 2세경에는 약 200단어를 알고, 3세경에는 900단어, 4세경에는 1,600단어, 5세경에는 2,500단어, 유아기 말경에는 10,000단어 정도로 어휘력이 증가한다(곽노의 외, 2013). 유아들은 어휘력이 증가하면서 추상적 의미의 어휘보다는 구체적 의미의 어휘를 빠르게 획득하고 시간 개념의 어휘는 점차 발달하게 된다.

문장의 사용   문장에 필요한 문법적 조사나 전치사를 사용하는 능력이 생기고 질문을 할 수 있다. 자기중심적 사고의 특징으로 독백, 반복 등의 자기중심적 언어의 형태가 나타나지만 점차 자기중심적 언어가 감소하고 사회화된 언어를 사용한다(정옥분, 2002).

문자 언어 발달   유아들은 글자에 많은 관심을 가지는데 읽기와 쓰기의 발달이 이루어지는 3~4세는 책을 읽을 때 그림이 아니라 글자를 읽는다는 것을 알고 자기 이름에 글자가 있음을 안다. 4~5세 유아는 소리와 글자를 일대일 대응할 수 있으며 사람 이름이나 주변의 아는 글자를 읽어 보려고 한다. 또한 자신의 이름을 쓸 수 있으며 자신의 생각이나 느낌을 글로 표현하려고 한다.

(3) 정서 및 사회성 발달

① 정서 발달
정서는 사람의 마음에서 일어나는 여러 가지 감정이나 기분 등을 의미한다. 유아기는 영아기보다 분화된 정서를 나타내며 다양하고 강한 정서가 나타난다. 유아는 정서를 표현하는 단어를 사용하거나 이해하는 능력이 급격히 발달한다. 특히 유아기의 정서는 지속시간이 짧고 자주 바뀌며, 정서 상태의 기복이 심하다는 특징이 있다. 또한 자신의 감정을 즉각적으로 자주 표현한다는 특징이 있다. 유아가 자신과 타인의 정서를 이해하고 긍정적이고 생산적으로 표현할 수 있는 법을 배워야 하며 적절한 정서표현은 타인과의 관계에서도 안정적인 관계를 형성할 수 있도록 한다.
유아기에 나타나는 일반적인 정서를 살펴보면 다음과 같다(정희영 외, 2014).

애정   부모와 유아와의 상호 간 접촉을 통하여 생긴다. 애정은 상호적인 것으로 유아기에는 특히 자기를 사랑해 주는 사람을 사랑하고 애정을 많이 받은 유아가 그

렇지 못한 유아보다 신체적·정서적 발육이 빠르다. 하지만 지나친 사랑과 과보호는 유아로 하여금 사회성 발달을 지연시키고 자율성과 독립성을 저해할 수도 있다 (김익균, 2005).

분노 유아가 자신이 하고 싶은 일에 저지와 강요를 당하거나 타인과 비교를 당하는 등 자신의 기분을 상하게 하는 것들에 의해 발생한다. 주로 '떼쓰기'의 반응을 동반하며 3~4세 때 가장 심하게 나타난다. 4세경에는 공격적 행동을 통하여 분노가 나타나고, 5세 이후에는 공격적인 언어로 분노를 나타내기도 한다(유안진, 김혜선, 1996).

질투 애정을 구하는 욕구가 충족되지 못할 때 일어나는 정서이다. 분노와 실망이 혼합된 정서로 적극적이면서 공격적이고 지능이 높은 유아에게 많이 나타난다.

기쁨 만족이라는 말로도 표현할 수 있는데 무언가 자신이 원하는 일을 성취했을 때 표현되는 정서이다.

두려움 위험에 처했을 때 그 대상으로부터 피하려는 반응이다. 유아에게는 신체적이며 즉각적인 불쾌 자극이 두려움의 원인이 되기도 한다.

② 사회성 발달

유아기는 영아기에 비해 대인관계의 폭이 넓어지고 다양해지는 시기이다. 유아기에는 활동범위가 넓어짐에 따라 친구들을 좋아하고 함께 놀이하기를 즐긴다. 또한 주변의 다양한 사람들, 그가 속한 사회구성원들과의 관계에서 함께 어울려 살아갈 수 있도록 정해진 약속이나 규칙, 행동양식, 가치관 등을 습득하게 되고 사회성이 발달되어 간다. 가정 집단이라는 1차적 집단에서 형성된 집단의식은 친구와의 놀이집단에서 확장되며, 3세 유아들은 혼자놀이, 방관자적 놀이, 병행놀이 등이 주를 이루고, 4, 5세가 되면 유아들은 공통의 놀이를 통해 협동하고 연합하며 놀이하게 된다. 이러한 협동놀이, 연합놀이를 통해 집단의식이 촉진되고 협동의식이 강화된다. 놀이는 유아의 사회성 발달을 촉진하는 수단일 뿐 아니라 신체적·언어적·인지적 발달에도 영향을 미친다.

유아기 사회성 발달영역에 포함되는 중요 개념과 발달과업 중 긍정적 자아개념, 친사회적 행동, 성 역할 발달, 도덕성 발달, 공격성을 살펴보고자 한다.

자아개념　자신의 신체, 능력, 관계, 특성 등을 기초로 자신이 누구인지를 인식함을 의미한다. 자신에 대한 개념을 기초로 긍정적 또는 부정적 가치를 부여하는데, 자신에 대한 이러한 평가를 자아존중감이라고 부른다. 즉, 자신에 대한 인식을 갖는 인지적 측면이 자아개념이고, 느낌이나 평가의 감정적 측면이 자아존중감이다. 유아기는 자아개념의 기초가 만들어지는 시기로 자신이 어떠한 사람이며, 어떠한 믿음과 기대를 갖는가 하는 태도와 인식은 자아실현과 대인관계의 기초로서 매우 중요한 영향을 끼친다.

친사회적 행동　보상이나 대가를 기대하지 않고 타인에게 이로움을 주는 자발적인 행동이라 볼 수 있다. 친사회적 행동의 구체적인 예를 들면, 나누어 주기, 도와주기, 협동하기, 관용 베풀기, 격려하기, 위로하기 등이 포함된다. 친사회적 행동은 만족감을 주며 유능함이 무엇인지를 인식하게 한다. 자신을 능력 있고 가치 있는 사람으로 인식하고 건강한 자아상을 갖게 된다. 또한 다른 사람과의 사회적 관계를 맺게 해 주고 또래 사이에 인기가 높아진다. 도움을 받거나 협동을 할 기회가 증가한다(권연희, 김지현, 2010).

성 역할　한 개인이 남자 또는 여자로 특징지어질 수 있는 여러 가지 특성, 가치관, 행동양식, 성격 특성 등을 의미한다. 일반적으로 영아들은 외모나 옷, 머리 등을 기준으로 자신과 타인의 성을 구분한다. 2세 이후에는 성이 시간이 지나도 변하지 않는다는 성 안정성을 가지고, 4, 5세 이후에는 외모나 활동에 상관없이 변하지 않는다는 것, 다시 말해 보존 개념의 발달과 함께 성 항상성을 가지게 된다.

도덕성　도덕적인 판단력과 도덕적인 행동, 도덕적인 태도로 이루어지는 정신적인 면과 행위적인 면을 포함한 규범의 총체로 정의할 수 있다(박찬옥 외, 2015). 콜버그(Kohlberg)의 도덕성 발달단계에서 유아는 자기중심적 관점에서 벌과 복종의 단계로 보았다. 이는 결과에 의해서 옳고 그름을 판단하는 기준이 되는 단계이다. 좀 더 나아가 개인적, 도구적 목적과 교환의 단계로 자신의 필요 충족여부가 옳고 그름을 결정하며 보상성, 대가성을 중시하는 단계로 보았다(정희영 외 2014).

공격성　유아의 부적절한 사회적 문제행동으로 때리기, 밀치기, 빼앗기, 망가뜨리는 행동 등이 유아기의 가장 흔한 부정적 행동이다. 유아기에 나타나는 공격성은 유아가 놀이를 하면서 아무 생각 없이 타인에게 해를 입히는 우연적 공격성이 있고 의도하지 않았지만 타인을 상해하거나 타인의 권리를 방해하는 신체적 행동을 통해 공격자가 즐거움을 얻는 표현적 공격성이 있다. 또한 자신이 원하는 것을 얻고 어떤 것을 지키기 위해 의도하지는 않았지만 누군가에게 해를 미치게 되는 도구적 공격성과 타인에게 신체적 또는 심리적 고통을 주려는 의도를 가진 고의적 공격의 적대적 공격성이 있다(Kostelnik et al., 2009).

4. 요약

① 발달은 수정에서 사망할 때까지 사람에게 일어나는 체계적이고 연속적인 변화과정으로 성장, 성숙, 학습이라는 용어와 관계가 있다.

② 발달은 일정한 순서와 방향이 있으나 개인차가 있으며, 발달과정은 연속성이 있고 각 발달영역은 상호 연관성이 있다. 또한 발달의 결정적 시기가 있다.

③ 유아 발달이론의 대표적인 이론 중 정신분석이론, 행동주의 이론, 인지 발달이론, 신앙 발달이론을 영유아 발달을 중심으로 살펴보았다.

④ 영아기에는 급격한 신체 발달이 이루어지며 다양한 반사운동이 나타난다. 또한 기능은 미성숙하지만 감각적 자극을 통한 인지 발달이 이루어지며 쿠잉, 옹알이에서 한 단어, 두 단어 문장으로의 언어 발달이 이루어진다.

⑤ 영아기에는 덜 분화된 상태의 정서 상태가 점차 성인의 정서를 나타낸다.

⑥ 개인의 성격을 구성하는 정서적 행동적 특성의 기질을 통해 순한 아이, 까다로운 아이, 느린 아이로 나누어 볼 수 있다.

⑦ 주 양육자와의 친밀한 유대감을 나타내는 애착 유형을 안정애착, 불안정 저항애착, 불안정 회피애착, 불안정 혼란애착으로 구분해 볼 수 있다.

⑧ 유아기는 영아기보다는 완만한 신체 발달을 보이며 골격과 근육의 성숙으로 이동 운동이 발달하며 대뇌의 성장과 함께 뇌의 편측성이 나타난다.

⑨ 유아기는 전조작기의 특징으로 상징적 사고, 자기중심적 사고, 물활론적 사고를 하며, 보존 개념이 없고 유목 포함 원리를 이해하지 못한다.

⑩ 유아기는 폭발적인 어휘력 증가를 나타내며 문장을 사용하는 능력과 문자언어가 발달한다.

⑪ 유아기에는 애정, 분노, 질투, 기쁨, 두려움과 같은 일반적인 정서를 나타낸다.

⑫ 유아기에는 사회성 발달과 함께 자아개념이 형성되고, 친사회적 행동, 성 역할, 도덕성, 공격성 등이 발달한다.

동영상 시청과 토론 • • •

1교시

◆ 동영상

• EBS 특별기획 아기성장보고서

애착! 행복한 아기를 만드는 조건

◆ 토론

• 애착의 유형에는 어떤 유형이 있나요?

• 애착 경험의 결핍이 뇌기능에 어떤 영향을 미칠까요?

2교시

◆ 동영상

• https://youtu.be/IT8jTo2AdKE

◆ 토론

• 영아들이 말을 하지 못하는데 어떻게 의사소통이 가능한가요?

• 영유아의 언어 발달을 위해 교사나 부모, 즉 성인의 역할에 대해 생각해

보세요.

심화학습을 위한 자료

• 『아이의 사생활』(EBS 아이의 사생활 제작팀 저, 지식플러스(지식채널), 2016)

• 『신의진의 아이심리백과』(신의진 저, 걷는나무, 2011)

0~2세용   3~4세용   5~6세용

• 『신아기성장보고서』(EBS 아기성장보고서 제작팀 저, 위즈덤하우스, 2009)

추천할 만한 견학기관 ● ● ●

• 강동어린이회관 http://www.gdkids.or.kr/

주소: 서울 강동구 성내로 6길 16, 전화: 02-486-3518

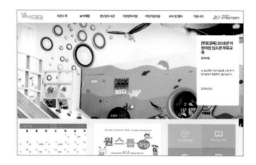

참고문헌

곽노의, 김경철, 김유미, 박대근(2013). 영유아발달. 양서원.

권연희, 김지현(2010). 어머니 양육행동, 아동의 정서조절 및 스트레스 대체행동이 남아와 영아의 행동문제에 미치는 영향. 대한가정학회 48(3), 1-13.

기순신, 김호인(2012). 보육학개론. 공동체.

김경중, 류왕효, 류인숙, 박은준, 신화식, 유구종, 정갑순, 조경미, 조희숙, 주리분, 최인숙, 최재숙(1994). 아동발달심리. 학지사.

김익균(2005). 아동발달. 교문사.

김현호, 오선영, 윤경옥, 이선원, 최용득, 현영렬(2015). 영아발달(2판). 정민사.

류진희, 황환옥, 최명의, 정희정, 김유림(1999). 유아의 발달에 적합한 신체활동. 양서원.

박원호(1991). 신앙의 7요소 연구. 교회와 신학 23.

박원호(1996). 신앙의 발달과 기독교 교육. 장로회신학대학교 출판부.

박찬옥, 서동미, 엄은나(2015). 유아사회교육. 정민사.

심성경, 백영애, 이희자, 이영희, 변길희, 김은아, 박유미, 박주희(2017). 보육학개론(2판). 공동체.

유안진, 김혜선(1996). 인간발달. 중앙적성출판사.

이소희(2002). 기독교적 관점에서 본 아동발달과 양육(전자책). CUP.

이제승(2017). 유아기의 발달특성에 따른 수중운동 학습모형. 동국대학교 대학원 박사학위논문.

정갑순(2009). 유아교육. 대한예수교장로회총회.

정옥분(2002). 아동발달의 이해. 학지사.

정옥분(2005). 발달심리학. 학지사.

정옥분(2006). 영유아발달의 이해. 학지사.

정희영(2004). 기독교 유아교육론. 교육과학사.

정희영, 이성복, 김성원, 윤선화, 김정희, 김선아, 방승미(2014). 유아발달. 파워북.

질병관리본부(2017). 2017 소아청소년 성장도표 신체발육표준치.

Ainsworth, M. D. S. (1979). Infant-mother attachment. *American Psychologist, 34*, 932-937.

Allport, G. W. (1961). *Pattern and growth in personality*. Holt, Rinehart and Winston.

Bowlby, J. (2008). *Attachment*. 김창대 역(2009). 애착: 인간애착행동에 대한 과학적 탐구. 나남.

Fowler, J. W. (1981). *Stages of faith*. 사미자 역(1987). 신앙의 발달단계. 대한예수교장로회총회출판국.

Gallahue, D. L., & Ozmun, J. C. (2006). *Understanding Motor Development*. McGraw-Hill.

Kostelnik, M. J., Whiren, A. P., Soderman, A. K., & Gregory, K. M. (2009). *Guiding children's social development & learning*. 박경자, 김송이, 권연희, 김지현 공역(2011). 영유아의 사회정서발달과 교육. 교문사.

Shaffer, D. R (1999). *Fifth Edition Developmental Psychology: Childhood and Adolescence*.

Tanner, J. M. (1990). *Fetus into Man: Physical Growth from Conception to Maturity* (Revised ed.). Harvard University Press.

Thomas, A., & Chess, S. (1991). Temperament in adolescence and its functional significance. In R. M. Lerner, A. C. Pertersen, & J. Brooks-Gunn(Eds.), *Encyclopedia of adolescence* (Vol. 2). Garland.

04

유아교육과 사회

최영해

 핵심주제

- **유아교육에 미치는 사회문화적 요인**: 산업화, 정보화, 세계화, 가조구조의 변화, 제4차 산업혁명 등
- **가족구조와 형태 변화**: 핵가족, 맞벌이가족, 이혼가족, 한부모가족, 재혼가족, 청소년가장가족, 조손가족, 다문화가족, 북한이탈가족 등의 다양한 가족형태 등장
- **저출산, 고령화**: 만혼, 비혼, 저출산, 고령화로 인해 1세대 가구, 1인 가구 증가, 노인가구 증가
- **제4차 산업혁명**: 정보통신기술, 사물인터넷, 3D 프린팅, 나노/바이오기술 등은 유아의 디지털 미디어 환경 안에서의 새로운 교육방법과 상호작용을 만들어 냄
- **유아교육 패러다임 변화**: 여성의 일/가정 양립지원을 위한 보육을 통한 교육, 교육을 통한 보육 확대와 영유아 출산, 양육의 전 과정에 부모와 국가의 공동 책임하에 보육서비스의 품질 향상, 부모 양육지원 확대
- **보편주의 유아교육**: 계층, 종교, 국적, 가족구조, 형제 순위 등과 무관한 유아교육 수혜
- **생태주의 유아교육**: 훼손된 자연을 돌보며 함께 살아가는 가치관과 태도 학습

1. 유아교육에 영향을 미치는 사회문화적 요인

교육은 그 사회의 변화를 반영하며, 유아교육도 사회적 개혁과 변화를 위한 시도와 불가분의 관계를 가지고 발달하였다. 사회문화적 요인으로 유아교육에 영향을 주는 산업화, 가족구조의 변화, 제4차 산업혁명 등에 대해 살펴보면서 앞으로의 유아교육 발전과 방향점에 대한 시사점을 갖고자 한다.

1) 산업화

20세기 전후 전 세계는 농경사회에서 산업화의 빠른 변화를 이루었고, 21세기로 들어서면서 정보화, 세계화로 급속하게 진보하고 있다. 산업화로 인한 도시화가 시작되면서 핵가족화와 맞벌이 가정의 증가라는 가족구조의 변화가 가장 두드러진 사회적 변화라고 볼 수 있다. 산업화는 가족의 크기가 작아지는 구조변화로 가정 내에서 대인관계 기회의 감소 현상을 가져와 가정의 교육적 기능 및 사회화 과정을

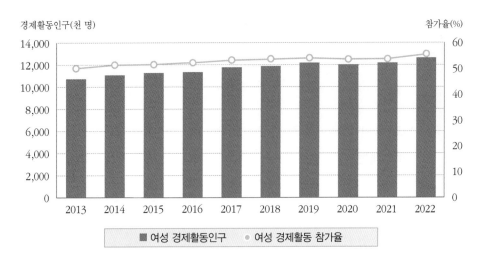

[그림 4-1] 여성 경제활동인구 및 참가율(2012~2021년)

출처: 통계청(2022). https://www.index.go.kr/unity/potal/main/EachDtlPageDetail.do?idx_cd=1572

약화시켰다. 산업화로 여성의 경제활동은 두드러지게 변화하는 양상이 나타났다. 통계청(2022)의 여성 경제활동인구 조사([그림 4-1] 참조)를 보면 2013년에 50.3%를 넘어섰으며, 2021년에는 53.3%, 2022년에는 54.6%로 지속적인 증가세를 보이고 있다.

따라서 여성의 사회적 진출이 일반화되어 가족의 구조 및 기능과 역할 등에 변화를 가져왔다. 그러므로 전문적인 능력을 갖춘 여성이 사회 발전에 기여하는 계기가 될 수 있도록 취업 기혼여성일 경우 자녀를 안심하고 맡길 수 있는 자격과 자질을 갖춘 기관에서의 보육과 교육적 지원의 필요성이 크게 대두되고 있다.

2) 가족구조의 변화

현대사회가 빠르게 변화하면서 가족구조가 급속히 변화하는 현상을 파악하는 것은 유아교육에 있어서도 자녀 양육 및 교육지원 등을 위해 중요하다. 1960년대 산업화 이전에는 대가족 혹은 확대가족(extended family)이 주류를 이루었으나 1960년대 이후는 본격적인 산업화로 인하여 핵가족(nuclear family)이나 위성가족(satellite family, 도시에서 부모와 자녀들이 각각 핵가족 형태를 유지하며 부모 가정을 중심으로 근거리에 거주하는 형태, 주로 조부, 조모가 자녀를 대신해 손자, 손녀를 돌봐 주는 형태), 직계가족의 감소, 1세대 가구 증가, 1인 가구 증가의 형태로 변화하고 있는 가족의 형태별 분포를 알아보면 다음과 같다.

(1) 가족의 형태별 분포

사회의 변화로 인해 전통적인 가족형태는 직계가족에서 핵가족형태로 변화하고 있다. 가족의 형태는 혈연가구, 핵가족, 직계가족, 기타 가족 등이 있다. 혈연가구는 일반가구에서 비혈연가구 및 1인 가구를 제외한 가구 수를 말하며, 핵가족은 부부만의 가족이나 부부와 미혼자녀로 구성된 가족 또는 편부(모)와 미혼자녀로 구성된 가족을 말한다. 또한 직계가족은 부부와 양친(또는 편친)으로 구성된 가족이나 부부와 양친(또는 편친), 자녀로 구성된 가족을 말하고, 기타 가족은 앞의 정의에 해당되지 않는 모든 경우를 말한다.

비율(%)

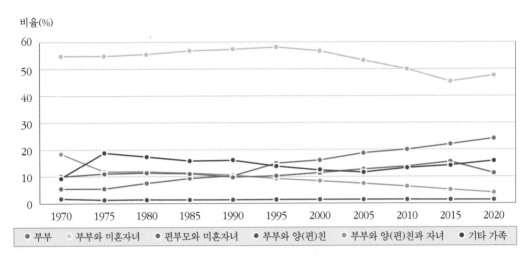

[그림 4-2] 가족의 형태별 분포

출처: 통계청(2022). https://www.index.go.kr/unity/potal/main/EachDtlPageDetail.do?idx_cd=1576

통계청의 '가족의 형태별 분포 조사'에 따르면 지난 30년간 핵가족 비중은 증가한 반면, 3대 가족 등 직계가족 비중은 감소하였다. 핵가족 비중은 1970년 71.5%에서 2020년 80.3%로 증가하였고, 직계가족은 1970년 18.8%에서 2020년 4.7%로 감소하였다. 그리고 2020년 기타 가족 비율은 2015년에 비해 2%p 증가하였다.

이러한 가족구조의 변화 추이를 살펴볼 때 가족구조의 전망 및 향후 정책방향은 부부와 양친과 자녀로 구성된 직계가족의 비중은 지속적으로 감소가 예상되는 반면, 가구 분화와 더불어 핵가족 중 부부가족의 비중은 계속 늘어날 전망이며 이에 따라 가족의 형태별 분포도 지속적으로 변화할 전망으로 보고 있다. 그러므로 부부와 자녀 및 한부모가족으로 이루어진 핵가족 비중 증가로 가족 내 돌봄 기능의 약화가 예상되며 이에 따라 가족 내 돌봄 기능을 보완하는 가족정책 마련이 필요하고, 다양한 가족을 지원하는 정책이 필요하다는 사회적 요구가 크다.

(2) 다양한 가족의 형태

다양한 사회 변화는 직계가족 감소, 1세대 가구 증가, 1인 가구 증가, 이혼율 증가 등의 다양한 가족의 형태의 변화를 가져왔다. 이에 따라 맞벌이가족, 한부모가족, 재혼가족, 조손가족 등이 증가하고 있는 다양한 가족 형태에 대해 알아보면 다음과 같다.

① 맞벌이가족

산업화는 사회의 전반적인 변화와 더불어 가족가치의 변화, 구조적인 변화 및 가족의 기능상의 변화로 분거형 맞벌이가족을 발생시켰다. 1980년대에는 지방산업의 활성화로 가족의 일원이 지방의 산업현장에 근무하거나, 자녀의 유학 등 가족이 함께 동거하는 개념이 다양한 이유로 비동거가족 형태로 증가하게 되었다. 분거형 맞벌이가족은 기러기부부나 주말부부처럼 특정한 사유로 인해 떨어져 지내는 경우도 있다. 가족이 서로 다른 지역에 직업과 거주지를 가지고, 일주일에 3일 이상을 떨어져 살면서 결혼생활을 유지하는 가족형태를 말한다.

맞벌이가족이 출현한 초기에는 주로 저소득계층에서 소득 증대를 위해 직업을 가졌으나 최근에는 중·상류층의 기혼여성들에게까지 맞벌이 모습이 확대되는 것을 볼 수 있으며, 이는 우리나라를 포함한 세계적인 추세로 가족과 떨어져 주말과 휴일에만 가족과 만나는 분거형 맞벌이가족은 계속적으로 증가할 것으로 보인다. 통계청(2021)은 2021년 10월 기준 유배우 가구 중 맞벌이 가구는 582만 3천 가구로 46.3%를 차지하며 전년(45.4%)보다 0.9%p 증가하였다고 보고하였다. 그리고 연령대별로 보면, 유배우 가구 중 맞벌이 가구 비중은 40~49세가 55.1%로 가장 높으며, 그 다음은 30~39세, 50~64세 순으로 나타났다. 이는 사회·경제적 질의 변화를 추구하며 생겨난 자연스러운 사회 변화라고 할 수 있다.

[그림 4-3] 맞벌이 가구 비율

출처: 통계청(2021). https://www.index.go.kr/unity/potal/main/EachDtlPageDetail.do?idx_cd=3037

자녀 연령별로 본 분거형 맞벌이가족은 취학 이전인 6세 이하 자녀를 둔 맞벌이 가구 비중이 44.8%로 가장 낮고, 초·중학생 연령의 자녀를 둔 가구의 맞벌이 비중은 절반을 넘어 7~12세가 53.8%, 13~17세가 58.4%로 나타났다(통계청, 2022).

　　부부가 맞벌이를 함으로써 생활의 질 향상, 사회참여나 능력 발휘 및 자기실현 등의 장점도 있지만 직장문제, 부부역할 문제, 출산, 자녀 양육에 대한 어려운 과제도 발생한다. 맞벌이가족이 일반 가족에 비해 더 어려움에 직면하는 과제는 자녀 출산과 양육이라 할 수 있다.

　　「남녀고용평등과 일·가정 양립 지원에 관한 법률」에서는 여성 근로자의 지위 향상과 복지 증진을 위해 혼인, 임신 또는 출산을 이유로 퇴직, 해고시킬 수 없으며, 그러한 근로계약을 금지하고 있다. "사업주는 임신 중인 여성 근로자가 모성을 보호하거나 근로자가 8세 이하 또는 초등학교 2학년 이하의 자녀(입양한 자녀를 포함한다. 이하 같다)를 양육하기 위하여 휴직(이하 '육아휴직'이라 한다)을 신청하는 경우에 이를 허용하여야 한다"고 규정하고 있다. 이에 따른 육아휴직 기간은 산전, 산후 유급휴가 기간을 포함하여 1년 이내로 하고 이 기간은 근속기간에 포함한다. 육아휴직 기간 중 60일간은 「근로기준법」 제60조에 따라 유급이며, 나머지는 무급으로 처리한다. 한편, 제12조에서는 육아시설에 관한 규정을 두고 있는데 사업주는 근로여성의 계속적인 취업을 지원하기 위해 수유, 탁아 등 육아에 필요한 시설을 제공해야 한다고 되어 있으나 근로 여성을 위한 직장 탁아소는 거의 운영되고 있지 않다.

　　이렇듯 맞벌이가족이 자녀를 출산하였더라도 양육하는 문제에 봉착하게 된다. 과거에는 주로 확대가정에서 조부모의 도움이나 어머니가 자녀 양육과 돌봄을 맡아서 수행해 왔기 때문에 양육문제가 해결되었지만 오늘날 핵가족시대와 기혼여성의 사회경제활동의 증가로 어머니를 대신할 양육자가 절실하게 필요하게 되었다.

　　취학 전 자녀를 둔 취업여성이 사회생활이 단절이 되지 않도록 하는 사회적 시스템과 생애 초기 경험과 양육환경을 통해 아동기와 학령기를 거쳐 성인에 이르기까지 지속적으로 영향을 미치는 중요한 시기인 영유아를 믿고 맡길 만한 교육기관과 프로그램이 절실하다.

　　맞벌이가족을 위한 정책으로 공동육아나눔터 운영[1] 및 가족품앗이 활동[2], 아이돌봄지원사업, 일·생활 균형 수혜정보, 경력단절 예방 서비스 등이 있다.

② 한부모가족

「한부모가족지원법」에서 '한부모가족'이란 모자가족 또는 부자가족을 말하며, '아동'이란 18세 미만(취학 중인 경우에는 22세 미만을 말함)의 자를 말한다. 한부모가족은 이혼, 별거, 사망, 유기 등 여러 가지 사유로 양친 중의 한부모와 자녀로 이루어진 가족형태이다.

한부모가족에는 청소년 한부모가족 유형이 포함되는데 이는 한부모가족으로서 모(母) 또는 부(父)의 연령이 24세 이하인 가족을 말한다.

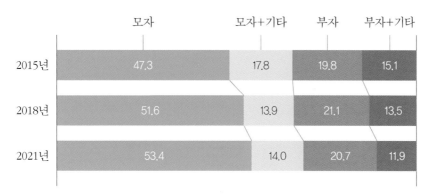

[그림 4-4] 한부모가족의 가구 구성

출처: 여성가족부(2021).

여성가족부(2021)의 '한부모가족 실태 조사'에서 가족구성원은 모자로 구성된 가구가 53.4%로 가장 많았으며, 다음으로는 부자 가구가 20.7%, 모자와 기타 가구원으로 이루어진 가구가 14.0%, 부자와 기타 가구원으로 이루어진 가구가 11.9% 순으로 나타났다. 지난 조사들과 비교할 때, 모자 가구 및 모자+기타 가구의 비율은 상

---

1) 공동육아나눔터 개념: 부모들이 모여 육아 경험과 정보를 공유하고 소통하는 공간이자, 자녀들이 또래와 함께 장난감과 도서를 마음껏 이용할 수 있는 놀이 공간을 제공하는 지역사회 자녀돌봄 사랑방 가교 역할(여성가족부 홈페이지)

2) 가족품앗이 활동: 같은 지역, 이웃에 사는 사람들끼리 자신이 가진 노동력, 물품 등을 교환하는 전통적 공동체 정신을 계승하여 이웃 간 육아 정보를 공유하고 서로의 장점을 살려 학습, 체험, 등하교 등을 함께하여 자녀 양육부담을 덜고 자녀의 사회성 발달을 돕는 그룹활동(여성가족부 홈페이지)

대적으로 증가하는 추세이며, 부자+기타 가구는 계속 감소하는 것으로 나타났다. 또한 통계청(2021)의 한부모가구 비율을 살펴보면 전년도 7.1%에서 다소 감소한 6.9%로 나타났다.

미취학 자녀에 대한 돌봄 유형을 2018년과 비교해 보면, 보육시설/어린이집 (−0.2%)과 본인이 직접 돌봄(−0.1%), 유치원(−2.3%)은 감소한 반면, 조부모(+1.8%) 는 증가한 것으로 나타났다. 또한 정부지원 아이돌봄서비스는 0.1% 감소하였다.

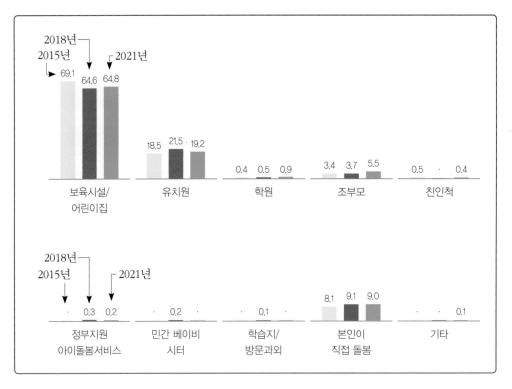

[그림 4-5] 돌봄의 유형-미취학 자녀

출처: 여성가족부(2021).

여기서 미취학 자녀돌봄을 위한 어린이집, 유치원 등 보육시설 이용률이 64.8% 로 나타났으며, 이는 부모가 직접 돌보거나 조부모님의 도움을 받는 비율보다 높은 것을 알 수 있다. 한부모가정의 양육의 어려움에 있어서는 전 연령대에 걸쳐 모자가 족이 '양육비 · 교육내용의 부담'을 가장 큰 어려움으로 응답했다(여성가족부, 2021). 이러한 응답에 대해 여성가족부(2021)에서는 한부모 · 조손가족 복지서비스에서 저소득 한부모가족 아동양육비 지원, 아동수당, 국·공립·사립유치원에 다니는 3~5세 유아에게 유아학비 및 방과후 과정 비용 지원과 어린이집을 이용하는 0~5세 아동에게 보육료 지원(바우처), 가정양육수당 지원은 86개월 미만 취학 전 아동에게 월령에 따라 지원하고 있다.

한부모가족이 직면하는 가정문제는 경제적 문제, 자녀 양육문제, 심리·정서적 문제, 사회적 문제 등으로 볼 수 있다. 특히 여성 한부모가정의 약 20%가 미취학 자녀, 80~90%가 취학 자녀를 두고 있어 자녀 양육 및 교육비용의 부족을 가장 어려움으로 꼽고 있다(박경숙, 2003). 남성 한부모가정의 경우 자녀 양육 시 미취학 자녀를 둔 경우 의사소통의 어려움, 보호할 사람 부재, 감정적 표현과 애정표현의 어려움, 양육에 대한 의논 상대 부재 등으로 여성 한부모와는 또 다른 어려움이 보이고 있다고 보고된다. 그러므로 한부모가족을 위한 지원책으로 자녀 양육 및 교육문제, 교육비 등의 복지정책이 강화되어 빈곤의 대물림 현상을 방지해야 할 것이다.

서울특별시 한부모가족지원센터에서는 한부모가족의 주도적 모임과 활동을 지원하는 등 다양한 지원을 하고 있다. 그 외의 우리가족 여행신청하기, 한부모 계속학습지원, 짝꿍한부모생활코디네이터 등으로 자녀 양육에 도움을 주고 있다. 여성가족부에서도 한부모가족지원정책으로 저소득한부모가족지원, 미혼 한부모지원, 양육비 이행지원, 지역별 추가지원 등을 시행하고 있다.

③ 재혼가족

재혼가족은 부모 중 한쪽이나 양쪽 모두가 결혼 경험이 있으면서 또 가정을 구성해서 생활하는 가족을 의미한다. 재혼가정은 여러 가지 사유(이혼, 사망 등)로 구성되어 있지만, 현재 이혼율의 증가로 이혼가정이 늘어나면서 필연적으로 재혼가정도 증가하고 있다. 재혼가족의 적응실태와 지원방안연구소에서는 재혼 이유의 1순위가 남성은 외로움 극복이라면 여성은 사랑을 원해서 재혼한다고 응답했다고 보고하고 있다.

통계청(2022)의 재혼가정 인구동향조사에 의하면, 2021년도 대비 0.5% 감소한 42,672건으로 나타났다.

재혼가정은 여러 가지 측면에서 일반 가정과는 차이가 있다. 특히 유아의 경우 이

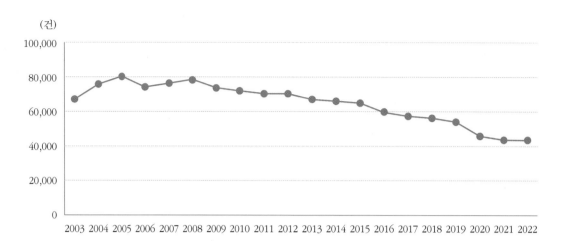

(건)

[그림 4-6] 재혼가정 인구동향조사

출처: 통계청(2022). https://www.index.go.kr/unity/potal/indicator/IndexInfo.do?cdNo=2&clasCd=10&idxCd=F0030

혼과정에서 발생하는 갈등에서 심리적 충격과 상처를 받는 경우가 많다. 미성년 자녀의 나이가 어릴수록 이혼에 대해 잘 지각하지 못하고, 나이가 들수록 이혼에 대한 자신의 판단력에 의해 재혼가정에 미치는 영향도 달라진다고 보았다. 일반적으로 이혼으로 나타나는 유아의 연령별 특성은 다음과 같이 나타난다(김익균 외, 2015: 304-308).

2~3세 영아는 이혼과정에서 느끼는 현실감은 떨어지지만, 이혼과정에서 나타나는 여러 가지 문제로 인하여 부모의 이혼에 대한 반응으로 퇴행이나 어리둥절함, 분노, 매달림, 성인에 대한 무분별한 욕구 표현이 나타난다. 그러나 재혼가정에서의 심리적 문제는 상대적으로 약하다고 볼 수 있다.

3~4세 유아는 자아상이나 자아존중감이 낮아지고, 많은 유아가 부모의 이혼에 대해 자신의 책임감을 느끼는 것으로 나타났다. 그리고 새로운 부모에 대한 접촉이 다소 어렵게 나타난다.

5~6세 유아들은 발달적 퇴행은 보이지 않고 이혼이라는 어려움을 뚫고 나갈 수 있는 것처럼 보인다. 따라서 재혼가정에 잘 적응하는 유아도 있는 반면, 잘 적응하지 못하는 유아도 발생한다.

이혼가족의 유아에게서 나타난 특성을 잘 극복할 수 있도록 부모-자녀관계, 형제관계가 손상된 가족의 기능을 회복하여 재결합된 새로운 가정으로 잘 융합할 수 있도록 사회의 부정적인 시각의 변화, 재혼가족에 대한 법적인 보호장치, 다양한 재혼가정 지원 프로그램 등이 개발되어야 한다.

④ 조손가족

조손가족은 자녀 양육능력을 상실한 2세대인 성인 자녀 대신 1세대 조부모가 18세 이하인 3세대 손자녀 양육의 1차적인 책임을 전담하여 대리부모 혹은 대리양육자의 역할을 수행하는 가족을 말한다.

조손가족이 증가하는 배경은 급속한 노인인구의 증가로 조손가족이 생성의 원인이 될 수 있으며, 노동시장 유연성으로 인한 안정적 가계 유지의 어려움, 증가하는 이혼율로 손자녀의 양육을 책임지는 경우도 있다. 조손가족 형태의 발생은 일시적, 일탈적 가족유형으로서 치유해야 할 대상이 아니라, 가족유형으로서 그 자체를 인정하고, 그에 따른 지원방안을 마련해야 함을 시사하고 있다고 볼 수 있다. 박화옥, 김민정, 임정원(2020)의 조손가족 실태조사 보고서에서 손자녀의 양육 시 가장 어려운 문제는 교육비 부족, 손자녀 학습지도, 조부모 체력의 한계인 것으로 분석하였다. 즉, 조부모는 손자녀를 양육하면서 현실에 부딪히는 다양한 어려움과 장애를 겪고 있는데 특히, 경제적 부담과 건강, 세대 차이, 손자녀의 학업에 대한 걱정들이 주요 장애로 나타났다. 이런 주요 장애를 극복하기 위해서는 유아의 안전과 보호, 양육에 대해 국가가 보호의 의무를 강화하고 분담할 필요가 있다고 제시하였다.

현행 복지 지원체계 속에서도 조손가족은 국민기초생활수급대상자 지원에 따라 가계 지원을 받고는 있으나, 일반 저소득층 가구를 기준으로 한 획일적인 지원 기준이 아니라, 조손가족만의 특수성을 반영한 지원 기준이 필요하며, 손자녀의 양육 상담 및 조언에 대한 조부모의 눈높이에 맞춘 상담서비스 또는 유아·청소년 상담서비스 등의 방안도 아울러 제공해야 할 것이다(여성가족부, 2022).

또한 손자녀의 양육의 책임을 맡은 조부모들에게 손자녀의 성장·발달에 필요한 교육정보의 제공과 상담의 실시를 위한 교육 프로그램 및 상담 프로그램 제공 등 기관의 적극적인 개입이 필요하다. 이에 따른 여성가족부(2022)의 한부모·조손 가족 복지서비스에서는 중위소득 52% 이하 18세 미만 아동을 양육하는 조손가족에게 아동양육비 외 추가 양육비 지원, 학용품비 등 지원하고 있으며, 가정양육수당,

아동수당, 유치원 유아학비지원, 보육지원을 하고 있다. 또한 2022년 출생아부터 0~1세에게 지원하는 영아수당, 아이돌봄서비스(12세 이하 자녀를 둔 양육공백 발생 가정에 아이돌보미 파견), 지역아동센터 지원, 공동육아나눔터 등 양육과 돌봄서비스를 지원하고 있다.

(3) 저출산 및 고령화

저출산의 요인은 시대적 변화에 따른 여성인력의 사회참여 비율이 높아지고, 양육자의 부재와 함께 교육비에 대한 부담이 낮은 출산율의 결과를 초래하고 있다. 우리나라도 저출산 및 인구의 고령화에 따른 변화에 대응하기 위하여 2004년 저출산·고령화 문제를 국가적 의제로 설정하여 저출산·고령사회정책을 5년마다 수립시행하고 있다. 보건복지부 제1차 저출산·고령사회 기본계획(2006~2010년), 제2차 저출산·고령사회 기본계획(2011~2015년)까지 추진에도 불구하고 우리나라 합계 출산률은 1.3명 미만에서 10년 이상 정체되어 있다.

2021년 출생통계 결과 분석을 살펴보면, 2021년 총 출생아 수는 26만 6백 명으로 2020년보다 4.3% 감소하였다. 또한 합계 출산율(여성 한 명이 평생 낳을 것으로 예상되는 평균 출생아 수)은 0.81명으로 전년보다 0.03명(−3.4%) 감소한 0.78명으로 나타났다. 이러한 출생아의 수 감속 추세는 2030년 348,000명, 2050년에는 226,000명

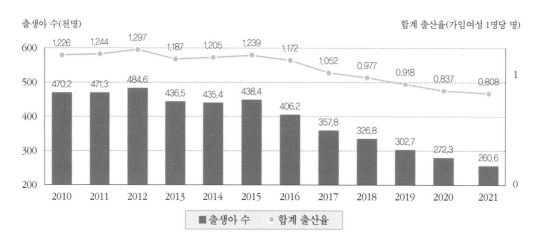

[그림 4–7] 출생아 수 및 합계 출산율

출처: 통계청(2021). https://www.index.go.kr/unity/potal/main/EachDtlPageDetail.do?idx_cd=1428

으로 예측된다고 하였다(통계청, 2021).

　합계 출산율이 반등하지 못한 이유는 여성의 사회활동 참여 증가, 높은 양육비 부담, 자녀 양육에 대한 여성의 부담, 자녀에 대한 노후보장 기대 감소, 결혼가치관 변화에 따른 결혼율 및 결혼연령의 변화, 고용 불안정, 높은 주거비용 등 사회구조적

비전	보육·양육서비스의 질적 도약으로 모든 영유아의 행복한 성장 뒷받침
목표	• 영유아 성장 발달시기별 최적의 국가 지원 강화 • 미래 대응 질 높은 보육환경 조성 • 모든 영유아에게 격차 없는 평등한 출발선 보장

4대 중점전략 16대 주요과제	
전략	**주요 과제**
I　종합적 양육지원 강화	① 부모급여 도입으로 영아기 양육비용 경감 ② 종합적 육아 지원 서비스 제공 ③ 맞춤형 양육정보 제공으로 부모 양육역량 강화 ④ 육아 건강·상담 서비스 지원 강화
II　영유아 중심 보육서비스 질 제고	① 어린이집 보육 최적의 환경 조성 ② 어린이집 품질관리체계 개편 ③ 영유아의 건강한 성장·발달 지원 및 권리존중 확산 ④ 놀이 중심 보육 과정 내실화
III　보육교직원 전문성 제고 및 역량 강화	① 보육교직원 양성 및 자격체계 고도화 ② 보육교직원 전문역량 강화 ③ 보육교직원 권익 보호 환경 조성 ④ 보육교직원 근무환경 및 합리적 처우개선
IV　안정적인 보육서비스 기반 구축	① 어린이집 안정적·효율적 지원체계 마련 ② 공공보육 확대 및 내실화 ③ 인구구조 변화에 따른 보육의 사각지대 예방 ④ 전달체계, 시스템, 홍보 고도화

[그림 4-8] 제4차 중장기 보육기본계획

출처: 보건복지부(2022).

문제가 있다. 이뿐만 아니라 자녀가 있는 맞벌이 가정에 대한 접근도 그 원인을 근본적으로 치유하기보다 부담의 일부를 지원해 주는 미시적 접근으로 한정되었기 때문이기도 하다.

2021년 우리나라의 출생아 수 및 합계 출산율은 0.81명으로 저출산이 2015년 이후 지속적으로 장기화되면서 생애 초기에 대한 공적 투자의 중요성이 강조되고 있다. 이는 영유아 시기 양질의 돌봄은 전인적 발달과 교육 성취 등 발달과정에 긍정적 영향을 미치기 때문이다.

제4차 중장기 보육기본계획은 영유아의 종합적 양육지원 강화, 영유아 중심 보육서비스질 제고, 보육교직원 전문성 제고 및 역량 강화, 안정적인 보육서비스 기반 구출에 대해 국가가 지원을 위한 비전과 과제를 제시하였다. 이에 대한 주요 내용은 [그림 4-8]과 같다(보건복지부, 2022)

국가적으로 저출산 문제를 해결하기 위한 장기적인 계획은 고령화 현상을 줄이는 데도 효과적이라고 할 수 있다. 고령화 현상은 국제사회의 중대한 문제로 부상했을 뿐만 아니라 우리나라도 고령화시대에 접어들고 있다. 미국 통계국은 대책을 강구하기 위해 2015년 '늙어가는 세계'라는 통계 보고서를 작성하였다. 이에 따르면 전 세계 65세 이상 인구는 2014년에 5억 5,000만 명이었지만, 2050년에는 16억 명으로 늘어날 것으로 추정하며, 같은 기간 인구 증가는 34%이지만 노인층은 3배 증가한다고 보았다. 노인 자살률은 인구 10만 명당 55.5명으로 전체 연령 평균의 두 배에 달한다고 보았다(세계일보, 2018. 1. 24.). 우리나라도 출산율 저하와 고령화의 위기를 피부로 느끼고 있는 상황이며, 이에 대해 정부는 보다 적극적이고 섬세한 중장기 전략과 정책을 강구해야 할 것이다.

3) 제4차 산업혁명

앞으로 유아들은 제4차 산업혁명 시대의 주역으로 살아가는 시대를 맞이하게 된다. 매스미디어 시대는 어느 누구도 데이터를 소유하지 않고, 모든 인터넷 환경에서 모든 사람들이 데이터를 사용할 수 있는 플랫폼을 제공하는 개방성의 특징이 있다. 사람과 정보가 타 요소들과 연결되지 못하면 생존이 불가능할 정도로 전방위적인 연결성이 높아질 것이다. 그리고 그러한 정보는 개인의 참여와 이용자 간 상호작용에 의해 생성되며, 이용자들이 직접 제작하는 콘텐츠와 이용자 집단의 능동적인 참여와 공유를 통해 가치를 창출하는 집단 지향성을 나타내게 될 것이다.

매스미디어의 폭발적인 발전은 제4차 산업혁명은 속도와 파급효과 면에서 제1, 2, 3차 산업혁명과는 차원이 다르게 사회와 경제구조를 빠르고 광범위하게 바꿀 것이라고 한다. 그 좋은 예로서 매킨지 보고서(2011)에 따르면, 인간 삶의 전 영역에서 방대한 데이터가 창출되고 있는 현재, 최근 2년간 세계 휴대폰을 통해 창출된 데이터는 인류의 2000년 역사에서 창출된 데이터 총량과 비슷하다고 하였다. 급격한 변화는 제1, 2, 3차 산업혁명시대의 기계화, 대량생산, 컴퓨터와 인터넷 발견이 배경이 되었다. 즉, 18세기 제1차 산업혁명에서는 증기기관의 발견으로 인한 생산과정의 기계화를 이뤄냈고, 19~20세기 초 제2차 산업혁명에서 전기에너지의 발견은 대량생산을 이뤄냈다. 20세기 후반에서는 현재까지 지속되는 제3차 산업혁명은 컴퓨터와 인터넷 발견으로 지식정보와 생산자동화를 가져왔다. 제4차 산업혁명의 성공을 좌우하는 핵심요인인 정보통신기술(Information & Communication Technology: ICT)을 통해 드론, 사물인터넷(Internet of Things), 3D 프린팅, 나노테크놀로지, 바이오테크놀로지 등의 발전으로 실세계와 가상세계를 연결하여 우리 생활에 미치는 영향은 종전과 비교할 수 없는 변화를 가져다 줄 것으로 내다보고 있다. 인간의 인지·추론·판단 등의 지적 능력을 컴퓨터로 구현하는 과학 기술인 인공지능은 우리의 일상생활뿐만 아니라 교육에 있어서도 기초역량이기 때문에 국가에서도 인공지능을 쉽고 재미있게 배우도록 강조하고 있다. 그러므로 유아교육기관에서의 인공지능을 활용한 교사의 교육적 지원이 무엇보다도 시급하다고 볼 수 있다. 인공지능교육의 영역으로는 인공지능 이해, 인공지능 활용, 인공지능 개발, 인공지능 윤리의 4개 영역으로 구분할 수 있다(충청남도교육청, 2020).

제4차 산업혁명 시대의 유아들은 인터넷을 비롯한 디지털 미디어 환경을 일방형 매체인 TV나 비디오보다 재미있는 환경으로 즐기게 될 것이고, 상호작용을 위한 대화형 멀티미디어, 실제 경험을 확장한 가상공간, 상호작용과 재미의 요인이 가미된 교육용 게임 등이 중심이 된 인터넷 공간이 될 것이다.

매스미디어는 "수많은 다양한 사람들에게 신속하고 효과적으로 메시지를 전달하는 조직화된 수단"으로 대량 전달을 의미한다. 즉, 다수의 수용자에게 대량 정보를 동시에 텔레비전, 인터넷, 라디오, 신문, 잡지, 영화, 정보통신, 서적으로 전달할 수 있는 매스 커뮤니케이션의 전제가 될 수 있는 순기능의 이점이 있다. 그러나 그것이 불특정의 모든 대상에게 대량 정보를 전달하게 되는 위험적인 역기능도 있다. 예를 들어, 매스미디어는 사람과 사람 간의 소통을 제한하고 사이버세계와 중독적 몰입 현상으로 빠져들게 하고 또한 매스미디어를 통해 제공되는 다소 규격화하고 획일화한 문화는 문화적 다양성을 상실하게 하고 창의성을 저해할 수 있다. 그리고 매스미디어의 오락적 기능은 날로 심화되고 있어서 이러한 것을 유아들에게 무방비 상태로 놓이게 한다면 창의성 저하와 상호작용을 통한 유아 발달을 기대할 수 없으며, 유아기의 가치관이 혼란을 초래하게 된다. 영유아의 스마트기기 사용에 대한 교사 인식조사(문미나, 2017)에서 신체 발달에 부정적인 영향을 미친다는 우려가 높게 나타났으며, 인지 발달에 있어서는 주의력, 집중력, 쓰기에 대한 자신감에 있어서도 부정적인 인식이 높게 나타났다.

그러므로 유아교육에서는 유아의 신체적 안정성, 교육미디어로서의 적합성, 환경으로서의 적합성, 미디어 활용 습관 관련 문제에 대해 고려해야 하며 매스미디어 교육에 대한 요구가 반드시 이루어져야 한다. 유아기에 유해한 정보를 차단하고 유익한 정보를 제공하는 것은 정부의 정책과 함께 노력해야 할 부분이고, 첨단통신의 혁명시대에 유아가 매스미디어에 잘 적응할 수 있도록 유아교육의 방향성을 찾아야 할 것이다.

2. 사회 변화에 따른 유아교육 패러다임의 변화

사회 변화에 따른 유아교육 패러다임의 변화는 교육과 보육의 개념 확대 및 국가적 책임 확산, 보편주의적 유아교육, 생태주의에 관점을 시사하게 되었다. 이에 대한 내용은 다음과 같다.

1) 교육과 보육의 개념 확대 및 국가적 책임 확산

과거에 유치원은 교육 중심, 어린이집은 보육 중심이라는 이분법적 인식을 하였고, 보육이나 교육의 책임은 일차적으로 부모와 그 가족에게 있는 것으로 인식되었다. 시대의 변화과정에서 교육과 보육을 따로 논하기보다는 교육과 보육은 불가분리의 관계라는 점을 강조하면서 좀 더 질 높은 프로그램을 투입하느냐에 관심을 모으게 되었다.

이런 개념의 변화는 어린이집 보육에서는 여성의 사회참여 확대에 따른 영ㆍ유아보육 수요의 증가와 질 높은 보육서비스의 필요에 따라 현대사회의 보육은 영유아를 대상으로 보호와 교육적 서비스가 통합된 서비스를 제공해 주는 것으로 바뀌어 왔다.

유치원 교육에서는 유아의 연령 하향화와 방과후 과정 운영, 엄마품 온종일교육 운영에 따른 보호욕구의 필요성이 증가하였기 때문이다. 교육과 보육의 개념 변화를 볼 때 이 둘의 개념을 상호보완의 영역을 포함시키는 교육의 보호적 기능의 부가, 보육의 교육적 기능의 부가로 확대되고 있다.

그러므로 교육과 보육은 '교육을 통한 보육' '보육을 통한 교육'의 통합적 개념으로 취업모, 저소득층의 자녀뿐만 아니라 모든 계층의 영유아가 출생 초기부터 전인적 발달을 이루어 나갈 수 있도록 지원해야 한다.

1991년 「영유아보육법」이 제정될 시기만 해도 영유아보육의 일차적 책임은 부모에게 있었으며, 국가는 부모를 지원하는 보조 역할만 하였다. 그러나 최근의 사회적 상황에서는 국가가 영유아의 보육이나 교육에 적극적으로 개입하지 않을 수 없게 되었다. 이는 결혼가치관의 변화에 따른 결혼율 및 결혼연령의 변화, 자녀 양육에 대한 부담, 자녀에 대한 노후보장 기대 감소 등으로 출산을 기피하는 사회현상이 나타났다. 미래의 국민을 확보하고 어릴 때부터 건강하게 육성하는 일은 국가의 존립에 직결되는 문제이므로 영유아보육이나 교육은 더 이상 부모의 책임만이 아니고 국가와 사회가 함께 책임져야 한다는 인식이 확산되고 있다(우수경 외, 2012: 120). 또한 보육ㆍ양육에 대한 사회적 책임 강화를 위한 제4차 중장기 보육기본계획(보건복지부, 2022) 발표 내용에 있어서, 주요 내용으로 종합적 양육지원 강화, 영유아 중심 보육서비스 질 제고, 보육교직원 전문성 제고 및 역량 강화, 안정적인 보육서비스 기반 구축 등을 강조하고 있다. 우리 전통사회에서는 자녀의 양육은 가정을 중심으로 이루어지는 것이 당연한 일이었다. 그러나 산업화에 따른 사회구조가 변화되면서 가족의 형태가 다양화되고 가족 기능의 약화, 해체의 문제로 더 이상 부모에게만 양육의 책임이 아닌 사회와 국가가 동반적인 위치에서 함께 해결해 나갈 때 사회와 국가가 요구하는 인재로 성장시킬 수 있다.

2) 보편주의적 유아교육

보편주의적 사회복지라는 개념은 1960년대 후반부터 1970년대에 걸쳐 구미에서 일어난 사회복지서비스 제도이다. 사회복지서비스의 이용자를 일정한 계층으로 나누어 저소득층에 한정하는 선별주의[3]적 복지로부터 경제사회의 변동에 따른 사회복지의 필요가 다양화되면서 모든 계층의 사람들이 복지서비스의 이용자가 되는 것을 전제로 한 사회복지의 제도개혁을 지향한 개념이다(네이버국어사전, 2023). 즉, 보편주의는 모든 국민에게 복지혜택이 제공된다는 점에서 수혜자의 수치심과 이로 인한 절망감 등을 없앨 수 있고 인간의 존엄성과 평등성을 존중받을 수 있다.

이런 개념은 보육·교육에서도 도입되어 2006년 개정 「영유아보육법」에서 법적 사항으로 규정하게 되었다. 보편주의적 영유아보육정책은 모든 영유아에게 바람직한 성장환경을 기본적으로 보장해 주어야 한다는 영유아 권리사상에 기초하여 보육의 책임은 보호자뿐만 아니라 정부와 사회 전체에 있다는 인식이라고 볼 수 있다. 교육부의 유아교육발전 기본계획(2023~2027) 발표 자료에서는 교육비 지원 확대, 방중 통학버스, 온종일 돌봄 서비스 제공, 등원시간 1시간 앞당기기, 지역연계-숲생태 등의 교육과정 다양성 중대, 방과후 과정(돌봄) 2025년 부로 전국으로 확대, 유보통합, 부모교육 추진, 교원역량 강화 및 권인 증진, 유아교육 사각지대 메우기 등 총력전으로 유아교육 분야를 국가책임으로 강화하도록 발표했다(교육부, 2023).

---

3) 선별주의는 한정된 자원을 가지고 저소득층 등에게만 지원한다는 견해이다. 또한 모든 국민이 아닌 저소득층 등에게만 복지혜택이 제공된다는 점에서 국가에 대한 의존 현상을 최소화시킬 수 있다.

모든 영유아에게 평등하게 보육을 받을 권리를 보장하기 위해 영유아의 보육·교육받을 권리를 차별받지 않기 위해서는 영유아의 양육은 국가의 책임이라는 보편주의 이념에 의하여 가능해질 것이다.

즉, 이전의 제한된 빈곤층 취업모의 유아를 대상으로 하였다면 보편주의는 일반 영유아로 그 대상을 확대하는 것이다. 이는 영유아들이 그들의 사회적 계층, 인종, 종교, 국적, 가족구조, 형제 순위 등에 따라 교육기회를 제한받지 않으며, 신체 발달 지체나 정신지체 등 특수한 발달 상태에 있는 영유아들도 모두 교육대상에 포함된다는 의미이다(우수경 외, 2012: 121).

3) 생태주의와 유아교육

현대사회는 인간중심주의적 세계관에 따라 산업화에 의해 약탈된 자연과 물질 중심, 환경오염과 생태계 파괴의 위기가 초래되었다. 이런 위기에 대한 각성은 사회 전반으로 흘러갔으며, 교육에 있어서도 생태교육의 필요성을 유아기부터 시작해야 함을 강조하게 되었다. 생태주의 교육은 자연의 질서를 존중하고 인간과 자연의 조화를 통하여 생명을 소중히 여기며 행복한 생태적 공동체를 추구하는 것이다.

즉, 자연을 약탈하는 정복의 대상이나 인간의 행복을 위한 수단으로 생각하기보다 인간을 포함한 모든 존재를 총칭하는 것으로 보고 사람도 자연의 일부라고 생각하여 사람과 자연의 관계를 존중하는 교육이 필요함을 강조하게 되었다. 생태교육은 유아기부터 자연과 조화를 이루고 순응하는 생태지향적 환경관을 심어줄 때 인간과 자연환경이 동등한 위치에서 공존하고 서로 존중해야 하는 대상으로 바라볼 수 있으며, 환경을 소중히 여기는 마음이 길러지고 생활 속에서 환경보전을 실천하고 미래의 환경문제를 예방할 수 있는 능력을 가지도록 할 수 있다. 유아교육에 있어서 환경교육을 위한 내용으로 환경개념(자연환경, 인공환경), 환경문제(자원, 인구, 산업화와 도시화, 환경오염), 환경보존(환경보전, 환경위생) 영역을 제시하였다.

그러므로 유아교육에 있어서 유아에게 자연을 보존하고 후대에 전해 주기 위해서는 자연을 이해하고 사랑해야 한다는 가치관이 형성되도록 해야 한다. 유아교육은 유아가 자연을 하나의 생명으로 인식하고 직접 경험함으로써 자연과 상호적인 교류를 통해 전인 발달을 이룩하기 위해서 유아가 자연과 조화를 이루어 인류공동체의 공동적 사명감을 갖도록 하는 생태학적 교육프로그램을 지속적으로 개발해야 한다.

더불어 유아를 위한 생태교육은 유아가 자연과 더불어 살아갈 수 있는 능력을 길러 주고, 생태교육을 통해 자연을 아끼고 소중하게 생각하는 법을 배울 수 있도록 하는 것이다. 미래의 유아가 환경에 대한 올바른 가치관과 태도를 형성하고 이론이나 지식 중심이 아닌 유아 스스로 주변의 환경오염에 관심을 가지도록 도와주고 건강한 생활을 유지하도록 해야 한다.

생태주의의 성경적 관점　　우리가 직면한 생태계의 위기는 절대로 우연한 것이 아니고 자연을 잘 다스리며 창조질서를 지키라는 하나님의 명령(창1:28)을 거역한 죄악의 한 형태이다. 인간중심적 사고의 결과로 인간의 편익만을 위해 기술과 과학을 더욱 발전시키고, 자연질서를 파괴한 결과 오늘과 같은 극심한 생태계의 파괴와 오염으로 인하여 돌이킬 수 없는 상황이며 날이 갈수록 생태계의 위기가 가중되고 있다. 이를 극복하기 위해 인류가 노력을 하고 있지만, 특히 하나님의 창조세계의 회복을 위한 청지기적 사명은 기독교인으로 절대적이어야 한다. 하나님께서 우주만물을 지으시고 모든 만물의 존재를 우리에게 위탁하셨기 때문에 우리는 생태계와 조화를 이루고 공존하며 선한 관리자의 모습으로 유아기 시절부터 생활화되도록 교육을 해야 한다. 그러므로 생태계의 위기가 다시 하나님의 창조사역을 근본적으로 이해하는 일로부터 되돌아가 인간의 죄로 인한 자연의 파괴에 대한 인식과 그에 대한 회복의 실천적 과제임을 제시하고 있다(강은주, 2011).

3. 요약

① 유아교육에 미치는 사회문화적 요인으로는 산업화, 정보화, 세계화를 들 수 있다.

② 산업화에 따른 여성의 경제활동 참여의 증가는 직계 대가족에서 2세대 핵가족

화의 가족구조의 변화, 이혼가족, 한부모가족, 재혼가족, 청소년가장가족, 조손가족 등 다양한 가족형태를 등장시켰다.

③ 오늘날 만혼, 비혼, 저출산, 고령화 사회로의 진입은 1세대 가구, 1인 가구 증가, 노인가구 증가의 결과로 이어졌다.

④ 제4차 산업혁명의 정보통신기술, 사물인터넷, 3D 프린팅, 나노/바이오기술 등은 유아의 디지털 미디어 환경 안에서의 새로운 교육방법과 상호작용을 만들어 낼 뿐만 아니라 이러한 환경의 유해요소에 일상적으로 노출되므로 이를 잘 통제하는 방법을 학습하는 것이 필요하다.

⑤ 유아교육 패러다임은 여성의 일/가정 양립지원을 위한 보육을 통한 교육, 교육을 통한 보육 확대와 영유아 출산, 양육의 전 과정에 부모와 국가의 공동 책임 하에 보육서비스의 품질 향상, 부모 양육지원 확대 등으로 변화하였다.

⑥ 보편주의 유아교육은 저소득층이라는 특정 대상에만 수혜되는 유아교육 복지 대상을 계층, 종교, 국적, 가족구조, 형제 순위 등과 무관하게 모든 유아에게 적용하는 수혜 혜택을 말한다.

⑦ 생태주의 유아교육은 산업화로 인해 훼손된 자연을 돌보고 함께 살아가는 가치관과 태도를 학습시켜 하나님의 창조명령인 피조물 다스림을 원래의 목적으로 잘 수행하도록 하는 유아교육이다.

동영상 시청과 토론

1교시

◆ 동영상
• 가족생계와 양육의 이중고 한부모가족

◆ 토론
• 동영상을 통해서 본 한부모가족은 우리가 주변에서 볼 수 있는 가족유형입니다. 왜 우리가 위기에 처한 가족유형에 민감해야 할까요?
• 자신도 맞벌이 부모님 슬하에서 자랐다면 이 문제에 대해 어떻게 생각하는지요?

2교시

◆ 동영상
• 36개월 미만 아기도 '스마트폰 중독' 주의보 뉴스

◆ 토론
• 감각경험이 중요한 영아기에 스마트폰 중독이 된다면 사회성 발달에 어떠한 영향을 미치게 될까요?
• 내가 스마트폰 개발자로서 영유아들에게 중독되지 않고 순기능의 효과만 높여줄 수 있는 스마트폰을 출시한다면 어떤 스마트폰이어야 할까요?

3교시

◆ 동영상 1

• 나무를 심은 사람(원작 장지오노, 5분)

◆ 토론

• 현재 인간이 살기에 가장 적합한 지구는 많은 오염과 대기 이상으로 위기에 직면하고 있습니다. 〈나무를 심은 사람〉을 시청하고 느낀 점은 무엇인가요?

• 노인은 왜 버려진 땅에서 아무도 알아주지 않은 채로 자기 돈과 노력으로 30년 동안 씨앗을 심었을까요? 무엇이 이것을 가능하게 했을까요? 노인의 희생을 통해 얻어진 결과는 무엇인가요?

◆ 동영상 2

• 고농도 미세먼지 단계별 대응요령

• 로봇박사와 함께 미세먼지를 이겨내요! [교육부]

◆ 토론

• (영상에서 제시된 대응요령 외에) 고농도 미세먼지에 대해 유아들이 스스로 생활화하고 대처할 수 있는 대응요령의 꿀팁에는 무엇이 있을까요?

심화학습을 위한 자료

- 『씨앗은 어디로 갔을까?』(루스 브라운 저, 주니어, 2014)

- 『꽃 할아버지의 선물』(마크 루디 저, 키득키득, 2008)

- 『동물들이 사라지고 있어요』(믹 매닝, 브리타 그린스트룀 저, 그린북, 2013)

- 『아름다운 우리 동네를 찾아 주세요』(로라 자페 저, 교학사, 2009)

- 『지구가 더워졌어요』(상드린 뒤마로이 저, 을파소, 2011)

- 『링링은 황사를 싫어해』(고정욱, 저, 미래아이, 2009)

- 『쓰레기가 쌓이고 쌓이면』(박기영 저, 웅진주니어, 2010)

- 『인어는 기름 바다에서도 숨을 쉴 수 있나요?』(유다정 저, 미래아이, 2008)

- 『고래가 들려주는 무지개 전사호 이야기』(로시오 마르티네스 저, 마루벌, 2010)

- 『환경을 사랑하는 아이』(크리스티나 구딩스 저, 맑은가람, 2011)

추천할 만한 견학기관

● ● ●

• 나비공원 http://butterflypark.icbp.go.kr/

• 꽃초롱 자연체험(서초구청 홈페이지를 통해 신청 가능)

• 한강생태학습장 http://www.hgeco.or.kr/

• 공동육아나눔터 이용 및 가족품앗이 활동 지원: 건강가정지원센터(아이돌봄 홈페이

지 www.idolbom.go.kr/), 전화: 1577-2514

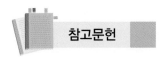

강은주(2011). 생태그림책을 활용한 기독교 유아생태문학교육 탐색. 한국영유아교원교육학회 유아교육학논집, 15(1), 509-531.

권헌애(2007). 한국의 유아 보육정책에 관한 연구. 가야대학교 행정대학원 석사학위논문.

교육부(2023). 유아교육발전 기본계획(2023-2027).

김희경(2014). 한국의 저출산 원인과 대응정책에 관한 연구. 부산대학교 행정대학원 석사학위논문.

김은정(2016). 유아보육(돌봄) 지원정책 평가와 정채과제:보육료지원 정책을 중심으로. 한국보건사회연구원.

김익균, 김재원, 김태식, 고선옥, 김현희, 이덕희(2015). 건강가정론. 정민사.

네이버국어사전(2023. 11. 20.). 보편적사회주의. https://ko.dict.naver.com/#/entry/koko/449806632e61425fb730b2b36d155330

문미나(2017). 스마트기기 사용이 영유아의 발달에 미치는 영향에 관한 교사의 인식 연구. 총신대학교 교육대학원 석사학위논문.

박경숙(2003). 참여정부 초기의 지방분권화 및 참여복지 정책방향과 사회복지전달체제 개편과제. 사회복지정책, 16, 151-172.

박화옥, 김민정, 임정원(2020). 조손가족 실태조사 보고서. 세이브더칠드런.

보건복지부(2022). 제4차 중장기 보육기본계획(안)(2023-2027).

세계일보(2018. 1. 24.). 서정민의 세계, 세계인-출산감소와 고령화.

신윤정(2012). 저출산에 대응한 유아보육·교육정책방안. 한국보건사회연구원.

우수경, 김현자, 신선희, 유영의, 김호, 김현정(2012). 유아교육개론. 학지사.

윤경자, 김정옥, 현은민, 전영자, 유계숙, 김은경(2016). 건강가정론. 공동체.

여성가족부(2010). 2010 조손가족실태조사.

여성가족부(2021). 한부모가족실태조사.

장인영(2016). 누리과정에 따른 유아생태교육의 이론과 실제. 창지사.

충청남도교육청(2020). 놀이로 만나는 AI: 2020유치원 인공지능교육 놀이실행자료.

통계청(2017). 혼인종류별 혼인.

통계청(2021). 경제활동인구조사.

통계청(2021). 인구주택 총조사.

통계청(2021). 출생통계.

통계청(2022). 지역별 고용조사.

한국유아교원교육학회(2017). 춘계자료집.

환경부(2006). 유아환경교육 프로그램. 환경부.

http://www.chemistory.go.kr/user/cop/bbs/selectBoardArticle.do?nttId=20423&bbsId=B
    BSMSTR_000000000610&menuNo=14001).

http://www.airkorea.or.kr/web/bbs/airpds/240673?sch_key=0&sch_value=

http://www.index.go.kr/potal/main/EachDtlPageDetail.do?idx_cd=1428

05

유아교육과 놀이

김성원

 핵심주제

- **놀이의 특성**: 놀이의 비실제성, 내적 동기화, 과정 지향성, 자유 선택, 긍정적 감정, 외적 규칙으로부터의 자유로움, 융통성 등

- **고전적 놀이이론**: 놀이의 목적을 탐색하는 이론으로 잉여에너지 이론, 휴식이론, 반복이론, 사전연습이론 등이 포함됨

- **현대적 놀이이론**: 놀이가 발달에 미치는 영향을 탐구하는 이론으로 정신분석이론, 인지이론, 사회학습이론, 각성조절이론, 상위의사소통이론 등이 포함됨

- **사회적 놀이**: 파튼(Parten)이 제시한 사회적 놀이의 단계는 비참여 행동, 방관자적 행동, 혼자놀이, 평행·병행놀이, 연합놀이, 협동놀이 순으로 발전함

- **인지적 놀이**: 인지 발달에 기초하여 놀이 단계를 구분한 것으로 스밀란스키(Smilansky)는 기능놀이, 구성놀이, 사회극놀이, 규칙 있는 게임으로 발전한다고 봄

- **놀이변인**: 연령, 성별, 성격, 부모, 형제, 또래, 놀이 공간, 놀잇감, 문화 등 놀이에 영향을 끼치는 변인을 의미함

- **개정 누리과정과 놀이의 특징**: 유아 중심·놀이 중심 교육과정, 교사의 역할은 놀이지원자, 교사의 자율성 존중을 특징으로 함

1. 놀이의 특성

'놀이하는 인간(Homo Ludens)' 개념을 제시한 하위징아(Huizinga, 1938)는 놀이를 통해 문명이 발생하고 존재되어 왔다고 주장하였다. 그는 고대, 중세, 현대 놀이 가운데 신화, 지식, 언어 표현, 경기, 법률, 전쟁 등의 요소를 살펴본 후, 놀이에는 규칙, 신체적 쾌락, 언어 소통, 관계에 대한 지식 제공의 기능이 있음을 밝혔다(이순형 외, 2014: 12 재인용).

학자들은 놀이의 본질을 파악하기 위해 놀이와 대비되는 개념과 비교하는 방식을 취해 왔다. 구체적으로 놀이와 일, 탐색, 비놀이의 개념을 비교하면 다음과 같다.

1) 놀이와 탐색

허트(Hutt, 1971)는 놀이의 특성을 설명하고자 놀이의 유사개념인 탐색을 놀이와 비교하였다. 탐색은 '이 물건의 속성은 무엇인가?'라는 의문에, 놀이는 '이 물건을 가지고 무엇을 할 수 있을까?'라는 질문에 답하기 위한 행동으로 구분된다. 유아는 처음 보는 사물을 대하면서 탐색의 과정을 통해 정보를 수집하고 그 이후에 익숙한 사물을 가지고 놀이하면서 새로운 자극을 만들어 낸다. 반면, 펜슨과 쉘(Fenson & Schell, 1986)은 내적으로 동기화된 행동이며 외적 목표를 추구하지 않음을 놀이와 탐색의 공통점으로 강조한 바 있다. 그리고 어린 시기에는 탐색과 놀이가 분명하게 구별되지 않으므로 "탐색적 놀이"라는 용어를 사용하는 것이 바람직하다고 보았다 (지혜련, 1992; 심성경 외, 2010).

2) 놀이와 일

프로스트와 클레인(Frost & Klein, 1979)은 놀이와 일의 특성을 비교함으로써 놀이의 개념을 정의하였다. 놀이는 즐거우며 놀이 자체가 목적이 되어 과정 지향적, 자발적, 내적 동기화된 활동인 반면에, 일은 단조롭고 고되며 생산과 관련된 결과 지향적, 강요적, 외적 동기화된 활동이라는 특징이 있다. 놀이와 일은 하나의 일직선상에서 양쪽 끝에 위치한다. 인간의 모든 활동은 일직선상의 어느 한 위치에 놓이며 완전한 놀이와 일로 구분되기보다는 어느 쪽에 더 가까운 경향성으로 볼 수 있다(심성경 외, 2010: 19; 지옥정 외, 2017: 167)

3) 놀이와 비놀이

놀이의 개념을 반대 개념과 비교함으로써 규정할 수 있다는 생각으로 레비(Levy, 1978)는 놀이와 비놀이 행동을 구분하였다. 그에 의하면 놀이는 내적 동기, 현실 유보, 내적 통제 신념이라는 세 가지 특성을 지닌다. 반면, 비놀이 행동은 놀이 행동과 대조되는 외적 동기, 현실, 외적 통제 신념이라는 특성을 갖는다(강숙현 외, 2016: 25-26).

4) 놀이의 특성

우드(Wood, 2010)에 의하면, 놀이의 특성과 질은 주의력(personal attentiveness), 개입과 동기(personal involvement and motivation), 정서적 개입(emotional engagement), 상상적 가능성(imaginative potential), 의사소통 가능성과 능력(communicative potential and capability), 관계를 형성하는 능력(relational potential), 문제 유발과 문제해결 능력(problem-creating and problem-solving potential), 놀이 정신을 불러일으키기(evoking the spirit of play), 유머 감각(a sense of humour)을 통해 결정된다고 하였다. 다른 학자들은 놀이의 특성을 내적 동기화(intrinsically motivated), 표현적(expressive), 자기조절적(self-regulated)(Babić & Irović, 2004), 변형적(transformative), 과정 지향적(process oriented)(Johnson, Christie, & Yawkey, 1999), 자율적이며 독립적(free and independent)(Gleave, 2009)이라고 보았고, 그중에서도 "놀이를 통한 학습(learning through play)"이 지배적인 의견이었다(Rengel, 2014 재인용).

루빈과 그의 동료들(Rubin et al., 1983; Saracho & Spodek, 1998: 3-4 재인용)이 보고한 내용은 다음과 같다.

- 놀이는 기본적 필요나 욕구, 사회적 요구에 의해서가 아니라, 활동 속에 내재된 만족을 통한 개인적 동기화에 기초한다.
- 놀이 참여자는 목적보다는 활동 자체에 더욱 의미를 둔다.
- 놀이는 익숙한 사물 또는 낯선 사물의 탐색 후에 발생한다.
- 놀이는 비문자적이다.
- 놀이는 외부에서 제공된 규칙으로부터 자유로우며 기존에 존재하는 규칙을 놀이 참여자들이 수정할 수 있다.
- 놀이는 참여자들의 능동적인 개입을 요구한다.

시걸(Segal, 2004)은 놀이이론을 정리하여 놀이 특성을 다음과 같이 제시하였다.

- 놀이는 즐거움이다.
- 놀이는 외적 목적을 갖지 않는다.
- 놀이는 자발적이다.
- 놀이 역할에서 능동적 참여가 이루어진다.
- 놀이 시에는 마음을 빼앗기게 된다.
- 놀이는 유아의 개인적인 실체이다.
- 놀이는 유아로 하여금 '지금 여기의 제한과 새로운 가능성의 실험에서 벗어나도록 하는' 비문자적(non-literal) 활동이다.

다음은 박찬옥, 정남미, 곽현주(2016: 28-30), 신은수 외(2013: 32-33), 심성경 외(2010: 22-23), 이숙재(2014: 19), 조형숙 외(2017: 125-126)가 공통적으로 밝힌 놀이의 특징이다.

- **비실제성**: 비실제성은 비사실성 또는 상징성과 같은 개념으로서, 실제의 사물, 인

물, 정황이 아닌 '마치~처럼(as if)'의 가작화 요소를 내포함을 의미한다.

- 내적 동기화: 놀이는 유아 스스로 원해서 하는 활동으로, 엄격한 의미에서 외부의 요구에 의해 이루어질 때 놀이로서 의미가 없다고 말할 수 있다.
- 과정 지향성: 놀이는 결과나 목표를 향해 노력하는 과정이 아닌 놀이 자체가 목적이 되어 그 과정을 즐기고 의미있게 여기는 활동이다.
- 자유 선택성: 놀이는 참여자의 능동적인 선택에 의해 이루어진다. 킹(King, 1979)에 의하면, 유아는 자신이 자유롭게 선택한 활동을 놀이라고 생각하는 반면, 교사의 지시에 의한 활동은 일이라고 생각한다(심성경 외, 2010: 23 재인용).
- 긍정적 감정: 유아는 놀이 가운데 즐거움과 긍정적 정서를 느낀다. 놀이는 재미있고 신나며 기대되는 활동이다.

이 외에도 놀이의 특징에는 외적 규칙으로부터의 자유로움(박찬옥, 정남미, 곽현주, 2016: 29; 조형숙 외, 2017: 126), 적극적 참여(박찬옥 외, 2016: 29), 융통성/유연성(박찬옥 외, 2016: 30; 이숙재, 2014: 19) 등이 있다. 이와 같은 놀이의 특성을 고려할 때, 유아가 블록으로 건물 쌓기가 가장놀이와 같이 겉보기에는 놀이처럼 보이는 활동을 하고 있을지라도 그 활동이 성인의 요구에 의해 시작되었거나 인도되었다면 놀이라고 보기는 어렵다(박찬옥, 정남미, 곽현주, 2016: 146).

5) 개정 누리과정과 놀이

개정 누리과정에서는 놀이를 유아의 삶이며 배움의 방식으로 바라본다. 즉, 유아에게 놀이는 단순한 경험이 아니라 일상에서 만나는 문제를 해결하고 배워 가는 앎과 삶의 방식이다. 유아가 주도적으로 참여하는 놀이는 세상에 대해 알고 있는 또는 알아야 할 내용을 자신의 방식으로 표현하는 행위이자 배움 그 자체라고 볼 수 있다(교육부, 보건복지부, 2020b: 17).

개정 누리과정에서는 놀이의 주요 특성으로 자유로움, 주도성, 즐거움을 명시하고 있다. 세 가지 특성에 대해 자세히 살펴보면 다음과 같다.

- **놀이의 자유로움**: 목적으로부터의 자유, 규칙으로부터의 자유, 사실로부터의 자유, 시간과 공간의 경계로부터의 자유
- **놀이의 주도성**: 자발적 참여, 능동성, 내재적 동기
- **놀이의 즐거움**: 재미, 몰입, 감정의 해소, 상상과 호기심, 유머(교육부, 보건복지부, 2020b: 22).

2. 놀이이론

놀이이론은 크게 고전적 놀이이론과 현대적 놀이이론으로 나뉘고, 각 이론은 발표될 당시의 역사 · 사회 · 정치적 맥락과 밀접하게 관계되어 있다. 고전적 놀이이론은 19세기 후반에서 20세기 초에 형성되었으며, 그 시대의 진화론에 대한 관심과 에너지 역학에 대한 사고를 반영하고 있다. 고전적 놀이이론은 유아가 놀이하는 이유, 즉 놀이의 원인과 목적을 밝히고자 시도하며 잉여에너지 이론, 휴식이론, 반복이론, 연습이론이 포함된다. 현대적 놀이이론은 1920년 이후에 등장하여 유아의 발달에서 놀이의 역할이 무엇인지를 살펴보고자 시도하였고, 정신분석이론, 인지이론, 사회학습이론, 각성조절이론, 상위의사소통이론이 포함된다. 그러나 어떠한 이론도 유아의 놀이에 대해 완전히 설명하지는 못하는 한계가 있다(이순형 외, 2014: 44).

1) 고전적 놀이이론

(1) 잉여에너지 이론(surplus energy theory)

잉여에너지 이론은 18세기 독일 시인인 쉴러(Schiller)와 19세기 영국 철학자 스펜서(Spencer)가 주장한 대로 인간은 삶에 필요한 에너지를 자연적으로 받는다는 원리에서 비롯되었다. 일하는 데 필요한 에너지 이상의 에너지를 놀이를 통해 제거한다는 이론이다. 이 이론은 고등동물이 하등동물에 비해 생존을 위한 에너지 소모량이 적기 때문에 놀이를 더 많이 하며 어린이가 성인에 비해 놀이를 더 많이 하는 것을 설명하기에 적합하다.

(2) 휴식이론(relaxation theory)

휴식이론은 잉여에너지 이론과 상반되는 관점으로, 놀이를 통해 일에 소비된 에너지를 재충전한다는 입장이다. 19세기 독일 시인 라자루스(Lazarus)가 주장한 것으로, 인간이 노동을 하고 나면 에너지가 고갈되며 고갈된 에너지는 놀이를 통해 재충전될 수 있다고 보았다. 그러므로 개인은 일정 기간의 노동 후에는 쉼을 얻고 다시일을 하기 위해 충분한 에너지를 생성하고 보존하기 위해 놀이를 해야 한다.

(3) 반복이론(recapitulation theory)

반복이론에 의하면, 개인은 인류가 경험한 것과 유사한 발달단계를 통해 나아간다고 본다. 이 이론은 19세기 말 다윈(Darwin)의 진화론에 기초하여 홀(Hall)이 확장하였으며, 놀이는 단절된 원시시대의 기술과 욕구의 고유한 방식으로 인간 진화의과정과 같은 순서를 따른다. 개인이 원시 단계를 통해 전수받은 놀이를 활용할 때, 그는 원시적 본능을 제거하고 현대 생활을 위한 준비를 하게 된다는 것이다. 원시조상들이 했던 나무 오르기나 사냥감 찾는 것을 재현하는 술래잡기, 초기 사냥 활동을 재현하기 위해 달리고 방망이를 맞추는 야구가 그 예가 될 수 있다.

(4) 사전연습이론(pre-exercise theory)

사전연습이론에서 어린 시절의 놀이는 성인기 생활을 위한 연습이 된다고 주장한다. 그루스(Groos)는 놀이의 목적에 대해 미래 생활에 필요한 행동을 연습, 강화하는 것으로 보았다. 태어나면서부터 앉고 서고 걷는 하등동물의 놀이 기간이 짧은것과는 달리, 인간은 생존에 필요한 기본적인 기술이 형성되지 않아 놀이 기간이 길다. 생존에 필요한 기술의 예로는 새끼 사자들의 싸움놀이와 유아들의 엄마 아빠 놀이가 해당된다.

이상에서 살펴본 고전적 놀이이론에서는 에너지, 진화, 본능에 대한 잘못된 신념및 한계가 발견된다. 그러나 고전적 놀이이론은 오랜 시간 동안 동물과 어린이의 특정 행동을 잘 설명해 왔으며, 여러 면에서 현대적 놀이이론의 발달에 영향을 미쳤다고 볼 수 있다(이순형 외, 2014: 50).

2) 현대적 놀이이론

현대적 놀이이론은 유아의 발달에 미치는 놀이의 기능을 밝혀내고자 하며 놀이의 행동에 영향을 미치는 조건을 설명한다.

(1) 정신분석이론(psychoanalytic theory)

20세기 초반 놀이에 대한 사고를 지배한 정신분석이론은 놀이를 유아의 정서 발달 측면에서 설명하며 대표적인 학자는 프로이트(Freud)와 에릭슨(Erikson)이다. 정신분석학의 창시자인 프로이트는 놀이를 정서 발달과 관련하여 연구하였다. 그에 의하면, 놀이 자체가 유아에게 성취, 만족, 기쁨을 제공하므로 유아의 정서 발달에 기여하게 된다. 유아가 원하는 무의식적 동기, 충동, 희망을 놀이를 통하여 표출함으로써 발달에 긍정적인 영향을 미친다. 슈퍼맨, 마법사, 경찰관, 선생님, 엄마, 아빠 등 현실에서 이룰 수 없는 선망 대상의 역할을 놀이 가운데서 표현해 보면서 희망을 성취함으로써 유아에게 만족을 제공하게 된다. 또한 놀이에는 정화효과가 있어서 유아가 과거에 받은 상처와 충격 등의 부정적인 감정이 놀이를 통해 해소될 수 있다. 예를 들어, 병원에서 주사를 맞았던 기억이나 불이 난 장면을 관찰한 경험, 형과 싸워서 엄마에게 혼났던 경험을 병원놀이, 소방서 놀이, 엄마 아빠 놀이를 통해 표현해 봄으로써 감정을 정화해 나갈 수 있다. 이러한 효과는 나쁜 경험을 수동적으로 받던 존재에서 나쁜 경험을 제공하는 능동적인 존재가 되어 보는 역할 전환과 반복을 통해 가능하다.

놀이의 주요 기능을 불안 감소로 본 프로이트의 견해가 편협하다고 본 에릭슨은 유아가 놀이를 통하여 사회적 기술을 발달시킴으로써 자아존중감을 강화할 수 있다고 보았다. 그는 사회적 발달을 기초로 유아의 놀이를 다음 세 단계로 설명하였다. 1세경의 '자기세계 놀이' 단계에서는 영아가 자신의 신체를 중심으로 감각적·탐색적 놀이를 반복하면서 세계를 탐색한다. 2세경의 '미시영역 놀이' 단계에서는 유아가 자신의 신체를 벗어나 주변 사물이나 놀잇감을 가지고 혼자놀이를 하며 즐거움을 느끼게 된다. 이 과정에서 주변 사물에 익숙해지고 정보를 파악하는 경험은 자신의 유능성을 인식하고 이것이 긍정적인 자아개념으로 이어질 수 있다. 3~4세

사진 5-1 자기세계 놀이, 미시영역 놀이, 거시영역 놀이의 예

경의 '거시영역 놀이' 단계에서 유아들은 병원, 마트, 엄마 아빠 놀이 등의 극놀이에 친구들과 함께 참여하게 된다. 사회적 상호작용 가운데 유아는 자아를 조절하고 친구들의 필요와 요구를 맞추면서 사회적 유능성을 획득해 간다.

프로이트와 에릭슨이 정화작용과 일상생활에서의 적응과 문제해결력에 도움이 되는 놀이의 기능에 초점을 둔 것은 현대의 놀이 치료로 발전되었다.

(2) 인지이론(cognitive theory)

교육심리학의 역사적 흐름을 보면, 1950년대 후반과 1960년 초반까지 행동주의와 정신분석이론이 주를 이루다가 소련의 인공위성 스푸트니크호(Sputnik) 발사로 인해 인지주의에 관심을 보이면서 1960년대 중후반부터 인지이론에 기초한 놀이연구에 관심이 집중되기 시작하였다.

피아제(Piaget), 비고스키(Vygotsky), 서튼-스미스(Sutton-Smith) 등의 인지이론가들은 유아의 놀이가 인지 발달을 촉진하는 활동이라고 보았다. 인지이론가 중에서 놀이가 유아의 인지 발달에 미치는 영향을 분석하는 데 큰 기여를 한 학자는 스위스의 생물학자이자 심리학자인 피아제이다. 그에 의하면 인지 발달은 동화와 조절 사이의 평형을 이루어가는 과정을 통해서 성취되는데, 놀이는 자신이 기존에 가지고 있는 도식에 새로운 정보를 맞추는 동화가 그 구조를 수정하는 조절보다 우세한 활동이다. 즉, 유아는 놀이 중에 사물이나 놀잇감, 사람, 상황을 이미 자신이 가지고 있는 인지도식에 맞추어 이해한다. 예를 들어, 유아는 기린, 사슴, 염소 등 익숙치 않은 동물의 이름을 자신이 이미 알고 있는 개라고 명명한다. 목에 보자기를 두른

사진 5-2 근접발달영역 내에서 유아와 성인과의 놀이 상황

뒤 슈퍼맨이 되었다고 가정하는 것과 앞치마를 두른 후 엄마가 되는 것이 가능하다. 이처럼 놀이 중에는 규칙에 얽매이지 않기 때문에 이러한 오류가 허용되며 일부러 조절할 필요가 없다. 그는 반복을 통하여 유아가 새로 배운 개념이나 기술을 연습하고 견고하게 하는 것을 놀이를 통한 "지식의 견고화"라고 명명하였다.

비고스키 또한 "놀이는 발달의 근원이 되며 근접발달영역을 형성한다."(Vygotsky, 1967: 16; Hoorn et al., 2003: 30 재인용)고 주장하며 놀이를 발달의 기초라고 보았다. 그는 유아의 놀이가 인지 발달에 도움을 제공하는 원리 중의 하나는 근접발달영역(Zone of Proximal Development: ZPD)이라고 보았다. 근접발달영역은 유아가 스스로 수행할 수 있는 실제 발달수준과 성인이나 유능한 또래의 도움을 입어 수행할 수 있는 발달수준 간의 거리이다. 유아의 놀이 상황에서 부모나 교사 또는 자신보다 유능한 또래의 지원을 받아 혼자서는 불가능했던 높은 수준의 수행능력을 보여 준다. 예를 들어, 성인과 함께 퍼즐 맞추기를 하면서 모서리 조각을 먼저 분류하여 테두리부터 맞추는 것을 도움 받은 유아는 과제를 스스로 수행할 때보다 더 쉽게 퍼즐을 완성할 수 있다. 놀이는 이와 같이 근접발달영역 내에서 성인이나 유능한 또래에 의한 비계 설정이 자연스럽게 이루어질 수 있는 맥락을 제공한다.

(3) 사회학습이론(social learning theory)

사회학습론자인 밴듀라(Bandura)는 타인의 언행을 관찰함으로써 학습이 이루어진다고 주장하였는데, 이를 모방에 의한 관찰학습이라고 부른다. 유아의 행동과 놀이에 영향을 미치는 대상은 자신과 상호작용한 부모, 교사, 또래와 더 나아가 TV나 영상에서 본 대상까지도 포함된다. 그러나 모델로서 큰 의미를 제공하는 대상은 자신과 친밀한 사람 또는 권위가 있어 자신에게 영향력을 미치는 사람이다.

(4) 각성조절이론(arousal seeking theory)

벌린(Berlyne)이 제안하고 엘리스(Ellis)가 보완한 각성조절이론은 놀이가 각성 수준을 적정하게 유지하는 역할을 한다고 설명한다. 적절한 각성의 유지는 자극감소활동 또는 자극추구활동을 통해 가능하다. 벌린에 의하면, 인간은 중추신경계의 각성을 최적의 상태로 유지하려고 하는데 자극이 너무 많아 흥분되거나 각성 수준이 높으면 자극에 노출되는 것을 피할 수도 있다. 즉, 낯선 사물 또는 사건으로 인해 각성이 증가하는 경우 놀이 중 사물을 탐색함에 따라 익숙해지게 되면서 적정한 각성 수준을 유지하게 되는데 이 경우를 '자극감소활동'이라고 명명한다. 엘리스는 많은 자극으로 인한 높은 각성 상태를 안정적으로 유지하기 위해 놀이를 한다는 벌린의 견해와는 달리, 놀이를 최적의 각성 수준을 위한 '자극추구활동'으로 보았다. 자극이 충분하지 않을 경우 각성이 낮은 상태가 되고 지루하게 되는데, 적정한 각성 수준을 유지하기 위해 자극을 찾아 놀이를 하게 된다는 것이다. 예를 들어, 기존의 미끄럼틀을 타는 방식에 싫증이 난 유아는 새로운 방법으로 놀이를 시도하여 자극을 증가시킬 수 있다.

(5) 상위의사소통이론(meta-communication theory)

베이트슨(Bateson)은 유아의 의사소통에 초점을 두어 놀이 행동을 설명하였다. 유아는 놀이를 시작하면서 신호를 보내 놀이의 틀을 설정한다. 예를 들어, "너는 환자이고 나는 간호사야. 네가 아파서 주사를 맞는다고 하자."라는 메시지를 보내 놀이의 틀을 구성한다. 이처럼 언어적, 비언어적으로 놀이 참여자가 누구인지와 맡은 역할, 상황에 대해 의사소통이 이루어지고 놀이가 시작된다. 유아는 놀이의 틀 안에서 가장의사소통(pretend communication)뿐만 아니라 놀이의 틀 밖에서 놀이 진행에 필요한 상위의사소통(meta-communication)을 사용한다. 유아는 실제 상황과 가상적 놀이 상황을 넘나들면서 놀이를 하기도 하는데, 극놀이에 참여하는 동안 문제가 생겼을 경우에는 놀이의 틀을 벗어나 현실 세계로 돌아와서 문제를 해결한다. 예를 들어, 택배놀이 도중 택배회사 직원은 택배기사에게 "이것은 사당동으로 가는 물건이에요. 오늘 중에 배달하셔야 해요."라고 가장의사소통을 보낸다. 그런데 배달기사의 역할을 적극적으로 수행하지 못하는 유아에게는 "그렇게 '물건 왔어요.'라고 작게 말하면 물건 주인이 어떻게 알아? '○○○ 씨! ○○○ 씨 택배 왔어요.'라고 크게 이름을 불러야지."라는 상위의사소통을 통해 유용한 정보를 제공할 수 있다.

베이트슨의 연구를 기초로 가비(Garvey)는 상상놀이에 참여하는 유아들이 가장적인 역할과 실제 자신의 모습을 오간다는 사실을 발견하였다. 가장놀이 중에 문제가 생기면 참여하는 유아들은 놀이의 틀을 깨고 문제를 해결하기 위해 현실 세계로 돌아와서 대화한다는 것이다. 상위의사소통은 놀이자의 역할이나 놀이 규칙의 재규명이나 갈등 상황의 해결을 위한 시도이며 더 나아가 상상놀이를 지속하려는 시도이다. 지금까지 살펴본 고전적 놀이이론과 현대적 놀이이론을 정리해 보면 〈표 5-1〉과 같다.

표 5-1 놀이이론

구분	놀이이론	주창자	의미
고전적	잉여에너지 이론	Schiller, Spencer	잉여에너지의 소비
	휴식이론	Lazarus	고갈된 에너지의 재충전
	반복이론	Hall	원시적 본능의 재연
	사전연습이론	Groos	미래생활에 필요한 기술 연마
현대적	정신분석이론	Freud	부정적 감정의 해소, 선망 대상을 표현함으로써 소망 성취
	인지이론	Piaget, Vygotsky	인지 발달 촉진
	사회학습이론	Bandura	모방에 의한 관찰학습
	각성조절이론	Berlyne, Ellis	각성조절 효과-자극감소활동, 자극추구활동
	상위의사소통이론	Bateson, Garvey	가장놀이 중 문제 발생 시 현실로 돌아와 대화

3. 놀이와 발달

1) 놀이 발달이론

(1) 사회적 놀이

영아는 일차 양육자인 어머니와의 신체, 언어, 정서적 상호작용을 통해 사회적 놀이를 할 수 있는 기본 능력을 형성하게 된다. 사회적 놀이 능력은 유아기 동안 점차 발달하게 되는데, 파튼(Parten, 1932)은 유아기 사회적 놀이 발달을 분석한 대표적인 학자이다. 유아의 사회적 참여는 연령에 따라 점차 증가하는데, 파튼은 유아의 놀이를 사회적 참여 정도에 따라 비참여 행동, 방관자적 행동, 혼자놀이, 평행 · 병행놀이, 연합놀이, 협동놀이의 6단계로 다음과 같이 구분하였다(이순형 외, 2014: 70 재인용).

① 비참여 행동(unoccupied behavior)

비참여 행동은 엄격한 의미에서 놀이라고 보기 어려운 행동이며 순간적인 흥미에 따라 무언가를 바라보거나 타인의 놀이를 관찰하는 것이다. 뚜렷한 의도나 목적이 없이 멍하니 바라보거나 배회하는 두 가지 형태로 나타난다. 놀이에 참여하지 않고 진행 중인 활동에 관심을 보일 수는 있으나 그 관심은 일시적인 흥미에 그친다.

② 방관자적 행동(on-looker behavior)

방관자적 행동은 다른 유아의 놀이를 지켜보는 행동으로, 이 단계의 유아는 관찰 중 대화를 하기도 하고 반응을 보이기도 하지만 자신이 직접 놀이에 참여하지는 않는다. 비참여 행동과 구분되는 점은 순간적인 우연한 흥미에 의한 응시가 아니라 특정 집단을 바라보면서 필요한 경우 대화가 진행된다는 점이다.

③ 혼자놀이(solitary play)

혼자놀이는 또래와의 상호작용 없이 혼자서 하는 놀이이다. 주변에 또래 유아들이 놀이를 하고 있어도 관심을 보이지 않으며 친구들과 다른 놀잇감을 가지고 자신의 놀이에만 집중하는 모습을 일컫는다.

④ 평행 · 병행놀이(parallel play)

평행놀이는 같은 영역 안에서 놀이하거나 주변 유아들과 같은 또는 유사한 놀잇감을 가지고 놀이를 하되 교류 없이 놀이함을 의미한다. 친구들에게 관심을 보일 수도 있고 그들의 놀이에 대한 생각을 언어로 표현할 수도 있으나 서로 간의 교류하는 모습은 관찰하기 어렵다.

사진 5-3 혼자놀이와 평행놀이

⑤ 연합놀이(associative play)

연합놀이는 여러 명의 유아가 모여서 비슷한 종류의 활동을 하는 것으로, 유아가 놀이 중에 또래들과 대화를 하거나 놀잇감을 주고받는 등의 상호작용이 그 예이다. 그러나 리더가 그룹을 이끌어 가는 등의 역할 분담이나 놀이의 체계적, 계획적 전개는 가능하지 않다.

⑥ 협동놀이(cooperative play)

협동놀이는 가장 발전된 사회적 놀이의 형태로, 놀이 참여자 간의 공동 목표가 있고 리더가 있으며 목표에 따른 역할 분담과 계획을 정하여 조직적으로 놀이가 이루어짐을 의미한다. 극놀이 수행하기, 조형물 만들기, 팀의 단합으로 목표를 빨리 달

사진 5-4 연합놀이와 협동놀이

성하기 등이 협동놀이 목표의 예이며, 이러한 목적을 위해 구성원 간의 합의된 원칙과 협동이 존재한다.

통상적으로 놀이의 유형은 단계적으로 발달한다고 알려져 있으나, 유아는 같은 단계에 머물면서 하나 이상의 사회적 놀이에 개입하기도 한다. 영아가 자동차를 손으로 조작할 경우 단독놀이에 참여한다고 볼 수 있으나 다른 영아 옆에서 매트 위를 기어 다닐 경우에는 평행놀이에 해당된다. 유아가 혼자서 퍼즐을 맞출 때 단독놀이로 분류하나 친구들이 놀이하는 소꿉놀이 영역에서 옷을 입어볼 경우에는 평행놀이, 블록 영역에 함께 앉아 성을 쌓는 경우에는 협동놀이로 분류한다(Segal, 2004).

(2) 인지적 놀이

피아제는 놀이가 인지 발달의 수준을 나타내는 지표라고 보고 인지적 수준에 따라 연습놀이, 상징놀이, 규칙 있는 게임으로 발전한다고 보았고, 이를 좀 더 정교화한 스밀란스키(Smilansky)는 기능놀이, 구성놀이, 사회극놀이, 규칙 있는 게임 순으로 발달한다고 주장하였다. 본 장에서는 인지적 놀이의 단계를 좀 더 자세히 제시한 스밀란스키의 단계를 중심으로 살펴보고자 한다.

① 기능놀이(functional play)

기능놀이는 감각운동기의 유아가 사물을 사용하거나 또는 사물 없이 오감각을 활용하여 신체적 움직임을 되풀이하는 놀이 행동을 의미한다. 이 놀이는 반복적인 신체운동으로서, 자신의 조작에 의해 신체 일부나 물체의 움직임을 보고 반복적으로 되풀이하는 행동이고 이를 통해 즐거움을 발견하는 놀이 행동이다. 기능놀이에는 놀잇감 또는 사물 조작하기, 컵에 물이나 곡식 넣고 옮기기, 공 굴리기, 사물 떨어뜨리고 줍기 등이 해당된다.

② 구성놀이(constructive play)

구성놀이는 놀잇감과 재료를 활용하여 구조물을 만들어 내거나 새로운 것을 창작해 내는 놀이로, 이 단계에 속한 유아는 놀이 자료가 될 만한 것을 탐색하고 특징을 파악한 뒤에 무언가를 만들게 된다. 블록으로 탑이나 도로 만들기, 다양한 미술 재료로 자동차 만들기, 점토로 음식 만들기 등이 이 단계에 해당된다. 스밀란스키에 의하면, 구성놀이는 기능적 활동에서 창조적 활동으로의 전환을 의미한다. 피아제는 스밀란스키와는 달리 구성놀이를 하나의 독립된 놀이 단계로 인정하지 않았는데, 이는 구성놀이가 상징놀이와 규칙 있는 게임, 놀이와 지적 활동, 놀이와 모방 사이의 중간에 위치하고 있다고 보았기 때문이다(이경화 외, 2013: 151).

③ 사회극놀이(socio-dramatic play)

사회극놀이는 두 명 이상의 유아가 같은 놀이 주제를 가지고 언어적 상호작용을 하는 놀이 활동이다. 사회극놀이는 상징놀이의 가장 발전된 형태로서, 단편적인 생활 경험의 통합과 규칙 지배성을 특징으로 한다(박찬옥, 정남미, 곽현주, 2016: 81).

피아제는 인지적 놀이 단계로 상징놀이를 지목한 데 반해, 스밀란스키는 사회극놀이로 명명하였다. 상징놀이(symbolic play)는 가장/가상놀이(make-believe play, pretend play), 극놀이(dramatic play), 역할놀이(role play), 환상놀이(fantasy play) 등의 다양한 용어로 불리나(김춘경 외, 2016: 210; 박찬옥, 정남미, 곽현주, 2016: 79; 이순형 외, 2014: 79), 가작화(as-if) 요소가 들어있다는 공통점이 있다. 사회극놀이의 여섯 가지 요소 중 역할의 가작화, 사물의 가작화, 행동과 상황의 가작화, 지속성은 두 가지 놀이에 공통적으로 포함되나 상호작용, 언어적 상호작용은 사회극놀이에만 포함되는 특징이다(김춘경 외, 2016: 210-211; 박찬옥, 정남미, 곽현주, 2016: 79). 유아들이 마트(시장)놀이를 하면서 계산대에서 일하는 마트 점원과 물건을 구입하는 상인의 역할을 하는 것은 사회극놀이의 예가 될 수 있다.

④ 규칙 있는 게임(game with rules)

규칙 있는 게임이란 미리 정해진 규칙에 따라 게임을 하는 놀이형태로, 게임에 포함되는 규칙의 의미를 이해하고 내면화할 수 있는 인지적 수준을 요구하므로 구체적 조작기에 이르러서 가능하다. 예를 들어, 보드게임, 윷놀이, 다양한 전통놀이를 포함한 게임 등이 해당된다.

유아들은 정해진 규칙을 수용하고 주어진 규칙 내에서 행동을 조절하게 된다. 유아는 이 단계의 놀이에 참여하면서 지적인 욕구와 사회적 욕구를 충족시키는 것을 볼 수 있다. 예를 들어, 게임을 위해 편을 가르면서 친구 사이의 서열 또는 우정을 좀 더 확고히 하는가 하면, 게임에서 이기기 위해 전략 및 기술 등을 고민, 의논하면서 논리적인 사고의 발달을 도모하게 된다(이순형 외, 2014: 80).

2) 놀이에 영향을 미치는 요인

놀이에 영향을 미치는 요인은 다양한데, 크게 개인적 요인, 사회적 요인, 물리적 환경, 문화적 요인 등으로 구분할 수 있다.

(1) 개인적 요인

① 성별

영유아는 어린 시기부터 성별에 따라 선호하는 색과 놀잇감에서 성별 차이가 난다. 보통 여아는 핑크 계통의 색깔을 좋아하고 인형이나 부드러운 질감의 놀잇감을 선호하는 반면, 남아는 어두운 색을 선호하고 블록이나 자동차나 기차 등의 탈것을 선호한다. 이러한 성차는 놀이에서도 나타나는데, 여아가 남아보다 정서적인 반응을 보이는 상상/소꿉놀이, 조작놀이를 더 많이 하고 지속시간도 더 긴 반면 남아는 블록이나 대근육 운동, 거친 신체놀이를 더 빈번하게 한다.

② 연령

유아의 연령이 높아짐에 따라 놀이의 양상에도 변화가 생긴다. 놀이의 지속시간이 길어지고, 선호하는 놀잇감도 복잡해지고, 혼자놀이 형태에서 의사소통과 협력을 필요로 하는 사회적 놀이로 변화하고, 규칙을 지키고 어려운 문제를 해결하는 인지적으로 수준이 높은 놀이가 증가하는 경향이 있다. 이 외에 놀잇감의 활용도가 다양해지고 상상력이 풍부해지기도 한다.

③ 성격, 기질

유아의 성격은 놀이에 영향을 주는데, 성격에 의해 놀이성과 상상 성향 또는 상상 수준이 달라질 수 있다. 기질 또한 놀이에 영향을 미치는데, 유아의 기질은 또래놀이 상호작용(놀이 방해, 놀이 단절, 놀이 상호작용)과 유의한 상관관계가 있었으며 더 나아가 또래놀이 상호작용에 직접적인 영향을 미치는 것으로 나타났다(박혜정, 2017). 박지영, 김용숙, 배성문(2016)은 놀이성이 정서지능에 미치는 영향에 있어 유아 성격의 매개효과를 분석하였는데, 유아의 성격, 놀이성, 정서지능 간에는 유의미한 정적 상관관계가 있으며, 놀이성은 정서지능의 중요한 예측변인이고 그 관계에서 성격의 부분매개 효과가 있음을 밝힌 바 있다.

(2) 사회적 요인

① 부모

부모의 교육관, 양육 유형, 정서적 안정성, 부모-자녀 간의 애착, 자녀와의 상호작용, 학력, 직업, 경제적 수준, 가정의 사회경제적 지위와 관련된 주거지역 등도 유아의 놀이 유형 및 놀이 시 또래와의 상호작용에 영향을 미친다. 어머니의 공감능력과 양육태도가 유아의 놀이성에 미치는 영향에 관한 연구에서, 어머니의 공감능력 중 상상하기는 유아의 놀이성에 정적인 영향, 개인적 고통은 부적인 영향을 미치는 것으로 나타났다. 양육태도를 독립변인으로 추가하였을 때, 사회적 양육 유형, 가르치는 양육 유형 그리고 공감능력의 하위 요인인 상상하기가 유아의 놀이성에 정적인 영향력을 주는 것으로 나타났다(정미라, 김민정, 이방실, 2015). 부모의 놀이 신념과 부모-유아놀이 상호작용의 관계에서 창의적 가정환경의 매개효과를 검증한 연구에서 세 변인 간에는 정적 상관관계가 있는 것이 나타났다. 아울러 부모의 놀이 신념이 창의적 가정환경과 부모-유아놀이 상호작용에 유의한 영향을 미쳤으며, 부모의 놀이 신념이 부모-유아놀이 상호작용에 미치는 영향에서 창의적 가정환경의 부분매개효과가 있는 것으로 나타났다(안세은, 김지현, 2022).

3~5세 유아 부모의 놀이 신념에 관한 연구에서 '놀이지지' 신념이 '학습 중심' 신념보다 전 연령에서 더 높은 것으로 나타났으며, '놀이지지' 신념은 자녀의 연령에 따른 차이가 없는 반면, '학습 중심' 신념은 3세 보다 4세 부모가 더 높게 나타났다. 아버지가 어머니보다 구성놀이와 기능놀이에서 더 적극적으로 놀이에 참여하는 반면, 어머니가 아버지보다 교수놀이, 게임놀이와 역할놀이에서 더 적극적으로 참여하였다. 부모의 '놀이지지' 신념의 점수가 높은 경우에는, 자녀와 더 오랜 시간 높은 수준의 놀이를 하는 것으로 나타났으며, 부모의 '학습 중심' 신념의 점수가 높은 경우에는 자녀와 더 적은 시간, 횟수는 낮게, 낮은 수준의 놀이를 하는 것으로 나타났다(김명순 외, 2013).

② 형제

형제는 부모와 같이 가족의 구성원이긴 하나, 수직적인 부모와 달리 보충성과 상호 호혜성을 갖는다. 자녀와의 놀이에서 어머니는 감독자와 교수자의 역할을 하면서 지시를 하지만, 형제는 동등한 놀이 상대자이면서 조력자의 역할을 한다. 부모는 자녀가 새로운 지식과 기술을 터득하고 진보하도록 돕는 역할을 하는 반면, 형제는 새로 획득한 기술을 연습하도록 돕는 역할을 한다.

③ 또래

또래와의 놀이는 유아의 언어 발달, 인지능력, 사회정서 능력, 성 유형화 등 발달의 여러 측면에 영향을 주게 된다. 유아는 또래와 놀이하면서 타인의 요구를 받아들이고 놀이에 필요한 규칙을 배우며 갈등 상황의 해결을 통해 타인과 어울려 지내는 법을 배우게 된다. 아울러 상대방의 정서를 이해하고 공감하며 자신의 감정을 조절하고 표현하면서 사회적 유능성을 높일 수 있다. 또래를 모방함으로써 언어적 유창성을 획득하고 유능한 또래로부터 지적 자극을 받아 인지 발달에 도움을 얻을 수 있다.

(3) 물리적 환경

① 놀이 공간

놀이가 발생하는 놀이 공간은 놀이에 영향을 주는 주요 변인이다. 공간의 크기, 공간의 구성, 공간이 제공하는 분위기에 따라 놀이 지속시간, 놀이의 종류가 달라진다. 예를 들어, 공간의 크기에 비례한 인원수의 비율을 의미하는 공간의 밀도는 놀이의 종류를 선택하도록 하는 요인 중의 하나이다. 공간의 밀도가 높은 곳에서는 조용히 앉아서 하는 조작놀이가 많이 나타나며 신체를 많이 움직이거나 뛰는 행동과 공격적인 행동이 감소한다. 공간의 밀도가 낮은 경우 신체를 많이 움직이는 놀이가 발생하며 단독 또는 평행놀이가 증가하는 경향이 나타난다.

② 놀잇감

놀잇감의 수량, 질, 구조화 정도는 놀이 형태와 지속 시간에 영향을 미치는 변인이다. 놀잇감의 수가 충분하면 놀이 참여도가 높아지고 공격적인 행동이 감소하는 반면, 놀잇감이 부족할 경우에는 또래와의 상호작용은 증가하나 불안감과 스트레스가 높아지게 된다. 놀잇감을 한 가지 용도로 사용하는가 또는 다양한 용도로 사용하는가에 따라 수렴적(구조적) 놀잇감과 확산적(비구조적) 놀잇감으로 구분된다. 유아는 확산적 놀잇감으로 놀이할 때 더 오래 놀이하는 경향이 있으나, 연령에 따른 차이도 있다. 따라서 유아교육 현장에서는 충분한 수의 놀잇감과 수렴적/확산적 놀잇감을 균형 있게 제공할 필요가 있다.

(4) 문화적 요인

놀이 속에는 놀이 참여자가 태어나고 자란 사회 · 문화적 배경이 묻어난다. 유아는 놀이를 통해 자신이 속한 문화의 가치, 규범, 습관, 태도 등을 학습할 수 있다. 유아는 자신의 문화에서 수용되는 언행과 그렇지 않은 언행을 배우고 이러한 규범을 놀이 가운데 반영한다. 문화마다 갖고 있는 전통놀이를 통해 그 민족이 가지고 있는 역사와 가치관을 습득하게 된다. 개인주의적 문화인지 또는 집단주의적 문화인지, 낙천적 사회인지 또는 경쟁주의적 사회인지, 위기를 겪는 사회인지 안정적인 사회인지의 여부는 놀이를 선택하는 데 영향을 주게 된다. 이 외에도 유아가 다닌 교육기관의 수준과 재원 기간 등이 유아의 놀이에 영향을 미친다.

3) 놀이가 발달에 미치는 영향

(1) 신체 발달

유아의 놀이는 신체 성장 및 운동능력 발달에 도움이 된다. 놀이를 하면서 대·소근육을 움직여 운동을 하게 되므로 신장, 체중 등의 신체 성장이 촉진되고 혈액순환, 배설, 수면 등의 생리 기능이 증진된다. 놀잇감을 관찰하고 만지는 등의 탐색 활동을 통해 감각 및 지각 능력이 발달한다. 또한 운동놀이를 하면서 달리기, 던지기, 매달리기 등의 기본 운동능력 및 체력이 향상된다. 놀이경험을 통해 유아가 일상생활에서 접할 수 있는 사고를 예방하고 위험 상황에 적절히 대처하는 능력을 갖는다(이경화 외, 2013: 143). 신체 각 영역 간의 협응과 비만을 예방하게 되는 것도 놀이의 중요한 기능 중의 하나이다(Zigler & Bishop-Josef, 2004).

(2) 인지 발달

유아는 놀이를 하면서 자신이 현재 가진 지식과 의미를 바탕으로 상상력이 풍부한 단어와 경험을 창출해 낸다. 사물, 도구, 상징의 가능성을 탐색한 후에 창의적인 방법으로 표현하며 상징적인 의미, 전환, 활동 가운데 의사소통한다. 역할을 규정하고 사건과 대본을 조직화하는데, 이 과정에서 지식과 의미가 표출된다. 놀이의 방향을 바꿀 때 유연함과 융통성을 발휘한다(Wood, 2010). 놀이를 통해 인지적 탈중심화가 가능하게 되는데, 타인의 입장을 취하는 것이 다양한 역할을 조직화하고 놀이각본을 협의하는 데 결정적 요인이 된다(Bodrova & Leong, 2004).

(3) 언어 발달

놀이는 유아의 언어 발달을 촉진한다. 놀이 중에 다양한 어휘를 습득하고 정황에 맞는 언어적 표현을 하며 정확한 발음과 목소리 조절 능력이 발달한다. 아울러 타인의 말을 경청하고 자신의 의견을 전달하는 능력이 생기며 자신의 이름을 쓰고 언어적 표상을 통해 사람, 사물, 정황을 표현함으로써 문해 발달이 이루어진다.

(4) 정서 발달

유아는 놀이를 하면서 정서적 안정감을 얻게 되는데, 프로이트가 주장했듯이 과거에 받은 상처와 분노, 일상에서의 갈등과 스트레스가 놀이를 통하여 경감되거나 해소되는 정화효과가 있다. 자율성, 성취감, 자존감, 인내심 등 긍정적인 정서를 경험하기도 한다. 자신의 감정을 통제하고 수용 받으면서 세련된 방식으로 표현해 보고 더 나아가 타인의 정서를 관찰하고 감정이입함으로써 정서지능이 발달하게 된다. 특별히, 가장놀이는 자기 자신에 대해 기분 좋게 느끼는 방법(as a way of feeling good about oneself)으로써 정서 발달에 기여한다. 그 이유는 유아가 아직 감정과 개념을 구분하지 못하기에 이 두 요소가 조화롭게 공존하기 때문이다. 공포와 충족되지 못한 소망이 익숙한 실체에 반영되고 동시에 실제에 관한 새로운 아이디어가 정서적인 안정성 속에서 탐색될 수 있다. 가장놀이는 사건과 긍정적ㆍ부정적 경험을 재연하고, 분노와 질투심에 대응하며 진정한 힘을 얻도록 한다(Segal, 2004).

(5) 사회성 발달

유아의 놀이는 양육자와 하는 놀이, 혼자놀이 단계를 지나 또래들과 하는 단계로 전이한다. 유아는 또래와 더불어 놀이하면서 자기조절 능력, 규칙 지키기, 양보하기, 협동하기, 배려하기 등 타인과 어울려 살아가면서 필요한 사회적 기술과 사회문화적으로 수용되는 행동양식을 배우게 된다. 다양한 주제의 사회극놀이를 통해 아기, 엄마, 아빠, 선생님, 의사, 경찰관, 119 구조대원 등의 역할을 맡으면서 주변에 대한 관심과 이해가 확장되고 타인의 관점에서 생각하는 능력을 발달시킨다. 이와 같은 타인조망수용능력은 사회성 및 도덕성 발달에 중요한 밑거름이 된다.

이상에서 살펴본 바와 같이 놀이는 유아의 전인적 발달에 도움을 준다. 보드로브와 레옹(Bodrova & Leong, 2004)에 의하면, 놀이는 의도된 행동, 자발적인 신체적, 정신적 행동의 발달을 촉진한다. 놀이 중에 의도성의 발달(the development of deliberateness in play)이 가능한데, 그 이유는 유아가 놀이의 규칙을 따라야 하고 놀이 친구들이 규칙을 따르는가를 모니터링하기 때문이다. 우선, 의도성은 신체적 활동, 사회적 행동, 언어 사용에 있어서 말하는 대상과 정황에 맞게 표현하는 것으로 나타난다. 나중에 이 의도성은 기억력과 주의 집중 등의 정신적 과정으로 확대된다.

4. 개정 누리과정과 놀이

1) 개정 누리과정의 배경과 강조점

교육부는 국정과제 구현과 출발선 평등 실현을 위해 2017년 12월 '유아교육 혁신 방안'을 발표하였고 이를 바탕으로 유아 · 놀이 중심 교육과정을 개편 방향으로 하는 「2019 개정 누리과정」을 2019년 7월에 고시하였다(교육부, 보건복지부, 2020a: 9). 누리과정 개정의 근거는 '교실 혁명을 통한 유아 중심의 교육 문화 조성' 과제 중 '유아가 중심이 되는 교육 패러다임 전환'이다. 유아 · 놀이 중심 누리과정은 개별 유아의 다양한 특성을 고려한 자유 놀이 권장 및 관찰과 기록, 유아와의 상호작용 강조, 현장 자율성 존중을 강조한다(신윤승, 신혜원, 2022: 58-59).

개정 누리과정은 교수자가 학습자의 학습을 예견하여 사전에 계획하는 교사 중심에서 학습자 중심으로의 변화를 지향하며 다음과 같은 원리를 제안한다.

- 교사 중심 교육과정에서 유아 · 놀이 중심 교육과정으로의 변화: 개정 누리과정은 '유아와 놀이'를 최우선으로 존중함을 강조한다. 이는 교사가 미리 계획한 활동이 중심이었던 '교사 중심' 교육과정에서 유아 주도적인 놀이가 중심이 되는 '유아 · 놀이 중심' 교육과정으로의 변화를 의미한다.
- 충분한 놀이시간 확보 권장: 개정 누리과정은 유아가 자유롭고 몰입 가능한 놀이를 즐길 수 있는 시간을 충분히 편성 · 운영할 것을 제안한다.
- 유아놀이와 배움의 의미에 대한 재이해: 지금까지도 유아의 놀이를 교육의 기

본 정신으로 강조하기는 하였으나, 유아 스스로의 놀이와 학습에 대한 염려와 불안 그리고 놀이가 아닌 활동을 통해 지식을 가르치려는 시도에 대한 반성이 있었다. 개정 누리과정에서는 이러한 점을 고려하여 교사가 놀이의 의미와 가치를 재이해하여 교사가 가르치지 않아도 유아가 놀이하며 스스로 배울 수 있음을 이해하는 것을 교육과정 실천의 출발점으로 삼는다(교육부, 보건복지부, 2020a: 16-17).

개정 누리과정은 교육과정 대강화 경향을 반영하고 교사의 자율성을 강조한다. 교육과정 대강화는 국가수준 교육과정의 기준을 상세하게 제시하는 대신 최소한의 기준만을 제시하는 것으로, 이를 통해 교사의 자율성과 다양성을 존중할 수 있게 된다. 예측이 어렵고 상황에 따라 다양하게 발현되는 유아의 놀이를 통한 배움을 지원하기 위해서는 교사가 자율성을 기반으로 상황에 적합한 판단을 내릴 수 있어야 한다(교육부, 보건복지부, 2020a: 19). 이와 같은 철학에 근거하여 개정 누리과정은 교사의 자율성에 기초하여 일과 구성, 계획 수립, 놀이 시간 운영 및 환경 구성 등에서 유아교육기관과 학급의 실정에 적합하게 운영할 것을 제안한다(남효정, 유향선, 2020: 30).

2) 교사의 역할

개정 누리과정 운영 중 교수·학습 부분에서는 교사가 유아의 놀이와 학습을 지원할 때 다음의 원리를 제안한다.

- 유아가 흥미와 관심에 따라 놀이에 자유롭게 참여하고 즐기도록 한다.
- 유아가 놀이를 통해 배우도록 한다.
- 유아가 다양한 놀이와 활동을 경험할 수 있도록 실내외 환경을 구성한다.
- 유아와 유아, 유아와 교사, 유아와 환경 간에 능동적인 상호작용이 이루어지도록 한다.
- 5개 영역의 내용이 유아의 경험과 통합적으로 연계되도록 한다.

- 개별 유아의 요구에 따라 휴식과 일상생활이 원활히 이루어지도록 한다.
- 유아의 연령, 발달, 장애, 배경 등을 고려하여 개별 특성에 적합한 방식으로 배우도록 한다(교육부, 보건복지부, 2020a: 44).

개정 누리과정에서는 유아 및 놀이 중심을 추구하며 교사를 유아놀이의 지원자로 제안하고 있다. 교사는 놀이의 특성 · 의미 · 가치를 이해하여 유아가 즐겁게 놀이하면서 배우는 경험을 지원할 수 있다. 또한 적절하게 환경을 구성하고, 유아와의 긍정적 상호작용을 통하여 유아가 놀이에 몰입하고 놀이를 확장하도록 도울 수 있다(교육부, 보건복지부, 2020a: 44).

이와 같은 지원자로서의 교사의 역할에 대해 교사를 대상으로 수행한 질적 연구에서 놀이지원자로서 교사의 역할은 '적절한 자료를 제공하는 놀이개입자' '공간 활용에 유능한 놀이제공자' '상호작용에 적극적인 놀이확장자' '놀이의 흐름을 즐기는 놀이관찰자'로 나타났다. 아울러 놀이지원자로서 지원방안으로는 '유아를 믿고 지지하기' '놀이 확장의 포인트 파악하고 안내하기' '관찰 방법 다각화하기' '양질의 풍부한 놀이 자료 제공하기'가 나타났다(박지희, 2021). 아울러 유아놀이 실행에 관해 교사와 유아를 대상으로 실시한 질적 연구에서 유아의 놀이는 유아의 흥미와 관심에서 시작하여 개방적이고 허용적인 분위기 속에서 다양하게 생성하고 변화하며 전개되는 것이 발견되었다. 또한 교사는 유아의 흥미를 관찰하고 놀이의 맥락을 발견하면서 심리적 · 물리적 환경을 제공하는 역할을 하는 것으로 나타났고 교사 또한 놀이경험에의 몰입과 공감을 통해 교육공동체의 일원이 됨으로써 반성적 사고와 태도를 발전시키는 것이 가능했다(유승연, 2020). 유아교사를 대상으로 실시된 조사연구에서 2019 개정 누리과정 실행에 영향을 미치는 놀이지원 역량의 하위 요인은 놀이운영, 놀이관찰 및 분석, 놀이반응 및 소통 순으로 높게 나타났다(조운주, 2021).

5. 요약

① 놀이는 탐색 및 일과 구분되며 그 특성에는 비실제성, 내적 동기화, 과정 지향성, 자유 선택성, 긍정적 감정 등이 포함된다.

② 고전적 놀이이론은 놀이의 목적을 살펴본 이론으로 잉여에너지 이론, 휴식이론, 반복이론, 사전연습이론이 포함된다.

③ 현대적 놀이이론은 놀이가 발달에 미치는 효과에 대해 연구한 이론으로 세부적으로는 정신분석이론, 인지이론, 사회학습이론, 각성조절이론, 상위의사소통이론이 있다.

④ 파튼(Parten)이 제시한 사회적 놀이는 비참여 행동, 방관자적 행동, 혼자놀이, 평행·병행놀이, 연합놀이, 협동놀이 순이며, 스밀란스키(Smilansky)의 인지적 놀이는 기능놀이, 구성놀이, 사회극놀이, 규칙 있는 게임 순으로 발달한다.

⑤ 놀이에 영향을 미치는 요인에는 성별, 연령, 성격을 포함하는 개인적 요인, 부모, 형제, 또래를 포함하는 사회적 요인, 놀이 공간과 놀잇감을 포함하는 물리적 요인, 그리고 문화적 요인 등이 있다.

⑥ 개정 누리과정은 유아와 놀이를 존중함을 기본 철학으로 삼아 기존에 계획, 운영, 지도하던 교사의 역할에서 유아의 놀이를 지원하는 역할로의 변화를 제안한다. 예측이 어렵고 다양한 유아의 놀이 지원은 교사의 자율성을 기반으로 한 상황에 적합한 판단을 전제로 한다.

동영상 시청과 토론 ●●●

1교시

◆ 동영상

• 세계의 교육현장. 핀란드의 유치원 교육,
  잘 놀아야 공부도 잘 한다!

◆ 토론

• 핀란드 유치원 교육 또는 놀이의 특징을 설명하고 한국 교육과의 차이점
  을 비교해 보세요.

2교시

◆ 동영상

• 놀이의 반란. 놀이, 아이의 본능

◆ 토론

• 여러분이 생각하는 놀이의 정의는 무엇인가요?

심화학습을 위한 자료

- 〈아이들의 놀이(Children's Games)〉(피터 브뤼겔, 1559~1560년, 118×161cm, 빈 미술사 박물관)

- 『소꿉』(편해문, 고래가 그랬어, 2009)

추천할 만한 견학기관

- 어린이토이박물관: 전 세계 장난감 모두 모여라!

  https://tour.paju.go.kr/user/tour/place/BD_tourPlaceInfoView.do?q_gubun=area&areaSe=1001&cntntsSn=479

- 국립민속박물관

  https://www.nfm.go.kr/home/index.do

참고문헌

강숙현, 김정아, 김희정, 윤숙희, 이은희(2016). 놀이지도. 학지사.

교육부, 보건복지부(2020a). 2019 개정 누리과정 해설서.

교육부, 보건복지부(2020b). 2019 놀이이해자료.

김명순, 조항린, 박영림, 신혜영(2013). 부모와 유아 자녀의 놀이에 관한 연구: 부모의 놀이신념 및 놀이참여를 중심으로. 열린부모교육연구, 5(1), 37-54.

김춘경, 민하영, 박경희, 송규운, 신인숙, 유승희, 이명환, 이미란, 이영미, 임영심, 조성자(2016). 유아교육개론. 양성원.

남효정, 유향선(2020). 제14차 표준보육과정과 2019 개정 누리과정을 적용한 현장 사례 중심의 영유아 놀이지도. 어가.

박지영, 김용숙, 배성문(2016). 유아의 놀이성과 정서지능의 관계에서 유아 성격의 매개효과. 한국유아교육 · 보육복지연구, 20(2), 85-106.

박지희(2021). 2019 개정 누리과정에서 교사의 역할 이해와 놀이지원방안: 놀이지원자를 중심으로. 유아교육학논집, 25(3), 55-82.

박찬옥, 정남미, 곽현주(2016). 놀이지도. 정민사.

박혜정(2017). KICCE-PSKC 빅 데이터를 기반으로 한 유아의 기질이 교사-유아 상호작용과 또래놀이 상호작용에 미치는 영향. 한국지식정보기술학회 논문지, 12(1), 165-175.

신윤승, 신혜원 (2022). 놀이지도. 파워북.

신은수, 김은정, 유영의, 박현경, 백경순(2013). 놀이와 유아교육. 학지사.

심성경, 백영애, 이영희, 함은숙, 변길희, 김나림, 박지애(2010). 놀이지도. 공동체.

안세은, 김지현(2022). 부모의 놀이신념이 부모-유아놀이 상호작용에 미치는 영향: 창의적 가정환경의 매개효과를 중심으로. 가정과삶의질연구, 40(1), 1-10.

유승연(2020). 2019 개정 누리과정에 기초한 유아의 놀이 실행과정 및 교사의 놀이 지원에 관한 연구. 유아교육학논집, 24(6), 75-100.

이경화, 김동춘, 김정원, 조화연, 전선옥, 이연규, 이문정(2013). 유아교육개론. 양서원.

이숙재(2014). 영유아 놀이의 이론과 실제. 창지사.

이순형, 김혜라, 권기남, 김지현, 김진경, 김진욱, 서주현, 이정현, 최인화, 유주연, 안혜령, 이은중(2014). 놀이지도. 학지사.

정미라, 김민정, 이방실(2015). 어머니의 공감능력과 양육태도가 유아기 자녀의 놀이성에 미치는 영향. 생태유아교육연구, 14(1), 101-122.

조운주(2021). 유아교사의 놀이지원 역량과 2019 개정 누리과정 실행의 관계. **교육논총**, 41(4), 265-283.

조형숙, 김현주, 김명하, 김명정(2017). **유아교육개론**. 학지사.

지옥정, 김수영, 정정희, 고미애, 조혜진(2017). **유아교육개론**. 창지사.

Bodrova, E., & Leong, D. J. (2004). Chopsticks and counting chips: Do play and foundational skills need to compete for the teacher's attention in an early childhood classroom? In D. Koralek (Ed.), *Spotlight on young children and play* (pp. 4-11). NAEYC.

Frost, J. L., & Klein, B. L. (1979). *Children's play and playgrounds*. Allyn & Bacon.

Hoorn, J. V., Nourot, P. M., Scales, B., & Alward, K. R. (2003). *Play at the center of the curriculum* (3rd ed.). Merill Prentice Hall.

Hutt, C. (1971). Exploration and play in children. In P. E. Herron & B. Sutton-Smith (Eds.), *Children's play* (pp. 231-251). John Wiley & Sons.

Rengel, K. (2014). Preschool teachers'attitudes towards play. *Croatian Journal of Education*, 16(2), 113-125.

Saracho, O. N., & Spodek, B. (1998). A historical overview of theories of play. In O. N. Saracho & B. Spodek (Eds.), *Multiple perspectives on play in early childhood education* (pp. 1-11). State University of New York.

Segal, M. (2004). The roots and fruits of pretending. In E. F. Zigler, D. G. Singer, & S. J. Bishop-Josef (Eds.), *Children's play: The roots of reading* (pp. 33-48). ZERO TO THREE.

Wood, E. (2010). Developing integrated pedagogical approaches to play and learning. In P. Broadhead, J. Howard, & E. Wood (Eds.), *Play and learning in the early years* (pp. 9-26). SAGE.

Zigler, E. F., & Bishop-Josef, S. J. (2004). Play under siege: A historical overview. In E. F. Zigler, D. G. Singer, & S. J. Bishop-Josef (Eds.), *Children's play: The roots of reading* (pp. 1-13). ZERO TO THREE.

06

유아교육과 부모 · 가족

이보영

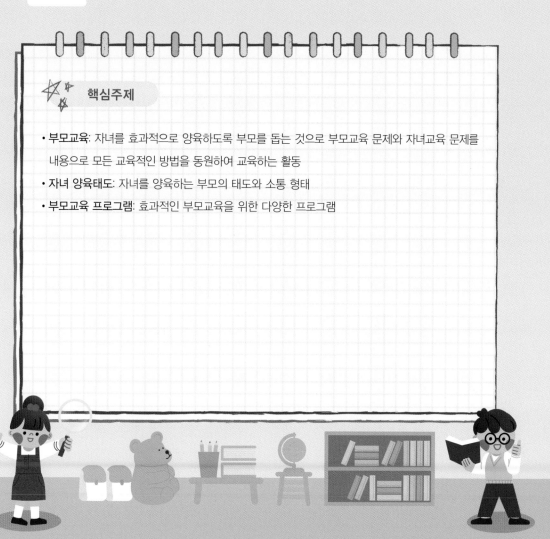

⭐ 핵심주제

• **부모교육**: 자녀를 효과적으로 양육하도록 부모를 돕는 것으로 부모교육 문제와 자녀교육 문제를 내용으로 모든 교육적인 방법을 동원하여 교육하는 활동
• **자녀 양육태도**: 자녀를 양육하는 부모의 태도와 소통 형태
• **부모교육 프로그램**: 효과적인 부모교육을 위한 다양한 프로그램

1. 부모 · 가족과의 동반자 관계

1) 부모교육의 개념

부모교육이란 자녀를 효과적으로 양육하도록 부모를 돕는 것을 의미한다 (International Encyclopedia of Marriage and Family, 2003). 또한 한국부모교육학회 (1997)에 의하면, 부모교육이란 부모교육자의 자질 향상과 부모의 역할 수행에 변화를 일으키기 위한 부모교육자와 부모, 예비 부모, 그리고 자녀를 대상으로 부모교육 문제와 자녀교육 문제를 내용으로 모든 교육적인 방법을 동원하여 교육하는 활동으로 정의한다. 이로써 자녀들이 건강하게 자라도록 자녀 양육에 필요한 정보와 지식을 적절하게 활용하여 자녀 양육을 도움으로써 부모나 양육자들에게 수용력과 자신감을 향상시킬 수 있다.

부모교육의 목적은 부모의 자녀와의 관계를 위한 교육뿐 아니라 부모 자신의 성장 그리고 유아교육기관과의 관계에서 설명될 수 있다(이상욱 외, 2013). 먼저, 부모교육은 부모 자신이 직면하고 있는 스트레스와 도전을 극복하여 한 인간으로서의 개인적인 성장과 개발을 도모해야 한다. 둘째, 부모교육은 자녀의 바람직한 양육과 교육에 필요한 지식, 태도 및 기술을 습득하도록 부모를 교육하는 것을 말한다. 셋째, 부모교육은 자녀가 참여하고 있는 유아교육 프로그램에 대한 후원 및 지지를 할 수 있도록 하는 유아교육기관과의 상호작용의 측면을 포함한다. 그러므로 부모교육은 부모 자신, 부모와 자녀 간의 관계 그리고 부모와 교육기관 간의 관계를 긍정적으로 변화시키기 위한 목적으로 제공되어야 한다.

과거에는 부모를 부족하고 가르쳐야 할 대상으로 생각했기 때문에 양육능력이 결핍된 부모를 돕기 위해 가르친다는 의미로 부모교육이라는 용어를 사용하였다. 그러나 점차 부모를 부족하고 가르쳐야 할 대상으로 보는 관점에서 이해하고 협력해야 할 동반자 관계의 대상으로 보는 관점으로 변함에 따라 용어의 의미도 바뀌어 갔다. 부모교육은 모든 경우에 사용되어진 포괄적인 용어이지만, 일반적으로 부모교육이라는 용어 이외에 부모가 참여하는 활동의 특성이나 초점에 따라 다양한 용어가 사용되고 있다(김희진, 2014). 이를 구체적으로 설명하면 다음과 같다.

- **부모교육**(parent education): 부모를 가르치는 것이 목적이라고 생각되는 모든 활동(예: 강연회, 워크숍 등)
- **부모훈련**(parent training): 자녀 양육을 위한 기술이나 전략을 가르치는 활동(예: 자녀의 언어교육을 위한 전략, 자녀의 기본생활 습관을 향상시키는 전략)
- **부모개입**(parent intervention): 부모개입은 다양한 이유(빈곤, 가정폭력, 이혼 등)로 위기에 처한 가정의 부모와 자녀를 돕기 위한 활동(예: 폭력 유아의 부모에게 전화상담)
- **부모참여**(parent participation/parent involvement): 부모가 유아교육기관의 다양한 활동에 직접 참여하는 것(예: 보조교사로 참여, 기관 운영 참여하기)
- **부모상담**(parent counseling): 부모가 자녀나 자녀 양육에 관해 유아교육기관의 교사나 기관장과 의논한다는 의미(예: 정기적 상담, 비정기적 상담, 형식적 상담, 비형식적 상담)
- **부모(가정)-기관 의사소통**(parent/home-school communication): 부모 또는 가정과 유아교육기관과의 의사소통(예: 면대면, 쪽지, 전화, 이메일, 인터넷 홈페이지 등의 다양한 매체를 통해 교육에 대한 정보를 제공하거나 의견 주고받기)
- **부모협력**(parent cooperation): 부모가 유아교육기관과 대등한 관계에서 협력하기
- **부모(가정)-기관 관계**(parent/home-school relationship): 부모 또는 가정과 유아교육기관과의 바람직한 관계 형성, 유지, 소통, 협력하기

이 가운데 부모교육, 부모훈련, 부모개입은 유아교육기관에서 부모에게로 일방향적인 영향력이 행사됨을 의미하는 반면 부모와 유아교육기관 의사소통 협력, 그리고 관계라는 용어는 유아교육기관과 부모가 서로 양방향적인 관계에서 상호 소통함을 의미한다. 따라서 현대적 의미로 부모교육은 부모와 유아교육기관과의 대등한 관계에서의 참여와 소통 그리고 협력을 강조하는 동반자 관계의 의미로 이해되고 있다.

2) 부모 · 가족과의 동반자 관계

유아교육이 효과를 거두기 위해서는 유아를 둘러싼 체계들의 협조가 필요하다. 우리나라는 출산율이 계속적으로 감소하고 사회구조의 변화로 인한 가족형태의 다양화가 이루어지고 있다. 한부모, 맞벌이, 다문화, 조손, 기러기 가족 그리고 주말부부 가족 등 다양한 가족형태에 따른 적절한 부모 역할의 원만한 수행이 요구된다.

다양한 가족형태는 부모-자녀관계에서 일어나는 갈등을 심화시키고 부모들이 자녀 양육에서 느끼는 스트레스의 양상 또한 심층적으로 전개시킨다. 더욱이 육아 관련 사이트나 인터넷 카페 및 개인 블로그의 활성화로 인한 인터넷 부모교육이 최근 새로운 양상으로 대두되고 있는 가운데(권건일 외, 2011), 무분별한 부모교육 관련 자료들은 오히려 부모들에게 부모관의 갈등을 가져오게 하며, 나아가 부모 역할 수행에 있어 양육 스트레스를 많이 느끼게 한다.

유아교육 전문가에 의한 변별력 있는 부모교육은 부모들이 자녀 양육을 하는 데 자신감을 갖게 하고 학대나 방임의 비율을 감소시킨다(김봉제, 권기남, 2018). 그러므로 유아교육의 효과를 극대화하기 위해 부모뿐 아니라 가족을 지원하는 것이 필요하다(Sharon, 2001). 이러한 시대적 필요를 반영하여 정부에서는 부모교육을 지원하기 위하여 학부모지원센터, 육아종합지원센터, 건강가정지원센터 등을 양적으로 확장하는 노력을 하고 있다.

2. 부모의 자녀 양육

자녀의 삶에 가장 큰 영향을 미치는 것은 양육자인 부모이다. 부모의 양육태도를 결정하는 요인은 부모가 가진 문화적 영향, 성격유형, 역할 모델링 등 부모가 이전 세대에게서 배운 부모행동에 대한 무의식적인 학습이다(장혜순, 2008). 많은 학자들이 부모와 자녀 간 상호작용에 대한 다양성에 관하여 다루었다. 이러한 다양성을 이해하기 위해 먼저 부모와 자녀는 가족체계 내의 하위체계를 이룬다는 사실을 이해해야 한다. 그 안에서 부모는 자녀의 정서적 · 신체적 · 사회적 · 심리적 요구에 주의를 기울여 전략을 발달시켜야 한다. 그 부모가 어떤 전략을 가지고 자녀를 양육하는지는 자녀 양육태도 유형에서 나타난다(Anderson & Sabatelli, 2010).

1) 자녀 양육태도 유형

부모의 양육태도는 부모-자녀관계를 이해하는 데 가장 중요하다. 양육태도는 부모가 자녀를 양육하고 통제하며 사회화하기 위한 다양한 시도에서 나온다. 부모의 양육태도를 가장 먼저 이론으로 정립한 사람은 1951년 사이먼즈(Symonds)이다. 그는 자녀 양육태도를 거부-수용 차원과 지배-복종 차원으로 교차시켜 구분하였다. 그러나 그는 양육태도를 부정적으로만 설명하였고, 일상생활에서 일어날 수 있는 건전한 태도에 대한 언급 없이 자녀 양육태도를 정상적인 규준에 의해 설명하지 못하였다.

1961년 쉐퍼(Schaefer)는 자녀 양육태도를 애정-거부 차원과 자율-통제 차원으로 교차시켜 가설적 모형을 제시하였다(김수희, 최윤정, 2014 재인용). 또한 바움린드(Baumrind)는 부모의 반응(parental responsiveness)과 부모의 요구(parental demandingness), 이 두 가지를 자녀 양육에 있어 주요한 요소로 보고 부모 양육태도 유형을 나누었다(Anderson & Sabatelli, 2010).

이 외에도 MBTI(The Myers-Briggs Type Indicator) 성격유형 지표를 활용한 양육태도 유형을 들 수 있다. 한국 MBTI연구소에 의하면 MBTI는 융(Jung)의 심리유형론을 근거로 하여 브릭스(Briggs)와 메이어스(Mayers)가 보다 쉽고 일상생활에 유용하게 활용할 수 있도록 고안한 자기보고식 성격유형 지표이다. 이 검사결과를 통해 부모 자신의 성격에 대한 자존감을 향상시키고 자녀의 성격을 이해함과 동시에 자녀들이 바람직한 성장을 할 수 있도록 부모-자녀 관계의 개선을 도울 수 있다.

또한 인본주의를 기반으로 부모교육 연구를 한 기노트(Ginott)의 오랜 임상결과로 얻어진 방법을 가트맨(Gottman)이 1980년에 체계화한 감정코칭 양육태도도 제시되었다. 그는 부모가 자녀와의 관계를 형성하는 데 자녀의 감정에 대한 부모의 태도에 따라 양육태도를 구분하였다(권건일 외, 2011).

마지막으로, 1928년 미국의 마스톤(Marston) 박사가 인간이 환경 속에서 개인의 힘을 어떻게 인식하는가 연구하여 인간의 행동유형을 DISC 모델로 구분하였다. 이 모델을 제시함으로써 부모는 자녀의 행동유형에 맞게 대처하는 법을 배울 수 있게 하였다(Rosenberg & Silvert, 2012).

각 이론가들의 양육태도 유형을 구체적으로 살펴보면 다음과 같다.

(1) 쉐퍼(Schaefer)의 양육태도

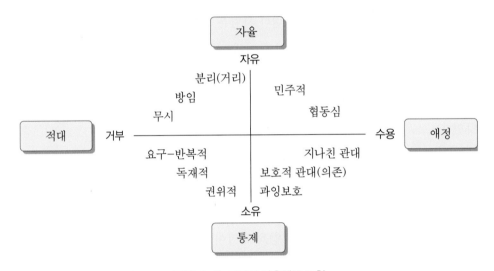

[그림 6-1] 쉐퍼의 양육행동 모형

출처: 김희태, 김경희(2016).

① 애정적–자율적 유형
- 부모가 자녀에게 애정을 갖고 자녀를 인격체로 존중하는 태도이다.
- 자녀의 특성은 능동적, 활달함, 독립적, 사회 적응을 자신 있게 하며 창의적이고 자신과 타인에 대해 긍정적이다.

② 애정적–통제적 유형
- 자녀를 사랑하고 애정적이면서도 자녀의 행동에 제약과 통제를 많이 가하는 태도이다.
- 부모가 지나치게 애정을 갖기 때문에 자녀를 보호하거나 통제가 많아 과잉보

호와 같은 특성이 나타나기도 한다.

③ 적대적-자율적 유형
- 자녀를 수용하고 받아들이지 못하면서 자녀가 자유로이 행동하도록 방임하는 태도이다.
- 자녀는 공격적이고 자신의 행동을 조절하는 능력이 결여되기 쉽다.

④ 적대적-통제적 유형
- 부모가 자녀를 애정적으로 받아들이지 못하면서 자녀의 행동을 엄격하게 통제하는 태도를 말한다.
- 자녀를 사랑으로 용납하고 허용하지 않으며, 체벌을 포함한 언어적 통제의 태도가 나타날 수 있다.

(2) 바움린드(Baumrind)의 양육태도(Anderson & Sabatelli, 2010)

① 허용적(permissive) 태도
- 부모는 관대하고 자녀에게 성숙한 행동을 요구하지 않으며 자녀와의 대립을 피한다.
- 민주적 부모, 비지시적 부모 유형이 있으며, 민주적 부모는 관대하기는 하지만 비지시적 부모보다 자녀에게 더 공들이고, 개입하며 몰두한다.

표 6-1 바움린드의 권위주의적 태도와 권위적 태도 비교

	권위주의적 태도	권위적 태도
공통점	행동통제는 동일하게 높음-자녀에게 높은 요구를 하고 옳은 행동을 하며 부모의 규칙에 따를 것을 기대한다.	
차이점	심리적 통제가 높음-자녀에게 자신의 판단과 가치, 목표를 수용할 것을 기대한다.	심리적 통제가 낮음-자녀와 함께 판단, 가치, 목표 등을 주고받는 것에 대해 개방적이며 더 많은 설명을 한다.

② 권위주의적(authoritarian) 태도

• 요구적이고 지시적이지만 반응적이지 않다.

• 복종 중심적이며 지위 중심적이다.

• 강요의 정도에 따라 강압적이거나 독재적이지 않은 부모와 더 통제적이고 지시적이며 강요적인 부모가 있다.

③ 권위적(authoritative) 태도

• 요구적이면서도 반응적이다.

• 자녀의 행동을 모니터하고 명확한 기준을 전달한다.

• 자녀에게 지시하고 통제하지만 자녀의 생각, 감정, 발달 능력에 대해 인식하고 있음을 보여 주는 방식으로 지시하고 통제한다.

④ 방임적(uninvolved) 태도

• 반응과 요구가 모두 낮다.

• 자녀는 감독을 받지 않기 때문에 수용과 확신이 부족하다.

• 부모의 수용과 명확한 안내나 기준이 부족하므로 자녀가 혼란스럽고, 불안하며, 자기통제를 위한 기준을 내면화하기 어렵다.

(3) MBTI(The Myers-Briggs Type Indicator)와 양육태도

한국 MBTI연구소(2018)에 의하면 MBTI는 네 가지의 양극적 선호경향으로 구성되어 있다. 선호경향이란 융의 심리유형론에 따르면, 교육이나 환경의 영향을 받기 이전에 인간에게 잠재되어 있는 선천적 심리경향을 말하며, 각 개인은 자신의 기질과 성향에 따라 네 가지 양극지표에서 둘 중 하나의 범주에 속하게 된다.

선호경향은 에너지의 방향에 따라 외향형(E)과 내향형(I)으로, 인식기능(정보수집)에 따라 감각형(S)과 직관형(N)으로, 판단기능에 따라 사고형(T)과 감정형(F)으로, 이행양식이나 생활양식에 따라 판단형(J)과 인식형(P)으로 나뉜다.

다음은 선호경향에 따른 성격 특성과 그 경향을 가진 부모에게서 나타나는 특성이다.

① 에너지의 방향에 따라 외향형(Extraversion)과 내향형(Introversion)

• 외향형(E)

　－폭넓은 대인관계를 유지하며 사교적이며 정열적이고 활동적이다.

　－자녀와 일상적인 대화를 즐기며 자연스럽게 자녀에게 칭찬과 사랑한다는 표
　　현을 한다.

　－자녀가 외부 세계를 경험하도록 하기 위해 다양한 활동에 참여하도록 기회
　　제공 및 유도한다.

• 내향형(I)

　－깊이 있는 대인관계를 유지하며 조용하고 신중하며 이해한 다음에 경험한다.

　－자녀 각자를 깊이 알고자 하는 경향이 있어 자녀에 대해 관찰하고 반추한다.

　－자녀들이 스스로 상호작용을 하고 활동하도록 주도하거나 강요하지 않고 지
　　켜본다.

② 인식, 정보수집 기능에 따라 감각형(Sensing)과 직관형(iNtuition)

• 감각형(S)

　－오감에 의존하여 실제의 경험을 중시하며 지금, 현재에 초점을 맞추고 정확,
　　철저히 일처리를 한다.

　－자녀들의 기본적인 욕구를 돌보는 것을 중요하게 생각하며, 자녀들에게 풍
　　부한 감각적 경험을 하도록 한다.

• 직관형(N)

　－육감 내지 영감에 의존하며 미래지향적이고 가능성과 의미를 추구하며 신
　　속, 비약적으로 일처리를 한다.

　－자녀의 독특한 잠재력을 찾아서 북돋아 주고, 개별성과 독립된 사고에 가치
　　를 둔다.

③ 판단, 결정기능에 따라 사고형(Thinking)과 감정형(Feeling)

• 사고형(T)

　－진실과 사실에 주관심을 갖고 논리적이고 분석적이며 객관적으로 판단한다.

－자녀가 상황을 분석하고 문제해결을 스스로 할 수 있도록 격려하며 자기 신
　　　뢰와 자신감을 갖도록 지지한다.

　　－자녀의 지적인 발달학습에 대한 애착, 정신적 도전을 하도록 고무하고, 모든
　　　상황에서 정의와 공정성을 추구하도록 한다.

• 감정형(F)

　　－자녀의 욕구를 적절하게 살핀다.

　　－자녀가 사랑받으며, 자신은 특별하고 보호받는다는 느낌을 가지도록 자녀의
　　　신체적 · 정서적 친밀감을 제공한다.

④ 이행양식/생활양식에 따라 판단형(Judging)과 인식형(Perceiving)

• 판단형(J)

　　－자녀들이 규칙적인 생활습관이나 준비물 등을 잊지 않도록 조직하고 계획하
　　　여 지시하고 한계를 설정하는 것이 자녀를 위해 최선이라고 생각될 때 기꺼
　　　이 통제한다.

　　－자녀 양육에 있어 책임감을 많이 느끼며, 열심히 일하고 올바른 일을 하는 데
　　　초점을 두고 성실하고 강하게 키우려 한다.

• 인식형(P)

　　－목적과 방향은 변화 가능하고 상황에 따라 일정이 달라지며 자율적이고 융
　　　통성이 있다.

　　－자녀들을 강요하거나 틀에 넣으려 하지 않고 자녀들로 하여금 그들 자신이
　　　되게 하며, 수용적이고 관대하다.

(4) 가트맨(Gottman)의 감정코치 양육태도

　감정코치의 최종 목표는 자녀가 감정에 솔직하면서 이를 제대로 표현하게 하고
감정은 표현하되 자녀 본인이나 타인에게 해를 주는 행동은 제한하는 것이다. 진정
한 부모는 몸으로 직접 느끼듯 자녀와 감정 교류를 해야 한다. 다음은 감정코치이론
의 네 가지 양육태도 유형이다.

① 별것 아니야, 축소전환형(dismissing) 부모

- 부정적인 감정을 아예 생각하지 않으려 한다. 자녀들이 슬픔이나 화를 표현하는 것이 실현 불가능한 요구를 하는 것이라 생각하고 자녀의 고통을 무시하거나 대수롭지 않게 치부한다.
- 부모 자신도 감정을 해결해 본 경험이 없어서 자녀의 문제를 어떻게 해야 할지 모른다. 그래서 자녀들의 감정 문제를 작게 축소시켜 대수롭지 않은 것으로 판단하는 것이다.
- 자신의 감정을 부모에게 알리기 위해 자기감정을 크게 부풀려야 하기 때문에 자녀도 자신의 감정을 제대로 인식하기 어렵다. 자신의 감정이 옳지 않으며, 이런 감정을 가진 자신이 잘못되었다고 판단하고, 감정 조절에 어려움을 호소할 수 있다.

② 그럼 못써, 억압형(disapproving) 부모

- 자녀가 슬픔이나 분노, 두려움 같은 부정적 감정을 표현하면 자녀에게 매우 유해하다는 생각을 가진다.
- 자녀의 상황이 위안을 받아야 하는지, 비난을 받아야 하는지, 벌을 받아야 하는지 결정하고 평가하려 한다.
- 자녀는 자신의 부정적 감정을 올바르게 조절할 수 있는 방법을 배울 기회가 없다. 그러므로 자신의 감정을 표현하기에 앞서 두려움을 느끼고 자제하기 위해 노력하느라 긴장하게 되고 점차 자신의 판단을 신뢰하지 못하게 된다.

③ 뭐든 괜찮아, 방임형(laissez-faire) 부모

- 자녀가 표현하는 감정을 무조건 받아들인다.
- 부정적 감정을 다스리는 방법에 대해 자녀에게 어떤 방향을 제시할 준비가 되어 있지 않거나 적절한 지도를 해 주지는 못한다.
- 자녀는 감정을 조절하는 법을 배우지 못해 제멋대로 행동하기 쉽고 집중력 부족과 대인관계에 대해 어려움을 호소할 수도 있다.

④ 함께 찾아보자, 감정코치형(emotion coaching) 부모

- 자기 자신의 감정과 사랑하는 사람들의 감정을 파악하는 능력이 뛰어나고, 슬픔, 분노, 두려움과 같이 부정적으로 여기는 감정을 비롯한 모든 감정은 인생에 유용한 의미가 있음을 알고 있다.
- 모든 감정은 용납할 수 있지만 모든 행동까지 용납하지는 않는다.
- 행동이 다른 사람에게 해로운 영향을 미칠 것 같은 경우 자녀의 공격적 행동을 즉시 중지시킨다.
- 자녀가 감정 조절하는 방법을 배우기 위해 격한 경험도 필요하기 때문에 일부러 나서지 않는다.
- 자녀는 자신의 감정을 신뢰하며 조절하고 스스로 문제해결 방법을 터득하게 된다. 자긍심이 높고 학습능력도 뛰어나며 대인관계도 원만함을 보인다.

(5) DISC와 양육태도

1928년 미국 컬럼비아 대학교의 심리학 교수 마스톤(Marston) 박사가 인간이 환경을 어떻게 인식하는가 또는 그 환경 속에서 자기 개인의 힘을 어떻게 인식하는가 연구하여 인간의 행동유형을 구분하였다. DISC의 목적은 자신의 행동유형과 강점을 발견하고 이를 활용함으로써 타인의 행동을 이해하고 다른 사람과 효과적으로 상호작용하여 자신에게 맞는 갈등관리, 대인관계 유지방법, 학습방법을 발견하도록 하는 것이다. 인간의 행동유형은 주도형(Dominance), 사교형(Influence), 안정형(Steadiness), 신중형(Conscientiousness)으로 구분하였다. [그림 6-2]는 네 가지 인간의 행동유형을 설명하고 있다. 부모가 DISC 모델을 보다 잘 이해하게 되면, 자신도 모르는 사이 자녀에게 자신의 유형을 강요하지 않고 그에 맞게 대처하는 법을 배울 수 있다(Rosenberg & Silvert, 2012).

재빠르고 말솜씨가 좋은 유형

주도형(Dominance)　　　사교형(Influence)

D
주도적 성격
단도직입적
과단성
진취적 직관적

상호교류에 능숙
풍부한 영감
설득적

과제 지향적 유형　　　인간 지향적 유형

성실함　든든한 지원
신중함　진지함
간결함　안정적
정확함　공감적

C　　　S

신중형(Conscientiousness)　　　안정형(Steadiness)

차분하고 내성적인 유형

[그림 6-2] DISC 4가지 행동유형

출처: Rosenberg & Silvert (2012).

① 네 가지 행동유형

• 주도적인 D 유형

　－성과를 이룩하는 데 관심을 집중하여, 큰 보상을 얻기 위해 도전하고 위험을
　　무릅쓴다.

　－단호하고 단도직입적이며 경쟁적이고, 의사소통을 할 때도 결론과 결과를
　　중요시한다.

• 상호교류에 능한 I 유형

　－적극적인 마음가짐으로 끊임없이 자극을 찾아다닌다.

　－다른 사람들과 주변 세계와의 상호교류를 즐긴다.

　－미래중심적이며 모든 것이 흥미진진하고 무엇이든 이룰 수 있는 가능성의
　　세계에 산다.

• 든든한 지원군 S 유형

　－갈등을 최소화하고, 평온하고 안전한 환경을 조성하려고 한다.

－다정하고 인정이 많아서 공감하는 마음으로 참을성 있게 다른 사람의 이야
　　　기를 듣는다.

　　－배후에서 활동하고, 나서기보다는 지원하기를 좋아한다.

• 신중한 성실형 C 유형

　　－모든 일을 정확하게 처리하는 데 온통 관심이 집중되어 있다.

　　－모든 일이 제대로 이루어졌는지 확인하기 위해 끊임없이 절차와 아이디어에
　　　몰두한다.

　　－독립적으로 일하기를 좋아하지만, 침착한 성격이라서 다른 사람들을 대할
　　　때도 객관적이고 사교적인 태도를 취할 수 있다.

다음은 자녀의 유형과 부모의 유형에 따른 상황을 예로 들고자 한다(Rosenberg & Silvert, 2012: 237-239의 내용 참조).

－자녀(민수): C 유형이 확실한 8세 남자아이 민수는 주변 세계를 이해하기 위해 질문을 많이 던진다. 피아노를 치고 물건 모으기(수집)를 좋아한다. 그리고 사람들과 경쟁하기보다 혼자서 하는 것을 좋아하여 여럿이 함께하는 스포츠는 싫어하지만 개인 운동은 좋아한다. 그리고 자기에게 잘 맞는 친구가 한 명 있다.

－아버지: 그러나 민수의 아버지는 D 유형이라서 민수가 다른 남자아이들처럼 밖에 나가 친구들과 함께 축구나 운동을 하지 않는 것이 불만이다.

－어머니: 민수의 어머니는 I 유형이라서 민수가 친구가 많지 않은 것을 초조해 한다.

－민수와 어머니: 민수의 어머니는 매일 아들에게 동네 아이들을 만나 놀라고 부추겨 보지만 민수는 피아노를 치거나 게임을 하고 싶어 한다. 민수의 어머니는 집에 돌아와 다른 아이들이 함께 축구하는 것을 보고 민수에게 같이 놀라고 격려하다가 '저기 끼어들어가 같이하라'고 하면서 소리를 지른다.

－민수의 반응: 민수는 '엄마, 아빠를 기쁘게 해 주려면 내 성격을 뜯어 고쳐야 하는구나'로 받아들인다. 친구들은 학교에서 실컷 만나기 때문에 '집에서는 내가 좋아하는 일을 하고 싶은데 엄마, 아빠는 날 이해하지 못해'라고 생각한다.

② DISC 모델 적용을 위한 원칙

- 나(부모) 자신의 유형부터 파악한다.
- 자녀의 유형을 알아본다.
- 나와 자녀의 유형을 고려해서 기대치를 정한다.
- 행동만이 아니라 의도까지 고려한다.
- 장점을 활용하되 남용하지 않는다.
- 적절할 때에 적절한 유형을 사용한다.
- 내가 대우받고 싶은 방식이 아니라, 자녀가 대우받아야 하는 방식으로 한다.

2) 자녀 양육태도의 결정요인

부모 양육 유형의 많은 결정요인은 부모의 개인적인 요인, 자녀의 기질 및 특성, 양육환경의 맥락적 원인의 차원으로 요약해 볼 수 있다(Anderson & Sabatelli, 2010).

(1) 부모와 관련된 요인

결혼 이전 원가족과의 경험은 자녀에게 사용하는 양육행동에 영향을 미친다. 벨스키(Belsky, 1984)에 의하면 효율적인 부모는 탈중심적이고 타인의 관점을 정확하게 평가할 수 있어서 타인과 공감할 수 있으며 양육중심적이다. 이러한 부모의 태도는 자신의 삶에 대한 심리적 욕구가 충족되었을 때 가능하다. 그러므로 어린 시절 자율성과 친밀성이 높은 가정에서 양육을 받았을 경우 자녀를 효율적으로 양육하고 통제하는 데 필요한 인내심, 의사소통 기술, 공감, 민감성을 가질 확률이 높다.

(2) 자녀와 관련된 요인

자녀의 기질도 부모 양육태도에 영향을 미친다. 토마스와 체스(Thomas & Chess, 1977)는 자녀의 기질을 순한 아이, 까다로운 아이, 느린 아이 이렇게 세 가지로 보았다. 부모의 행동에 대한 자녀의 영향은 양방향적이며 상호의존적이다. 그러므로 부모의 양육 유형은 자녀의 기질에 의해 영향을 받을 뿐만 아니라 그 기질이 부모에게 미친 영향에 의해 영향을 받으며, 그 부모의 특성은 다시 부모의 자녀 요구에 대한 반응에 영향을 준다. 자녀의 기질 또는 자녀의 특성뿐 아니라 부모의 기질 및 특성과 자녀의 특성이 얼마나 잘 상호작용하는가, 즉 부모-자녀의 적합도가 좋을수록 부모-자녀 상호작용의 질이 좋아질 가능성이 높다. 토마스와 체스의 자녀 기질별 특성 및 양육 시 주의사항은 다음과 같다.

① 순한 아이(easy babies)
- 전체의 40% 정도의 영아가 해당된다.
- 새로운 상황에 쉽게 적응하고, 일반적으로 쾌활하고 순하다.
- 부모의 말에 따르도록 강요받아 자율성과 주도성이 꺾일 수 있다.
- 개별적인 상호작용을 통해 관심과 사랑을 가지고 있다는 것을 보여 줄 필요가 있다.

② 까다로운 아이(difficult babies)
- 전체의 10% 정도의 영아가 해당되고, 새로운 경험에 적응이 어렵다.
- 환경 자극에 대한 반응 강도가 강하고 부정적이다.
- 일관성과 인내심을 갖고 상호작용해야 한다.
- 비일관적이고 처벌적인 경우 다른 기질의 아이들보다 더욱 부정적으로 반응하는 경향이 있다.

③ 반응이 느린 아이(slow-to-warm-up babies)
- 전체의 15% 정도의 영아가 해당되고, 환경 변화에 대한 적응이 늦다.
- 처음에는 다소 까다롭지만 시간이 지날수록 순하게 된다.
- 느린 기질의 아이는 자신의 속도대로 환경에 적응하도록 배려해 주는 것이 필요하다.
- 새로운 상황에 빨리 적응하도록 서두르면 위축될 수 있다.

(3) 맥락적 요인
부모가 처한 맥락은 부모의 자녀 양육을 위한 지지체계가 되며 양육 유형을 결정하는 데 도움을 주어 자녀 양육을 스트레스원으로 작용하게 하는지, 효과적으로 과업을 수행하게 하는지에 영향을 미친다. 그 맥락으로 작용하는 큰 요인은 부모의 결혼생활, 대인관계, 그리고 일과 관련된 직장을 들 수 있다.

① 결혼생활

결혼생활은 부모의 자녀 양육을 위한 지원체계이다(Anderson & Sabatelli, 2010). 부모 자신이 사랑받고, 존중받으며, 가치 있게 여겨지고 있음은 다시 부모가 돌봄 역할에서 가져오는 인내의 정도에 영향을 미친다. 또한 부부간의 관계는 자녀 양육의 즐거움에 많은 영향을 미치는 주요한 지지자원이 된다.

② 대인관계

결혼관계 다음으로 중요한 사회적 지지체계가 되는 것은 친구, 친척, 이웃 간의 대인관계이다. 나에게 의미 있는 타인으로부터의 지지는 효율적인 부모-자녀관계 유지에 중요한 역할을 한다. 자녀 훈육에 대한 정보를 제공해 주거나 자녀돌봄을 도와주거나 개인적으로 힘든 문제에 대하여 대화를 하거나 실제적인 도움을 받을 수 있다.

③ 직장

맞벌이 부부의 증가로 직장, 결혼, 자녀 양육 사이에 균형을 이루는 것은 현대의 부모들에게 중요한 과제이다. 특히 자녀 양육으로 인한 경력단절을 고려해야 하므로 일과 양육을 병행할 수 있는 여건이 필요하다. 사회적, 국가적 차원에서의 국공립 유아교육기관 확장과 직장에서의 유아교육기관을 설치하여 부모의 일에 대한 긍정적인 태도와 양육부담을 덜어 주려는 시도는 지극히 고무적이다.

3. 부모교육 프로그램

효과적인 부모교육을 위한 프로그램으로 부모효율성훈련(PET) 프로그램, 효율적 부모 역할 수행을 위한 체계적 훈련(STEP) 프로그램, 신행동수정 프로그램, 감정코치 프로그램 등이 있다.

1) 부모효율성훈련(PET) 프로그램

부모효율성훈련(Parent Effectiveness Training)은 1962년 자녀와 문제를 갖고 있는 소수의 부모 집단을 대상으로 고든(Gorden)이 실시한 의사소통 기술 향상 프로그램이 기초가 되어 개발된 프로그램이다(김희진, 2014). 고든은 부모가 의사소통 기술이 있으면 자녀의 행동과 감정에 대한 상담자 역할을 할 수 있고 부모-자녀 간의 갈등도 해소될 수 있다고 믿었다.

PET에서는 부모훈련의 필요성, 적극적 경청, 나-전달법, 환경의 변화, 무승부법의 다섯 가지 전략을 핵심으로 다루고 있다.

① 부모훈련의 필요성
- 부모를 비난할 것이 아니라 훈련해야 한다.
- 부모는 신이 아니다.
- 자신의 수용성 수준을 파악하라.
- 거짓수용을 조심하라.
- 자녀를 수용하면서 자녀의 바람직하지 못한 행동이나 말을 했을 때는 자녀를 받아들이기 힘들다고 자녀와 스스로에게 인정하는 것이 최선의 방법이다.
- 문제의 소유자를 확인하라. 자녀가 스트레스를 받으면 자녀가 문제의 소유자이고, 부모가 스트레스를 받으면 부모가 문제의 소유자이다. 문제 소유자에 따른 특성 및 사용전략은 〈표 6-2〉와 같다.

표 6-2 문제 소유자에 따른 특성 및 사용전략

문제의 소유자	특성	사용전략
자녀	• 자녀만 스트레스 받음 • 부모 자신의 욕구가 직접적으로 방해받지 않으므로 자녀만 문제 소유함 • 문제해결의 책임은 자녀에게 있음	• 적극적 경청을 통해 지원함
부모	• 부모만 스트레스 받음 • 자녀의 행동이 부모의 욕구를 충족시키는 데 방해가 됨	• 나-전달법을 통해 자녀의 행동이 부모에게 왜 스트레스를 주는지 전달함

출처: 김희진(2014).

② **적극적 경청**(권건일 외, 2011; 김희진, 2014)

• 조용히 들어 주기: 부모가 진정으로 자녀의 말을 잘 듣고 있음을 알리는 태도를 말한다.

• 인식반응 보이기: 자녀의 말에 관심이 있고 계속 말해도 좋으며 많은 것을 공유할 준비가 되어 있음을 알리는 것이며, "아~" "그래?"와 같이 수동적 언어 신호를 보내는 것이다.

• 반영적 경청: 자녀로부터 들을 내용을 이해하고 피드백하는 진지하고 적극적인 대화 자세로, 자녀가 "엄마 미워."라고 했을 때 자녀의 말에는 왜 화가 났는지 나타나 있지 않지만 자녀의 목소리나 행동을 통해 자녀의 감정을 읽을 수 있으므로 "이러이러한 일 때문에 엄마에게 화가 났구나."라고 말할 수 있다.

③ **나-전달법**

• 자녀의 행동으로 인해 부모에게 문제가 있는 경우 부모 자신이 어떻게 느끼고 있는지, 부모의 생각이나 감정을 객관적으로 자녀에게 전달하기 위해 사용하는 방법이다.

• 자녀의 행동 변화를 가져온다.

• 나-전달법의 방법과 예시는 〈표 6-3〉과 같다.

표 6-3 | 나-전달법의 방법 및 예시

방법	예시
네가 ~하면(행동서술): 부모가 수용하지 못하고 있는 자녀의 행동이 무엇인지 말하기	과자봉지가 여기저기 흩어져 있어서
나는 ~라고 느낀다(느낌서술): 부모의 감정 표현	나는 속상하단다.
왜냐하면 ~(결과서술): 자녀의 행동이 부모에게 주는 가시적인 결과 밝히기	왜냐하면 내가 치워야 하거나 너에게 치우라고 잔소리를 해야 하기 때문에

④ 환경의 변화

자녀의 연령이 어릴수록 부모의 말이나 말속에 담아 전달하려는 뜻을 이해하지 못하는 경우도 있기 때문에 환경의 변화를 통한 행동 지도 전략을 활용해 보는 것도 효과적이다(김희진, 2014).

- 환경을 풍부하게 해 주기: 흥미 있는 놀잇감과 자료를 제공하여 환경을 풍요롭게 해 줌으로써 바람직하지 않은 행동이 나타날 가능성을 줄이기
- 환경을 빈약하게 해 주기: 환경이 지나치게 풍부할 경우 자극의 수준이 지나치게 높아 오히려 부적절한 행동을 할 가능성이 높아지므로 환경을 빈약하게 해 주기
- 환경을 단순하게 만들어 주기: 예를 들어, 자녀의 신체 크기에 맞는 옷장, 깨지지 않는 접시 제공하기 등
- 자녀의 생활공간 정해 주기: 자녀의 방 안에서는 마음대로 놀잇감을 가지고 놀게 하되 거실로 가지고 나오지 못하게 약속하기
- 일어날 환경의 변화에 자녀를 미리 준비시키기: 이사하기 전에 이사할 동네에 가보기, 동생이 태어나기 전에 동생이 사용할 물건 보여 주기 등
- 자녀들과 함께 계획하기: 자녀 방 가구 배치를 바꾸기 전에 자녀와 계획하기, 용돈을 정할 때 자녀와 함께 정하기 등

⑤ 무승부법

- 적극적 경청이나 나-전달법, 환경의 변화 방법을 사용했는데도 부모-자녀 갈등이 해결되지 않고 갈등 상황이 발생할 경우 부모나 자녀에 맞는 상호 수용가

능한 해결책을 찾아 문제를 해결하는 방법이다.
- 부모의 권위를 유지하면서도 자녀의 자율성을 증진시키는 방법으로 양쪽 모두를 어느 정도 만족시키기 때문에 바람직한 갈등해결 방법이다.
- 갈등을 일으키는 문제가 무엇인지 정의하고 해결 가능한 다양한 방법을 수집하여 검토하고 최선의 방안을 결정하고 해결 방안을 실행하고 평가하는 과정으로 이루어진다.

2) 효율적 부모 역할 수행을 위한 체계적 훈련(STEP)프로그램

효율적 부모 역할 수행을 위한 체계적 훈련(Systematic Training for Effective Parenting: STEP)은 우리가 가진 본래의 좋은 부모 성향을 발견하여 실천하도록 돕는데 그 목적을 둔다. STEP은 애들러(Adler)와 드라이커스(Dreikers)의 아동훈육원칙에 기초하여 개발한 프로그램이다. 이 프로그램의 핵심은 의사소통 방법과 자연적 또는 논리적 귀결 같은 비처벌적인 훈육방법을 부모가 배우도록 하는 것이며, 책임감, 의사결정 능력, 문제해결 능력을 향상하는 기술의 습득도 강조한다. 다음은 자연적 귀결과 논리적 귀결 전략에 대한 설명이다.

① 자연적 귀결
- 인위적으로 부모의 개입 없이 당연히 일어날 결과를 경험하게 하고 복종을 강요하지 않으면서 자녀에게 책임 있는 결정을 하도록 도와준다(예: 추운데 얇게 입으면 감기에 걸리게 되는 것, 많이 먹으면 체하게 되는 것).

② 논리적 귀결
- 부모가 벌을 주는 방법을 피하면서도 자녀가 자신의 행동과 논리적으로 관련 있는 결과를 경험하게 하고 그것으로부터 배우게 하고 싶을 때 사용하는 방법이다(예: 놀잇감을 치워야 그 놀잇감으로 다시 놀 수 있다는 규칙을 정하면서 왜 놀잇감을 치워야 하는지, 치우지 않을 경우 생기는 불편함 등 이유를 설명하고 치우지 않았을 경우 어떻게 할 것인지 결정하고 하지 않았을 경우 정한 대로 실행하는 것).

3) 신행동수정 프로그램

행동주의 이론에 기초한 신행동수정 프로그램은 부모로서 좋은 모델을 보여 주는 것이며, 바람직하지 않은 행동을 수정할 수 있도록 강화하는 것이다. 신행동수정 프로그램은 부모가 자녀의 행동을 지도하고 발달시키며 통제할 수 있는 기술을 익히고 향상시키는 데 그 목적을 두고 있다(권건일 외, 2011). 다음은 바람직한 행동 형성 방법과 바람직하지 않은 행동을 수정할 수 있도록 사용하는 방법이다.

(1) 바람직한 행동 형성 방법

① 정적 강화(positive reinforcement)와 부적 강화(negative reinforcement): 행동을 증가시키기 위한 방법
- 정적 강화: 자녀가 바람직한 행동을 할 때 칭찬 음식, 상장 등을 제공함으로써 그 행동을 증가시키는 방법
- 부적 강화: 자녀가 바람직한 행동을 했을 때 자녀가 싫어하는 혐오적인 자극을 제거해 줌으로써 바람직한 행동의 빈도를 증가시키는 방법으로, 예를 들어 자녀가 숙제를 스스로 했을 경우 자녀가 싫어하는 방 청소를 제거해 줌으로써 스스로 숙제하는 빈도를 증가시키는 방법

② 행동 형성(shaping)
- 한 번에 도달하기 어려운 새로운 행동을 처음 가르칠 때 목표 행동에 점진적으로 도달할 수 있도록 행동을 형성시키는 기법

③ 보조법(prompting)과 용암법(fading)
- 보조법: 자녀가 주어진 과제를 스스로 하는 데 어려움이 있거나 과제를 수행하는 방법을 모를 때 상황에 따라 필요한 만큼의 도움을 제공하는 것
- 용암법: 적절한 행동이 다른 상황에서도 발생할 수 있도록 그 조건을 점차적으로 변경해 주는 과정

(2) 바람직하지 못한 행동을 감소, 제거시키는 방법

① 벌(punishment)

- 자녀가 바람직하지 않은 행동을 했을 때 혐오스러운 결과를 주거나 긍정적 강화물을 제거함으로써 특정 행동의 빈도를 줄이는 기법
- **주의점**: 벌은 잘 사용된다면 바람직하지 않은 행동을 감소시키는 데 가장 빠른 효과를 기대할 수 있으나 주의하여 사용하지 않을 경우 부작용이 수반될 가능성이 많음

② 소거(extinction)

- 자녀의 부정적인 행동을 감소시키고 싶을 때 그 행동을 강화시켜 준 자극이 주어지지 않으면 점차 소멸되는 기법
- 자녀가 부적절한 행동을 했을 때 부모가 벌을 주는 것 자체가 관심이 될 수 있으므로 그 행동에 관심을 보이지 않고 무시함으로써 문제행동을 감소시키는 방법

③ 포화(satiation)

- 자녀가 하는 문제행동을 실컷 할 수 있는 환경을 조성해 줌으로써 그 행동을 더 이상 하고 싶지 않게 만들어 주는 기법(예: 책을 찢는 습관이 있는 자녀에게 싫증날 때까지 종이를 찢게 함으로써 문제행동이 감소되도록 하는 것)

④ 고립(time-out)

- 자녀의 바람직하지 못한 행동을 감소하기 위해 긍정적 보상을 박탈하는 방법
- 자녀가 현재 즐기고 있는 상황으로부터 다른 장소로 격리시키는 것

⑤ 권리박탈(response cost)

- 잘못된 행동에 대하여 자녀에게 주어진 권리를 박탈함으로써 행동을 수정하는 기법(예: TV를 한 시간 보기로 정한 후, 이를 지키지 않을 경우 이틀 동안 TV 시청 금지)

4) 감정코치 프로그램

감정코치 프로그램은 가트맨(Gottman) 박사의 실험적 연구에 기초하여 발달된 프로그램으로 자녀의 감정을 있는 그대로 자연스럽게 이해하고 받아들이되, 감정을 표현하는 방식인 행동에는 명확한 한계를 두고, 그 안에서 좀 더 바람직한 방향으로 이끌어 준다(Lisitsa, 2012). 감정코치 프로그램의 5단계는 다음과 같다.

① 자녀의 감정을 인식하라.
② 자녀의 감정을 심각하게 인지하고 자녀의 관점을 이해하도록 하며 자녀의 감정에 관해 용기를 주라.
③ 자녀에게 경청하는 태도로 듣고 비판하거나 판단하려 하지 말라. 충고하기 전에 자녀의 감정을 이해하는 것이 중요하다.
④ 자녀들이 자신의 감정에 이름을 붙임으로써 감정을 표현할 수 있는 어휘를 배우도록 하라.
⑤ 해결책을 찾으라ㅡ자녀가 버릇없이 할 때 그 행동이 왜 부적당한지 설명해 주라. 감정 표현에는 용기를 주어야 하지만 행동에는 한계를 정해야 한다. 가능한 해결책을 통하여 자녀들이 생각하도록 도와야 한다.

4. 요약

① 부모교육이란 부모교육자의 자질 향상과 부모의 역할 수행에 변화를 일으키기 위한 부모교육자와 부모, 예비 부모, 그리고 자녀를 대상으로 하며, 모든 교육적인 방법을 동원하여 부모교육 및 자녀교육 문제를 교육하는 활동으로 정의한다.
② 자녀 양육태도 결정요인은 부모와 관련된 요인, 자녀와 관련된 요인, 그리고 맥락적 요인이 있다. 부모교육 프로그램으로는 부모효율성훈련(PET), 효율적 부모 역할 수행을 위한 체계적 훈련(STEP), 신행동수정, 감정코치 프로그램 등이 있다.

동영상 시청과 토론 • • •

1교시

◆ 동영상

• 감성다큐-자녀는 부모에 따라 바뀐다

◆ 토론

• 간디가 변화된 계기가 무엇이었나요?

• 간디의 아버지, 카루소의 어머니, 그리고 살인자가 된 아들의 부모 태도에 대하여 토의하시오.

2교시

◆ 동영상

• 감정코칭

   -다음 아이의 감정에 따른 네 가지 부모 유형별 대화 내용을 시청한 후 토론하시오.

◆ 토론

• 각 유형별 부모의 자녀의 대화 내용을 점검하고 유형별로 자녀가 느낄 수 있는 감정에 대하여 토론하시오.

• 문제상황을 정하여 감정코치형 의사소통을 실연해 보시오.

3교시

◆ 동영상

- 세계의 교육현장─미국의 유태인 교육

  유태인의 가정교육

◆ 토론

- 유태인을 세계적인 경쟁자로 성장하게 한 배경에 대하여 토론하시오.
- 우리가 본받을 만한 유태인 부모의 태도에 대하여 토론하시오.

심화학습을 위한 자료

- 『유아학교』(코메니우스 저, 이원영, 조영래 공역, 양서원, 2003)

선정 이유: 코메니우스는 현대교육, 현대유아교육, 현대 부모교육의 시조이므로 그의 옛 사상을 새롭게 인식할 시대에 적합한 타당성과 필요성에 따라 심화학습 자료로 선정하였다.

 **참고문헌**

권건일, 이주영, 이연실, 최순자, 김창숙, 이근주(2011). 글로벌시대 부모교육. 양서원.

김봉제, 권기남(2018). 아동학대 예방을 위한 부모 인성 역량강화 프로그램 개발 연구. 한국보육학회지, 18(4), 109-121.

김상림, 박창현(2017). 영아 기질과 어머니 양육스트레스의 관계에서 온정적 양육행동의 조절효과. 한국지역사회생활과학지, 28(2), 229-239.

김수희, 최윤정(2014). 부모교육(제2판). 공동체.

김희진(2014). 개정 유아교육기관에서의 부모교육과 지원. 파란마음.

김희태, 김경희(2016). 유아사회교육. 한국방송통신대학교 출판문화원.

이상욱, 정희영, 최영해, 장은희, 황현주, 유은정, 신현정, 김성원, 김정희, 윤선화, 정희정 (2013). 유아교육개론. 학지사.

장혜순(2008). 부모교육 및 상담의 이론과 실제. 파란마음.

정계숙, 문혁준, 김명애, 김혜금, 심희옥(2012). 부모교육. 창지사.

한국부모교육학회 편(1997). 부모교육학. 교육과학사.

Anderson, S. A., & Sabatelli, R. M. (2010). *Family Interaction: A Multigenerational Developmental Perspective* (5th ed.). 정문자, 정현숙, 정혜정, 전영주, 정유진 공역 (2016). 다세대 발달관점의 가족관계. 학지사.

Belsky, J. (1984). The determinants of parenting: A process model. *Child Development,* 55, 83-96.

Comenius, J. A. (1956). *School of infancy.* 이원영, 조래영 공역(2003). 유아학교. 양서원.

Dinkmeyer(Sr), D., Mckay, G., Dinkmeyer, J., Dinkmeyr(Jr), D., & Mckay, J. (2008). *Parenting young children: Systematic Training for Effective Parenting.* 황옥자, 이지연 공역(2012). 영유아의 부모 STEP. 창지사.

Internatioal Encyclopedia of Marriage and Family (2003). http://www.encyclopedia.com/reference/encyclopedias-almanacs-transcripts-and-maps/parenting-education

Lisitsa, E. (2012). An Introduction to Emotion Coaching. The Got tman Institute. https://www.gottman.com/blog/an-introduction-to-emotion-coaching/

Reppucci, N. D., Britner, P. A., Woolard, J. L. (1997). *Preventing child abuse and neglect through parent education.* Paul Brooks Publishing Company.

Rosenberg, M., & Silvert, D. (2012). *Taking flight!: master the DISC styles to transform your career, your relationships...your life.* 이미정 역(2013). 사람을 읽는 힘 DISC. 베가북스.

Sharon, E., Hirschy, M. S., & CFLE (2001). What is Parent Education? https://parenteducation. unt.edu/resources/publication-university-north-texas-center-parent-education-partnership-texas-council-fam-2

Thomas, A., & Chess, S. (1977). *Temperament and development.* Brunner/Mazel.

DISC 프로그램 http://www.google.co.kr/url?sa=t&rct=j&q=&esrc=s&source=web&cd=6&ved=0ahUKEwj wy_SPvoLZAhVDipQKHWXhCnoQFgg2MAU&url=http

Thomas and Chess's Temperament Types http://psych.colorado.edu/~colunga/P4684/temperament.pdf

감정코치 프로그램의 5단계 http://www.parentingcounts.org/parent-handouts/information-for-parents-emotion-coaching.pdf

한국 MBTI연구소 http://www.mbti.co.kr/

07

유아교육과 교사

이효정

 핵심주제

- **교사**: 각급 교육기관에서 일정한 자격을 가지고 교육대상자를 직접 지도하고 교육하는 자
- **유아교사**: 관련 자격증을 취득한 후 취학 전 유아를 대상으로 유치원이나 어린이집에서 유아의 성장과 발달 그리고 교육을 위해 의도적인 행위를 기울이는 자
- **교직**: 학생을 가르치는 직업이나 직무
- **교사 발달**: 교사 양성과정에 입문하는 것을 시작으로 교직생활을 하는 동안 계속적으로 성장하고 발달하는 과정
- **반성적 사고**: 과거나 현재에 일어나고 있는 실천적 행위에 대한 사려 깊고 분석적인 사고로부터 미래 행위에 대한 방향을 결정하는 자연스러운 과정
- **저널쓰기**: 교사들이 자신의 실천행위에 대해 개인적인 관점을 가지고 기록하는 다양한 형태의 글쓰기
- **핵심역량**: 조직환경 속에서 탁월하고 효과적으로 업무를 수행할 수 있는 조직이나 개인의 행동 특성

1. 유아교사의 개념과 발달

1) 교사

교육은 불완전한 인간에게 전인적 성장의 기틀을 마련해 주어 잠재적 가능성을 계발하는 기능을 한다. 이러한 교육에서 가장 중요한 것은 무엇일까? 바로 교사이다. '교육의 질은 교사의 질을 뛰어넘을 수 없다.'는 말 역시 교육에서 교사가 얼마나 중요한가를 단적으로 보여 준다.

사전적 의미의 교사(敎師)란 일정한 자격을 가지고 학생을 가르치는 사람으로, 교사가 되려면 대개 국가에서 정한 법령에 따라 자격증(교육공무원으로 임용된 자 또는 교사자격증을 소지한 자)을 갖추어야 한다. 대한민국을 포함한 유교 사상의 문화를 가진 나라에서는 교사를 임금 또는 부모와 동격의 높은 존재로 대우해 왔다. 그래서 20세기 중반까지 대한민국, 그리고 가까운 일본과 중국 등의 국가들은 교사를 '스승'이라는 단어로 부르며 존경해 왔다.

구체적으로 일본에서 교사 선발은 사범대학을 졸업하고 교사자격증을 소지한 자를 대상으로 임용시험의 시행을 통해 이루어진다. 이러한 과정은 대한민국과 유사하나 국공립교사와 사립교사 간의 대우는 다른 것으로 알려져 있다. 한편, 중국의 교사는 전국 단위의 사범대학을 졸업한 뒤 국가시험을 통해 교사로 임용되는 방식이다. 특히 중국은 가르치는 자에 대한 존중의식이 강한 문화를 가지고 있기 때문에 교사에 대한 사회적 지위가 높은 편이다. 이와 달리 연방제 국가인 미국의 경우 교사의 신분은 민간인으로 주(州)마다 교사로서 계약하고 임용하는 방식, 대우, 보수 등이 매우 상이하다.

이를 정리해 보면 교사(敎師, teacher)는 각급 교육기관에서 일정한 자격을 가지고 교육대상자를 직접 지도하고 교육하는 자로 볼 수 있다. 반면, 교원이란 교사를 집단으로 일컬을 때 사용되는 개념으로 일정한 자격을 취득하여 가르치는 일을 총칭할 수 있다. 통상적으로 교사와 교원의 개념은 혼용되어 사용하고 있는 실정이다.

2) 유아교사

유아교사(early childhood teacher)는 0세부터 6세에 해당하는 유아를 가르치는 교사이다. 김규수와 임승렬(2016)은 영유아교사를 출생부터 취학 전 유아를 대상으로 유아교육기관에서 영유아의 성장과 발달을 위하여 그들을 체계적이며 전문적으로 보호하고 교육하는 사람으로 정의하고 있다.

염지숙 외(2014)는 유아교사의 개념을 보다 법적이고 사회적인 측면, 발달적 존재로서의 측면, 유아와의 관계적 측면, 그리고 교육적 가치관과 철학을 가진 존재로서의 측면으로 구분하여 제시하고 있다. 먼저, 법적이고 사회적인 측면에서 유아교사는 일정한 자격증을 가지고 학생을 가르치는 자가 되기 위해 제도적으로 소정의 양성과정을 이수하고 자격을 취득한 자를 뜻한다.

우리나라에서 유아교사라는 법적인 자격 취득은 이원화된 방식으로, 보건복지부에서 자격증을 발급하는 '보육교사'와 교육부에서 자격증을 발급하는 '유치원교사'로 자격 취득이 가능하다. 둘째, 발달적 존재로서의 측면에서 유아교사란 성장하고 발달하는 존재를 말한다. 즉, 유아교사가 성장하고 발달한다는 것은 교사자격 취득 이후 교직생활을 수행하면서 경험하게 되는 지속적인 변화의 과정을 통해 교사로서 더욱 성장하고 발달하게 된다는 의미이다. 셋째, 유아와의 관계적 측면에서 유아교사라는 의미는 교사가 유아에게 영향을 줌과 동시에 유아에게서 영향을 받는 상호적인 존재로 유아와 쌍방적 관계를 형성하는 과정을 경험하는 존재임을 말한다. 넷째, 교육적 가치관과 철학을 가진 존재로서의 측면에서 볼 때 유아교사란 교직수행의 과정에서 매 순간 유아에게 무엇이 올바른 것인지를 고민하고 교육적인 행동이 무엇인가를 선택할 수 있는 가치관과 철학을 가져야 하는 의사결정자이다.

이상을 정리해 보면, 유아교사는 관련 자격증을 취득한 후 취학 전 유아를 대상으로 유치원이나 어린이집에서 유아의 성장과 발달 그리고 교육을 위해 의도적인 행위를 기울이는 자라 할 수 있다.

3) 교직의 특징

교직(敎職)이란 학생을 가르치는 직업이나 직무를 말한다. 다시 말해, 교직은 가르치는 일과 밀접하다. 그렇다면 교직과 일반 직업은 어떠한 점에서 다르다고 할 수 있는가? 교직은 교육이라는 행위 안에서 이루어진다. 교직은 미성숙한 누군가를 바람직한 상태로 변화하고 성장할 수 있도록 이끌어 주는 점에서 타 직업과 명확히 구별된다. 그러므로 교직은 다른 일반적인 직업과 달리 독특하게 거론되는 다음과 같은 특징이 있다(염지숙 외, 2014).

- 교직은 사람을 상대로 하는 직업이다.
- 교직은 사람의 정신생활을 상대로 하는 직업이다.
- 교직은 주로 미성숙자를 상대로 하는 직업이다.
- 교직은 봉사직이다.
- 교직은 국가나 민족에 지대한 영향을 주는 공적 사업이다.
- 교직은 사회진보에 중대한 역할을 맡고 있는 직업이다.
- 교직은 끊임없이 자기 갱신을 통해 자기 향상을 도모하는 직업이다.
- 교직은 인류공영에 기여하는 직업이다.

이상에서 살펴보았듯이 교직은 전문직이자 봉사직이며 고도의 윤리성이 요구되는 공적인 성격을 갖는다. 교직의 특징이 정리되기까지 오랜 시간동안 교직을 어떻게 바라보고 다루어 왔는지에 대한 논의가 이루어져 왔다. 이와 관련하여 임승렬(2001)은 교직이 가지는 본질에 대한 논의 방식을 분류한 바 있다. 교직은 성직관, 노동직관, 전문직관, 장인, 예술인으로 구분된다.

교직을 성직관으로 보는 관점은 교사라는 직업이 형성되기 전까지 교직을 바라보던 지배적인 시각에 해당한다. 이 관점은 주로 성직자들이 교육을 담당하면서 형성된 것이며 성직관으로 본 교직은 학생을 향한 교사의 사랑과 봉사, 종교적 희생을 중요하게 다루는 방식이다. 다음으로, 교직을 노동직관으로 보는 관점은 교사의 직무를 하나의 직업으로 바라본다. 따라서 노동직관을 가진 교사는 교직을 미리 정해진 과정과 방식으로 가르침을 수행하는 것으로 본다. 세 번째, 교직을 전문직관으로 보는 관점은 교사가 되는 과정에서 장기간의 교육과 훈련을 통해 전문적 지식과 기술을 수행하는 것으로 본다. 이 관점은 오늘날 가장 보편적으로 받아들이고 있는 시각이다. 네 번째, 교직을 장인으로 보는 관점은 가르침을 도제의 개념으로 해석하는 것처럼 교직을 특정한 기술이자 기능을 전달하는 장인(匠人)의 개념으로 보는 것이다. 마지막, 교직을 예술인으로 보는 관점은 가르치는 일을 교사의 직관, 또는 창의성이 발현되는 관점으로 보는 것이다.

따라서 교직이라는 직업은 교사가 자신의 존재됨에 관심을 가지고 교육을 어떻게 바라보는가에 담긴 교육철학을 바탕으로, 가르치는 것과 관련된 직무를 총체적으로 수행하는 것으로 볼 수 있다.

4) 유아교사의 특징

유아교사는 유아를 대상으로 그 직무를 수행한다. 그러므로 유아교사는 그 직무를 수행할 때 직무상 몇 가지 특징을 고려해야 하는데 이를 살펴보면 다음과 같다. 박은혜(2011)는 유아교사직이 가지는 직무상 특징을 다음과 같이 제시하였다. 첫째, 유아교사직은 어린 연령의 유아들을 대상으로 하는 직업이다. 둘째, 유아교사직은 어린 연령 유아의 전인 발달을 도와주는 직업이다. 셋째, 유아교사직은 가르치는 일과 돌보는 일을 조화롭게 유지해야 하는 직업이다. 넷째, 유아교사직은 전문직이라는 것이다.

김은영, 권미경, 조혜주(2012)는 유치원과 어린이집에서 실제 유아교사가 다루고 있는 직무를 분석하여 유아교사가 수행하는 직무적 특징을 10개의 직무영역과 35개의 직무구분, 그리고 177개의 직무내용으로 세분화하였다. 유아교사가 수행하는 직무영역 10개를 살펴보면 다음과 같다. ① 교수·학습 준비, ② 상호작용, ③ 교수·학습 평가, ④ 전문성 신장, ⑤ 대인관계 및 사회적 업무, ⑥ 영유아 보호 관련 업무, ⑦ 학부모 관련 업무, ⑧ 행사 관련 업무, ⑨ 사무 관련 업무, ⑩ 시설 관련 업무이다. 이와 같이 유아교사는 실제로 상당히 다양한 직무를 수행하고 있음을 알 수 있다.

이러한 유아교사의 직무적 특성을 바탕으로 유아교사는 그 대상자가 출생부터 취학 전 유아이기 때문에 실제 유아교사가 수행해야 할 역할은 광범위하며 직무상 실제 역할 경계선이 분명하지 않다. 또한 유아교사가 교육대상으로 삼고 있는 유아는 연령이 어릴 뿐 아니라 유아교사에 대한 의존도가 높으며 다양한 차원의 위험한 환경에 노출되기 쉬운 취약한 존재이다. 그러므로 유아교사는 유아를 보호할 수 있는 환경을 제공할 뿐 아니라 그에 필요한 자질을 갖추어야 한다. 즉, 가르치는 대상의 연령이 어리기 때문에 유아교사에게 요구되는 직업적 특징은 상당히 구체적이고 복합적인 직업적 특징을 나타낼 수밖에 없다. 이와 관련하여 염지숙 외(2014)는 유아교사가 갖추어야 할 직업적 특징 세 가지를 제시하였으며, 이를 구체적으로 살펴보면 다음과 같다.

첫째, 유아교사로서 직무수행은 사랑에서 시작해야 한다. 교사와 유아의 관계가 신뢰롭고 바람직하게 형성되려면 사랑의 관계가 형성되어야 한다. 여기에서 유아교사가 실천하는 사랑은 어머니의 사랑으로 알려진 보성적 사랑과 구분되는 개념이다. 교사의 사랑은 어머니의 사랑처럼 처음부터 있었던 사랑이라기보다 교사와 유아의 관계 형성을 통해 생겨나는 것이다.

둘째, 유아교사로서의 직무수행은 가르치는 일과 돌보는 일 사이의 조화를 유지해야 한다. 아무리 어린 영아라 할지라도 교육과 보육은 동시에 존재한다. 이는 조금 더 나이든 유아에게도 동일하게 적용된다. 단지 교육대상의 연령과 발달에 따라 보육과 교육의 중점을 탄력적으로 운영하는 것이 바람직하다. 따라서 유아교사는 가르치는 일과 돌보는 일 사이에서 해당 경계를 잘 아울러야 한다.

셋째, 유아교사로서의 직무수행은 눈에 보이지 않는 상호작용에 민감해야 한다. 유아는 발달적으로 다른 연령의 학생들과 다르다. 유아는 감정을 인식하고 표현하는 일, 스스로의 의견이나 생각을 드러내는 것에 매우 서투르다. 그런데 유아교사로서 그 직무를 수행하는 가르침은 교사와 학생 간의 관계와 교감이 매우 중요하다. 따라서 유아교사는 눈에 보이지 않는 유아의 얼굴 표정, 행동상 특징, 눈빛, 잠재적 감정 상태 등을 잘 인지하고 다루어야 한다.

앞에서 살펴본 내용에 기초하면, 유아교사직은 교직이라는 직업, 그리고 사회의 발전에 상당한 영향을 미치는 중요한 직무를 실천하는 것으로 인식된다고 볼 수 있다. 또한 유아교사직은 어린 영유아를 가르치는 직무수행의 성격이기 때문에 원만

하고 바람직한 인성과 능력이 요구되는 것으로 볼 수 있다. 따라서 유아교사가 되고
자 하는 자는 반드시 교사 스스로의 교직관을 셀프 체크하여 점검해 보는 과정이 필
요하다. 다음에 제시된 〈표 7-1〉은 이연주(2003)가 예비 교사가 교직에 대한 스스
로의 인식을 알아보기 위한 체크리스트이다. 이 체크리스트의 문항들은 교직에 대
한 인식(1~6번), 개인적 자질(7~12번), 전문적 자질(13~18번), 교직의 사회경제적
지위(19~23번), 유아교육 문제에 대한 인식(24~28번, 역채점문항)의 다섯 가지 구성
요소로 이루어져 있다. 체크리스트의 응답방법은 각 설문내용이 예비 유아교사 자
신과 일치하는 정도가 가장 적을 경우 1점, 자신과 일치하는 정도가 가장 높을 때를
5점으로 측정하는 것이며, 모든 문항에 대한 응답이 끝난 후에는 각 체크리스트의
구성요소별로 인식의 총점과 평균을 내어 비교해 볼 수 있다.

표 7-1 예비 유아교사의 교직관 체크리스트

분류	번호	항목	동의하는 정도 최소 ◄──► 최대				
교직 인성	1	유아교사는 미성숙자를 대상으로 하므로 성숙한 전인으로 기른다는 자 부심과 보람을 가져야 한다.	1	2	3	4	5
	2	유아교사는 봉사를 위한 직업으로 소명의식을 가져야 한다.	1	2	3	4	5
	3	유아교사는 아동을 사랑하고 존중해야 한다.	1	2	3	4	5
	4	유아교사는 교직에 대한 책임과 사명을 다해야 한다.	1	2	3	4	5
	5	유아교사는 변화하는 사회에서 아동의 성장에 매우 필요하다.	1	2	3	4	5
	6	유아교사의 역할은 국가 사회 발전에 지대한 영향을 준다.	1	2	3	4	5
개인적 자질	7	유아교사는 아동을 사랑으로 대하고 그들의 인격을 존중해야 한다.	1	2	3	4	5
	8	유아교사는 신체적·정신적으로 건강하고 안정되어 있어야 한다.	1	2	3	4	5
	9	유아교사는 프로그램의 선택과 개발에 풍부한 지적 능력을 지니고 있으며 창의적이어야 한다.	1	2	3	4	5
	10	유아교사는 유머 감각이 있어야 하며, 아동의 흥미와 선호에 맞게 지도해야 한다.	1	2	3	4	5
	11	유아교사는 교직윤리를 지키고 유아교사로서의 교양을 갖추어야 한다.	1	2	3	4	5
	12	유아교사는 자기 발전을 위해 부단히 노력해야 한다.	1	2	3	4	5

	13	유아교사는 유아교육 전반에 관한 고의 지식을 갖추고 있어야 한다.	1	2	3	4	5
전문적 자질	14	유아교사는 아동의 상황에 맞게 응용하여 지도할 수 있는 능력을 지녀야 한다.	1	2	3	4	5
	15	유아교사는 장기간의 준비 교육을 받은 후에도 자기 갱신을 위한 연수에 참여해야 한다.	1	2	3	4	5
	16	유아교사는 아동과 사회에 봉사하는 자세로서 교원으로 윤리 강령을 준수해야 한다.	1	2	3	4	5
	17	유아교사는 부모와 지역사회 인사들을 교육의 자원으로 끌어들일 수 있어야 한다.	1	2	3	4	5
	18	유아교사는 단체교섭활동에 참여하기 위하여 자체단체에도 가입해야 한다.	1	2	3	4	5
교직의 사회 경제적 지위	19	유아교사의 사회적 지위가 다른 직업에 비해 높은 편이다.	1	2	3	4	5
	20	유아교사의 교권이 확립되었다고 본다.	1	2	3	4	5
	21	유아교사에 대한 경제적 대우가 좋다고 본다.	1	2	3	4	5
	22	유아교사직이 다른 직업에 비해 안정도가 높은 직업이라고 생각한다.	1	2	3	4	5
	23	유아교사직은 개성을 살리고 능력을 발휘할 수 있는 직업이라고 생각한다.	1	2	3	4	5
유아 교육의 문제 인식	24	현재의 유아교육 풍토가 비정상적이라고 본다.	1	2	3	4	5
	25	유아교육의 문제가 교사들의 자질과 능력에 있다고 본다.	1	2	3	4	5
	26	유아교육의 문제가 교육행정의 모순에 있다고 본다.	1	2	3	4	5
	27	유아교육의 문제가 사회 풍토의 모순에 있다고 본다.	1	2	3	4	5
	28	유아교육의 문제가 학부모의 비교육적 의식에 있다고 본다.	1	2	3	4	5

출처: 이연주(2003).

5) 유아교사의 발달

인간은 발달하기 위해 태어나고 성장하는 과정 한 단계 한 단계를 겪는다. 마찬가지로 교사로서 발달하는 과정도 각 성장의 단계를 거친다. 교사 발달이라는 개념은 교사 양성과정에 입문하는 것을 시작으로 교직생활을 하는 동안 계속적으로 성장하고 발달한다는 전제를 가지고 있다. 이와 관련하여 학자들은 교사의 발달과정과 단계를 연구하여 각 특징을 제시하려는 시도를 꾸준히 해 오고 있다. 그들은 교사 발달이 온전히 잘 이루어질 수 있는 제반의 교사교육을 강조하는데, 구체적으로 살펴보면 공통적으로 획일적이고 전통적인 방식의 교사교육보다는 교사로서의 개인별 성장과정, 관심의 변화, 개인차 등을 고려하여 발달론적인 교사교육이 이루어지는 것에 중점을 둔다. 교사의 발달을 이끌어 내는 교사교육을 연구하는 캐츠는 교사가 발달적 관점을 가질 수 있도록 하는 교사교육을 강조하면서, 교사교육을 통해 교사 스스로 발달할 수 있는 기회를 제공하는 것의 중요성을 강조하였다. 이를 살펴보면 다음과 같다.

첫째, 교사가 발달적 관점을 가질 때 교사는 자신을 성장하는 존재로 인식하기 때문에 이 인식 자체가 교사 자신에게 도움이 된다고 보았다. 교사는 자신의 직무를 수행하는 과정에서 스스로를 학습자로 인식하게 되어 점진적인 발달을 이루어 가면서 만족감을 얻게 된다는 것이다. 둘째, 교사가 발달적 관점을 가질 때 교사는 자기 성장의 가능성을 인식하게 되며 스스로 자기 성장을 위한 방법과 전략을 개발할 수 있다고 보았다. 예를 들어, 보다 더 효율적인 직무를 수행하기 위해 독서하기, 자율장학 실천하기, 다양한 교수·학습 자료를 탐색하기 등과 같은 방법을 적극적으로 사용한다는 것이다. 셋째, 교사가 발달적 관점을 가질 때 교사는 동료교사의 교수적 행위와 경험 자체를 발달적 관점으로 바라볼 수 있게 되고, 유사한 경험과 문제로 고민하는 동료나 후배 교사를 지지하고 격려하는 역할을 수행할 수 있게 된다는 것이다.

특히 캐츠(Katz, 1985)는 유아교사의 발달단계를 오랜 시간 동안 연구해 왔다. 그 결과 캐츠는 유아교사의 발달단계를 교사 경력에 따라 4단계로 구분하여 제시하였는데 각 단계를 구체적으로 살펴보면 다음과 같다.

(1) 1단계: 생존단계(survival stage)

생존단계는 유아교사로서 자격을 취득한 후 유아교육기관에 임용된 첫 1년에 해당하는 시기이다. 이 시기에 유아교사는 현장에서 보는 바와 같이 수시로 발생하는 여러 문제의 해결과 의사결정에 대해 원활히 대처하는 것에 집중한다. 다음의 에피소드를 살펴보자.

한 반을 맡아서 교육 계획부터 시작해서 그날의 활동에 주력해서 해 나가야 하는 것도 힘겨운데 그뿐 아니라 아이들 보내고 청소는 각자 해야 했고, 또 그 당시 차량 운행하는 유치원이 많지는 않았지만 그때 안산이 막 개발될 당시라 우리 유치원은 차량을 멀리 운행해야 했다. ……(중략)…… 교사가 교육적인 면에 더 많이 신경을 써야 하는데 차량 운행에 체력을 다 소모하고 나니 얼마나 힘들었는지……(박수미, 2001: 39).

차량 지도를 다녀온 후 교사는 온 힘이 빠진다. 몸이 힘들지만 유아교육기관에서 수행해야 할 직무는 차량 운행만이 아니다. 여러 직무를 수행하면서 유아교사는 '내가 지금 이 일을 잘 수행하고 있나?' '내 적성이 정말 유아교사일까?'라는 질문을 되뇌며 생존과 관련된 문제를 고민한다.

(2) 2단계: 강화단계(consolidation stage)

강화단계에서 유아교사는 생존단계에서 경험한 모든 직무를 강화하며 그 직무를 수행하는 데 요구되는 과제와 기술을 숙달하는 과정에 이르게 된다. 박수미(2001)가 진행한 질적 연구의 에피소드에서 살펴볼 수 있듯이, 강화단계에서 유아교사는 적절한 직무를 수행하는 데 보다 집중할 수 있게 되며, 자신의 역량과 교수행위, 지도능력을 높이는 데 관심을 갖고 노력하기 시작한다.

현장에서 있다 보니까 아이들과의 생활 속에서 아이들의 예쁜 생각을 동시로 연결시켜 볼 수 있었지. 애들한테서 얼마나 예쁘고 무궁무진한 표현이 많이 나오는데…… 애들 말이 곧 '글'이 되더라고(박수미, 2001: 53).

캐츠에 의하면 유아교사직에 입문한 1년에서 3년 사이에 교사들은 어느 정도 유아교사의 직무와 생활에 익숙해지면서 자신감을 얻게 되고, 그 과정에서 유아교사로 살아갈 수 있다는 느낌을 갖게 된다고 한다.

(3) 3단계: 갱신단계(renewal stage)

캐츠는 갱신단계를 3년에서 5년의 경력에 해당하는 시기로 구분한다. 이 시기 교사들은 기존의 동일한 방식이나 전통적 방식의 가르침을 다시 되돌아보게 되면서 새로운 아이디어나 교수법을 시도하게 된다. 그리고 새로운 방식을 배우고 학습하기 위한 시도를 하는 시기이기도 하다.

> 좀 실제적인 측면의 연수에 많이 참가했던 거 같고 유치원 공개 수업 같은 데에도 많이 참여했지. 공개 수업을 통해 내가 못하는 그 사람의 테크닉을 배워서 발견할 수 있었고, 자료를 제시하는 방법과 만드는 방법 그리고 동일한 주제를 놓고 어떻게 전개해 나갈 수 있는지를 배우게 되었지(박수미, 2001: 73).

앞의 에피소드에서처럼 갱신단계의 유아교사는 전문서적이나 잡지, 수업참관, 동료 장학, 전문가와의 만남, 학회, 대학원 진학 등으로 확장하며 스스로의 역량을 높이게 된다.

(4) 4단계: 성숙단계(maturity stage)

성숙단계에 이르게 되면 유아교사는 자신의 이론적 토대, 철학적 관점 등을 되돌아 보기 시작한다. 아울러 교사 및 교직, 유아교육 제반에 대한 현상과 문제에 대한 비판적 인식과 통찰력을 갖기 위해 노력하게 된다.

> 아이들의 발달에 대해 잘 모르던 시절엔 그냥 흘려들었던 부분들을 다시 접하게 되면서부터는 '이론이라는 게 이런 것이구나!' 하는 것이 정립되더라고. 대학 때는 교수님들께서 잘 가르치셔도 내가 받아들일 준비가 안 되었고 뭐가 뭔지 모르니깐 그냥 생각 없이 흘려들었던 것 ⋯⋯(중략)⋯⋯ 머릿속에 정리가 되는 거야(박수미, 2001).

이상에서 캐츠가 제안한 유아교사의 발달단계를 정리해 보면 생존기-강화기-갱신기-성숙기로 볼 수 있다. 한편, 벨기에 교육자 기어트 캘크더만스(Geert Kelchtermans)는 유아교사의 발달을 초임교사와 경력교사로 대별하여 교사의 자아상을 구성하는 요소를 분석하고, 이에 영향을 미치는 주요한 요인을 다섯 가지로 제시하였다(Day, 2004: 56-58). 이를 살펴보면 다음과 같다.

• 자아 이미지

  – 교사로서 나는 누구인가?

  – 한 인간으로서 나와 어떤 관계가 있는가?

• 자아존중감

  – 교사로서 나는 나의 직업을 얼마나 잘 수행하고 있는가?

  – 교사로서 나는 나의 직업에 대해 어떻게 느끼는가?

  – 교사로서 나 자신에 대해 만족하는가?

  – 즐거움과 기쁨의 원천은 무엇인가?

  – 무엇이 내 자신의 개인적 그리고 직업적 자질들을 의심하게 만드는가?

• 직업적 동기

  – 왜 교사가 되려 했는가?

  – 교사로서 계속 남아 있는 이유는 무엇인가?

  – 교사로서 나의 동기를 강화하거나 유지시키기 위해 무엇을 할 수 있는가?

  – 이것이 발생하도록 무엇을 할 수 있는가?

  – 다른 사람들이 도울 수 있는 방법은 무엇인가?

• 과업 인지

  – 좋은 교사가 되려면 무엇을 해야 하는가? 그리고 어떻게 해야 하는가?

  – 내 학생들의 정서적인 또는 관계적인 문제들이 나의 관심사라고 느끼는가?
    어느 정도 느끼는가?

  – 모든 학생들이 최소한의 학습 목표를 성취하기에 충분한가?

  – 나의 개인적, 전문적 성장 프로그램은 무엇인가?

  – 교사로서 나의 직업의 일부분을 차지하고 있는 것은 무엇인가?

  – 그렇지 않은 것은 무엇인가?

  – 나의 상황을 개선하려면 어떤 행동을 할 수 있는가?

• 미래에 대한 관점

  – 미래에 대한 나의 기대는 무엇이며, 그것에 대해 어떻게 느끼는가?

  – 남은 교직생활을 어떻게 전망하는가?

  – 밝은 미래를 보장하기 위해, 나는 어떤 행동을 할 수 있는가?

기어트 캘크더만스가 유아교사의 발달에 영향을 미치는 요인으로 제시한 것을 정리해 보면 자아 이미지, 자아존중감, 직업적 동기, 과업 인지, 미래에 대한 관점이다.

6) 유아교사의 자격

현재 대한민국은 유아를 교육하는 교사의 자격을 유치원교사와 보육교사로 구분한다. 「유아교육법」 제22조는 유치원교사의 자격 기준을 명시하고 있는 반면 「영유아보육법」 제22조는 보육교사의 자격 취득 기준을 제시한다. 교육부(2017)는 유치원 교사 자격 기준을 「유아교육법」 제22조 제2항을 바탕으로 〈표 7-2〉와 같이 제시하고 있다.

표 7-2 유치원 교사 자격 기준

유형	자격 기준
정교사 (1급)	1. 유치원 정교사(2급) 자격증을 가진 자로서 3년 이상의 교육경력을 가지고 소정의 재교육을 받은 자 2. 유치원 정교사(2급) 자격증을 가지고 교육대학원 또는 교육부장관이 지정하는 대학원의 교육과에서 유치원 교육과정을 전공하여 석사학위를 받은 자로서 1년 이상의 교육경력이 있는 자
정교사 (2급)	1. 대학에 설치하는 유아교육과 졸업자 2. 대학*(전문대학 및 이와 동등 이상의 각종학교와 「평생교육법」 제31조제4항에 따른 전문대학학력인정 평생교육시설을 포함한다) 졸업자로서 재학 중 소정의 보육과 교직학점을 취득한 자 3. 교육대학원 또는 교육부장관이 지정하는 대학원의 교육과에서 유치원 교육과정을 전공하고 석사학위를 받은 자 4. 유치원 준교사자격증을 가진 자로서 2년 이상의 교육경력을 가지고 소정의 재교육을 받은 자
준교사	1. 유치원 준교사 자격검정에 합격한 자

출처: 교육부(2017).

보건복지부는 보육교사 자격 기준을 「영유아보육법 시행령」 제21조 별표1을 바탕으로 보육교사 1급, 2급, 3급으로 분류하여 〈표 7-3〉과 같이 제시하고 있다.

표 7-3 보육교사 자격 기준(영유아보육법 시행령 제21조 별표1)	
유형	자격 기준
보육교사 1급	1. 보육교사 2급 자격을 취득한 후 3년 이상의 보육업무 경력이 있는 사람으로서 보건복지부장관이 정하는 승급교육을 받은 사람 2. 보육교사 2급 자격을 취득한 후 보육 관련 대학원에서 석사학위 이상을 취득하고 1년 이상의 보육업무 경력이 있는 사람으로서 보건복지부장관이 정하는 승급교육을 받은 사람
보육교사 2급	1. 전문대학 또는 이와 같은 수준 이상의 학교에서 보건복지부령으로 정하는 보육 관련 교과목 및 학점을 이수하고 졸업한 사람 2. 보육교사 3급 자격을 취득한 후 2년 이상의 보육업무 경력이 있는 사람으로서 보건복지부장관이 정하는 승급교육을 받은 사람
보육교사 3급	고등학교 또는 이와 같은 수준 이상의 학교를 졸업한 사람으로서 보건복지부령으로 정하는 교육훈련시설에서 정해진 교육과정을 수료한 사람

이상으로 〈표 7-2〉와 〈표 7-3〉에 나타난 바와 같이 우리나라에서 유아교사로서의 자격을 취득하기 위해서는 각 법이 명시하고 있는 자격 기준을 갖추어야 함을 알 수 있다.

2. 유아교사의 자질과 역할

1) 나는 왜 유아교사가 되고자 하는가?

왜 유아교사가 되고자 했는가?를 물어보면 대부분의 사람들은 나름의 스토리나 이유를 들어 대답한다. 다음의 에피소드 역시 이와 같은 질문에 대한 답변으로 볼 수 있다.

과거에 내가 유아교사가 되려 했던 이유를 생각해 보면 여러 가지이다. 그중 가장 큰 이유는 '아이들을 가르치는 일이 재미있어서'였다. 바깥에서 동네 아이들과 선생님 놀이를 하는 것을 즐겼었다. 그 덕에 나는 주변의 성인으로부터 "너는 커서 꼭 교단에 설 거야!"라는 예언 비슷한 말을 많이 들었던 것 같다(경북 경산에 소재한 유치원 원장 P씨의 경험 사례).

이렇듯 유아교사는 다양한 경험이나 동기를 가지고 교사를 직업으로 선택한다. 따라서 교사를 선택하는 요인은 매우 다층적이다. 부모의 영향, 어린 시절 학교에서 받은 경험, 아이들을 가르쳐 본 경험, 대중매체 속에 비추어진 교사의 이미지, 그림책이나 시 등에서 간접적으로 경험하고 추상화해 보았던 상상력 등도 모두 유아교사를 선택하게 하는 요인에 해당한다. 물론 유아교사가 되고자 하는 개인적인 경험이나 동기는 중요하다. 하지만 유아교사는 그 직무상 나름의 자질과 역할이 요구된다. 이에 유아교사의 자질과 역할을 살펴보면 다음과 같다.

2) 자질

유아교사의 자질은 개인적 자질과 전문적 자질로 구분하여 살펴볼 수 있다(이은화, 배소연, 조부경, 1995). 먼저, 유아교사의 개인적 자질은 교사 개개인의 사람됨에 대한 특성, 즉 인성적 측면에서의 자질을 뜻한다. 반면, 유아교사의 전문적 자질은 영유아에 관한 전문적 지식, 교육과정 및 교수에 대한 전문적 지식과 운영기술, 교직에 대한 건전한 태도, 윤리의식 등 교사의 전문성과 관련된 자질이다.

(1) 개인적 자질

유아교사가 갖추어야 할 인성적 측면에서의 개인적 자질은 인간에 대한 애정, 신체적 건강, 정신적 건강 및 도덕적 건강, 사려성과 민감성, 원만한 인간관계, 자존감과 효능감 등이다.

① 인간에 대한 애정

유아교사는 정서적 신호에 가장 예민한 유아들을 대상으로 한다. 따라서 유아교사는 인간에 대한 애정과 존중감을 가장 우선시해야 한다. 특히, 유아교사는 유아 개개인을 존중하고 수용하는 자세를 가져야 하며 매사 일관성 있게 온화한 태도를 겸비하는 것이 필요하다.

② 신체적 건강

유아교사는 유아들을 실내에서 지도할 뿐 아니라 실외에 나가 함께 즐겁게 놀며 유아들을 모아 놓고 대집단 활동을 진행해야 한다. 또한 유아들이 낮잠 자는 시간에 수업 준비나 일지 정리 등의 업무를 수행한다. 그러므로 유아교사가 무엇보다 건강하지 않으면 이 많은 역할을 담당하는 데 어려움이 생긴다. 따라서 신체적 건강을 잘 유지할 수 있도록 교사 스스로 규칙적인 생활을 유지하고 컨디션을 잘 챙길 수 있는 자질이 필요하다.

③ 정신적 건강 및 도덕적 건강

교사 면접 시 원장들에게 "어떤 교사를 채용하느냐?"라고 물으면 대다수의 원장들은 "밝은 교사"라고 대답한다. 그만큼 밝은 자세와 태도가 미치는 영향력이 중요하기 때문이다. 따라서 유아교사는 우선 정서적으로 안정된 자이어야 한다. 만약 감정의 기복이 심하거나 우울한 기분이 오래가는 자질을 가진 자는 유아교사로서 적절하지 않을 수 있다. 뿐만 아니라 유아교사는 사회적 규범이나 질서를 지키고 다른 사람을 도와주기를 좋아하고 예의 바른 행동을 통해 유아에게 모델링됨으로써

> **참고: 기독교 유아교사로서의 자질 '멘토링'** ·······················
>
> 멘토링은 사람을 세우기 위한 일대일의 총체적 지원방법이다. 기독교 유아교사는 교육에 대한 지식과 기능만이 아닌 성경적 세계관으로 학생들이 '바른 가치관'과 '하나님을 닮은 좋은 인성'과 '세상을 변화시킬 수 있는 능력'을 갖추도록 교육해야 한다. 이것은 교사가 인성적 자질과 전문적 자질을 고루 갖추고 각 학생과의 개별적인 관계 내에서 영향을 미치는 멘토로서의 역할을 할 때 가능하다. 홍은경(2003)은 유치원 초임교사의 성장 전반을 연구하였는데, 연구결과 멘토링의 관점으로 적용할 수 있는 유아교사의 자질을 다음과 같이 제시하였다.

- 유아에 대한 관심을 가지고 높은 기대를 품으며 사랑을 실천하는 자
- 주께 하듯 예수 그리스도를 본받아 실천하는 자
- 가르침에 대한 열정을 가진 자
- 일상에서 목적과 의미를 전달하는 자
- 반성적이고 비평적인 사고의 모델을 보이는 자
- 결함에 대한 가능성을 수용하는 자
- 교사 자신의 연약함을 인정하는 자
- 겸손한 자

그들의 도덕적 성장을 돕는 것이 필요하다.

④ 사려성과 민감성

현대사회의 유아는 다양한 가족구조와 환경 속에서 성장한다. 예를 들어, 다양한 문화적 배경, 한부모가정, 자기조절 능력이 부족한 상태에서 동생을 맞이하는 상황 등이다. 이 경우 유아교사는 보다 민감하게 유아를 이해하고 정서적으로 접근할 수 있는 자질을 갖추어야 한다. 바로 이것이 사려성과 민감성이다.

⑤ 원만한 인간관계

유아교사의 직무를 수행하면서 유아교사는 유아, 그리고 부모, 지역사회의 다양한 구성원 모두를 포함하여 수많은 유형의 사람을 만나게 된다. 이 경우 유아교사는 그들과 상호작용하여 양방 모두 상호 호혜적 관계를 만드는 것이 필요하다. 이를 위해 유아교사는 다른 사람과 원활한 상호작용을 할 수 있는 자질을 갖추는 게 중요하다. 더 나아가 유아교사가 학부모와 협력적인 인간관계를 형성할 때 보다 더 큰 유아교육의 효과를 기대할 수 있게 된다.

⑥ 자존감과 효능감

자존감은 자아존중감의 줄임말로 본디 자신의 특성에 대한 자신의 평가를 나타내는 개념이다. 그래서 자존감을 스스로 자신을 귀중히 여기는 정도로 해석할 수 있다. 반면, 효능감은 자기효능감의 줄임말로, 자신이 하는 일을 수행할 수 있는 능력이 어느 정도 있는지를 평가하는 개념이다. 유아교사가 높은 자존감을 가졌다는 것은 교사 자신 스스로가 능력이 있고 의미 있고 성공적이며 가치 있다고 믿는 정도로 해석할 수 있다. 그리고 유아교사의 효능감이 발전적이라는 것은 유아교사 스스로 자신이 잘할 수 있다고 생각하고 능률적으로 임하게 되는 것을 의미한다.

(2) 전문적 자질

유아교사가 갖추어야 할 전문적 자질은 최근 유아교사의 전문성이 이슈가 되면서 거론되었다. 이때 전문성이란 해당 직업에 종사하는 사람들이 보여 주는 특성이다. 이와 관련하여 염지숙 등(2014)은 유아교사로서 갖추어야 할 전문적 자질을 전문적 지식으로 설명하면서 구체적으로 교직을 전문적으로 수행할 수 있도록 하는 전문적 지식, 경험과 실습을 통해 얻어지는 실천적 지식, 그리고 교양 지식이 포함된다고 하였다.

① 전문적 지식

유아교사는 교육대상 유아의 연령과 유아교육기관의 형태가 다양하고 교육과정의 운영측면에서도 초중등교육과 다른 특징을 가지고 있다. 그렇기에 유아교사가 지녀야 할 전문적 자질로 전문적 지식 또한 다르다. 이와 관련하여 윌러(Willer, 1994)는 유아교사가 지녀야 할 전공지식으로 다음을 제시하였다.

- 아동 발달에 관한 지식을 소유하고 그것을 매일의 교수 실천에 적용하기
- 교수 실천과 교육과정을 계획하고 개별화하는 데 있어서 아동의 행동을 관찰하고 평가하기
- 아동을 위해 안전하고 건강한 환경을 마련하고 유지하기
- 아동에게 의미 있는 교육과정 그리고 발달에 관한 지식을 바탕으로 한 교육과

정을 계획하고 수행하기

- 아동과 지지가 되는 관계를 맺고 지도와 집단 관리에 인도적인 방법들을 사용하기
- 가족과 지지적이고 생산적인 관계를 유지하기
- 가족, 문화, 사회적 맥락 안에서 아동을 잘 이해할 수 있다는 사실을 인식하면서 개별 아동의 발달과 학습을 지원하기
- 유아교육의 전문성을 이해하고 그러한 전문직에 헌신하기

한편, 브래드캠프(Bredkamp, 1995)는 유아교사 자격을 위한 기준을 통해 유아교사가 갖추어야 할 전문적 지식을 다음과 같이 제안하고 있다.

- 아동 발달과 학습에 관한 이해
- 교과과정 내용과 실행에 관한 지식
- 가족관계에 대한 이해

② 실천적 지식

실천적 지식이란 이론의 적용이라기보다는 유아교육 현장이라는 맥락 속에서 유아와 교사의 역동적 상호작용을 통해 나타나는 교육 현상에 끊임없이 의문을 제기하고 이를 해결하기 위해 탐색하며 그 탐색의 결과를 반성적으로 사고하면서 구성되는 지식이다(홍용희 외, 1997).

실제 유아교사는 교실 안과 교실 밖에서 유아, 학부모, 동료교사, 원감 및 원장, 장학사, 지역사회 구성원 등과의 관계에서 다양한 지시나 요구, 늘 양산되는 새로운 지식과 정보, 학문적 동향으로부터 적절한 지식을 구성해 낼 수 있는 자질을 갖추어야 한다. 유아를 가르치는 일보다 오히려 이와 같이 적절한 지식을 구성하고 실천해 낼 수 있는 일이 보다 더 부담스럽고 버거울 수 있다. 따라서 유아교사가 갖추어야 할 전문적 자질로서 실천적 지식은 교사 입문과정에서부터 형성할 수 있는 능력을 갖추어야 한다.

💻 **참고: 반성적 사고** ···•

　　반성적 사고란 과거나 현재에 일어나고 있는 실천적 행위에 대한 사려 깊고 분석적인 사고로부터 미래 행위에 대한 방향을 결정하는 자연스러운 과정으로 다음과 같은 갈등 및 혼돈 상황에서 의사결정을 돕는 전략이다.

- 교사가 복잡하고 애매한 교수 상황에서 통찰력이 필요할 때
- 실습생이나 교사가 일상적인 학습현장에서 문제 상황을 접했을 때
- 교사와 교사지원자들이 함께 다양한 경험 현상을 이해할 필요가 있을 때
- 예비 교사들이 그들의 미래의 교육활동에서 직면하게 될 도전을 준비해야 할 때

💻 **참고: 저널쓰기** ···•

　　저널쓰기는 교사들이 자신의 실천행위에 대해 개인적인 관점을 가지고 기록하는 다양한 형태의 글쓰기로 저널을 쓰는 시간을 갖는다는 것은 곧 반성적 사고의 시간을 갖는 것을 의미한다. 일반적으로 유아교사들이 저널쓰기 시 사용하는 주제는 다음과 같다.

- 자유롭게 기술할 수도 있고 특정 주제를 정해 저널쓰기
- 처음 저널을 쓰기 시작할 때나 교사의 개념 수준이 낮을 경우에는 특정한 주제나 선정된 주제로 저널쓰기
- 점차 일반적인 범위에서 자신이 원하는 특정 주제에 대해 저널쓰기

③ **교양 지식**

　　유아교사는 교육과정 편성 및 운영 시, 여러 교과영역의 지식을 통합적으로 다룰 수 있어야 한다. 실제 통합적 교육활동으로 수업이 이루어지기 때문에 유아교사는 자신과 주변 세계, 관련 영역에 대한 풍부한 교양 지식을 갖출 수 있는 경험이 필요하다. 구체적으로 인문학적 지식, 시사적 지식, 사회적 지식, 예술적 지식, 환경 지식 등이 요구된다.

(3) 핵심역량

유아교사가 갖추어야 할 자질로 최근 거론되는 것은 핵심역량이다. 핵심역량이란 조직환경 속에서 탁월하고 효과적으로 업무를 수행할 수 있는 조직이나 개인의 행동특성이다(이경진, 최진영, 장신호, 2009). 이 핵심역량은 교육을 통해 함양된다고 보는 것이 일반적이다. 그러므로 교육계에서는 교사가 지녀야 할 자질로 핵심역량의 개념을 강조하고 있다.

유아교사에게 핵심역량은 유아교육기관이라는 조직에서 직무를 잘 수행하기 위한 핵심적인 지식, 기술, 태도를 의미하는 것이다. 이에 육아정책연구소(2010)는 유아교육 선진화 방안을 마련하기 위한 연구를 실시하여 유아교사 핵심역량을 제시한 바 있다.

표 7-4 유아교사 핵심역량

핵심역량	요소	내용
교직인성 및 전문성 개발	교직에 대한 열정	• 좋은 교육을 위한 헌신 • 교육개선을 위한 지속적 탐구
	창의성	• 다양한 상황과 조건 수용 • 새로운 가치와 아이디어 창출
	반성적 자기 개발	• 반성적 사고 개발 • 전문적 발달을 위한 노력
	교직윤리	• 유치원 교사 윤리 강령 실천 • 유치원 교사로서 바른 근무자세 유지
학습자에 대한 이해	유아의 보편적 발달 특성 이해	• 유아 발달의 개념 및 발달이론 이해 • 유아의 신체, 언어, 인지, 사회, 정서 영역의 발달 특성 이해
	유아의 개인적, 사회 문화적 발달 특성 이해	• 유아의 발달에 관련된 개인적, 사회 문화적 요인 이해 • 유아의 개별적 발달 특성 이해
교육과정 운영	유아교육과정에 대한 이해 및 실행	• 유아교육과정에 대한 이론 이해 • 유아핵심역량에 대한 이해 • 국가수준 유치원 교육과정에 대한 이해
	교과내용지식 이해	• 유아 언어, 수학, 과학, 사회, 예술, 체육 교과내용 지식 이해 • 유아 건강 및 안전 교과내용 지식 이해 • 유아놀이 교과내용 지식 이해

	다학문적 지식 이해 및 활용	• 인문학, 과학 기술, 사회학, 예술 등의 폭넓은 교양 지식 이해 및 탐구 • 다학문지식의 교육과정 적용
교육과정 운영	교수 · 학습과정에 대한 이해 및 실행	• 유아 교수 · 학습방법에 대한 지식 • 개별화 교수 · 학습방법의 적용 • 효율적 교수 · 학습을 위한 환경 구성 • 적합한 교수 자료의 발굴, 개발 및 활용
	평가의 이해 및 실행	• 유아의 개인적 특성에 대한 평가 방법 이해 및 실행 • 교육과정 평가 이해 및 실행 • 평가 결과의 활용
대인관계 및 의사소통	공동체 의식 및 태도 형성	• 교육공동체 필요성 이해 • 교육공동체 존중
	공동체 형성 및 지원	• 부모와의 협력 • 동료교사와의 협력 • 지역사회와의 협력 • 유아와 가족의 교육 복지 지원을 위한 정책 이해 및 전달
	의사소통 기술 형성	• 대상에 따른 의사소통 기술에 대한 관심 • 언어적/비언어적 의사소통 기술 형성
정보화 소양	정보화 기술 이해	• 새로운 정보화 기술에 대한 관심 • 교육, 행정, 재정 업무 처리를 위한 정보화 기술 이해
	정보화 기술 활용	• 폭넓은 정보 교류 • 유용한 정보의 조직 및 활용 • 교수매체로서 정보화 기술의 비판적 활용
학급 운영	교실문화 조성	• 유아와 긍정적인 관계 형성 • 교실 운영과 관리 • 유아 행동 지도
	문서작성 및 관리	• 학급 운영 관련 문서 작성 및 관리 • 대외 관련 공문서 작성 및 관리

출처: 육아정책연구소(2010).

〈표 7-4〉는 유아교사가 갖추어야 할 자질로 볼 수 있는 6개의 핵심역량과 18개의 역량 요소로 제4차 산업혁명 시대 불확실성과 다원주의 새로운 가치 창출 및 로봇문화가 창출된 시대에 요구되는 자질이라 할 수 있다. 2022 개정 교육과정이 강조하는 핵심역량은 자기관리 역량, 지식정보처리 역량, 창의적 사고 역량, 심미적 감성 역량, 협력적 소통 역량, 공동체 역량이다.

- 자아정체성과 자신감을 가지고 자신의 삶과 진로를 스스로 설계하며 이에 필요한 기초 능력과 자질을 갖추어 자기주도적으로 살아갈 수 있는 자기관리 역량
- 문제를 합리적으로 해결하기 위하여 다양한 영역의 지식과 정보를 깊이 있게 이해하고 비판적으로 탐구하며 활용할 수 있는 지식정보처리 역량
- 폭넓은 기초 지식을 바탕으로 다양한 전문 분야의 지식, 기술, 경험을 융합적으로 활용하여 새로운 것을 창출하는 창의적 사고 역량
- 인간에 대한 공감적 이해와 문화적 감수성을 바탕으로 삶의 의미와 가치를 성찰하고 향유하는 심미적 감성 역량
- 다른 사람의 관점을 존중하고 경청하는 가운데 자신의 생각과 감정을 효과적으로 표현하며 상호협력적인 관계에서 공동의 목적을 구현하는 협력적 소통 역량
- 지역 · 국가 · 세계공동체의 구성원에게 요구되는 개방적 · 포용적 가치와 태도로 지속가능한 인류공동체 발전에 적극적이고 책임감 있게 참여하는 공동체 역량

3) 역할

교사가 등장하는 영화는 다수이다. 이 중 일반인에게 가장 잘 알려져 있고, 존경할 만한 교사의 역할을 수행하는 모습을 담은 영화로 〈죽은 시인의 사회〉를 들 수 있다. 〈죽은 시인의 사회〉는 1950년대 보수적인 남자사립학교 웰튼을 배경으로 하여 만들어진 작품으로 입시 위주의 교육제도에서 자유를 말살당한 학생들을 면밀하게 그려내고 있다. 이 학생들과 영어 신임교사 존 키팅의 만남에서부터 형성되는

스토리를 제시하면서 '카르페디엠(현재를 즐겨라)'이라는 명대사를 남겼다. 유아교사의 역할을 살펴보기 전, 〈죽은 시인의 사회〉에서 그려진 존 키팅 교사가 수행하는 역할을 한 번 의미 있게 고민해 본다면 현재 유아교사로서 어떠한 역할을 수행해야 하는가에 대한 지속적인 반성적 사고가 가능해질 것이다.

여러 학자들은 유아교사가 수행해야 할 역할에 대해 다양한 연구를 실시하였고, 해당 연구결과를 토대로 구체적인 역할을 제시해 왔다. 여기에서는 이러한 입장들을 고려하여 유아교사의 역할로 먼저, 캐츠(Katz)가 제시한 유아교사의 세 가지 역할을 살펴보려 한다.

첫째, 모성적 역할이다. 모성적 역할이란 유아들이 안전하고 편안하며 행복하게 성장하도록 하는 데 강조점을 두어 수행하는 것이다. 모성적 역할이라는 용어는 때로 '대리 양육자 역할'이라는 용어로 사용된다. 특히 모성적 역할은 보다 나이 어린 영유아를 가르치는 관점에서 더 빈번히 강조되어 왔다. 그러나 유아들 역시 교사의 모성적 역할이 필요한 시기이기 때문에 유아교사의 역할로 모성적 역할을 가장 기초적인 것으로 다룰 수 있다.

모성적 역할은 유아를 안전하게 보호하고 신체적·심리적 요구를 충족시켜 줌으로써 유아에게 심리적인 안정감과 신체적인 편안함을 제공하는 것을 강조한다. 또한 모성적 역할은 과거 애착 관련 연구의 결과를 토대로 그 중요성이 배가되고 있다. 왜냐하면 애착 연구의 결과들이 시사하는 바가 장시간 교사와 유아의 애착관계를 어떻게 형성하느냐가 앞으로 성장발달과정에 지대한 영향을 미칠 수 있음을 언급하고 있기 때문이다.

둘째, 치료적 역할이다. 유아교사의 실천하는 치료적 역할이란 기존에 유아에 대한 관찰자의 역할 또는 평가자의 역할을 포함하는 개념이다. 오랜 시간을 유아교육기관에서 지내다 보면 유아들의 다양한 양상의 관계와 갈등을 경험한다. 유아는 대인 간 경험뿐 아니라 대인 내 경험, 그리고 여러 구성원 및 물리적 환경과의 상호작용을 경험하면서 수많은 양상의 발달과 감정을 경험하고 성장한다. 이때 유아교사는 유아 자신의 부정적 감정을 발산하고 자신을 적절하게 표현하는 방법을 익히고 사회적 규칙을 학습하도록 돕기 위해 관찰자 또는 평가자의 역할을 지속적으로 수행한다. 아울러, 유아의 계속적인 성장과 발달을 기록·평가하고 가족구성원과 공유하고 협의한다. 놀이나 학습, 또래관계, 전반적인 발달과정, 행동 등 그 영역은 무궁무진하다. 구체적으로 교사는 다음의 항목에 대해 정확한 평가와 측정을 할 수 있어야 한다.

- 유아가 건강한지, 기분이 어떠한지 행동문제는 없는지
- 친구와의 관계는 어떤지
- 인지 발달은 적절하게 이루어지고 있는지
- 정서적으로 안정되어 있는지
- 기본생활습관은 잘 형성되고 있는지
- 가족 내에서의 관계 형성은 적절한지
- 교사와의 관계를 적절하게 형성할 줄 아는지

더 나아가 유아의 부적절한 행동을 감소시키고 적절한 행동을 늘려 바람직한 성장을 지원하고 도모할 수 있는 치료적 역할을 수행해야 한다.

셋째, 교수적 역할이다. 유아교사가 실천하는 교수적 역할이란 지식과 정보를 전달하고 유아들이 기술을 발달시키도록 하는 것이다. 이 개념은 상호작용자의 역할 또는 환경제공자의 역할과 관련된다. 대부분의 학자들은 유아교사의 역할 중 교수적 역할을 중요하게 다루어 왔다. 캐츠의 경우 이를 교수 모형이라는 역할로 강조하였고, 스포텍은 교수 역할, 이은화는 프로그램 계획자로 일컬으며 교수적 역할을 강조한 바 있다. 따라서, 유아교사는 적절히 교육과정을 구성하고 편성, 운영할 수 있을 뿐 아니라 유아 개개인의 요구와 흥미에 관심을 가지고 학급 전체를 민주적이고 합리적으로 운영할 수 있어야 한다. 또한 유아교사는 수업에서 유아의 지적 능력을 길러 주고 애정적이고도 반응적이며 긍정적인 상호작용을 하는 역할을 수행해야 한다.

📖 참고: 예수님과 베드로의 관계에서 발견할 수 있는 교사의 역할 ·······················●

홍은경(2003)은 성경을 바탕으로 멘토링의 관점을 도출하여 요한복음 21장 1–19절에 이야기를 통해 유아교사가 실천할 수 있는 역할을 8단계로 제시하였다. 요한복음 21장 1–19절에는 예수님이 자신의 수제자였으나 자신을 세 번씩이나 부인한 베드로를 찾아가서 사명을 회복시키시는 과정이 나와 있다. 이 과정에는 단계적인 예수님의 역할이 포함되어 있다. 홍은경은 예수님과 베드로의 관계 속에서 멘토로서의 예수님의 역할을 중심으로 여덟 가지의 단계를 발견하여 제시하였다.

각 단계에는 멘토와 멘티의 특징적인 역할들이 있었는데 각 단계의 이름은 멘토의 역할을 중심으로 명명되었고, 멘티의 역할은 괄호 안에 제시한다.

1단계: 찾아가기(도움 요청하기) (이하 문장 정렬)
    그 후 예수님은 디베랴 바닷가에서 제자들에게 다시 자기를 나타내셨는데(1절)

2단계: 지켜보기(드러내기)
    날이 밝아올 무렵, 예수님이 바닷가에 서 계셨으나
    제자들은 그분이 예수님인 줄 알아보지 못했다(4절)

3단계: 파악하기(반성을 통해 문제 인식하기)
    예수님이 제자들에게 '얘들아, 고기를 좀 잡았느냐?' 하고 물으시자
    그들은 '한 마리도 잡지 못했습니다.' 하고 대답하였다(5절)

4단계: 가르치기(해결 방법 찾기)
    예수님은 제자들에게 '배 오른편에 그물을 던져라.
    그러면 고기가 잡힐 것이다.' 하고 말씀하셨다(6절 상)

5단계: 기회 주기(적용하기)
    그래서 제자들이 말씀대로 했더니
    고기가 많이 잡혀 그물을 끌어올릴 수가 없었다(6절)

6단계: 비춰 주기(적용 결과 반성하기)

예수님은 제자들에게 '지금 잡아 온 고기를 좀 가져오너라.' 하고 말씀하셨다.

시몬 베드로가 배에 올라가 그물을 육지로 끌어올려 놓고 보니

그물에는 큼직큼직한 고기가 153마리나 가득 들어 있었다.

이와 같이 고기가 많아도 그물이 찢어지지 않았다(10-11절)

7단계: 채워 주기(보완하기)

예수님은 제자들에게 '자, 와서 아침을 먹어라.' 하고 말씀하셨다(12절)

예수께서 가까이 와서 빵을 들어서 그들에게 주시고, 또 생선도 주셨다(13절)

8단계: 확증하기(확증하거나 확증받기)

요한의 아들 시몬아, 네가 이 사람들보다 나를 더 사랑하느냐?

−내 어린 양을 먹이라······ (15-17절).

지금까지 유아교사가 갖추어야 할 역할을 살펴보면, 유아교사의 역할을 간단히 규정하거나 정리하기는 용이하지 않다. 왜냐하면 유아를 가르치고 돌보는 일 이외에도 교육과정을 계획하고 작성하는 일, 교재나 교구를 준비하는 일, 다양한 문서와 공문을 처리하는 일, 전화 및 대면 상담을 하는 일, 간식이나 식사를 지도하는 일, 교실 청소, 다양한 직무교육을 통해 전문성을 신장하는 일에 이르기까지 수없이 그리고 끊임없이 상당한 일을 하기 때문이다. 또한 유아교사의 자질과 역할은 시대에 따라, 그리고 유아교육기관의 성격과 유형, 프로그램의 특성, 유아들의 특성과 발달 수준에 따라서도 다르다. 그러므로 이를 종합해 보면 유아교사는 교육과정 계획자, 연구자, 부모교육자, 평가자, 공동학습자, 상담자, 관리자, 의사결정자로 다층적인 역할을 수행한다고 볼 수 있다.

3. 요약

① 사전적 의미로 교사(敎師)란 일정한 자격을 가지고 학생을 가르치는 사람으로, 교사가 되려면 대개 국가에서 정한 법령에 따라 자격증(교육공무원으로 임용된 자 또는 교사자격증을 소지한 자)을 갖추어야 한다. 교사(敎師, teacher)는 각급 교육기관에서 일정한 자격을 가지고 교육대상자를 직접 지도하고 교육하는 자이다.

② 유아교사(early childhood teacher)는 간단하게 설명하면 0~8세에 해당하는 유아를 가르치는 교사이다. 우리나라에서 유아교사라는 법적인 자격 취득은 이원화된 방식으로 되어 있다. 보건복지부에서 자격증을 발급하는 '보육교사'와 교육부에서 자격증을 발급하는 '유치원교사'로 자격 취득이 가능하다.

③ 교직(敎職)이란 학생을 가르치는 직업이나 직무로 교직은 가르치는 일과 밀접하며, 전문직이자 봉사직이고 고도의 윤리성이 요구되는 공적인 성격을 가진다.

④ 유아교사의 직무적 특성을 바탕으로 유아교사는 교육대상자가 어린 출생부터 취학 전 유아이기 때문에 실제 유아교사가 수행해야 할 역할은 광범위하며 직무상 실제 역할 경계선이 분명하지 않다. 그러나 일반적으로 유아교사가 갖추어야 할 직업적 특징으로 첫째, 유아교사로서 직무수행은 사랑에서 시작해야 한다. 둘째, 유아교사로서의 직무수행은 가르치는 일과 돌보는 일 사이의 조화를 유지해야 한다. 셋째, 유아교사로서의 직무수행은 눈에 보이지 않는 상호작용에 민감해야 한다.

⑤ 교사 발달이라는 개념은 교사 양성과정에 입문하는 것을 시작으로 교직생활을 하는 동안 계속적으로 성장하고 발달하는 것이다. 캐츠는 유아교사의 발달 단계를 교사 경력에 따라 4단계로 구분하여 제시하였는데 생존기-강화기-갱신기-성숙기로 볼 수 있다. 한편, 기어트 캘크더만스가 유아교사의 발달에 영향을 미치는 요인으로 제시한 것을 정리해 보면 자아 이미지, 자아존중감, 직업적 동기, 과업 인지, 미래에 대한 관점이다.

⑥ 현재 대한민국은 유아를 교육하는 교사의 자격을 유치원교사와 보육교사로

구분한다. 교육기본법의 「초중등교육법」 제21조는 유치원교사의 자격 기준을 명시하고 있는 반면 「영유아보육법」 제9조 2항은 보육교사의 자격 취득 기준을 제시한다.

⑦ 유아교사의 개인적 자질은 교사 개개인의 사람됨에 대한 특성, 즉 인성적 측면에서의 자질을 뜻한다. 반면, 유아교사의 전문적 자질은 영유아에 관한 전문적 지식, 교육과정 및 교수에 대한 전문적 지식과 운영기술, 교직에 대한 건전한 태도, 윤리의식 등 교사의 전문성과 관련된 자질이다.

⑧ 실천적 지식이란 이론의 적용이라기보다는 유아교육 현장이라는 맥락 속에서 유아와 교사의 역동적 상호작용을 통해 나타나는 교육 현상에 끊임없이 의문을 제기하고 이를 해결하기 위해 탐색하며 그 탐색의 결과를 반성적으로 사고하면서 구성되는 지식이다.

⑨ 유아교사에게 핵심역량은 유아교육기관이라는 조직에서 직무를 잘 수행하기 위한 핵심적인 지식, 기술, 태도를 의미한다.

⑩ 유아교사의 역할은 모성적 역할, 치료적 역할, 교수적 역할이 있으며, 그 외에도 유아교사는 교육과정 계획자, 연구자, 부모교육자, 평가자, 공동학습자, 상담자, 관리자, 의사결정자로 다층적인 역할을 수행한다.

동영상 시청과 토론

◆ 동영상

• 드라마에서 보이는 모습과 180도 달라요!

유치원 교사 직업 편견 총정리 [직떵언]

◆ 토론

• 2명의 현직 교사는 유아교사가 갖추어야 할 자질로 무엇을 말하고 있나요?

• 제4차 산업혁명 시대에 필요한 유아교사의 자질은 무엇이며 어떻게 키울

수 있을까요?

〈예비 교사로서 자기 진단해 보기〉

다음의 항목에 대해 오른쪽으로 V표 하신 후 나의 점수를 보면서 나의 교직관을 서로 이야기 나누어 보세요.	자신의 교직관과 일치하는 정도				
	최소 ◄—————► 최대				
	1	2	3	4	5
1 교직에 대한 나의 인식은 어떠한가요?					
2 개인적 자질에 대한 나의 인식은 어떠한가요?					
3 전문적 자질에 대한 나의 인식은 어떠한가요?					
4 교직의 사회경제적 지위에 대한 나의 인식은 어 떠한가요?					
5 유아교육 문제에 대한 나의 인식은 어떠한가요?					
6 유아교사가 되고자 하는 나의 교직관은 전체적 으로 어떠한가요?					

• 바람직한 유아교사가 되기 위해 좀 더 강화해야 할 교직관은 무엇인지 선

정하고 어떻게 강화할 수 있는지 방법을 찾아 보세요.

심화학습을 위한 자료 ●●●

• 『유아교사의 새로
운 도전: 처음처럼』
(김영옥 역, 공동체,
2012)

• 『부모들은 모르는
유치원 이야기』(김
호, 정효진 공저, 공
동체, 2020)

선정 이유: 처음 경험하는 부모들에게 하루 중 많은 시간을 유아교육기관에서 보내는 자녀
들을 이해할 수 있는 소통의 장으로서 선정하였다.

추천할 만한 견학기관 ●●●

• 보육교사자격관리사무국 http://chrd.childcare.go.kr/
서울특별시 용산구 청파로 345 주연빌딩 5층 한국보육진흥원 보육사업지원국,
전화: 1661-5666

참고문헌

교육부(2017). 2017년도 교원자격검정 실무편람. 교육부.

김규수, 임승렬(2016). 영유아교사론. 공동체.

김은영, 권미경, 조혜주(2012). 교사양성과정 내실화를 위한 유치원과 어린이집 일과운영 및 교사의 직무분석. 육아정책연구소.

신혜원, 민성혜, 김의향, 신윤승(2016). 보육교사론. 양서원.

박수미(2001). 유치원 교사의 생애에 관한 연구. 중앙대학교 대학원 석사학위논문.

박은혜(2011). 유아교사론. 양서원.

염지숙, 이명순, 조형숙, 김현주(2014). 유아교사론. 정민사.

이경진, 최진영, 장신호(2009). 초등교사의 핵심역량 수준 및 교직 경력별 핵심역량 수준 차이 분석. 한국교원교육연구, 26(3), 219-240.

이연주(2003). 유아교육예비교사의 교직관에 관한 연구. 대구가톨릭대학교 교육대학원 석사학위논문.

이은화, 배소연, 조부경(1995). 유아교사론. 양서원.

육아정책연구소(2010). 유치원 교원 양성 및 임용 체제 개선 방안, 유아교육선진화기반 조성사업 보고서. 한화출판사.

임승렬(2001). 유아교사 평가의 새로운 접근. 유아교육연구, 21(1), 87-116.

홍용희, 박은혜, 김희진, 이지현(1997). 이야기 나누기에 나타난 유아교사의 실천적 지식에 대한 탐구: 유아교육의 전문성 신장을 위하여. 유아교육연구, 17(1), 67-85.

홍은경(2003). 유치원 초임교사를 위한 멘토링 과정. 중앙대학교 일반대학원 박사학위논문.

Bredkamp, S. (1995). Early Childhood Education, In J. Sikula, T. J. Buttery, & E. Guyton(Eds.), *Handboof of reasearch on teacher education* (pp. 323-347). Basic Books.

Day, C. (2004). *Passion for teaching*. 박은혜, 이진화, 위수경, 조혜선 공역(2007). 열정으로 가르치기. 파란마음.

Katz, L. G. (1985). Research currents: Teachers as learners. *Languages Arts, 62*(7), 778-782.

Willer, B. A. (1994). Conceptual framework for early childhood professional development, In J. Jphnson, & J. B. McCracken (Eds.), *The early childhood career latticw*. National Association for the Education of Young Children.

08

유아교육과 물리적 환경

이선경

 핵심주제

- **유아교육기관 환경 구성의 원리**: 유아의 심리적 안정, 신체적 안전, 발달적 적합성, 다양성 등을 고려하여 적절한 교재와 교구가 갖추어진 유아교육기관의 물리적 환경
- **실내 흥미 영역의 구성**: 유아의 흥미로운 교수 · 학습을 지원하기 위해 실내에 쌓기놀이 영역, 수 · 조작 영역, 과학 영역, 음률 영역, 미술 영역 등의 활동 영역 구성
- **실외 환경 구성**: 유아의 전인적 성장 발달을 촉진시키는 복합적인 기능을 수행할 수 있도록 개방된 영역, 휴식 영역, 역할놀이 영역, 미술 영역, 자연탐구 및 관찰 영역, 모래놀이 영역, 물놀이 영역, 목공놀이 영역, 운동놀이 영역 등으로 구성한 실외에 제공된 놀이 환경
- **유아놀이 중심 교육과정의 놀이 공간**: 유아 주도의 놀이를 위한 개방된 놀이 공간

1. 유아교육기관의 놀이 공간

유아는 놀이를 통해 공간과 공간을 연결하여 새로운 놀이 공간을 스스로 만들거나, 찾아내기도 하고 확장하기도 한다. 교사는 유아가 놀이 공간에 부여하는 의미를 이해하기 위해 놀이의 전개를 지켜보면서 유아놀이를 방해하는 요소가 무엇인지를 관찰하고, 유아의 의견을 반영하여 놀이 공간을 운영해 나가는 자율성을 가진다. 유아교육기관에서 유아놀이 중심 교육과정의 놀이 공간은 실내와 실외공간 또는 자연환경과 지역사회 공간까지 포함한다.

교실의 영역은 학급의 원아 수, 성별의 비율, 놀이 성향을 고려하여 구성하고, 학기 초에는 놀이 자료에 따라 기본적인 영역을 구분하고 각 영역이 지나치게 협소하지 않도록 가구를 배치해야 한다. 또한 실내와 실외 전체 공간은 한 학기 내내 고정하지 않고 놀이에 따라 재배치해 주면서 융통성을 발휘하여 다양하게 구성한다.

1) 유아놀이 중심 교육과정의 놀이 공간 배치 원리

• 놀이 공간을 융통성 있게 배치한다.

교사는 유아교육기관의 교육철학이나 교실의 물리적 환경, 유아의 연령, 성별, 흥미, 놀이 전개 등에 따라 자율성을 가지고 교실 공간을 구성한다. 교실 내에 반드시 배치해야 하는 흥미 영역이 정해진 것이 아니므로 놀이 영역과 공간을 확장하거나 축소하기도 하고, 놀이가 서로 연결될 수 있도록 조정한다.

• 놀이하는 공간을 넓힌다.

모든 흥미 영역을 배치하여 교구장, 책상과 의자, 놀잇감이 가득 찬 교실은 유아 놀이의 흐름을 방해한다. 교사는 놀이를 방해하는 가구와 설비, 놀잇감을 제거함으로써 놀이할 공간을 충분하게 만들어 준다.

• 유아에게 놀이 공간 배치의 주도권을 준다.

교사는 유아 스스로 놀이 공간을 배치하거나 변경하도록 지원하고 교실에서 유아 개인의 놀이가 존중되는 교실의 문화를 만들도록 한다.

• 다른 놀이 공간을 찾아본다.

교실이나 실외 놀이터 외에 유아 스스로 찾아낸 공간으로 복도, 강당 등도 안전하다면 유아의 놀이 공간으로 허용할 수 있다.

2) 유아놀이 중심 교육과정의 놀이 자료

유아교육기관에서는 교사가 준비한 자료와 일상에서의 사물, 자연물이나 자연현상 등 모든 것이 유아의 놀이 자료가 된다. 놀이 방법이 있거나 특별한 교육목표를 가진 자료를 교사가 제공하더라도 유아는 자신만의 탐색 방법을 가지고 다른 방식으로 놀이하면서 배울 수 있다. 교사는 유아가 어떤 자료에 흥미를 갖고 탐색하고자 하며 놀이를 통해 새롭게 의미를 부여할 때 이를 수용해 준다.

• 유아가 결정한 놀이 자료 활용방법이 격려되어야 한다.

교사가 자료를 내어줄 때 유아는 자신만의 방식으로 자료를 해석하고 다르게 자료를 활용하기도 한다. 교사가 의도한 결과를 얻기 위해 계획한 활동으로 이끌기보다 자료가 어떻게 놀이의 매개가 되는지 지켜보고 유아가 스스로 선택한 방법 속에서 배움이 일어나도록 지원한다.

• 자연물이나 자연현상도 놀이 자료가 된다.

유아는 곤충, 나무, 풀, 꽃 등의 자연물을 보고 만지고 냄새 맡으면서 놀이의 기쁨, 즐거움, 놀라움 등의 감정을 느낀다. 자연물로 놀이하는 과정에서 생명의 존귀함, 아름다움에 대한 감성 등을 스스로 배운다.

• 다양한 일상의 사물을 놀이 자료로 활용한다.

유아는 일상의 물건을 놀이 자료로 사용하면서 사물의 특성과 형태, 질감, 색 등 감각적 요소를 발견하게 된다. 교사는 정형화된 놀잇감 이외에 안전한 일상의 사물을 다양하게 지원한다.

• 자료가 없어도 놀이할 수 있다.

유아는 몸으로 자신의 감정과 생각을 표현하고, 놀이한다. 실내와 실외에서도 유아의 신체 움직임을 통제하지 말고 유아의 몸 움직임에서 놀이할 수 있도록 지원한다.

• 기존의 자료도 새롭게 활용한다.

교사는 유아가 기존의 자료를 새로운 방식으로 놀이하는 것을 허용하고 격려한다. 놀이 중심 교육과정에서는 주제를 미리 정해 두고 놀이 자료도 주제에 맞추어 제시하는 것을 지양하며 자료를 효과적으로 활용한다.

2. 유아교육기관 환경 구성의 원리

유아기는 다른 어떤 시기보다 신체적, 인지적, 사회정서적으로 많은 발달이 이루어질 뿐만 아니라 주변의 물리적인 사회문화적 환경에 가장 민감한 시기로, 환경은 유아의 발달과 학습에 중요한 영향을 미친다. 또한 여성의 사회 진출이 급속히 증가하는 사회적 환경에서 유아를 위한 질 높은 교육환경에 대한 욕구가 급증하고 있다. 질 높은 교육환경은 유아의 욕구를 수용하고 발달과 학습을 지지하며 촉진할 수 있어야 한다.

적절한 교재와 교구가 갖추어진 유치원과 어린이집의 물리적 환경은 프로그램의 질적 수준에 영향을 미치는 중요한 요인이다. 환경 구성은 유아의 심리적 안정, 신체적 안전, 발달적 적합성, 다양성을 고려하여 구성하는 것이 바람직하다.

1) 유아교육기관의 환경 구성의 원리

우리나라 현장의 기본적인 교실 구성은 표준보육과정과 누리과정의 영역을 중심으로 프로스트(Frost)의 환경 구성 원리를 따른다. 부분적으로 독자적인 이론이나 프로그램의 성격을 반영하여 환경 구성을 할 수도 있다. 놀이실을 4개의 지역으로 나누고 활동적이며 건조한 영역, 활동적이며 물이 있는 영역, 조용하고 건조한 영역, 조용하고 물이 있는 영역으로 분류한다. 각 흥미 영역은 비슷한 성격끼리 같은 지역에 배치한다. 분위기가 비슷한 영역을 인접하게 배치하고 각 영역에 대한 자세한 계획을 만들어 본다. 현재의 교실에 제공된 물품들을 유지하면서 변화시킬 수 있는 방법을 탐색한다(김혜경, 2013: 135). 그밖에 유아교육기관의 환경 구성의 원리는 다음과 같다.

- 공간은 유아가 활동할 수 있을 만큼 충분히 넓어야 한다.
- 시설 설비와 교구는 유아의 연령 및 신체 발달에 적합하여 유아가 성인의 도움 없이 스스로 사용하고 정리할 수 있도록 한다.
- 유아에게 매력적이고 교육적으로 의미 있는 활동을 제공하도록 환경을 구성한다. 이를 위해 유아에게 활동선택권을 주는 다양한 흥미 영역을 실내외 공간에 배치할 수 있다.
- 청결하고 안전한 환경을 제공하고, 적정 온도나 습도를 유지해야 한다.
- 환경은 유아의 발달 특성에 적합하여야 한다. 예를 들면, 유아의 연령이 낮을수록 일상적이고 개별적인 보살핌을 위한 환경 구성이 필요하고, 감각적인 경험의 기회가 많이 포함되는 환경을 제공한다.
- 유아가 장시간 유치원이나 어린이집에 머물 경우, 혼자 놀거나 쉴 수 있는 공간이 필요하며, 일상적인 보살핌 또는 낮잠을 위한 물건이나 놀잇감 보관을 위한 저장 공간을 마련한다.

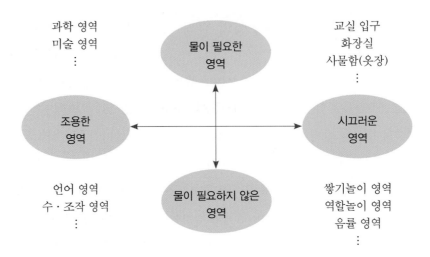

[그림 8-1] 유치원 학급 환경 구성의 영역 예시

출처: Frost (1992).

2) 연령별 환경 구성

(1) 영아(0~2세)를 위한 환경 구성

영아기는 인간의 발달과정 중에서 환경의 영향에 가장 민감한 시기이다. 이 시기에 있는 영아들은 호기심을 가지고 끊임없이 주위 환경을 탐색하면서 학습한다. 최근에는 어린 영아일수록 환경으로부터 많은 영향을 받는다고 보고, 영아를 위한 환경을 구성할 때, '발달적으로 적합한 디자인(Developmental Appropriate Design: DAD)'이라는 용어를 사용하여 영아지향적인 디자인(Child-Interred Design: CID)을 추구하는 경향이 증가하고 있다. 영아지향적인 디자인이란 영아의 신체 크기를 고려한 환경을 제공함으로써 스스로 운동능력을 발휘하여 도전해 보고 그러한 과정을 통하여 자신의 능력을 향상시키고 성취감을 가질 수 있게 구성하는 것이다.

에릭슨(Erikson)에 의하면, 신뢰감이 형성되는 2세 미만의 영아들에게는 일관성 있고 심리적으로 안정된 환경과 자율성이 발달하는 걸음마기를 위해서는 다양한 탐색을 지원하는 환경을 제공해 주어야 한다. 영아들을 위한 교육환경은 3A's (Attention-관심, Acceptance-수용, Affection-애착형성)가 가장 중요한 요인이 된다. 즉, 영아의 생리적 욕구에 기초한 생활공간의 기능과 함께 영아의 기본욕구인 건강과 안전, 탐색, 움직임 및 정서적 안정감이 충족될 수 있는 공간이어야 한다. 영아를 위한 환경을 구성할 때 고려해야 할 점은 다음과 같다.

- 영아들의 연령과 신체 및 발달수준에 적합하고, 욕구, 관심, 흥미 등을 반영한다.
- 영아들의 신뢰감과 자율성 지원을 위해 예측 가능한 자유로운 활동이 가능하여야 한다.
- 가정과 연계한 편안한 집과 같은(home-base) 안락한 환경이어야 한다.
- 영아들은 신체적으로 면역력이 약하므로 안전하고 위생적이고 청결한 환경이어야 한다.
- 어린 영아들은 생리적 욕구에 기초한 기저귀 갈기, 배변, 화장실, 낮잠, 수유, 식사와 간식 등의 기본적인 일상생활 공간을 구성하여야 한다.
- 영아들은 운동능력이 발달하면서 이동 폭을 넓히려는 움직임의 욕구를 반영하여야 한다.
- 감각을 자극할 수 있는 다양하고 풍부한 탐색적 환경이어야 한다.
- 혼자놀이에 몰두할 수 있는 개별 공간과 휴식할 수 있는 조용한 공간이 있어야 한다.

영아는 2세 미만 영아, 2세 걸음마기 영아를 위한 환경 구성으로 나누어 다음과 같이 구체적으로 살펴볼 수 있다.

① 2세 미만 영아를 위한 환경 구성

0~2세 미만 영아를 위한 환경은 이들의 기본적인 욕구를 중심으로 한 일상생활 영역, 심리 사회 영역, 대소근육 영역, 언어 영역, 탐색 영역, 극화놀이 영역으로 구성할 수 있으며, 어린 영아들을 위한 환경은 너무 복잡하지 않도록 한다.

② 2세 걸음마기 영아를 위한 환경 구성

걸음마기 영아를 위한 환경은 2세 미만 영아와 비교해 볼 때 기본적인 욕구를 충족시켜 주는 일상생활을 위한 공간을 줄이고 놀이와 탐색을 위한 공간 확장이 필요하다. 또한 걸음마기는 자율성이 발달하기 시작하는 시기로 의미 있는 놀이 활동과 관심, 흥미를 중심으로 한 탐색 활동을 제공하는 것이 바람직하다. 일반적으로 걸음마기 영아를 위한 물리적 환경은 일상생활 영역, 대근육 영역, 언어 영역, 탐색 및 조작 영역, 극화놀이 영역, 조형 영역, 음률 영역, 쌓기 영역 등으로 구성한다.

(2) 유아(3~5세)를 위한 환경 구성

유아기는 신체, 언어, 인지, 사회, 정서 영역에서 급속한 발달이 이루어지는 시기이다. 이 시기에 유아들은 대근육 운동을 더욱 활발하게 하고 소근육은 보다 정교하게 사용할 수 있게 된다. 사물의 속성과 기능을 분류하여 범주화하는 능력과 탐구력이 증가하며, 사회적 놀이에 참가하면서 자신과 다른 사람의 역할 및 정서를 이해하기 시작하고, 자신의 감정을 조절하기 시작한다. 또한 유아들은 원하는 활동을 능동적으로 선택하고 수행하면서 주도성과 책임감을 발달시킨다(이경화, 김정원, 2015: 242-244). 유아를 위한 환경을 구성할 때 고려해야 할 점은 다음과 같다.

- 유아의 발달을 돕는 최적의 환경을 구성해야 한다. 즉, 다양한 경험과 자극을 제공하고 개인의 능력과 요구에 따라 놀잇감을 선택하고 능동적으로 참여할 수 있도록 한다.
- 흥미와 관심에 따라 4~5명의 소집단 유아들이 함께 놀이할 수 있는 흥미 영역으로 구성하며, 흥미 영역들은 융통성이 있으면서 독립성을 부여하도록 한다.
- 자유롭게 움직일 수 있는 개방된 공간, 소집단이 활동할 수 있는 부분적으로 폐쇄된 공간, 혼자 활동하고 휴식할 수 있는 공간으로 구성한다.
- 유아의 자아존중감, 유능감 및 성취감에 대한 욕구를 지원하고, 자율성, 책임감, 자기주도성을 돕는 환경을 구성한다.
- 유아를 위한 환경은 융통성이 있어야 한다. 유아는 신체적으로 빠르게 성장하고 관심과 흥미도 쉽게 변화하므로 환경도 적절하게 변화시켜 준다.
- 유아기는 자아정체감 및 자존감 형성의 중요한 시기이므로 다양한 사회문화적 배경을 가진 유아를 배려한다.

3. 실내 흥미 영역의 구성

유아의 교수·학습을 지원하기 위해 실내에 쌓기놀이 영역, 언어 영역, 역할놀이 영역, 수·조작 영역, 과학 영역, 음률 영역, 미술 영역 등의 흥미 영역을 구성하여 신체운동, 건강, 의사소통, 사회관계, 예술경험, 자연탐구 등을 다양한 활동으로 전개할 수 있도록 한다. 흥미 영역은 전체를 한눈에 볼 수 있도록 개방적으로 배치하고, 유아의 발달수준 및 흥미, 주제별 활동 내용, 계절 및 날씨에 따라 교재·교구를 다양하게 제공한다. 흥미 영역에 제시되는 활동이나 자료는 주간 및 일일 주제와 관련되도록 한다. 또한 게임, 발표, 토의, 관찰, 실험조사, 현장체험 등 다양한 유형의 활동과 연계되도록 하여 유아의 학습을 심화시킬 수 있도록 운영한다.

흥미 영역의 수는 전체 공간의 크기, 유아의 수, 연령, 흥미를 고려하여 조절할 수 있다. 대체로 연령이 많아질수록 흥미 영역 개수가 늘어나며, 유아의 흥미에 따라 흥미 영역을 가감하기도 한다. 흥미 영역은 1년에 3~4번 위치를 바꾸어 줌으로써 변화를 줄 수 있다. 흥미 영역의 배치는 공간의 크기, 소음, 채광, 물의 사용 여부 등을 고려하며, 벽에 붙이는 부착물은 유아의 눈높이에 맞추어 게시한다. 모든 교재·교구는 안전과 위생을 고려해야 한다.

흥미 영역의 구성과 배치는 유아들이 의논하여 자율적으로 정할 수 있다. 이렇게 유아들에게 선택의 기회를 줌으로써 그들의 의견과 관심을 존중하는 영역 구성을 할 수 있을 뿐 아니라, 유아들이 흥미 영역의 활동에 더 흥미를 가지고 참여하며, 유아 스스로 흥미 영역 정리를 잘할 수 있게 한다.

1) 쌓기놀이 영역

⑴ 구성

쌓기놀이 영역은 여러 가지 크기와 모양, 재질의 블록과 소품을 이용하여 어떤 사물을 구성하거나 구조물을 쌓아 보거나 꾸며 보는 등의 과정을 경험하는 영역이다. 유아는 쌓기놀이를 통해 다양한 구성 활동을 하면서 관찰력, 측정 기술, 원인과 결과에 대한 사고력 등을 기를 수 있다. 쌓기놀이 영역은 활동적이며 소음이 발생하는 영역이므로 언어나 과학 등 정적인 영역과는 떨어져서 배치하는 것이 좋으며, 소음 방지를 위하여 바닥에 카펫을 깔아 주는 것이 좋다.

(2) 놀잇감 및 교재·교구

① 다양한 블록: 종이 벽돌 블록, 단위 블록, 공간 블록, 우레탄 블록 등
② 크고 작은 모형: 동물, 사람, 공룡 등의 인형이나 모형, 탈것(예: 기차, 트럭, 레미콘, 구급차, 경찰차, 여객기, 운전대) 등
③ 사회극놀이 소품: 여러 종류의 가면, 교통 신호나 표지판 등
④ 기타 자료: 쌓기놀이에 도움을 주는 책, 그림 자료 등

(3) 연령별 영역 구성의 예

3세 아는 블록의 종류를 다양하게 주기보다는 같은 종류의 블록을 충분히 제공하는 것이 좋으며, 서로 방해받지 않고 놀이에 몰두할 수 있도록 충분한 공간을 제공해야 한다. 또한 3세 아에게는 소근육을 많이 사용해야 하는 작은 끼우기 블록보다는 발과 다리의 대근육을 사용하여 구성할 수 있는 적당히 큰 쌓기 블록이 좋다.

4세 아는 3세 아보다는 소근육이 발달하므로 적당한 크기의 쌓기 블록과 함께 중간 정도 크기의 끼우기 블록도 함께 제공할 수 있다. 또한 3세 아보다는 블록과 소품의 종류를 다양하게 내준다.

5세 아는 다양한 구조물을 구성하고 경험한 내용들을 중심으로 친구들과 협의하여 다소 복잡한 구조물을 만드는 것도 가능하므로, 이를 고려하여 영역을 구성한다. 5세 아의 경우 소품은 유아들이 직접 제작한 것을 활용할 수도 있다.

(4) 유의점

① 유아의 구성 능력 및 조작능력을 고려하여 다양한 종류의 블록을 순차적으로 제공한다.
② 확장 활동으로 발전시킬 수 있도록 관련 사진이나 그림 카드를 제공한다.
③ 쌓기놀이 공간의 높낮이를 조절하여 구성할 수 있도록 책상, 널빤지, 의자

사진 8-1 쌓기놀이 영역 구성 사례

등을 제공한다.

④ 유아가 구조물을 쌓을 때 방해받지 않고 활동에 몰두할 수 있도록 충분한 공간을 마련해 주며 통행이 많지 않은 곳에 배치하고 역할놀이 영역과 인접하게 배치하면 두 영역의 통합적 활동이 활발하게 이루어지는 효과가 있다.

2) 언어 영역

(1) 구성

언어 영역은 듣기, 말하기, 읽기, 쓰기와 관련된 활동을 경험하는 영역이다.

유아는 언어 영역의 활동을 통해 일상생활에 필요한 언어능력을 향상시키고 올바른 의사소통 능력 및 태도를 기를 수 있다. 언어 영역은 주변의 자극으로부터 격리될 수 있도록 조용하고 안정된 공간에 배치하는 것이 좋으며, 활동 주제나 유아의 흥미에 따라 다양한 언어활동 자료를 비치하여 듣기, 말하기, 읽기, 쓰기 활동이 골고루 이루어지도록 하고 안락한 의자나 쿠션 등을 두어 편안하게 언어활동에 몰입하도록 한다.

(2) 놀잇감 및 교재 · 교구

① 듣기 자료: 다양한 종류의 책, CD플레이어, 헤드폰, 카세트 레코드와 테이프 등

② 말하기 자료: 이야기 꾸미기 자료와 융판, 그림 카드, 막대 인형이나 퍼펫, 인형극 틀, 녹음기, 마이크 등

③ 읽기 자료: 종류별 책과 책꽂이, 그림책, 잡지류, 글씨가 적혀 있는 다양한

종류의 카드(예: 친구 이름 카드, 글자 카드, 모래 글자 카드) 등

④ 쓰기 자료: 각종 필기구, 단어 카드, 컴퓨터와 프린터, 한글 고무 글자판과 스탬프, 잉크, 소형 화이트보드와 마커펜, 가위, 펀치, 스테이플러 등

(3) 연령별 영역 구성의 예

3세 아는 친숙한 글자를 모양으로 인식하여 주변의 친숙한 인쇄물에 많은 관심을 보이며, 그림책을 즐겨본다. 따라서 3세 아에게는 다양한 그림책을 제공해 주는 것이 필요하다. 듣기 활동을 위해 카세트와 테이프, 이어폰을 비치해 주어 동화 듣기나 유아의 목소리를 녹음하여 들어볼 수 있게 한다. 말하기 활동을 위해 융판에 활동 주제 관련 자료를 제시해 주어 유아가 이야기를 재구성하고 확장할 수 있도록 하며 여러 가지 인형 등 다양한 말하기 자료를 준비해 준다. 읽기 활동을 위해 질적으로 내용이 우수한 그림책을 제공하여 주고 읽기에 관심을 나타내지 않는 유아를 위해서는 직접 조작할 수 있는 책, 책장을 넘기면 입체가 되는 책, 헝겊으로 만든 책, 소리 나는 책 등 다양한 종류의 책을 구비하여 흥미를 갖도록 한다. 쓰기 활동을 위해서는 자석 쓰기판, 화이트보드와 마커펜, 필기류와 다양한 재질의 종이 등의 활동 자료를 제시해 주는 것이 좋다.

4세 아는 쉬운 단어와 짧은 문장 읽기가 가능해진다. 따라서 짧고 반복되는 단어와 문장이 있는 동시, 동화를 제시해 주어 유아 스스로 글자 읽기에 흥미를 가지도록 한다. 듣기 자료는 CD플레이어와 CD, 카세트테이프, 다양한 책 등으로 구성한

사진 8-2 │ 언어 영역 구성 사례

다. 말하기 자료에는 이야기 꾸미기 자료와 융판, 이야기 꾸미기 그림카드, 여러 종류의 인형과 인형극 틀, 그림동화, 녹음기, 공 테이프, 마이크 등을 제공한다. 쓰기 자료로는 자신과 친구 이름을 코팅한 것, 자석판과 마커펜, 음각글자판과 종이, 모래상자 등을 제공한다.

5세 아는 듣고 말하기 활동에서 나아가 읽고 쓰는 활동이 보다 활발하게 이루어진다. 4세 아는 언어 영역 자료 외에도 슬라이드, 주제에 따른 화보 모음책, 잡지류, 사전 등을 제시하며 자신, 또래친구, 가족들에게 하고 싶은 이야기를 글로 적어 보거나 단어카드를 이용해 문장을 만들어 볼 수 있으며, 활동 주제와 관련하여 작은 책 만들기 활동도 가능해지도록 한다.

(4) 유의점

① 책이나 자료는 사용한 후 제자리에 정리 정돈할 수 있도록 한다.

② 유아가 이야기를 직접 만들거나 소리를 녹음해 보는 기회를 가질 수 있도록 다양한 손 인형이나 동화를 준비한다.

③ 초기에는 주로 책 보기나 듣기 등의 활동을 계획하고 점차 읽기나 쓰기를 위한 활동을 구성하는 것이 좋다.

④ 읽기나 쓰기 활동을 위해서는 자연조명이 되는 밝은 곳에 배치하도록 하는 것이 좋으며 조금 더 아늑한 곳에서 듣기나 말하기 활동을 하기 원하는 유아를 위해 적절한 조명을 사용할 수 있도록 한다.

3) 역할놀이 영역

(1) 구성

역할놀이 영역은 유아가 가족이나 성 역할뿐만 아니라 우리 사회의 다양한 직업이나 사회 구성원의 역할을 상상놀이 및 사회극놀이 등을 통해 경험하는 영역이다. 유아는 역할놀이를 통해 자기중심적인 사고에서 벗어나 자신과 다른 사람의 생각과 감정을 더 잘 알고 적절하게 상호작용할 수 있으며 주변 사람들이나 공동체에서 함께 살아가는 방법을 익힌다. 역할놀이 영역은 동적인 영역에 배치하는 것이 좋으며, 진행되고 있는 생활주제와 관련된 소품을 제공하여 활동이 더욱 흥미롭고 풍부하게 이루어지도록 한다.

(2) 놀잇감 및 교재 · 교구

① 기본 가구: 거울, 소파, 유아용 탁자, 의자, 옷장 등
② 소품: 가족놀이 소품(예: 인형류, 주방용품, 일상용품, 의류, 신발류, 열쇠, 우산, 가방, 빗, 넥타이, 머플러 등), 교통기관놀이 소품(예: 차표, 지도, 여행 소책자, 여행 가방 등), 가게놀이 소품(예: 모형 과일, 시장바구니, 지갑 등), 병원놀이 소품(예: 의사 가운, 청진기, 바늘을 뺀 주사기, 붕대, 혈압기 등), 기타 주유소놀이, 은행놀이, 방송국놀이, 미장원놀이, 서점놀이, 목욕탕놀이 등의 각종 역할놀이 소품 등

(3) 연령별 영역 구성의 예

3세 아는 실제와 상상을 구별하기 힘든 시기로 실물사진과 실물자료들을 준비하여 역할놀이를 활성화한다. 유아들이 자발적으로 역할놀이에 흥미를 나타낼 때 참여하도록 한다.

집이나 병원, 주유소, 목욕탕 등 유아의 일상생활에서 자주 접하는 기관이나 장소를 나타낼 수 있는 소품과 장치를 준비해 주어서 역할놀이를 하는 것으로 시작하여 점차 참여의 수준을 높이도록 한다.

4세 아는 유아 자신의 노력이 들어간 물건에 대한 애착이 강한 시기로 소품을 유아들이 직접 만들어서 놀이에 활용하도록 한다. 낮은 선반이나 옷장, 싱크대 등을 이용

사진 8-3 역할놀이 영역 구성 사례

해서 다른 영역과의 경계를 지을 수 있으며 영역 내에서 유아들이 여러 종류의 옷을 입고 자신의 변화를 관찰할 수 있도록 유아용 전신거울을 설치하도록 한다.

5세 아는 가정생활을 나타내는 것은 물론, 주제 활동의 전개와 유아들 간의 계획에 따라 병원, 미장원, 음식점, 세탁소, 서점 등의 사회극놀이를 통해 다양한 사회 구성원의 역할을 해 볼 수 있도록 한다.

(4) 유의점

① 유아가 많이 참여할 수 있도록 충분한 공간을 제공하며, 쌓기놀이 영역과 가깝게 배치함으로써 놀이의 확장이 이루어질 수 있다.

② 모든 자료는 항상 청결하게 관리하고 파손된 자료는 즉시 수선한다.

③ 양성평등 교육, 다문화 이해 교육 등이 이루어질 수 있는 장소이므로 관련 소품을 제공하여 자연스러운 놀이로 유도한다.

④ 교사의 적절한 참여와 알맞은 소품을 제때 제시함으로써 유아의 적극적인 참여를 돕고 경험을 풍부하게 한다.

⑤ 주도적인 성향이 있는 유아들이 항상 역할놀이를 지배할 수 있으므로 각 역할은 저 나름대로의 중요성과 의미가 있음을 이해하도록 알려 주며 자연스럽게 서로 역할을 바꾸어 할 수 있도록 지도한다.

4) 수·조작 영역

(1) 구성

수·조작 영역은 일대일 대응, 분류, 비교, 서열 등의 수 활동이나 퍼즐 맞추기나 끼워서 구성하기, 간단한 게임 등 논리적 문제해결, 소근육 조작 등과 관련된 활동을 주로 하는 영역이다. 유아는 수·조작 활동을 통해 눈과 손의 협응력과 소근육 발달, 논리·수학적 개념 발달, 문제해결력과 집중력을 향상시킬 수 있으며, 문제를 탐색하고 해결해 가는 과정에서 자신감과 자율성을 기를 수 있다. 수·조작 영역은 개별적 탐색 활동이 많이 이루어지는 곳으로 주의집중이 잘 되도록 조용한 곳에 배치하며, 난이도가 다른 다양한 놀잇감을 준비하여 유아의 발달수준과 흥미에 따른 수·조작 활동이 이루어지도록 한다.

(2) 놀잇감 및 교재·교구

① 구성 활동 자료: 레고 블록, 코코 블록, 다목적 블록, 꽃 블록 등

② 수 활동 자료: 일대일 대응, 분류, 비교, 서열, 부분과 전체, 무게나 부피·길이 측정, 공간과 형태 개념에 도움이 되는 교재·교구 등

③ 조작 활동 자료: 퍼즐, 자물쇠 맞추기, 볼트와 너트 맞추기 등

④ 일상생활 활동 자료: 옮겨 담기, 바느질, 끈 끼우기, 구슬 꿰기, 단추 끼우기, 지퍼 올리기, 끈 매기 등

⑤ 게임 활동: 기억하기 게임, 색깔 맞추기와 같은 게임 등(김동춘 외, 2019: 206)

(3) 연령별 영역 구성의 예

3세 아는 수·조작 놀이를 위해 의자와 책상에 앉는 것보다 낮은 책상을 활용하는 것이 좋으며 바닥에는 카펫을 깔아 준다. 수 활동을 위해 1~10까지 셀 수 있는 구체물(예: 작은 동물 모형, 조개류, 솔방울 등), 크기를 비교할 수 있는 놀잇감, 각종 수 세기판, 주사위, 윷, 큰 글자의 시계, 달력, 분류 자료(조개, 열매, 병뚜껑 등의 구체물) 등을 제시한다. 조작 놀이를 위해 5~10조각의 퍼즐류, 일상생활 훈련 자료, 작은 구슬을 숟가락으로 옮기기 등을 제시한다.

4세 아는 개별 놀이와 소집단 놀이를 모두 수용하도록 영역을 구성해 준다.

수 활동을 위해 색깔이나 형태, 크기가 다른 끼우기 블록, 수 막대 등 구체물을 제시하며, 조작 활동을 위해 계절과 활동 주제를 반영한 퍼즐, 작은 블록류, 끈, 구슬 끼우기, 지퍼 올리기와 단추 끼우기와 같은 일상생활 훈련 등 주로 소근육을 사용하는 자료들을 제시한다. 퍼즐, 게임 등의 교구를 제작할 때 아이들의 사진을 이용하여 제작하면 유아들이 더욱 흥미를 보이며 10~20조각 정도로 마련한다.

5세 아는 책상에서만이 아니라 게임판이나 교구를 바닥에 놓고 사용할 수 있도록 바닥에 카펫을 깔고 편안한 자세로 활동할 수 있다. 5세 아는 전략적인 수 놀이 게임을 즐기며, 개별적인 탐색을 즐기는 조작 활동을 한다. 그러므로 교구와 유아들 간의 상호작용과 전략을 유발하는 그룹 게임이나 일대일 게임 등이 이루어질 수 있

사진 8-4 수 · 조작 영역 구성 사례

도록 다양한 게임판을 제시해 주며, 15~30조각 정도의 퍼즐 맞추기, 바느질하기, 실뜨기, 직조 짜기 등 조작 활동을 할 수 있도록 한다.

(4) 유의점

① 놀잇감은 유아의 시선을 끌 수 있도록 눈높이에 맞추어 비치하며 특히 무거운 것은 유아가 안전하게 꺼내 사용할 수 있는 위치에 놓도록 한다.

② 다양한 교재 · 교구를 제공함으로써 그래프나 공간, 도형 등과 관련된 대 · 소 집단 활동이 자연스럽게 확장될 수 있도록 한다.

③ 퍼즐의 조각들이 분실되거나 흩어져서 정리되지 않은 상태로 유아에게 제공되지 않도록 하며, 정리 정돈이 쉽도록 바구니나 쟁반에 담아 둔다.

④ 자료들을 보관하는 교구장의 바닥에는 자료의 모양이나 사진을 붙여 줌으로써 유아가 스스로 자료를 꺼내고 정리할 수 있도록 한다.

5) 과학 영역

(1) 구성

과학 영역은 여러 가지 과학 기자재를 활용하여 생물과 무생물, 물질의 성질, 자연현상 등 유아가 접하는 자연환경을 관찰, 실험, 탐구, 감상하는 활동을 하는 영역이다. 유아는 과학 영역의 활동을 통해 주변의 환경이나 사물, 생명체에 대해 알고 지속적으로 탐색하고, 과학적인 사고를 형성할 수 있도록 돕는 영역이다. 과학 영역은 곤충이나 작은 동물, 식물을 기를 경우 조용하고 햇볕이 잘 드는 안정된 장소로 물 공급을 쉽게 받을 수 있도록 수도 가까이에 배치한다.

(2) 놀잇감 및 교재·교구

① 기본 도구: 거울, 자석, 돋보기, 현미경, 프리즘, 전지, 온도계, 습도계, 관찰용지, 필기도구, 자, 저울 등

② 생명체 관련 자료: 식물, 자연물(예: 나뭇잎, 열매, 씨앗, 솔방울, 조개껍데기 등), 동물(예: 거북이, 금붕어, 햄스터, 병아리, 토끼, 개구리 등), 어항, 새장, 개미집, 동식물 관련 책, 표본 등

③ 기계류: 시계(예: 손목시계, 모래시계 등), 라디오, 텔레비전, 컴퓨터 등의 부속품, 열쇠와 자물쇠, 다양한 바퀴, 여러 가지 물체와 물질 등

④ 자연현상 관련 자료: 기후 관련 사진이나 그림, 기상도, 구름 사진이나 그림, 돌, 흙, 달, 별, 해 등의 사진이나 그림 등

(3) 연령별 영역 구성의 예

3세 아는 살아 있는 생물 특히 움직이는 동물에 대해 관심이 많다. 교사는 유아가 좋아하는 동물에 대해 자주 이야기할 기회를 제공하고 작은 곤충에서 큰 동물까지 직접 또는 비디오나 사진, 그림책을 자주 경험할 수 있도록 한다. 유아가 관심을 보이는 동식물에 대해서는 관심을 집중하며 오랫동안 탐색할 수 있도록 동식물을 키울 수 있는 공간을 마련한다. 과학적 탐색을 하면서 자료들을 벽에 부착할 수 있으므로 쉽고 안전하게 붙일 수 있는 작은 게시판을 과학 영역에 붙여 둔다.

4세 아는 관찰하고 탐색하기 쉽도록 관찰대나 낮은 탁자를 사용할 수도 있다. 자

사진 8-5 과학 영역 구성 사례

석, 현미경, 확대경, 기계류, 저울, 낙엽, 씨앗, 개미집, 조개껍질 등을 계절에 맞게 제시해 주어 유아가 자유롭게 탐색해 볼 수 있게 한다.

5세 아는 직접 경험이 가능하도록 동식물 기르기, 다양한 수집물 관찰하기, 과학적 도구 사용해 보기, 기계와 부품 탐구하고 조립하기 등의 활동을 할 수 있도록 마련하고 기록 용지와 쓰기 도구를 제공한다. 스스로 탐색하고 실험할 수 있도록 그림책, 백과사전, 활동 카드, 녹음기 등도 제시한다.

(4) 유의점

① 과학 영역의 교재 · 교구는 계절, 생활 주제, 유아의 흥미에 기초하여 다양한 자연물이나 실물을 제시한다.

② 유아 스스로 관찰, 탐색 활동이 가능한 자료를 준비해 주고, 또래와 함께 찾아볼 수 있는 과학 사전, 그림책, 사진 등을 충분히 비치한다.

③ 일회성 실험이나 전시보다 유아가 지속적으로 관찰하고 예측하며, 그 결과를 기록해 볼 수 있도록 기록지를 준비해 준다.

④ 큰 동물을 사육할 경우에는 유아들과 자유롭게 뛰어다닐 수 있는 넓은 공간이나 실내와 실외가 연결되도록 구성한다.

⑤ 생물을 기를 경우 교실에서 충분히 관찰한 후 자연을 소중하게 여기도록 원래 있었던 곳(예: 연못, 공원, 숲 등)으로 보내주는 과정이 필요하다.

6) 음률 영역

(1) 구성

음률 영역은 생활주변에서 듣는 다양한 소리에 관심을 가지고 탐색하고 음악을 듣고 노래를 부르고 여러 가지 악기를 다루어 보고 음악에 맞추어 자유롭게 몸을 움직이거나 창의적인 신체 표현 활동을 경험하는 영역이다. 유아는 음률 영역의 활동을 통해 음악적 아름다움의 요소를 찾아 보며, 음악이나 움직임과 춤으로 표현하고, 음악을 감상하는 능력을 키운다. 음률 영역은 음악에 맞추어 신체를 자유롭게 움직일 수 있는 충분히 넓은 공간이 필요하며, 소음이 많이 나는 영역이므로 다른 영역의 활동에 방해가 되지 않도록 배치하고 바닥에는 카펫을 깔아 안정된 분위기를 조성하며 소음도 줄일 수 있도록 한다.

(2) 놀잇감 및 교재 · 교구

① 기본 교구: 녹음기, 헤드폰, 카세트테이프, 다양한 음악 테이프나 CD, 악보, 악기 관련 사진, 각종 연주회나 춤 공연 등의 사진이나 동영상 자료 등
② 생활 속 악기: 젓가락, 냄비 뚜껑, 깡통, 빨래판, 체, 콩, 부채 등
③ 우리나라 전통 악기류: 장구, 소고, 북, 꽹과리, 가야금, 피리 등
④ 외국 악기류: 리듬 악기(예: 탬버린, 캐스터네츠, 트라이앵글, 마라카스 등), 멜로디 악기(예: 실로폰, 멜로디언, 키보드, 피아노 등)
⑤ 스카프, 리본, 작은 낙하산 등의 신체표현 도구나 음악 연주회나 춤 공연, 오페라 등에서 공연자가 입는 무대 의상 등

(3) 연령별 영역 구성의 예

3세 아는 다양한 장르의 음악을 듣고 자유롭게 표현해 보는 활동을 할 수 있도록 하며 다양한 리듬악기나 유아나 교사가 만든 악기, 소리를 녹음하여 들을 수 있는 녹음기 등을 비치하여 원할 때는 언제나 활용할 수 있도록 한다.

4세 아는 음악과 함께 몸을 마음대로 움직여 보고 노래를 부르며 여러 가지 악기를 자유롭게 만지고 경험을 해 보도록 리듬악기류와 유아들이 직접 만든 마라카스와 수술, 리본막대, 우드블록, 핸드벨, 실로폰, 소고 등을 제시한다.

사진 8-6 음률 영역 구성 사례

5세 아는 음악을 들어 보고 만들어 가는 경험을 할 수 있도록 유아 스스로 조작 가능한 CD플레이어를 제공하며, 그림으로 된 간단한 가사 악보를 벽에 부착하여 간단한 연주를 해 보도록 한다. 음률 영역에 전신거울을 두어 유아가 자기가 표현하는 모습을 볼 수 있도록 하여도 좋다. 음률 활동을 위한 자료에는 다양한 동작카드, 한삼, 탈, 스카프, 접이부채, 응원 반짝이 수술 등이 있다.

(4) 유의점

① 유아가 스스로 음률 활동에 참여할 수 있도록 여러 가지 매개체(예: 악기, 음악테이프, 리본, 의상 등)를 제공하고, 움직이는 모습을 볼 수 있도록 벽에 큰 거울을 준비해 주는 것도 좋다.

② 공연 관람, 지역 인사나 전문가 초대, 비디오 관람 등 다양한 방법으로 움직임과 춤 경험, 음악적 표현 및 감상 활동을 하도록 한다.

③ 유아가 소리를 정확히 변별하는 활동을 할 때는 집중할 수 있도록 주변 소리를 차단하는 장치를 하도록 한다.

④ 움직임이나 춤과 관련된 활동을 할 때, 신체 접촉을 꺼리는 유아가 있으면 강요하지 않도록 하며, 서로 부딪치거나 다치지 않도록 미리 주의를 준다.

⑤ 우리나라 전통 악기와 함께 다른 나라의 악기를 다양하게 준비하고, 유아가 쉽게 다룰 수 있는 리듬악기나 타악기에서 시작하여 점차 멜로디 악기로 확장한다.

7) 미술 영역

(1) 구성

미술 영역은 자연과 사물의 아름다움을 체험하고 그리기, 만들기, 꾸미기, 구성하기 등의 활동을 하며 자신의 느낌이나 생각을 자유롭게 표현하고 미적 아름다움을 감상하는 경험을 하는 영역이다. 유아는 미술 영역 활동을 통해 미술적 아름다움의 요소를 이해하며 자신의 생각이나 느낌을 표현하면서 성취감을 얻고 정서적인 긴장감도 해소한다. 미술 영역은 조용하고 밝은 곳이 좋으며, 물을 사용할 수 있는 공간과 가까이 배치한다.

(2) 놀잇감 및 교재 · 교구

① 종이류: 도화지, 색종이, 색지, 골판지, 포장지 등
② 그리기 도구: 크레파스, 색연필, 볼펜, 물감, 먹물, 붓, 사인펜, 매직, 핑거 페인트 등
③ 만들기 도구: 가위, 풀, 테이프, 스테이플러, 펀치, 핑킹 가위 등
④ 각종 자료: 찰흙, 고무 점토, 밀가루 점토, 나뭇가지, 나무젓가락, 빨대, 실, 솜, 스펀지, 수수깡, 자연물(예: 솔방울, 돌, 나뭇잎, 조개껍질, 깃털 등) 등
⑤ 여러 가지 재활용품: 상자, 헝겊, 요구르트 병, 휴지말이 등

(3) 연령별 영역 구성의 예

3세 아는 미술 활동이 능숙치 않으므로 다른 유아의 방해를 받지 않고 마음껏 집중을 할 수 있는 충분한 공간과 시간을 마련해 주는 것이 필요하다. 소근육 발달이 잘 이루어지지 않아 미술 영역의 놀잇감이나 재료 사용이 미숙하지만 다양한 내용의 미술 활동이 이루어질 수 있도록 여러 가지 모양과 색, 질감을 가진 종이류, 다양한 그리기 도구, 점토류를 포함하여 쉽게 이용할 수 있는 기본 미술 영역 자료를 제시한다.

4세 아는 다양한 매체를 이용하여 자신의 생각과 느낌을 표현하는 작업 활동과 함께 작품 전시 및 감상 활동을 할 수 있도록 재료와 공간을 제공한다.

사진 8-7 미술 영역 구성 사례

기본적인 미술 자료 이외에도 폐품이나 헝겊, 나뭇잎 등 주변에 있는 사소한 물건들도 작업 활동의 자료가 될 수 있다. 그러므로 미술 영역에는 기본 자료 외에도 유아가 관심을 보이거나 새로운 활동이 전개될 때 적절한 자료를 첨가시켜 줄 수 있다.

5세 아는 미술적 표현과 자료의 탐구를 통한 창의적 표현력을 길러줄 수 있도록 풍부하고 다양한 재료를 항상 비치하여 유아가 필요에 따라 손쉽게 꺼내 사용할 수 있도록 한다. 미술 활동의 자료는 모양, 크기나 재질 등이 매우 다양하므로 큰 자료와 작은 자료를 유아가 보기 쉽게 잘 분류하여 두어야 한다. 자료들은 주제나 시기에 따라 교체하거나 첨가해 주며 기본 자료는 가능한 필요에 따라 유아들이 쉽게 활용할 수 있는 위치에 보관하는 것이 좋다.

(4) 유의점

① 교사는 결과물을 중요하게 여기기보다는 유아의 경험 과정에 동참하면서 세심히 관찰하고 적절한 도움을 주되 유아가 주체적으로 활동할 수 있도록 한다.

② 미술 영역에는 다양한 자료를 보관할 수 있는 자료 정리장을 구비하고 유아가 손쉽게 자료를 꺼내어 활동할 수 있도록 배치한다. 또한 완성된 작품을 말릴 수 있는 비품도 준비한다.

③ 미술 영역에서 사용하는 물이나 물감 등이 바닥에 떨어질 경우, 유아가 미끄러지는 사고가 발생할 수 있으므로 유의한다.

④ 책상 위나 바닥에 비닐 등을 깔아 보호하고 쉽게 청소할 수 있도록 한다.

⑤ 제공하는 재료가 위생적이고 안전한지 점검한다.

⑥ 유아의 작품은 소중히 다루고 게시판이나 복도에 전시 공간을 마련하여 자주 전시한다.

8) 벽면 구성

벽면 구성은 생활 주제와 관련된 자료 및 유아의 활동 결과물을 유아의 눈높이에 맞추어 다양한 형태로 게시하며, 적절한 시기에 교체하여 학습 효과를 높인다.

사진 8-8 벽면 구성 사례

4. 실외 환경 구성

실외 환경은 유아들의 전인적 성장 발달을 촉진시키는 복합적인 기능을 수행할 수 있도록 몇 가지 영역으로 구분하여 구성하도록 한다. 바깥 놀이터는 유아들이 마음껏 뛰어놀 수 있는 장소이며 날씨의 변화와 자연현상을 감각적으로 느낄 수 있는 곳으로, 유아에게 즐거움을 주는 장소이며, 위험하지 않으면서 모험적이며 도전적인 놀이, 다양하고 창의적인 놀이를 할 수 있도록 구성한다. 따라서 바깥놀이 시설은 유아의 안전을 위해 「어린이 놀이시설 안전 관리법」에 따른 시설기준을 적용하여 설치하도록 한다. 실외 환경은 정적인 영역과 동적인 영역을 분리하여, 달리기, 공놀이, 자전거 타기, 물·모래놀이 등 적극적인 활동은 동적 활동 영역에, 작업하기, 휴식하기, 책 읽기 등은 정적인 활동 영역에 배치한다.

실외 환경의 영역은 개방된 영역, 휴식 영역, 역할놀이 영역, 미술 영역, 자연탐구 및 관찰 영역, 모래놀이 영역, 물놀이 영역, 목공놀이 영역, 운동놀이 영역 및 놀잇감을 보관할 수 있는 보관창고 등으로 구성하며, 외부의 차량이나 사람들로부터 유아를 보호할 수 있도록 울타리나 담장으로 둘러싸이도록 하고, 전체적인 바깥놀이 활동을 교사가 잘 감독할 수 있도록 영역을 구성한다.

1) 실외놀이 공간

실외놀이 공간의 교육적 기능은 유아의 건강을 증진시키고, 실내놀이보다 더 많은 사회성을 기르도록 하며, 자연환경과 자연스럽게 접촉할 수 있는 좋은 기회가 된다. 실외놀이 공간은 다음의 기준을 만족시킬 수 있어야 한다.

첫째, 유아의 필요를 기초로 하여야 한다. 실외공간은 새로운 자극을 찾아 놀며 점차적으로 복잡한 활동을 필요로 하는 유아의 욕구에 맞아야 한다. 또한 실외공간은 유아들에게 새로운 활동에 도전할 수 있는 기회를 줄 수 있어야 한다. 즉, 실외놀이터는 유아의 움직임과 탐색 활동, 안전성을 기초로 자연성, 개방성, 다양성의 요소를 포함하여 유아의 탐색, 실험 그리고 창조적 욕구 기능에 적합하여야 한다.

둘째, 유아의 지적 활동, 사회적 상호작용, 신체적 활동이 원활하게 이루어지도록 도울 수 있어야 한다.

셋째, 실외공간은 유아에게 기쁨을 줄 수 있도록 미적으로 아름다워야 하며, 유아의 오감각을 모두 활동할 수 있도록 다양한 재료로 마련되어야 한다. 따라서 실외놀이터는 촉각, 후각, 시각, 미각, 청각이 모두 만족되도록 미적으로 잘 조직된 곳이어야 한다.

넷째, 실외공간의 모든 구성 및 배치는 유아에게 절대적으로 안전해야 한다. 유아들은 놀이를 통해서 다양한 경험을 쌓으며 성장하지만 그에 따른 사고도 일어난다. 따라서 유아의 안전을 위한 시설, 설비 및 안전지도, 감독 등이 매우 중요하게 고려되어야 한다. 그러나 위험에 대한 지나친 배려는 유아의 모험심을 줄일 수도 있으므로 적절한 조화가 요구된다.

(1) 면적

우리나라 학교시설 기준령에는 최소 기준면적을 150m²(유아 1인당 3.75m²)로 정하고, 학급이 1학급 이상일 때에는 초과하는 학급마다 50m²를 가산하는 것으로 되어 있다. 법규에 따르면, 학습상 지장이 없는 범위 안에서 유원장의 유희실, 보통 교실과 유희실을 겸용하는 경우에는 규정에 의하여 체육시설을 갖추어야 하는 것으로 되어 있다.

(2) 바닥

실외놀이 공간의 바닥을 놀이 영역에 따라 흙, 모래, 시멘트, 진흙, 잔디 등으로 다양하게 할 수 있다. 실외놀이 공간의 바닥 처리를 하는 데 있어 고려해야 할 사항은 배수시설이다. 실외놀이 공간은 건물에서 먼 쪽으로 약간의 경사가 진 곳이 좋으며, 그중에서도 원사 출입구 쪽은 가장 빨리 마를 수 있게 배수시설이 좋은 곳으로 한다. 하수도는 건물 근처에 설치하여 놀이 영역으로 물이 가지 않도록 하는 것이 좋다.

물놀이 영역은 물이 자연스럽게 흘러 빠지도록 약간 경사지게 한다. 맨 흙으로 된 편편한 흙 땅에는 땅파기를 할 수 있고 정원을 가꿀 수 있으며 또한 비가 온 후에는 흙이 젖어 진흙놀이를 할 수 있다. 땅파기는 유아의 신체운동능력을 발달시켜 주며 벌레나 나무의 뿌리 등 재미있는 것들을 발견할 수 있는 기회를 제공해 준다.

포장된 딱딱한 표면으로 된 바닥은 바퀴 달린 장난감(toy wagon) 놀이에 적합한데 자전거나 어린이용 손수레 등이 다닐 수 있을 정도의 넓이가 필요하다.

모래가 있는 장소에서는 모래놀이 및 물놀이를 할 수 있는데 모래밭의 가장자리는 경계를 둘러 구분지어 주고 천막을 만들어 자외선을 차단하고 눈에 띄게 하는 것이 좋다. 특히 철봉이나 그네 등의 시설물 바닥을 모래나 탄성 있는 재질로 해 주면 안전에 도움이 된다. 또한 잔디밭은 유아들로 하여금 부드러운 표면 위에서 놀이의 즐거움을 경험할 수 있도록 해 주므로 실외놀이 공간 전 면적의 1/2 또는 1/3은 표면을 잔디로 하는 것이 바람직하다.

종합해 보면 실외놀이 공간의 바닥은 맨 흙과 딱딱한 표면, 모래, 잔디밭 등으로 다양하게 처리되어야 하는데, 그중 잔디밭은 탁 트이고 넓은 장소로 선택하고 시설 주위에는 모래나 진흙으로 바닥을 처리해야 한다. 그리고 실외놀이 공간 중 90m 정도는 딱딱한 표면으로 처리한다.

(3) 위치

실외놀이 공간의 위치는 가능하면 유아교육기관의 건물 앞쪽, 특히 남쪽에 위치하여 하루 종일 햇볕이 드는 곳이 좋다. 실외공간은 기구를 안과 밖으로 옮기기 쉽고 유아가 자유로이 드나들 수 있도록 실내공간과 연결되도록 한다. 실내와 실외공간의 높이가 차이가 있을 때는 유아의 안전을 위하여 층계보다는 경사진 길이 좋다.

화장실과 신발장은 실외공간과 가깝게 있어야 하며, 가능한 옥외 화장실을 설치하는 것이 좋다. 또한 급수전을 비치하면 유아가 실외놀이 중에도 쉽게 이용할 수 있다.

실외놀이 공간은 유아의 안전과 교사의 편리성을 위해서 교사의 주의가 미치지 못하는 곳(blind spot)이 없도록 한다. 이를 위해 실외놀이 공간의 모양은 정방형이나 L자 형태가 바람직하다.

(4) 기타 부대시설

① 울타리

실외놀이 공간 주위에는 경계를 표시하는 울타리가 있어야 한다. 울타리는 120cm 정도의 높이가 적당하다. 울타리 옆에 인조동굴, 조롱박, 나팔꽃 등의 넝쿨식물을 심거나 유아들이 날씨의 변화를 경험할 수 있도록 풍향계, 온도계, 우량계 등을 두면 교육적 효과를 얻을 수 있다.

② 그늘진 곳

햇빛이 강하고 날씨가 더운 날, 실외에서 목공놀이, 조형놀이 등의 수동적 놀이를 하거나 휴식을 위해 그늘진 곳이 필요하다. 이곳은 통풍이 잘되고 햇빛이 적당히 드는 곳이어야 한다.

③ 창고

보관창고는 바깥놀이 기구를 정리하고 보관하기 위한 곳으로 놀이기구의 적절한 사용과 보관을 위해 필요하다.

- 여러 가지 놀이기구를 정리할 수 있는 선반
- 놀잇감과 모래놀이도구, 모래 의자, 끌차, 텃밭관리용 물뿌리개 등
- 창고는 물이 괴지 않도록 약간 경사진 곳에 위치하는 것이 좋다.
- 각종 놀이기구들의 위생 관리를 위해 통풍 및 환기를 시킬 수 있도록 한다.

놀이기구의 보관을 위해 실외공간에 창고가 있어야 하며, 창고의 크기는 360×

300×234cm가 적절하다. 창고를 설치하는 지역은 물이 고이지 않도록 약간 경사지게 하는 것이 좋으며 딱딱한 표면으로 된 영역 가까이에 위치하도록 한다. 경사도가 있는 길을 만들면 바퀴 달린 장난감을 보관하는 데 도움이 된다.

　창고를 만드는 재료는 나무가 적당하며 알루미늄, 강철, 얇은 금속판 등으로 만들 수도 있다. 창고 내에 있는 선반의 높이는 바닥에서 60~90cm가 좋다. 창고는 가능한 한 밝고 아름다운 색을 칠하고 되도록 문은 크게 하는 편이 좋다(이경화, 김정원, 2015: 100-101).

2) 실외놀이 영역

(1) 실외놀이 영역의 계획

　실외공간은 놀이 활동 구역별로 구분하여 계획하는 것이 좋으며, 실내놀이 공간과 마찬가지로 동적 활동 영역과 정적 활동 영역으로 한다. 정적 활동을 위한 공간은 뜨거운 햇빛, 심한 바람으로부터 보호받을 수 있어야 하고, 동적 활동 영역과 떨어져 있게 배치하여 활동이 방해되지 않도록 한다. 정적 활동 영역의 한 구석이나 나무그늘 등에 휴식공간을 만들어 유아가 혼자 쉬거나 조용한 놀이를 하고 싶을 때 사용할 수 있도록 한다.

　동적 활동 영역은 바퀴 달린 장난감을 사용할 수 있는 공간과 오르기, 미끄럼, 흔들기, 밀기, 달리기 등을 할 수 있는 공간을 포함한다. 동적 활동을 위한 시설로 세발자전거 등의 탈것과 미끄럼틀, 그네, 철봉 등의 고정시설이 필요하다. 고정시설은 위치 이동이 쉽지 않으므로 위치를 정할 때는 다음을 고려하여야 한다.

- 유아의 운동기능을 골고루 발달시키도록 되어 있는가?
- 안전지도 관리 면에서 적당한가?
- 설치 장소가 다른 시설과의 관계, 고정시설 간의 상호관계에 적당한가?
- 유아의 발달 특징을 고려한 것인가?
- 유아의 연령 구성에 맞는 시설을 선택했는가?
- 고정시설의 종류 및 선택에 교육방침이 고려되어 있는가?

실외놀이 공간 구성에 있어서 분명한 통로(clear path) 등이 있어야 한다. 통로란 사람이 한 장소에서 다른 장소로 이동할 때 통과하는 빈 공간을 말하는 것으로 통로가 분명히 구분되어 있지 않으면 유아의 놀이 활동에 장애요인이 된다.

(2) 실외놀이 영역의 유형

① 개방된 영역

실외놀이 공간의 개방된 영역에서는 대근육 활동이 가장 적극적이며 활발하게 이루어진다. 대근육 활동을 위한 시설에는 고정된 시설과 이동 가능한 시설이 있다. 고정된 시설은 오르기, 시소, 그네, 미끄럼틀, 정글짐, 복합놀이 시설로 용도의 특징과 다른 시설과의 관계를 고려하여 설치하는 것이 좋다. 이러한 놀이시설 주변의 바닥은 모래, 흙, 잔디나 충격을 흡수할 수 있는 탄력성과 상당한 견고성이 있는 자재를 사용하여야 한다. 이동 가능한 시설은 평균대, 사다리, 타이어 등을 이용한 구조물이다. 유아의 발달 정도와 흥미에 따라 구조물의 위치, 높이, 간격 등을 조절할 수 있다. 이외에 자동차, 끌차, 자전거, 작은 터널, 흔들 배, 다양한 크기의 공을 제공해 준다. 자전거나 자동차 등 탈것이 다니는 길은 단단하게 처리하여 바퀴가 잘 굴러갈 수 있도록 한다. 또한 실외공간에는 아무런 시설도 없는 넓은 공간이 필요하다. 이 공간에서 원게임, 공놀이, 술래잡기, 뛰놀기, 달리기 등과 같은 자유로운 활동을 할 수 있다.

사진 8-9   실외 환경의 개방된 영역

② 휴식 영역

휴식 영역은 유아들이 동적 활동 후 휴식을 취하거나 다른 유아들이 놀고 있는 모습을 보며 편안하게 시간을 보낼 수 있는 영역이다. 휴식 영역은 유아들이 편안하게 휴식을 취할 수 있도록 조용한 공간을 마련하여 구성하며, 다양한 종류의 나무 그늘이나 정자, 지붕이 있는 테라스를 설치하거나 텐트나 비치파라솔 등을 활용하여 그늘을 마련한다.

- 의자나 벤치, 돗자리를 깔아 주어 편안한 영역으로 구성하고 책이나 조작 놀잇감을 제공한다.
- 조용한 음악을 들을 수 있도록 음악 CD와 CD플레이어, 이어폰 등을 준비한다.

휴식 영역의 유의점은 다음과 같다.

- 활동적이고 소음이 많은 장소에서 유아가 개인적으로 분리될 필요가 있을 때 조용한 곳에서 긴장을 풀 수 있는 장소를 마련해 주도록 한다.
- 휴식시간은 유아의 연령이나 활동량에 따라 융통성 있게 조절하며 더운 여름이나 추운 겨울에는 실외 온도 조절과 미세먼지에 유의한다.

실외에는 편안히 쉴 수 있는 조용하고 편안한 공간이 확보되어야 한다. 나무그늘, 간이 천막, 파라솔, 야외용 텐트, 정자, 야외용 테이블, 벤치, 돗자리 등을 준비하여 편안한 공간이 되도록 한다. 날씨가 뜨겁고 햇빛이 뜨거워질 때는 나무 밑 그늘

사진 8-10 실외 환경의 휴식 영역

진 곳이 좋다. 지붕이 있는 휴식 영역은 비 오는 날 활동하기에 적절하다. 이 영역에서 교사는 이야기를 나누거나 책을 읽어 주고 음악을 들을 수 있다.

③ 역할놀이 영역

유아들은 실외공간에서도 극화놀이를 즐긴다. 실외에서는 실내보다 더 넓은 공간에서 다양한 자연소재와 자료를 가지고 극화놀이를 한다. 파라솔이나 야외용 텐트를 이용하여 그늘진 공간을 마련해 주고, 실외에서 할 수 있는 극화놀이용 소품들을 마련해 주어야 한다.

사진 8-11 실외 환경의 역할놀이 영역

④ 미술 영역

미술 영역에는 바깥에서 접할 수 있는 다양한 환경의 특성을 통해 다양한 주제와 활동으로 놀이를 확장하도록 한다. 이 영역에서는 물감으로 그림 그리기, 점토놀이 등이 이루어진다.

• 핑거 페인트, 점토, 이젤, 종이, 그림물감, 다양한 굵기의 붓, 그리기 도구, 목공도구, 비닐 옷 등
• 미술용 자료: 종이 박스, 나무 박스, 점토류, 밀가루 반죽, 톱밥, 나무젓가락, 빨대, 고무 밴드, 스티로폼, 모루, 스펀지, 수수깡, 자연물(솔방울, 도토리, 돌멩이, 낙엽) 등
• 각종 도구류: 여러 가지 미술도구, 자, 장갑, 밀기막대 등

3세 아는 너무 다양한 자료보다는 기본적인 자료를 자주 바꾸어 주도록 하며, 핑거 페인팅 재료, 큰 붓, 점토를 제공하여 작업 활동을 자유롭게 표현하고, 즐길 수 있도록 한다.

4세 아는 자연물로 꾸미기, 모래 그림 그리기, 물감 흘려 벽화 꾸미기 등의 미술 활동과 블록으로 구성하기 등의 활동을 제공한다.

5세 아는 다양한 미술 재료 및 자연물을 활용한 놀이, 목공놀이 등 공동 작업에 필요한 자료를 제공한다.

미술 영역의 유의점은 다음과 같다.

- 작업한 활동물을 전시할 수 있는 공간을 마련한다.
- 다양한 크기 테이블, 미술작업용 놀이 도구를 제공하는 것도 좋다.

날씨가 좋은 날 유아들은 실외에서 미술활동을 할 수 있다. 실외공간은 크고 개방적이므로 핑거 페인팅, 물감놀이, 점토놀이, 그리기 등을 공간의 제약 없이 마음껏 자유롭게 할 수 있다. 이 영역에는 미술작업대, 이젤, 그림물감, 비닐 옷 등을 제공한다.

사진 8-12 실외 환경의 미술 영역

⑤ 자연탐구 및 관찰 영역

자연탐구 및 관찰 영역은 식물 기르기 영역과 동물 기르기 영역으로 구성할 수 있다. 동·식물을 기르며 유아들은 관찰하고, 조사하고, 실험하는 등의 탐구 과정에 적극적으로 참여함으로써 자연물에 대한 전문적 지식을 얻고 개념을 형성하며 자연에 대한 이해와 정서적 교감을 나누게 된다. 식물 기르기 영역은 햇빛이 잘 들고 물을 사용하기 좋은 곳에 배치한다. 텃밭을 만들 공간이 부족하다면 크고 작은 화분을 이용한다. 식물 기르기는 유아가 직접 씨를 뿌리고 재배하고 수확하는 과정을 통해 식물의 성장과정과 변화를 관찰하고 이해하도록 한다. 또한 유아가 사계절 내내 꽃과 열매를 관찰할 수 있도록 꽃나무와 유실수를 계절별로 적절히 안배하여 심는다. 동물 기르기 영역은 햇빛이 잘 들고 바람이 잘 통하며, 배수가 잘 되는 장소에 배치한다. 자칫 위생 상태가 불량해지기 쉬우므로 청소가 용이하도록 만들고 청결하게 관리하여야 한다. 또한 물과 사료 공급이 쉬운 곳에 설치하여 유아가 직접 먹이를 주고 관찰하도록 한다.

- 자연세계를 탐색할 수 있는 도구: 관찰 도구(예: 돋보기, 관찰 기록지, 쓰기 도구, 곤충 채집통), 카메라, 백과사전, 물주기 도구, 크고 작은 화분, 모종삽 등
- 기르기에 적절한 식물: 상추, 배추, 무, 고추, 토마토, 가지, 감자, 고구마 등
- 기르기에 적절한 동물: 토끼, 닭, 새 등

3세 아는 주변의 친숙한 동·식물을 관찰하도록 하며 식물은 토마토, 고추 등 성장 속도가 빠르고 열매가 맺히는 것을 기르는 것이 좋다. 동물에게 먹이를 주거나 식물에 물을 주는 활동을 한다.

4세 아는 씨를 뿌리거나 모종을 이용하여 꽃밭과 텃밭을 가꾸고 식물을 기르도록 하며, 동·식물의 성장과정이나 변화를 그림으로 나타낼 수 있도록 관찰기록 용지를 준비한다.

5세 아는 동·식물의 성장에 관련된 책 등의 자료를 제공한다. 또한 자기 몫을 정하여 씨를 뿌리거나 모종을 하고 거름을 주며 꽃밭과 텃밭을 가꾸어 자신이 기르는 동·식물의 성장과정이나 변화를 그림이나 글로 기록할 수 있도록 관찰기록 용지

사진 8-13 실외 환경의 자연탐구 및 관찰 영역

를 준비한다.

자연탐구 및 관찰 영역의 유의점은 다음과 같다.

- 유아 스스로 여러 가지 채소를 직접 심고 가꾸어 먹을 수 있도록 함으로써 건강에 대한 인식을 돕고 식품과 건강 간의 관련성도 배우도록 한다.
- 나들이를 가거나 공원에 산책을 나가 여러 가지 꽃과 나무 등을 탐색하고 즐길 수 있도록 한다. 박물관이나 동물원, 식물원, 농장 등 지역사회 기관을 활용하는 것도 좋은 방법이다.

탐색 영역은 유아의 시각, 촉각, 청각 등 여러 감각을 활용하여 공기, 바람, 햇빛, 하늘 등 자연환경을 탐색하는 기회를 제공해 줄 뿐만 아니라 식물을 재배하고 동물을 사육해 보는 경험을 제공한다. 식물을 재배하는 텃밭에서는 다양한 식물을 심고 키우는 경험을 통해 식물의 성장과 변화를 관찰할 수 있다. 동물사육장은 바람이 잘 통하고 배수가 잘 되는 장소에 배치하고 토끼, 돼지, 닭, 거위와 같은 동물을 사육할 수 있다. 유아들은 동물에게 직접 먹이를 주고 돌봄으로써 정서적 발달을 이룰 수 있다.

⑥ 모래놀이 영역

모래놀이 영역은 자연물인 모래와 물을 놀잇감으로 마음대로 가지고 놀이하는 영역이다. 모래와 물은 사용방법이 정해져 있지 않아 부담 없이 마음대로 활동에 몰두하며 이 과정을 통해 성취감과 만족감을 느끼게 되고, 동시에 정서적 안정감과 즐거움을 갖게 된다. 또한 집단놀이 형태로 이루어지는 경우가 많아 친구들과 자연스럽게 어울리는 기회를 갖게 한다. 모래놀이 영역은 물놀이와 인접하여 배치하면 놀이를 확장할 수 있다. 모래놀이 영역은 통행이 빈번하지 않은 곳에 배치하며 햇볕이 잘 들고 배수가 잘 되는 곳이 적합하다. 모래놀이 영역과 가까운 그늘진 곳에 유아가 상상력을 키울 수 있도록 다양한 형태의 구조물이나 놀이집, 테이블, 극화놀이 소품 등을 마련한다.

- **모래놀이를 위한 자료**: 모래놀이용 기구(예: 다양한 크기와 모양의 그릇과 통, 흙파기 도구), 모형 자동차(예: 포크레인, 지게차, 트럭 등), 모래놀이 테이블 등
- **기타 자료**: 측정도구, 자연물(예: 돌멩이, 나뭇가지, 조개껍데기, 열매 등), 정리함, 청소도구, 극화놀이로 확장할 수 있는 다양한 소품 등

3세 아는 모래와 물을 탐색하는 놀이를 많이 하므로 모래나 물을 그릇에 담기, 손으로 만지기, 모래 모양 찍기 등을 할 수 있도록 다양한 종류의 그릇, 인형, 공 등을 준비한다.

4세 아는 물의 특성을 알아볼 수 있는 다양한 도구를 제공하고 모래를 탐색하는 활동 이외에 소꿉놀이 도구, 인형, 자동차 모형, 자연물 등을 이용하여 여러 가지 놀이로 확장하도록 한다.

5세 아는 물의 양을 측정할 수 있는 다양한 계량 도구를 비치하고 물과 모래를 이용한 여러 가지 실험을 해 볼 수 있도록 교재 및 교구를 준비하며, 모래 삽, 수로용

사진 8-14 실외 환경의 모래놀이 영역

플라스틱 관, 투명 호스 등을 제공하여 모래·물놀이가 확장되도록 한다.

모래놀이 영역의 유의점은 다음과 같다.

- 모래가 유실되는 것을 막기 위해 모래밭 가장자리에 고무판을 대거나 테두리를 만들어 주고, 유실되는 모래는 1년에 1~2회 보충한다.
- 모래를 사용하지 않을 때에는 뚜껑을 덮어 모래를 깨끗하게 관리하고 이물질이 들어가지 않도록 하며 주기적으로 소독을 한다.
- 실외공간이 넓은 경우, 연령과 활동 종류에 따라 모래놀이 영역을 별도로 마련해 주는 것도 좋다.

유아는 모래놀이를 통해 창의적인 표현활동을 하면서 정서적 만족감을 얻는다. 또한 모래를 손으로 만지면서 소근육도 발달시키게 된다. 다양한 종류의 연장들(땅파기 도구, 모양 만들기 도구)을 제공해 주며, 측량도구, 기하도형 및 큰 블록을 제공해 준다. 모래는 최소한 1년에 한 번씩은 갈아 주어서 먼지나 더러운 것이 누적되지 않도록 한다. 모래밭이 양지바른 곳에 있으면 습기가 차지 않아서 좋다. 파라솔이나 간이 지붕 등으로 부분적 그늘이 들도록 하여 더운 날에도 사용할 수 있도록 한다.

⑦ 물놀이 영역

유아들은 물놀이 영역에서 물을 가지고 노는 것을 즐긴다. 유아들은 물놀이를 하면서 좌절과 갈등을 해소할 수 있어 정서 발달에 도움이 된다. 여러 가지 기구와 물

사진 8-15 실외 환경의 물놀이 영역

체를 가지고 실험을 해 보면서 과학적인 탐구, 개념형성 및 자연학습의 기회를 갖는다. 날씨가 따뜻할 때는 실외에 물놀이 시설을 설치해 주는 것이 좋다. 물 대신에 다양한 감각을 얻을 수 있는 낙엽들, 진흙, 눈, 스티로폼 조각, 톱밥, 모래, 곡식 등을 제공해 주면 무게를 달아 보고, 만져 보고, 부수어 보고, 구멍을 만들어 보는 등의 활동을 한다.

- **물놀이를 위한 자료**: 물놀이 기구(예: 다양한 크기의 그릇, 호스류, 물뿌리개 등)

⑧ 목공놀이 영역

목공놀이는 유아들이 매우 즐기는 놀이 중 하나이다. 유아는 목공놀이를 하면서 나무를 만져 보고, 자르고, 두드려 보면서, 나무의 성질과 촉감, 특성, 나무의 결 등을 관찰할 수 있다. 망치질도 유아들이 매우 흥미로워 하는 일이다. 나무를 자르고, 못질하고, 모래종이로 된 나무의 거친 면을 다듬는 놀이 활동을 하면서 서로 협동하며 도움을 주고받을 수 있다. 눈과 손의 협응력과 대소근육 발달을 기르며 주의력, 집중력, 신체 각 부분의 조절 능력 등도 발달될 수 있다. 이 영역은 편리하게 작업하도록 충분히 넓고, 사람의 통행이 드문 곳에 자리하는 것이 좋으며, 작업 중 나는 소음이 크므로 조용한 영역과 멀리 떨어진 곳이 바람직하다. 또한 위험성이 있기 때문에 한 번에 3~4명 이상이 몰리지 않도록 하며, 항상 교사가 지켜보도록 한다.

쌀바가지, 됫박, 함박, 여러 가지 도구에 편백나무 칩 등으로 구성된 놀이터에서

사진 8-16 실내외 목공놀이 영역

나무의 촉감, 냄새 등을 탐색하며 눈과 손의 협응력과 대소근육 발달 및 인지 발달을 기를 수 있다.

⑨ 운동놀이 영역

운동놀이에는 미끄럼이나 그네와 같은 운동놀이 기구를 이용하는 놀이와 공, 막대와 같은 작은 도구나 몸을 활용하는 놀이가 있다. 운동놀이는 유아의 바른 자세 형성과 운동기능 발달의 기초가 되며 몸의 균형을 유지하고 몸을 조정하여 움직일 수 있는 과정을 경험하게 한다.

운동놀이 영역은 대근육 운동능력을 기르고 기구를 이용하는 방법을 습득할 수 있도록 하기 위해 기어오르기, 매달리기 등 다양한 운동놀이를 할 수 있는 놀이 시설을 실외 또는 실내놀이실에 설치한다. 운동놀이 영역은 다른 영역보다 공간을 많이 차지하므로 다른 영역과의 조화를 고려하고 조용한 영역과 떨어진 곳에 배치한다.

- 놀이 기구: 크기가 다른 공, 굴렁쇠, 후프, 줄넘기, 제기, 고무줄 등
- 운동놀이 기구: 그네, 평균대, 뜀틀, 매트 등
- 복합 놀이시설: 시소, 미끄럼틀, 그네, 정글짐, 그물망, 오름판, 흔들다리 등

3세 아는 미끄럼이나 오름틀의 경사가 완만하고 길이가 짧은 것을 제공하며 자전거 등 탈것은 소형으로 제공하여 운동놀이의 즐거움을 갖도록 한다.

4세 아는 미끄럼이나 오름틀은 신체 조건에 적합한 것을 제공하고 신체 조절 능력, 평형감각, 지구력 등을 길러 주는 평균대 걷기, 공굴리기, 고무줄뛰기 등 다양한 운동놀이 기구를 비치한다.

5세 아는 모험놀이를 비치하여 도전적인 놀이를 해 보도록 하고, 달리기, 구르기, 균형 잡기, 뛰어내리기 등 다양한 신체 경험을 해 보고, 놀이 기구를 다른 용도로 활용하는 아이디어를 내어 놀이를 할 수 있도록 영역을 구성한다. 또한 한 가지 놀이를 지속적으로 하여 신체나 기구를 다루는 데 익숙해지게 하며 스스로 안전 규칙을 만들어 보도록 한다.

운동놀이 영역의 유의점은 다음과 같다.

유희실

복합놀이 기구

실내놀이실

사진 8-17 실내외 운동놀이 영역

- 활동 공간에 적절한 인원 수, 기구의 견고성, 공간 바닥 등에 대해 정기적으로 안전 점검을 실시하고, 기구나 도구의 안전한 사용법을 지도하여 유아 스스로 자신의 안전을 지킬 수 있는 능력과 태도를 갖도록 한다.
- 운동놀이 기구 주변 바닥은 모래, 잔디를 깔거나 충격을 흡수할 수 있도록 표면 처리를 한다.
- 운동놀이 기구는 유아의 신체 치수에 적합해야 하며, 모서리, 마무리 처리, 칠 등이 안전하게 처리되어야 한다.

5. 요약

① 유아교육기관의 물리적 환경은 물리적인 차원뿐 아니라 인적, 심리적 차원도 함께 고려하여 구성한다. 특히 유아를 위한 온수시설, 낮잠이나 휴식을 위한 커튼이나 조명 등을 고려해야 한다. 환경 구성에 있어서 무엇보다 청결하고 안정된 분위기이며, 유아와 함께 활동하면서 환경을 변화시키고 재구성해 가는 질적인 상호작용이 일어날 수 있도록 하는 것이 중요하다.

② 실내외 환경을 계절적 요인, 생활주제, 교육 활동 등의 여러 요인들을 고려하여 유아와 교사가 함께 창의적으로 재구성함으로써 더욱 효과적이고 즐거운 교수-학습의 장이 되도록 하여야 한다.

③ 유아교육과 물리적 환경의 전체 내용을 요약하면 다음과 같다.

- 유아의 발달 특성을 고려하여 편안하고 안전하며 다양한 물리적 환경을 조성한다.
- 실내·외 환경은 유아와 유아, 유아와 교사, 유아와 교재·교구 간의 상호작용을 효과적으로 증진시킬 수 있는 다양한 흥미 영역으로 구성하여 자유로운 놀이 선택의 기회를 제공한다.
- 흥미 영역은 쌓기놀이 영역, 언어 영역, 역할놀이 영역, 수·조작 영역, 과학 영역, 음률 영역, 미술 영역, 운동놀이 영역, 모래·물놀이 영역, 자연탐구 및 관찰 영역, 작업 영역, 휴식 영역 등으로 구성하며 유치원 공간과 교육 활동 내용에 따라 적절하게 배치한다.
- 흥미 영역은 전체를 한눈에 볼 수 있도록 개방적으로 배치하고, 유아의 발달 수준 및 흥미, 주제별 활동 내용, 계절 및 날씨에 따라 교재·교구를 다양하게 제공한다.
- 실내·외 환경은 집단 활동과 개별 활동이 균형적으로 이루어지도록 구성하며, 발달에 적합한 구체적인 경험을 제공할 수 있는 교재·교구와 안전한 시설 및 설비를 갖춘다.
- 교재와 교구, 시설과 설비는 유아 발달의 적합성, 안전성, 견고성, 놀이 활동의 다양성을 고려하여 갖춘다.
- 교사는 생활주제와 유아의 발달 특성에 맞추어 각 영역에 제시된 교재·교구를 교체하고, 지속적으로 개발하여 제시한다.
- 벽면 구성은 생활주제와 관련된 자료 및 유아의 활동 결과물을 유아의 눈높이에 맞추어 다양한 형태로 게시하며, 적절한 시기에 교체하여 학습 효과를 높인다.
- 실외놀이 공간은 다양한 놀이기구를 활용한 운동놀이 영역, 모래·물놀이 영역, 자연탐구 및 관찰 영역, 작업 영역, 휴식 영역 등으로 구성하되, 필요한 경우 실내에서의 활동이 실외까지 확장될 수 있도록 구성한다. 실외 바닥은 흥미 영역에 따라 흙, 모래, 탄성 매트, 잔디밭 등으로 다양하게 마련한다.
- 텃밭 가꾸기, 동·식물 기르기 등 자연과 가까이 할 수 있는 환경을 조성한다.

동영상 시청과 토론

◆ 동영상

• EBS 신년특집기획 놀이의 힘. 놀이는 본능이다(놀이의 중요성)

  https://www.youtube.com/watch?v=biNJVX3FEws

◆ 자료

• 유치원알리미

  https://e-childschoolinfo.moe.go.kr/main.do

• 교육부, 보건복지부 2019 개정 누리과정 놀이이해자료

  https://www.moe.go.kr/boardCnts/view.do?boardID=312&boardSeq=
  79420&lev=0&searchType=null&statusYN=W&page=1&s=moe&m=030
  1&opType=N

• 교육부, 보건복지부 2019 개정 누리과정 놀이실행자료

  https://www.moe.go.kr/boardCnts/view.do?boardID=312&boardSeq=
  79420&lev=0&searchType=null&statusYN=W&page=1&s=moe&m=030
  1&opType=N

◆ 토론

• 관심 있는 유치원 홈페이지 들어가서 물리적 환경 살펴보고 토론하기
• '유아놀이 중심 교육과정의 놀이 공간'에 대해서 토론하기

심화학습을 위한 자료

• 『2019 개정 누리과정 놀이이해자료』(교육부, 보건복지부, 2019)

선정 이유: 유치원과 어린이집에서 유아 놀이 중심 교육과정의 물리적 환경을 이해하고 실천하는 데에 도움을 주기 위해 선정하였다.

• 『2019 개정 누리과정 놀이실행자료』(교육부, 보건복지부, 2019)

선정 이유: 유아 놀이 중심 교육과정 운영의 물리적 환경 실제를 파악하기 위해 적절히 참고하여 활용하기 위해 선정하였다.

추천할 만한 견학기관

• 주변의 대학교 부속유치원, 공립유치원(단설, 병설), 사립유치원, 국공립어린이집

 **참고문헌**

김동춘, 이선경, 신현정, 안혜진, 김정희, 김성원, 정희정(2019). 기독교 유아교육기관의 운영관리. 창지사.

김혜경(2013). 영유아교육기관 운영관리. 창지사.

교육부, 보건복지부(2019). 2019 개정 누리과정 놀이이해자료.

교육부, 보건복지부(2019). 2019 개정 누리과정 놀이실행자료.

교육부, 보건복지부(2019). 2019 개정 누리과정 해설서.

이경화, 김정원(2015). 영유아교육기관운영관리. 공동체.

이경희, 정정옥(2014). 영유아교육기관 운영관리. 학지사.

이기숙(2009). 유아교육과정(개정 3판). 교문사.

이기숙, 김순환, 조혜진(2014). 유아교육기관 운영관리. 양서원.

이순례, 이현옥, 박희숙(2014). 영유아교육기관의 운영관리. 공동체.

이영자, 신동주(2017). 유아교육기관운영관리. 창지사.

Decker, C. A., & Decker, J. R. (2001). *Planning and administering early childhood programs* (6th ed.). Prentice Hall.

Frost, J. L. (1992). *Play and play spaces*. Delmar Publishers Inc.

09

유아교육기관 경영

백인경

 핵심주제

- 유아교육기관 경영의 개념과 경영의 제반 영역에 대해 이해하고, 관련 요소를 합리적이고 효율적으로 기능하도록 하는 방안 탐색
- 유아교육기관의 인사관리와 재정, 사무관리 방법과 법적 근거 학습
- 유아들의 건강과 안전을 위해 실행해야 하는 유아 건강 관련 업무, 급·간식 관련 업무, 위생 관련 업무, 안전시설·설비관리 업무 등의 내용 파악
- 유아교육기관의 시설 및 설비의 법적 요건들을 알아보고 유아들의 안전한 생활을 위한 실내외 시설 관리 방안 탐구

1. 유아교육기관 경영의 기초 이해

1) 유아교육기관 경영의 개념

　경영(經營, management)이란 조직의 사명이나 목표를 달성하기 위해 제 자원을 효과적으로 활용하는 과정으로, 계획 및 조직, 지시, 조정, 통제의 작업을 포함한다(윤종훈 외, 2013). 유아교육기관에서는 '운영관리'의 개념이 보편적으로 사용되고 있으나, 유아교육기관의 운영관리를 '유아들이 제공받아야 하는 양질의 교육 · 보육서비스를 제공하기 위하여 유치원과 어린이집이 인적, 물적 요소를 합리적이고 효율적으로 기능하게 하는 과정'으로 볼 때, 과정이 강조되는 '경영'의 개념이 더욱 적합하다(강문희 외, 2007; 이인원 외, 2010).

　현재 우리나라의 유아교육기관은「유아교육법」과「영유아보육법」에 근거한 유치원과 어린이집이 있으며, 유치원은 3~5세의 유아, 어린이집은 0~5세의 영유아가 대상이다(제1장 유아교육기관의 유형 및 특성 참조). 2000년대 이전에는 유치원이 대체로 반일 교육과정 중심으로 운영되었고 어린이집은 보육 위주의 기관으로 인식되었으나(이정혜, 1999), 급증하는 유아보육의 요구와 질적 보육에 대한 사회적 인식 확산으로 유치원에 방과후 과정(종일반)이 확대되고, 어린이집에 표준보육과정이 적용되어 보육과정이 강화되는 등 더 이상 기관의 특징을 구분하는 것은 무의미하게 되었다. 무엇보다 어떠한 유형의 기관에 다니든지 모든 유아들이 국가와 사회가 제공하는 양질의 교육과 보호를 받아야 하므로 유아를 위한 최선의 교육과 보호를 위한 기관 경영이 이루어져야 한다.

2) 유아교육기관 경영의 영역

　유아교육기관의 경영은 크게 원아와 교직원, 부모 및 지역사회와 관련된 인적 요소와 시설과 설비, 교구 및 교재와 관련된 물적 요소가 그 대상이 되며, 이러한 인적 · 물적 요소에 대한 프로그램이나 재정 및 행정업무에 대한 관리를 내용으로 한다.

- 원아관리
  - 원아모집, 입학과 졸업, 학급편성, 출결관리, 생활기록부 관리
  - 교육 · 보육 프로그램의 계획과 운영, 안전지도 및 응급상황의 대처
  - 건강관리, 급 · 간식의 제공, 등원 및 하원 지도, 차량 운행 등
- 교직원관리
  - 임용 및 해임 관리, 근로계약, 보수 및 복무규정, 조직체계 및 조직문화 조성, 교직원 채용, 업무분장, 근무상황 관리와 근무평정, 교사 재교육 등
- 학부모관리
  - 운영위원회의 조직, 부모참여 프로그램 운영, 부모교육, 가정과의 정보교류, 입학상담 및 신입생 학부모 오리엔테이션, 유아 발달 보고와 상담, 가족 지원 서비스 제공, 만족도 조사 등
- 지역사회 및 대외기관과의 교류
  - 지역사회기관과의 교류, 관련 단체나 학회와의 교류, 홈페이지 운영 및 기관 평가 관리 등
- 시설 및 설비관리
  - 교실 및 놀이터 등 실내 · 외 시설 유지와 보수, 전기 및 상하수도, 냉 · 난방 등 설비관리, 도로와 출입구 등 기관 주변 환경 관리
- 교구 및 교재관리
  - 교재 · 교구 및 교수자료, 도서의 구입 및 유지 관리
- 재정 및 사무관리
  - 예산의 편성, 교육비 수납, 운영비 지출, 회계장부 기록, 결산서 작성, 보조금 관리, 각종 물품 구입

3) 유아교육기관 경영의 원리

　　유아교육기관은 유아의 교육과 보호라는 사회적 책무 수행을 위하여 설립에서 운영에 이르기까지 관련 법에 의해 규정되는 공적 기관이므로, 유아교육기관 경영에 적합한 원리들을 바탕으로 합리적으로 경영되어야 한다. 유아교육기관에 적용되는 경영의 원리들을 정리해 보면 다음과 같다(이영자, 신동주, 2007; 이인원 외, 2010; 임재택, 1999).

- **전문성의 원리**: 유아 및 유아교육에 대한 이해와 유아교육기관 경영에 대한 전문적 지식, 경험을 바탕으로 경영되어야 한다.
- **합법성의 원리**: 유아교육기관은 법에 의해 그 목적과 운영 방침이 규정되므로 관련 법령, 규칙, 조례 등에 따라 운영되어야 한다.
- **타당성의 원리**: 유아교육기관의 경영 활동은 기관의 설립 목적에 적합하고 타당해야 한다.
- **민주성의 원리**: 유아교육기관의 경영 활동은 민주적인 절차에 의해서 구성원들의 의사를 반영하여야 한다.
- **효율성의 원리**: 유아교육기관의 경영 활동은 최소한의 노력과 경비로 최대의 효과를 도출하도록 한다.
- **적응성의 원리**: 유아교육기관의 경영 활동은 유아교육기관이 처한 실정과 제도의 변화, 사회적인 변화, 환경의 변화 등에 신축적으로 대응해 나가도록 한다.
- **안정성의 원리**: 유아교육기관의 경영 활동은 적응성의 원리를 고려하되 기관의 교육철학과 교육목적의 범위 내에서 교육과 보육 활동을 안정적으로 운영해 나가야 한다.
- **균형적 판단의 원리**: 유아교육기관을 경영함에 있어 민주성과 효율성의 원리 사이에서 균형을 이루어야 한다.

4) 유아교육기관 경영의 과정

　유아교육기관의 경영은 재무와 행정, 인사뿐 아니라 교육과정의 구성, 원아 관련 업무, 각종 교육 행사, 차량 운행 등 수많은 업무 영역을 포함하고 있으며, 이러한 업무의 영역은 합리적인 과정을 통해서 실현되어야 한다. 따라서 각 업무의 목적에 맞게 업무를 계획하고, 효율적으로 기능하도록 조직하고, 실행하고 평가하는 체계적인 과정이 필요하다. 각 단계에서 진행되는 내용은 다음과 같다(강문희 외, 2007; 김주건, 1997; 이영자, 신동주, 2007).

- **계획**: 업무를 이해하고 목표를 수립하여 정책을 세우는 단계이다. 관련 법규 및 외부환경, 기관의 여건, 운영 방침을 고려하고, 이전의 경험과 자료들을 참고하여 민주적 의사결정과정을 통해 업무의 목표를 설정하고, 계획을 수립한다.
- **조직**: 인적·물적 자원을 연결시키는 실천적인 단계로 업무를 수행할 부서와 담당자를 정하고 각 업무의 기한과 구체적인 방법들을 결정한다.
- **실행**: 계획하고 조직한 구체적인 과업을 수행하는 단계이다. 효율적인 과업 수행을 위해 운영자와 담당자, 담당자와 관련자들 간에 충분한 의사소통을 통해 과업을 분명히 하고 조정하며, 목표 달성을 위해 노력한다.
- **평가**: 계획한 과업의 실천 과정과 결과를 분석하고 검토하여 성과를 측정하는 단계로, 실행 단계 중에도 실시할 수 있다. 평가내용은 환류(피드백)하고 평가 자료는 향후 업무자료로 활용할 수 있도록 한다.

[그림 9-1] 유아교육기관 경영단계

출처: 이인원 외(2010: 29).

5) 조직경영

(1) 조직문화

오우치(Ouchi, 1980)는 조직문화를 해당 조직이 내포하고 있는 그들의 전통과 분위기이자 그 조직의 가치관과 행동의 기준이 되는 것으로, 조직의 가치와 신념을 조직원들에게 전달하는 상징의 체계로 보았다(김영헌, 2014 재인용). 조직(기업)문화는 조직의 구조나 관리시스템 등과 같은 공식적인 영향 요인과 달리 눈에 보이지 않는 내면화된 영향 요인이다. 즉, 조직문화는 해당 조직의 모든 기능에 영향을 미치며 구성원의 만족과 조직의 성취에 영향을 미친다(방희봉, 김용민, 이석래, 2010).

파스칼과 아토스(Pascale & Athos, 1981)는 조직문화의 구성요소를 공유가치, 전략, 구조, 시스템, 구성원, 리더십 스타일, 관리 기술의 일곱 가지로 보았다(백기복, 2011; 이학종, 박헌준, 2008 재인용).

- 공유가치: 조직 구성원들의 행동이나 사고를 특정 방향으로 이끌어 나가는 구성원들 간의 공유된 가치관이나 신념으로, 공유가치를 중심으로 다른 구성요소들이 상호 연결된다.
- 전략: 조직의 목표와 계획, 자원배분 방식으로 구성원의 행동 방향을 제시한다.
- 구조: 구성원들에게 업무와 형태를 규정하고 직위 및 이에 따른 규칙을 부여하는 등 구성원들 간의 관계를 체계화하는 것으로, 전략을 실행해 나가기 위한 틀이 된다.
- 시스템: 평가, 보상체계, 운영계획 및 목표 설정 시스템, 통제시스템 등 관례화된 업무처리 과정으로 일관성이 필요하다.
- 구성원: 조직 구성원들의 능력, 전문성, 가치관과 신념, 욕구와 동기, 지각과 태도, 행동유형 등을 의미하며, 조직문화의 주체가 된다.
- 리더십 스타일: 구성원들을 이끌어 가는 조직관리 스타일을 의미한다.
- 관리 기술: 목표를 실행하는 데 이용되는 지식, 도구, 기법 등을 의미한다.

이러한 요소들의 특징을 통하여 형성된 조직문화는 고유의 특성들을 가지게 된

유연성 · 자율성

<table>
<tr><td>

공동체형 문화(clan culture)
- 회사와 사원 간의 비이성적 일체
- 장기적이고 안정적인 고용관계 유지

</td><td>

혁신 문화(adhocracy)
- 유연하고도 창의적인 문화
- 새로운 비즈니스 모델 제시
- 혁신 제품 개발
- 새로운 시도를 장려, 실패 용인

</td></tr>
<tr><td>

위계형 문화(hierarchy culture)
- 관료주의적 조직
- 경쟁과 성과주의가 약함
- 느린 의사결정
- 장기 고용관계

</td><td>

시장형 문화(market culture)
- 인사정책에도 시장 원리 적용
- 경쟁과 성과에 바탕을 둔 인재 육성 및 보상
- 우수 인재의 고속 승진과 성과부진자 퇴출

</td></tr>
</table>

내부지향   외부지향

통제 · 안정

[그림 9-2] 조직문화의 네 가지 유형

출처: 김영헌(2014: 28).

다. 조직문화는 조직의 두 가지 차원 즉, 조직의 내부지향 또는 외부지향의 차원과 조직의 유연성 · 자율성 또는 통제 · 안정의 차원을 기준으로 하여 공동체형 문화, 혁신 문화, 위계형 문화, 시장형 문화의 네 가지 유형으로 설명될 수 있다(김성수, 2013). 공동체형 문화는 조직원들의 충성심과 결속력이 강하고, 시장형 문화는 경쟁을 통해 높은 성과를 산출한다. 위계형 문화는 경쟁이 적은 반면 높은 성과를 거두기도 어렵다. 혁신 문화는 개인이 가진 능력을 발휘하도록 유연성과 창의성이 허용되는 문화이다.

유아교육기관의 경우 체계적인 위계가 있으나 민주적이며, 공동체 의식을 가지나 혁신성을 가진 조직문화가 필요하다. 바람직한 조직문화 조성을 위하여 유아교육기관의 장은 교육에 대한 철학을 교직원과 공유하고, 직무 및 조직체계, 평가 및 보상체계, 운영계획 등의 조직경영 전반을 합리적이고 효율적으로 또한 투명하게 운영하여야 할 것이다.

(2) 리더십

리더십이란 구성원의 자발성과 상호 협력적 행동을 이끌어 내어 구성원들로 하여금 기대하는 것보다 더 많은 행동과 기대수준 이상의 성과를 달성하기 위한 리더의 활동이다(안상록, 2017). 유아교육기관은 비교적 소규모의 조직으로 원장의 리더십을 중시해 왔으나 원감이나 부장(수석 또는 주임)교사, 행정주임 등이 부서를 이끌고 원장과 부서원들 사이를 중재하므로, 원장뿐 아니라 원감, 부장(수석 또는 주임)교사, 행정주임 등에게도 리더십이 요구된다(김영헌, 2014; 남정숙, 2011, 안필용, 2014).

리더십에 관한 전통적 이론들은 리더의 특성에 초점을 두었으나, 최근에는 직원을 이끌어 가는 리더의 역할보다는 조직원들을 격려하고 지도하고 안내해서 스스로 변화해 가도록 하는 것에 초점을 맞추고 있다(안필용, 2014; 이종선, 2010). 현대 리더십이론에는 카리스마적 리더십, 변혁 리더십, 거래적 리더십, 서번트 리더십, 감성 리더십, 공유 리더십 등이 있다.

변혁 리더십은 지적 자극(현상에 대한 도전과 문제에 대한 기발한 접근)과 카리스마, 영감적 동기부여(강력한 비전을 제시함으로써 직원들에게 에너지 주입), 개별적 배려(직원들을 후원하고, 조언하고 개발)의 네 가지 차원으로 구성된 리더 행위를 말한다(Bass, 1985: 안필용, 2014 재인용). 서번트 리더십은 타인을 위한 봉사에 초점을 두어 종업원, 고객 및 커뮤니티를 우선으로 여기고 그들의 욕구를 만족시키기 위해 헌신하는 리더십이다(안상록, 2017; 안필용, 2014). 감성 리더십은 리더가 감정지능의 '자기인식, 자기관리, 사회인식, 관계관리'의 능력을 개발해서 사람들의 마음을 움직이고 조직의 감성 역량을 높이는 것이다(Ashkanasy, 2002: 남정숙, 2011 재인용). 공유 리더십은 리더 개인이 발휘하는 리더십이 아니라 팀에서 발현되는 분산된 리더십으로 구성원들 간의 정보 공유, 조언, 지원 등 개인들 사이의 관계와 같은 개념으로 수평적 리더십이다(Brass, 1995, Sparrowe et al., 2001: 김영헌, 2014 재인용).

유아교육기관에서의 리더십은 기관의 특수성을 고려하여 교직원이 주체적으로 잠재능력을 발휘하도록 돕는 다양한 형태로 접근하여야 할 것이다.

2. 유아교육기관의 인사, 재정, 사무관리

1) 인사관리

(1) 인사관리의 개념

일반적으로 인사관리란, 직원의 채용, 지휘 · 감독 체계의 결정, 급여와 보상, 승진 및 해고 등의 업무를 말한다. 근래에는 기업에서 능력 있는 직원 발굴에서부터 교육 · 훈련, 직무 배치, 업무성과 관리, 적절한 보상까지 지속적 성과를 위한 일련의 인적관리 프로세스(전수환, 2012) 등의 보다 적극적인 방향성을 포함한다.

유아교육기관의 인사관리는 우수한 인적 자원의 확보와 배치, 최선의 근무조건 조성과 제시, 적합한 인간관계의 유지와 조절, 최선의 조직사회 풍토 조성과 교직원의 직무 의욕과 만족도 고양, 교직원의 질적 향상의 기회 보장 등을 고려하여 운영한다(이영애, 신은수, 2015). 한 조직의 역량은 사람에게 달려 있다고 해도 과언이 아니므로(Drucker, 2007), 기관에 적합한 교직원을 채용하고 그 교직원이 지닌 역량을 최대한 발휘하여 지속적으로 기관에 기여할 수 있도록 인사관리를 하여야 한다.

(2) 인사관리 업무

① 임용과 해임

공립유치원의 교원은 「교육공무원법」에 의하여 지역의 교육청장이, 사립유치원의 교원은 「사립학교법」에 따라 원장이 제청하여 이사회나 설립자의 의결을 거쳐 결정한다. 유치원 원장은 임용 대상자의 구비서류를 제출받아 7일 이내 교육청장에게 보고하고, 구비서류를 보관하여 교직원의 임면과 경력 등에 관한 사항을 관리한다.

어린이집의 경우, 국공립어린이집은 자치단체의 장이 원장을 임면(任免)하며, 법인이나 단체에게 위탁 운영하는 경우, 수탁자가 원장을 임면한다. 이외에 법인이나 민간, 가정어린이집은 설립자가 원장을 임면한다. 보육교직원의 임면은 원장 또는 원장의 제청으로 설립자가 임면한다. 어린이집의 원장은 구비서류를 제출받아 보관하고, 특별도지사·시장·군수·구청장에게 14일 이내에 보고하여야 하며, 관계 기관은 신원 조회를 통해 결격사유가 있는지 확인한 후, 보육교직원의 임면과 경력 등에 관한 사항을 관리한다.

유아교육기관의 교사 채용은 공개채용을 원칙으로 하며, 교직원 채용 시 임면권 자는 임금, 근로시간 및 그 밖의 근로조건을 명시한 근로계약을 체결하여야 한다. 교직원이 퇴직할 경우에는 사직서를 제출받아 퇴직 처리하고, 퇴직 사실을 관계 기 관에 즉시 보고하여야 한다.

② 보수체계

보수는 개인의 교직원의 정신적, 육체적 노력에 대한 보상으로 주어지는 것으로 종사자의 직무 만족과 밀접한 관계가 있다(김수향, 이용주, 이은진, 2008). 현재 유치 원은 국가에서 정하는 교육공무원 급여기준에 기준하고, 어린이집의 경우 보육교 직원 호봉표가 정부 지원 어린이집의 급여기준이 되고 있다.

③ 복무

복무란 출퇴근 및 근무시간, 휴가와 병가, 출장, 외출이나 퇴근 등 직원으로서 직 장에서 하는 업무 및 제반 행동을 말한다. 복무에 관한 규정은 복무지침 등으로 문 서화되고 교직원은 규정에 맞게 복무를 수행하게 된다. 유아교사의 근로시간은 주 40시간이고, 1일 근로시간은 휴게시간을 제외하고 8시간이다. 초과근무는 관련 규 정에 의하며 초과근무 수당을 지급받는다. 유아교육기관은「유아교육법」,「영유아 보육법」,「근로기준법」 등 관련 법에서 제시하는 규정 내에서 교직원 복무규정을 마 련하며, 국·공립유치원의 경우「국가공무원 복무규정」에 의한다.

④ 근무평정

근무평정이란 교원의 적응력 또는 근무 성적을 체계적이고 정기적으로 일정한 기준에 의하여 평가하는 것으로 교원의 근무 능률 향상과 인사관리의 수단이다(이 인원 외, 2010). 근무평정의 요소는 직무를 수행하는 데 필요한 개인적 특성과 능력 으로, 객관적이고 합리적인 근무평정과 이에 따른 피드백은 교직원의 발전에 도움이 된다. 유치원의 경우 교직원의 직무평정을 위해 교원능력개발평가를 시행하고, 기관의 상황과 특성에 따라 다르나 어린이집 또한 일반적으로 1년 단위로 업무성과를 평가하여 보상 및 업무지원 계획을 수립한다.

(3) 교직원의 역할과 자격

① 교직원의 역할

• **원장**: 원장은 원 운영의 법적 · 행정적 책임을 지며, 기관의 운영목적과 방향을 제시하고, 교직원 통솔과 유아들의 교육과정을 관리 감독하는 매우 종합적인 직무를 수행하므로, 경영 전반에 대한 정확한 지식과 대인관계 지식 및 역량, 교육과정 운영 역량이 요구된다.

• **원감**: 원감은 원장을 보좌하고 유사시 원장의 직무를 대행한다. 원감은 중간관리자로서 리더십을 발휘하며 교사들을 지원한다.

• **부장(수석 또는 주임)교사**: 교사 중 경력과 임용시기에서 앞선 교사로 다른 교사들을 대표하고 교사들의 교수 · 연구 활동을 지원한다.

• **교사**: 교사의 직무는 영유아를 교육하고 보호하는 것이다. 유아교사는 유아의 발달 특성으로 인해 교육과 돌봄의 역할이 동시에 중요하고, 부모와 원활한 의사소통이 필수적이다. 따라서 교사는 유아 발달과 교수 · 학습에 대한 지식과 더불어 타인에 대한 따뜻함과 인내심 등의 인성과 개방성, 융통성, 적극성 등의 자질이 필요하다.

• **기타 직원**: 교원 외에 촉탁의사, 영양사, 간호사 또는 간호조무사, 행정직원 등을 두어 원활한 교육 운영을 지원한다. 유아교육기관의 직원들은 유아의 발달 특성과 원내 생활지도 방침을 숙지하여 원의 교육방침과 일관되게 유아들을 대하여야 하며, 유아와 관련된 정보나 관찰내용은 담당 교사에게 즉시 알릴 것이 요구된다(「유아교육법」, 「영유아보육법」 참조).

② 교직원의 자격

유치원　유치원의 교사와 원감, 원장으로 근무하기 위하여 「유아교육법」은 소정의 교육과 자격을 규정하고 있으며, 상위 자격의 취득을 위하여 소정의 경력과 연수과정 이수를 요구한다. 유치원 교직원의 자격 기준은 〈표 9-1〉과 같다(유치원 교사의 자격 기준은 제7장 참조).

표 9-1　유치원 교직원의 자격 기준

자격종별	자격 기준
원장	1. 유치원의 원감자격증을 가지고 3년 이상의 교육경력과 소정의 재교육을 받은 자 2. 학식 · 덕망이 높은 자로서 대통령령이 정하는 기준에 해당한다고 교육부장관의 인정을 받은 자
원감	1. 유치원 정교사(1급)자격증을 가지고 3년 이상의 교육경력과 소정의 재교육을 받은 자 2. 유치원 정교사(2급)자격증을 가지고 6년 이상의 교육경력과 소정의 재교육을 받은 자

출처: 「유아교육법」 [별표 1] 〈개정 2013. 3. 23.〉

어린이집　어린이집의 보육교사와 원장으로 근무하기 위하여 「영유아보육법」은 소정의 교육과 자격을 규정하고 있으며, 원장의 경우 어린이집 설립 유형에 따라 경력 연한이 다르거나 추가되는 자격요건이 있다. 보육교직원의 자격 기준은 〈표 9-2〉와 같다(보육교사 자격 기준은 제7장 참조).

표 9-2 어린이집 원장의 자격 기준

구분	자격 기준
일반기준	• 보육교사 1급 자격을 취득한 후 3년 이상의 보육 등 아동복지업무 경력 • 「유아교육법」에 따른 유치원 정교사 1급 자격을 취득한 후 3년 이상의 보육 등 아동복지업무 경력 • 유치원 원장의 자격을 가진 사람 • 「초·중등교육법」에 따른 초등학교 정교사 자격을 취득한 후 5년 이상의 보육 등 아동복지업무 경력 • 「사회복지사업법」에 따른 사회복지사 1급 자격을 취득한 후 5년 이상의 보육 등 아동복지업무 경력 • 「의료법」에 따른 간호사 면허를 취득한 후 7년 이상의 보육 등 아동복지업무 경력이 있는 사람 • 국가 또는 지방자치단체에서 7급 이상의 공무원으로 보육 등 아동복지업무에 5년 이상 근무한 경력
가정어린이집	• 일반기준에서 정한 자격 • 보육교사 1급 이상의 자격을 취득한 후 1년 이상의 보육업무 경력
영아 전담	• 일반기준에서 정한 자격을 갖춘 사람 • 간호사 면허를 취득한 후 5년 이상의 아동간호업무 경력
장애아 전문	• 일반기준에서 정한 자격을 갖춘 사람으로서 대학(전문대학을 포함한다)에서 장애인복지 및 재활 관련 학과를 전공 • 일반기준에서 정한 자격을 갖춘 사람으로서 장애영유아 어린이집에서 2년 이상의 보육업무 경력
대학 또는 교육 훈련시설이 운영	• 일반기준에서 정한 자격을 갖춘 사람 • 어린이집을 운영하는 대학의 조교수 또는 교육훈련시설의 전임교수 이상으로서 보육 관련 교과목에 대하여 3년 이상의 교육경력

출처: 「영유아보육법 시행령」 [별표 1] 〈개정 2021. 12. 17.〉

(4) 교사 배치기준

① 유치원

유치원의 학급 수와 학급당 최소 및 최대 유아 수는 유치원의 유형, 지역 여건 등을 고려하여 관할청이 정한다(「유아교육법 시행령」 제16조). 다음은 교육청에서 제시하는 유치원의 학급편성 기준 현황이다.

표 9-3 유치원의 연령별 교사 대 유아 비율   단위: 명

구분	3세	4세	5세
서울	(공립)16 (사립)16~20	(공립)22 (사립)22~25	(공립)26 (사립)26~30
부산	16	24	26
대구	18	24	28
인천	18	23	25
광주	16	22	24
대전	15	22	26
울산	16	22	25

출처: 육아정책연구소(2022).

② 어린이집

어린이집의 교사 배치 기준은 〈표 9-4〉와 같다.

표 9-4 어린이집의 연령별 교사 대 영유아 비율

연령	교사 배치 기준
1세 미만	1:3
1~2세 미만	1:5
2~3세 미만	1:7
3~4세 미만	1:15
4세 이상	1:20

출처: 「영유아보육법 시행규칙」 [별표 2]

2) 재정관리

유아교육기관의 재정관리는 기관 경영의 경제적인 부분으로 수입과 지출에 관한 업무이다. 유아교육기관의 재정관리는 예산의 편성, 심의, 집행, 결산의 과정으로 이루어지는데 보다 자세한 의미는 다음과 같다.

(1) 예산의 편성과 심의

예산이란 1회계년 동안 기관 운영에 필요한 세입·세출을 체계적으로 계획하는 것을 말한다. 개인이 자신의 수입을 확보하고 수입에 적절한 지출 계획을 세워 건전한 경제생활을 해 나가듯이, 기관에서도 수입과 지출에 대한 계획을 세우는 과정이 필요하다. 다만, 공공의 목적을 가지고 운영되는 기관의 재정은 필요한 지출을 산정하여 수입을 계획하게 된다(이인원 외, 2010). 합리적인 세입과 세출의 계획은 기관 운영을 위하여 매우 중요하다.

편성된 예산은 그 타당성과 투명성의 검증을 위해 심의 또는 자문을 거치게 된다. 공립유치원은 운영위원회 심의를 거쳐서, 사립유치원은 운영위원회의 자문을 거친 후, 예산 관련 첨부서류를 관계 기관에 제출한다. 또한 관련 법은 편성된 예산에 대해 일정 기간 동안 공시하도록 하고 있다(이영애, 신은수, 2015).

(2) 회계(예산의 집행)

회계란 수입과 지출에 대한 사무를 말한다. 회계업무는 법인의 대표이사나 유치원장, 어린이집원장이 관리하거나 소속 직원에게 위임할 수 있다. 유치원의 경우 사학기관재무회계규칙, 어린이집은 사회복지법인 및 사회복지시설 재무회계규칙의 관련 규정에 준하여야 하는데, 다음과 같은 원칙들이 적용된다(이인원 외, 2010).

- 목적 부합성: 설립 목적에 따라 건전하게 운영되어야 한다.
- 예산총계주의 원칙: 세입과 세출은 모두 예산에 계상하여야 한다.
- 예산의 목적 외 사용금지: 예산은 세출예산이 정한 목적 외에 이를 사용하지 못한다.

- 수입의 직접 사용금지: 모든 수입은 각각 세입세출예산에 편입하여야 하며, 이를 직접 사용하지 못한다.

① 세입의 관리

1회계연도의 모든 수입을 세입이라고 한다. 유아교육기관의 세입은 국가 · 지방자치단체 및 교육청으로부터 교부받는 보조금 및 지원금과 수익자 부담의 수입으로 이루어진다(강문희 외, 2007).

- 교육비: 기관 운영에 필요한 경비를 교육비로 산출하여 학부모에게 고지한다 (현재 국가에서 소득에 관계없이 교육비를 지원하고 있으므로 지원범위 이상의 비용은 학부모가 자부담한다).
- 정부 보조금: 설립유형과 소속 지방자치단체의 규정에 따라 유치원과 어린이집은 정부 보조금을 받게 된다.
- 기타 예금이자: 예금구좌에서 이자 수익도 발생한다.

② 세출의 관리

1회계연도의 모든 지출을 세출이라고 한다. 유아교육기관의 세출은 인건비와 운영비, 교육활동비, 적립금이나 반환금, 시설 · 설비비, 잡지출, 예비비 등으로 이루어진다.

(3) 결산

결산은 매 회계연도 종료 시점을 기준으로 한 회계연도 내의 실제적 수입과 지출의 실적을 확정하여 표시하는 행위로 예산집행의 타당성을 검토하고 장래의 재정계획 수립의 합리화를 도모하며, 기관 재정운영의 자율성을 유도하고 자원의 효율적 배분을 유도하는 기능을 갖는다(이인원 외, 2010). 예산과 마찬가지로 관련 법에 의하여 일정 기간 공시하여야 한다.

3) 사무관리

(1) 사무관리의 개념

유아교육기관의 사무관리는 기관 운영과 관련된 행정업무를 계획하고 조직하며 실행하는 일을 말하며 내부 업무와 외부 업무로 구분된다. 내부 업무로는 원아관리, 교직원관리, 재정관리, 시설관리 등이며 외부 업무로는 지도감독기관인 교육청이나 시·구청과의 업무연락, 사학연금 또는 국민연금공단, 건강보험공단 등 교직원의 근무와 관련된 업무, 각종 보험업무, 연합회나 지역사회기관과의 교류업무 등이다. 유아교육기관 사무의 합리적 관리를 위한 고려사항은 다음과 같다(김주건, 1997).

- 조직 및 운영이 합리적이어야 한다.
- 사무 처리는 그때그때 처리되어야 한다.
- 사무 처리의 계획과 예정을 수립한다.
- 시간적 배려를 중시한다.
- 사무 연락이 유기적으로 이루어져 상호 간에 충분한 연락이 취해지도록 해야 한다.
- 모든 기록은 누가기록을 한다.
- 모든 문서의 작성은 의사소통의 수단이므로 정확성, 편의성, 신속성, 간결성에 유의하여야 한다.

이러한 사무는 전담 직원이 담당하기도 하고 기관의 규모에 따라 원장 또는 원감, 교직원 간 업무를 분담하여 처리하기도 한다.

(2) 문서관리

단체나 기관이 주요 업무를 실행함에 있어 업무의 내용을 조직 내부와 업무 대상자에게 고지하거나 사실을 기록하여 둘 이상의 주체 간에 발생된 의사나 행위의 결과를 보전하고 사실을 증빙하기 위하여 서로 인지할 수 있는 방법의 문서가 필요하다(이인원 외, 2010). 이러한 공적인 성격의 문서는 모두가 쉽게 인지할 수 있고 체계적인 방법으로 작성되어야 한다.

① 문서의 유형

유아교육기관의 문서는 크게 법규문서, 지시문서, 공고문서, 비치문서, 민원문서, 일반문서로 나눌 수 있다(이인원 외, 2010). 비치문서의 종류는 〈표 9-5〉와 같다.

표 9-5 비치문서의 종류

영역	비치문서
설립	인가증, 기관의 평면도, (어린이집)사업자등록증, (유치원)고유번호증
회계	예 · 결산서, 현금출납부, 지출결의서, 총계정원장, 현금출납부, 수입결의서, 퇴소자환불대장
교육과정	연 · 월 · 주간 · 교육계획안, 학급 운영일지, 지역사회활동 등
건강안전	소방대피훈련일지, 사고보고서, 투약의뢰서 및 확인서, 응급처치동의서, 건강기록부, 생활기록부 등
교구교재비품	교재 · 교구대장, 도서목록대장, 비품대장, 소모품대장
유아관리	수료대장, 졸업대장, 수상대장, 생활기록부, 관찰일지, 출석부, 원아명부
교직원관리	직원명부, 인사기록카드, 교사연수기록부, 종사자근로계약서
사무관리	증명서교부대장, 보존문서기록대장, 문서발송 및 접수대장, 운영위원회운영규정, 운영위원회회의록, 교사회의록, 근무상황부, 출장명령부
원칙 및 내규	유치원 원칙, 내부규정집, 복무규정

출처: 이인원 외(2010: 268).

- **지시문서**: 상급기관 혹은 감독기관으로부터 구체적인 업무의 추진, 개선, 주의 같은 지시사항을 담은 문서를 말한다.
- **공고문서**: 기관의 업무를 다중에게 알리는 경우로, 원아모집공고, 교직원 채용 공고 같은 것을 말한다.
- **민원문서**: 학부모나 교직원이 요구하는 각종 증명서를 말하며 졸업증명서, 재원증명서, 수업료납입증명서, 재직증명서, 경력증명서 등이 있다.
- **비치문서**: 유아교육기관을 설립 · 운영하는 데 필수적으로 갖춰야 할 문서로 감독기관의 지도감독을 위한 것과 유아교육기관 업무의 정확성, 투명성을 확보

하기 위한 것이다.

- **일반문서**: 이외에 기관운영을 위해 감독기관에 제출하는 문서와 유관기관에 협조를 요청하는 문서들이 해당된다.

② 문서의 작성과 관리

- **문서의 작성**: 각종 문서는 규정된 양식을 이용하거나 기관의 양식을 사용하도록 한다.

- **문서의 관리와 보존**: 생성된 문서는 업무의 효율적인 진행과 평가, 다음 업무를 위한 근거자료로서 관리되고 보존된다. 특히 기안에 의해 생성된 문서는 결재권자의 결재를 받은 후 결재일 순서로 문서등록대장에 등록하여 관리한다.

  문서는 그 특성에 따라 보존 기간이 다르다. 일반적으로 인가증(시설 신고증), 공문서, 기능보강사업(신축 · 증개축)의 설계도 및 준공 검사필증, 종사자 임면 관련 서류는 영구보존, 재정 관련 서류는 5년 이상, 단기적인 보고서 등 참고 또는 단순한 사실의 증명을 위한 문서는 3년, 일일명령, 단순 참고자료 공문, 업무연락, 일상적 통보 등은 1년 동안 보존한다(김혜경, 2013). 매년 1회 정기적으로 문서정리를 실시하고 문서정리가 끝난 후 보존문서기록대장에 이관사항, 폐기사항 등을 기재한다.

③ 문서의 발송 및 접수

문서의 발송이란 기관에서 작성된 문서를 관련 기관에 보내는 업무를 말하고, 반대로 문서를 받아서 처리하는 것을 문서의 접수라고 한다. 발송할 문서는 문서발송대장에 기록하고 문서의 수신처에 발송한다. 접수된 문서는 문서접수대장에 기록하고 담당자가 처리한다. 문서의 발송은 인편이나 우편, 팩스 전송, 전자메일의 형태로 이루어지는데 최근 교육부는 e-유치원시스템으로 유치원 원아의 입 · 퇴원 출결 사항, 유아학비 청구 및 정산을 관리하며, 시 · 구청은 보육통합정보시스템(CIS)을 통해서 학부모의 보육비 지원 신청 및 결제, 어린이집 정보 열람 및 입소대기 신청 등의 업무를 진행하고 있다.

[그림 9-3] 교육부 e-유치원시스템

[그림 9-4] 보육통합정보시스템(CIS)

(3) 유아교육기관 정보의 공시

유아교육기관의 주요 정보를 공개하는 정보공시제도는 기관의 정보를 객관적이고 투명하게 공개하여 부모들이 보다 쉽고 편리하게 기관을 이용할 수 있도록 하려는 것이다.

유치원정보공시제도는 2008년 12월부터 실시되어 유치원 규칙, 시설 등 기본현황, 유아 및 유치원 교원에 관한 사항, 유치원 교육과정 및 방과후 과정 편성·운영에 관한 사항, 유치원 원비 및 예·결산 등 회계에 관한 사항, 유치원의 급식·보건관리·환경위생 및 안전관리에 관한 사항, 시정명령에 관한 사항, 그 밖에 교육여건 및 유치원 운영 상태 등에 관한 사항 등을 공개하도록 하고 있다(김안나, 2014). 2012년 포털사이트 '유치원 알리미(http://e-childschoolinfo.moe.go.kr/)'가 개통되어 매년 1회

[그림 9-5] 유치원 알리미

[그림 9-6] 어린이집정보공개포털

이상 유치원의 주요 정보들이 공시되고 있다.

어린이집의 경우, 어린이집 정보의 공시에 관한 법률에 의해 어린이집의 시설현황, 설치·운영자, 보육교직원 등 기본현황, 어린이집 보육과정에 관한 사항, 보육료와 그 밖의 필요경비에 관한 사항, 어린이집 예산·결산 등 회계에 관한 사항, 유아의 건강·영양 및 안전관리에 관한 사항, 그 밖에 보육여건 및 어린이집 운영에 관한 사항으로 대통령령으로 매년 1회 이상 공시하도록 하고 있다. 현재 어린이집의 정보공시는 '어린이집정보공개포털(http://info.childcare.go.kr/)'을 통해 이루어지고 있다.

3. 유아교육기관의 건강, 영양, 안전, 시설 및 설비관리

유아기는 건강의 관리와 충분한 영양의 섭취, 안전이 무엇보다 중요하다. 유아교육기관에서는 유아들의 건강과 급·간식 제공, 안전을 위한 시설·설비를 확충하고 관리하며 이를 위한 업무 지침을 분명히 하여야 한다. 교사들은 건강과 안전에 유의하여 교실 환경을 관리하고, 유아들의 건강에 관한 사항을 긴밀하게 가정과 연계하도록 한다.

1) 건강관리

(1) 건강기록의 관리

「유아교육법」과 「영유아보육법」은 유아에 대하여 연 1회 이상 건강검진을 실시하고, 치료가 필요한 유아에게는 보호자와 협의하여 필요한 조치를 취하도록 기관에 의무를 부과하고 있다. 다만, 보호자가 별도로 건강검진을 실시하고 그 검진결과 통보서를 제출한 유아에 대해서는 건강진단을 생략할 수 있다.

(2) 예방접종 여부의 확인

「영유아보육법」은 유아들의 입학단계에서 예방접종증명서를 제출받아, 유아의 예방접종 여부 및 내역에 관한 사항을 어린이집 생활기록에 기록하여 관리하도록 하고 있다.

(3) 식품알레르기 관리

기관에서는 입학 전 유아의 식품 알레르기 유무를 파악하고, 알레르기가 있는 유아에 대하여 대체식 및 제거식을 제공하여야 한다.

(4) 전염병 및 식중독 관리

「영유아보육법」은 건강진단 결과 질병에 감염되었거나 감염될 우려가 있는 유아에 대하여 그 보호자와 협의하여 질병의 치료와 예방에 필요한 조치를 취해야 한다. 감염 또는 감염된 것으로 의심되거나 감염된 유아(교직원 포함)가 있다면 기관으로부터 격리하는 등 필요한 조치를 취하도록 하고 있다. 전염병 및 식중독이 발생한 경우 관할 보건소 및 보건지소에 신고하고, 의료기관에 협조를 구하도록 한다.

사진 9-1 개인 약 보관함

(자료제공: 무궁화어린이집)

[그림 9-7] 투약의뢰서 예시 　　　 [그림 9-8] 모바일 투약의뢰서 예시

(5) 투약

유아교육기관에서 의사의 처방, 지시에 따라 유아에게 투약을 할 경우, 보호자의 동의(투약의뢰서)를 받아야 한다. 투약이 이루어진 후에는 투약보고서를 작성하여 보호자에게 제출한다.

(6) 응급조치

유아에게 이상이 있는 것으로 보일 때 교사는 적절한 조치를 취하거나 즉시 학부모에게 알려 조치를 취하게 하여야 한다. 유아에게 질병 · 사고 등 위급한 상태가 발생한 경우, 즉시 해당 유아를 응급의료기관에 이송하여야 한다(「유아교육법」 제17조의3, 「영유아보육법」 제31조2항).

(7) 건강주치의제도

지역 병원과 건강주치의 협약을 통해 예방접종 및 질병예방에 관한 건강정보를 제공받고 유아의 건강에 대한 자문을 받는 것이다. 영유아의 경우 각종 질환 및 감염병에 취약하고 안전사고 발생빈도가 높으므로, 이에 대한 대응체계를 위하여 지역사회의 보건소나 의료기관과 긴밀히 연계하도록 한다.

사진 9-2　실내 공기정화기(자료제공: 무궁화어린이집)

사진 9-3　조리실 살균기(자료제공: 무궁화어린이집)

(8) 원의 위생 및 공기질 관리

교실과 화장실을 포함하여 원내 모든 공간은 위생적이어야 하며, 일상적인 청소 외에 정기 대청소 및 방역이 필요하다. 특별히 칫솔, 수건, 침구 등 유아들의 개인 물품의 위생관리가 철저하여야 하고, 급·간식 조리와 배식 공간 및 도구가 위생적으로 관리되어야 한다. 다중이 사용하는 공간이므로 매일 일정한 시간에 환기하고, 황사나 미세먼지 등에 대비하여 공기질을 관리하여야 한다.

2) 영양관리

유아기는 일생 중 가장 왕성한 신체적 성장을 하는 시기로 충분하고 고른 영양의 섭취가 중요하므로 유아교육기관에서는 급·간식을 통해서 유아에게 적절한 영양을 공급하고 유아 스스로 음식에 대한 바른 태도와 식습관을 갖도록 지도하여야 한다.

(1) 급·간식관리

식단 계획 시 한 달 간격으로 순환하여 계획하고, 유아들이 하루 섭취하여야 할 열량, 식자재의 계절적 특성, 요리방법 및 소요시간을 고려한다. 믿을 수 있는 식자재를 사용해 직접 조리하여 제공하며, 청결하고 위생적인 공간에 소모품과 구분하여 보관하고 보관 규정을 준수한다. 또한 조리 시 염류와 당류 과다에 주의하며, 음식의 질감이나 모양이 유아들의 흥미를 자극하고 입맛에 맞도록 조리한다. 배식 시 식품 알레르기 등이 있는 유아를 고려하여 음식을 제공하며, 당일 조리한 음식은 당일 소비한다(이인원 외, 2010).

(2) 식습관 지도 및 영양교육

유아교육기관의 급·간식의 제공은 유아의 기본적인 욕구를 만족시키는 한편, 유아들이 바른 식습관을 익히고 음식의 역할과 영양, 안전한 섭취 등을 알아가는 데 목적이 있다. 따라서 식습관의 지도와 식품에 대한 교육이 수반되어야 한다.

3) 안전관리

안전은 인간의 기본 욕구이자 유아교육의 전제가 된다. 기관의 장은 철저한 안전관리와 교직원 및 유아를 대상으로 한 정기 안전교육, 비상대피 훈련의 계획과 실행을 통하여 기관의 안전한 운영을 도모하여야 한다. 유아교육기관은 시설의 설치 과정에서 법령에 의하여 유아의 특수성을 고려한 기준과 비상재해대비시설, 폐쇄회로 텔레비전(CCTV, 어린이집)의 설치가 요구된다.

사진 9-4 CCTV 화면(자료제공: 무궁화어린이집)

사진 9-5 비상재해대비시설(자료제공: 무궁화어린이집)

(1) 안전관리 영역

유아교육기관에서는 교직원 자위소방대를 조직하고 비상시를 대비한 피난계획을 수립하여 정기적으로 대피훈련을 실시해야 한다. 이밖에도 안전관리를 위한 각종 보험의 가입, 시설의 안전한 관리와 전 교직원과 유아를 대상으로 한 정기적인 안전교육이 실시되어야 한다. 기관에서 수행하여야 할 안전관리의 주요 영역은 다음과 같다.

- 자위소방대의 편성: 대장·부대장 각 1명과 지휘반·진압반·구조구급반 및 대피유도반으로 기관에 근무하는 모든 인원으로 구성
- 피난(대피)계획의 수립과 대피훈련의 실행: 피난시설의 위치, 피난경로 또는 대피요령이 포함된 피난계획을 수립하고, 피난유도 안내정보를 교직원 및 시설을 이용하는 모든 사람들에게 제공하며 정기적 대피훈련 시행

- 안전 관련 사무: 화재보험, 자동차보험, 원아보험(학교공제회) 등 보험가입 및 유지관리, 차량 점검, 차량 운행 일지관리, 응급약품관리, 사고처리
- 시설관리: 시설 안전점검, 안전시설(소화기, 가스경보기, 스프링클러 등) 점검, 놀이터 안전점검 및 유지관리
- 교직원 및 유아 대상 안전교육계획 및 실시

(2) 안전교육의 내용

원장 및 교사, 안전 담당 교직원은 관련 법에 의거하여 안전교육계획을 수립하고 실시하여 유아와 교직원의 안전을 도모하여야 한다.

- 교직원의 안전교육

  담당 교직원은 소방안전관리자의 안전교육, 어린이놀이시설 안전관리자의 교육, 석면안전관리자교육 등을 이수하도록 하고 아동학대 신고의무자 교육, 아동학대 예방교육, 안전교육 등은 모든 교직원들이 일정 주기로 이수하도록 한다.
- 유아의 안전교육

  유아의 안전교육 내용으로는 유아교육기관 실내·외 안전, 가정 내 안전, 놀이 및 스포츠 안전, 공공시설 안전, 교통안전, 대인 안전, 성폭력 안전, 미디어 안전, 동·식물 안전, 약물 안전 등의 내용이 있다. 「아동복지법」은 각급 학교에 안전교육의 내용과 시간을 의무화하고, 그 실행계획과 결과를 연 1회 관계 기관에 보고하도록 하고 있는데, 현재 유치원에서는 학교안전교육 실시 기준에 따라 7개 영역에 해당하는 안전교육을 계획 수립·시행하고 있다.

4) 유아교육기관의 시설 및 설비관리

(1) 시설·설비의 개념

유아교육기관의 시설·설비란 유아들의 교육과 보호가 이루어지는 물리적 공간, 즉 교실 및 조리실 등 각종 실내공간, 실외 놀이터, 녹지와 이러한 시설에 부속된 전기, 상하수도, 냉난방 시설 등을 의미한다.

(2) 시설 · 설비의 법적 기준

① 유치원의 시설 · 설비 규정

유치원의 시설 · 설비 규정은 고등학교 이하 각급 학교 설립 운영규정에 의거하여 다음 〈표 9-6〉과 같이 교사(僑舍), 교지(校地)의 면적을 갖추어야 하며 교구와 급수 · 온수 공급 시설을 구비하여야 한다.

표 9-6 고등학교 이하 각급 학교 설립 운영규정(대통령령 제28518호)

구분		기준
교사		40명 이하 $5Nm^2$ 41명 이상 $80+3Nm^2$ 교사 중 교실 총면적 $2.2Nm^2$ (N은 각급 학교의 전 학년의 학생 정원)
교지	교사용 대지	건축 관련 법령의 건폐율 및 용적률에 관한 규정에 따라 산출한 면적
	체육장(옥외)	40명 이하 $160m^2$ 41명 이상 $120+Nm^2$
교구		교구의 종목 및 기준은 시 · 도교육감이 정하여 고시
급수 · 온수공급시설		① 수질검사결과 위생상 무해하다고 판명된 급수시설 ② 온수를 공급할 수 있는 시설

② 어린이집의 시설 · 설비 규정

어린이집의 시설 · 설비 규정은 「영유아보육법」에 의거하여 다음 〈표 9-7〉과 같이 교사(僑舍)의 면적을 갖추어야 하며 급배수시설과 비상재해 대비시설, 폐쇄회로 텔레비전, 그 밖에 실내 설비를 구비하여야 한다.

「영유아보육법 시행규칙」은 보육실의 환기 · 채광 · 조명 · 온도 및 습도에 관한 내용이나 비치되어야 할 교재 · 교구, 화장실, 목욕실, 조리실 등의 설비 및 관리 방안 등이 비교적 상세하게 규정되어 있다. 특히, 폐쇄회로 텔레비전의 설치와 정보공개에 관한 조항이 2015년 5월 18일에 신설되는 등 보육의 사회적 요구와 필요가 지속적으로 반영되고 있다.

표 9-7 | 보육시설 시설·설비기준

구분	시설기준
교사	• 단일건물에 설치 또는 담 또는 울타리로 둘러싸인 동일 대지 안에 있는 전체 어린이집 용도인 여러 개의 건물(모두 5층 이하) • 시설면적(놀이터 제외) 영유아 1명당 $4.29m^2$ • 보육실-영유아 1명당 $2.62m^2$ • 조리실 · 목욕실 · 화장실 • 옥외놀이터-영유아 1명당 $3.5m^2$ 이상, 보육 정원 50명 이상인 어린이집(12개월 미만의 영아만을 보육하는 어린이집 제외) • 옥내놀이터-사업장 및 지역특수성에 따라 옥외놀이터 설치가 불가능한 경우(지하층 제외) • 인근 놀이터-관리주체의 사용승낙을 받은 6세 미만 영유아가 이용할 수 있는 놀이기구가 설치된 곳
급배수시설	• 상수도나 저수조를 경유한 지하수, 배수설비
비상재해 대비시설	• 소화용 기구 • 1층-양방향 피난구 • 2~3층-비상계단 또는 대피용 미끄럼대 • 4~5층-양방향 피난 가능한 2개소 이상의 직통계단, 스프링클러 설비 및 자동 화재 탐지 설비
폐쇄회로 텔레비전	• 각 보육실, 공동놀이실, 놀이터(인근 놀이터 제외) 및 식당(별도로 구획된 공간으로 마련되어 있는 경우), 강당(별도로 구획된 공간으로 마련되어 있는 경우)에 1대 이상씩 설치
그 밖에 실내설비	• 비상약품 및 간이 의료기구 등 • 어린이집 내부(벽, 천장 등)의 마감재료는 불연재료, 준불연재료 또는 난연재료를 사용

*비고
- 일반기준임.
- 12명 이상을 보육할 수 있는 시설을 갖춘 장애아전문어린이집이나 장애아 3명 이상을 보육하는 통합 어린이집의 경우 별도의 항목을 추가 적용함.

출처: 「영유아보육법 시행규칙」 제9조 관련 [별표 1]

4. 요약

① 유아교육기관 경영은 원아관리, 교직원관리, 학부모관리, 지역사회 및 대외기관과의 교류, 시설 및 설비관리, 교구 및 교재관리, 재정 및 사무관리의 다양한 영역을 가지며 일정한 과정으로 진행된다. 이러한 과정에서 긍정적인 조직문화 형성과 교직원들의 역량을 최대한 발휘하도록 하는 리더십이 필요하다.

② 인사관리는 교직원들이 좋은 성과를 유지할 수 있도록 하는 데 초점을 두고 지속적으로 관리되어야 하며, 재정관리는 기관의 목적에 맞게 합리적이고 투명하게 운영되어야 한다. 사무관리의 방법과 과정은 관계자 모두에게 공유되고 실행되도록 한다.

③ 시설 및 설비의 유지 · 관리와 유아의 건강관리 및 영양관리, 위생관리, 안전관리는 유아들이 건강하고 안전한 성장을 위해 매우 기본이 되는 업무로, 관련 규정을 잘 인지하고 실행하되, 무엇보다 유아들에게 이익이 되도록 운영되어야 할 것이다.

동영상 시청과 토론

1교시

◆ 동영상

• 학부모 학교 참여 인식개선 영상

◆ 토론

• 학부모의 학교 참여에 대한 생각을 나눠 봅시다.

• 유아교육기관에서 학부모 참여 내용에 대해 토의해 봅시다.

2교시

◆ 동영상

• 쉬어도 쉬는 게 아닌 보육교사의 휴게시간

◆ 토론

• 학급 운영 중 유아교사 휴게시간의 필요성에 관해 토의해 봅시다.

• 학급 운영 중 바람직한 교사의 휴게시간 운영 방안에 관해 토의해 봅시다.

3교시

◆ 동영상

• 세계의 교육현장-핀란드의 유치원 교육, 잘 놀아야 공부도
  잘 한다!

◆ 토론

• 유아교육기관과 초등학교나 중학교 등 상급학교 경영에는 차이가 있을까
  요? 있다면 어떤 차이가 있을까요? 차이가 없다면 왜 그런지 토의해 봅시다.

• 교육기관 경영과 기업 경영에는 어떠한 차이가 있을지 토의해 봅시다.

심화학습을 위한 자료

• 『보육사업 안내』(보건복지부)

• 『유아교육계획』(각 지역 교육청 발행)

 추천할 만한 견학기관

• 지역 교육청

• 지역 육아정보센터

• 지역 유치원, 어린이집

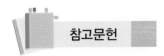

강문희, 윤애희, 이경희, 정정옥(2007). 유치원 · 보육시설 운영관리. 학지사.

김성수(2013). 대림의 조직문화와 인사시스템. 서울대학교출판문화원.

김수향, 이용주, 이은진(2008). 유아교육기관 운영관리. 동문사.

김안나(2014). 유치원정보공시제도 시행에 대한 공, 사립유치원 교원의 인식 및 실태. 유아교
육학논집, 18(5), 479-502.

김영헌(2014). 조직문화와 조직유효성과의 관계 연구: 공유리더십의 조절효과를 중심으로.
경희대학교 대학원 박사학위논문.

김주건(1997). 유아교육기관의 경영관리. 창지사.

김혜경(2013). 유아교육기관 운영관리. 창지사.

남정숙(2011). 감성리더십이 창의성과 업무성과에 미치는 영향: 자기효능감과 직무몰입의 매
개역할을 중심으로. 성균관대학교 경영전문대학원 박사학위논문.

방희봉, 김용민, 이석래(2010). 글로벌시대의 경영학원론. 한국학술정보(주).

백기복(2011). 조직행동연구. 창민사.

손성철, 정범구, 주지훈(2013). 조직 리더십 유효성 척도 연구. 인적자원개발연구, 16(1), 147-
185.

안상록(2017). 서번트리더십이 조직시민행동에 미치는 영향에 관한 연구 : 임파워먼트 매개
효과를 중심으로. 전남대학교 대학원 박사학위논문.

안필용(2014). 변혁적 · 거래적 리더십이 조직유효성에 미치는 영향 : 신뢰의 매개효과를 중
심으로. 호서대학교 벤처전문대학원 박사학위논문.

윤종훈, 송인암, 박계홍, 정지복(2013). 경영학원론. 학현사.

이영애, 신은수(2015). 유아교육기관 운영관리. 한국방송통신대학교출판문화원.

이영자, 신동주(2007). 유아교육기관 운영관리. 창지사.

이인원, 김호년, 전정희, 김의석, 김영애(2010). 유아교육기관 운영관리. 양서원.

이정혜(1999). 어린이집과 유치원에 대한 어머니의 인식 및 선택에 관한 조사 연구: 서울 경
기 지역을 중심으로. 미래유아교육학회지, 6(1), 109-149.

이종선(2010). 팀 변혁적 리더십과 팀 효율성의 관계에서 팀워크 과정의 매개역할. 경상대학
교 대학원 박사학위논문.

이태영(2003). 유치원장의 직무와 역할. 한국교원대학교 종합교원연수원 유치원 원장 자격연수
자료집, 87-99.

이학종, 박현준(2008). 조직행동론. 법문사.

임재택(1999). 유아교육기관 운영관리: 유치원과 보육시설. 양서원.

전수환(2012). 에센스인적자원관리. 세경북스.

조경자, 이현숙(2004). 유아건강교육. 학지사.

최은영, 문무경, 김은영, 최윤경, 양미선, 강은진, 김동훈, 김아름, 김문정(2022). 유아교육 · 보육 통합을 위한 단계적 추진 방안. 육아정책연구소.

Bass, B. M. (1985). *Leadership and Performance Beyond Expectations*. Free Press.

Drucker, P. F. (2007). *Management: Tasks, Responsibilities, Practices*. 남상진 역(2007). 매니지먼트. 청림출판.

Ouchi, W. G. (1980). Markets, Bureaucracies, and Clans. *Administrative Science Quarterly*, *25*(1), 129-141.

교육부e-유치원시스템 http://www.childschool.go.kr/

법제처 http://www.moleg.go.kr/

보육통합정보시스템(CIS) http://childcare.go.kr/

아이사랑임신육아종합포털 http://www.childcare.go.kr/

어린이집정보공개포털 http://info.childcare.go.kr/

유치원 알리미 http://e-childschoolinfo.moe.go.kr/

10

유아교육과정

김선아

 핵심주제

- **유아교육과정**: 유아의 전인적 성장과 발달을 돕기 위해 유아가 학습할 내용, 교육과정 목표를 성취해 나가는 과정, 유아의 목표 성취를 돕기 위한 교사의 역할, 교수와 학습이 발생하는 상황에 관해 계획된 조직화된 틀
- **몬테소리 프로그램**: 몬테소리에 의해 개발된 유아교육 프로그램
- **발도르프 프로그램**: 슈타이너의 철학을 근거로 이루어진 교육 접근법
- **프로젝트 접근법**: 한 명 또는 그 이상의 유아가 이행하는 특정 주제에 대한 깊이 있는 탐구형식의 공동 참여 학습유형
- **레지오 에밀리아 접근법**: 이탈리아 북부지역인 에밀리아 로마냐 지역에 위치한 레지오 에밀리아 시립유치원에서 실시해 오고 있는 프로젝트 접근법
- **표준보육과정**: 0~2세 영유아를 대상으로 이루어진 국가수준의 유아교육과정
- **누리과정**: 3~5세 유아를 대상으로 이루어진 국가수준의 유아교육과정

1. 유아교육과정의 개념

유아교육과정을 개념화하기 위한 하나의 토대로서 교육과정의 개념체계를 살펴본 후 유아교육과정의 개념을 살펴보고자 한다.

1) 교육과정의 개념

교육과정이란 어원을 살펴보면 라틴어 'currere(=to run)'에서 유래된 'the course to be run(달려야 할 경주로)'라는 명사형으로 'curriculum(커리큘럼)'으로 'a course of study(학습의 한 과정)'로 사용되어 왔으나 최근에는 'the running (or lived experience) of the course(그 경주로를 따라 달리는 행동)'으로 해석하는 경향이 있다. 이런 경향성은 타인이 정해 놓은 일정한 경로를 따라가야 할 과정을 마치는 수동적이고 결과적인 교육과정의 성격에 학습자의 능동적 참여 행동과 그 참여 과정의 중요성을 나타내는 성격이 있다. 교육과정에는 교육에서 반드시 고려해야 하는 기본적인 질문이 있다.

- 무엇을 가르칠 것인가?
- 왜 가르치는가?
- 어떻게 가르치는가?

이 질문은 교육과정의 세 축인 교과, 사회, 학생과 연관되어 교육과정을 형성한다. 이 세 축은 모두 중요하지만 시대의 상황에 따라 어느 한 축이 다른 두 축보다 교육자나 일반인들의 주목을 더 받는 형상을 보인다. 그러므로 교육의 역사에서 교육과정의 의미는 다양하게 사용되어 왔다(박도순, 홍후조, 2004: 14-18).

교육과정은 학자들마다 보는 시각과 관점에 따라 매우 다양하게 규정되고 있으며 합의된 정의는 없다. 교육과정은 내용으로서의 교육과정, 경험으로서의 교육과

정, 계획으로서의 교육과정, 결과로서의 교육과정으로 나누어 볼 수 있으며, 의도
된 교육과정, 전개된 교육과정, 실현된 교육과정으로 나누어 볼 수 있고(Tanner &
Tanner, 1980), 문서화된 의미로서의 형식적인 교육과정, 비형식적인 교육과정으로
나누어 보거나, 표면적 교육과정, 잠재적 교육과정, 영 교육과정으로 나누어 볼 수
있다. 또한 교육내용의 결정 주체의 역할 분담에 따라 국가수준의 교육과정, 지적수
준의 교육과정, 학교수준의 교육과정, 교사수준의 교육과정으로 나누어 볼 수 있다
(이기숙, 2008: 10-11).

2) 유아교육과정의 개념

유아교육과정의 개념도 교육과정과 마찬가지로 다양하게 정의되고 있다.
NAEYC & NAECS/SDE는 교육과정이란 목적, 내용, 교수방법 및 교수실제와 같은
다양한 요인을 내포하는 복합적인 개념으로, 사회의 가치, 내용 기준, 책무성, 연구
결과, 지역사회 기대, 문화와 언어, 유아의 개인적 특성과 같은 많은 요소에 의해 영
향을 받게 된다(NAEYC & NAECS/SDE, 2003). 따라서 유아교육과정은 유아가 학습할
내용(content), 교육과정 목표를 성취해 나가는 과정(precess), 유아의 이러한 목표
성취를 돕기 위한 교사의 역할, 교수와 학습이 발생하는 상황에 관해 서술한 조직
화된 틀(framework)이라고 정의하였다(이기숙, 2008: 17 재인용). 알미(Almy)는 유아
교육에서는 교육과정이 프로그램이란 용어로 자주 대치되어 사용되며 프로그램이
란 학교 안에서 일어날 수 있는 모든 계획적인 경험뿐만 아니라 그것을 넘어서서 흔
히 가정과 지역사회에까지 연장될 수 있는 교육적 경험(Almy, 1975)이라고 정의한
다. 또한 유치원교육과정은 유아의 전인적 성장과 발달을 돕기 위해 유아가 학습할
내용, 교육과정 목표를 성취해 나가는 과정, 유아의 목표 성취를 돕기 위한 교사의
역할, 교수와 학습이 발생하는 상황에 관해 계획된 조직화된 틀(한국유아교육학회,
1995)이라고 정의한다. 이와 같이 다양한 유아교육과정의 개념을 다섯 가지로 분류
하여 정리하면 다음과 같다(Schwartz & Robinson, 1982).

(1) 우연히 일어난 것으로서의 교육과정

교사가 미리 교육내용을 선별하거나 계획하기보다는 유아들에게 많은 선택을 주어서 개별 유아의 요구와 흥미를 중심으로 이루어지는 유아교육과정을 말한다. 학습활동과 경험 속에 유아의 흥미 그 자체를 가치 있는 것으로 보기 때문에 학습의 구체적인 내용보다는 학습하는 과정에 가치를 둔다. 교육활동은 유아의 선택과 행동으로 이루어지며 미리 계획될 수 없기 때문에 유아 자신이 중요한 역할을 한다. 교사는 유아의 요구와 흥미를 기초로 자연스럽게 활동할 수 있는 분위기를 마련해 주고 끊임없는 관찰과 배려로서 유아들을 안내해 준다. 유아를 중심으로 하는 개별화된 교육이라는 장점과 교육과정의 변화가 너무 모호하고 유능한 교사를 필요로 하는 점이 단점이다.

(2) 유아가 학교에서 갖게 되는 모든 경험으로서의 교육과정

유아가 학교에서 갖게 되는 모든 경험, 즉 의도적인 경험뿐 아니라 의도하지 않았지만 유아에게 영향을 줄 수 있는 잠재적인 교육과정까지 포함하는 교육과정이다. 의도된 경험뿐만 아니라 계획되지 않은 많은 요인이 유아에게 영향을 주므로 교사의 민감성이 요구된다. 예컨대, 교실 분위기, 교사와 유아, 유아와 유아, 유아와 교구와의 상호작용, 언어적인 의사소통 등과 같은 모든 물적 · 인적 환경이 중요하다. 교사는 학습이 일어나는 상황에 좀 더 세심하게 주의를 기울이며 사회적 변화에 민감하고 학습결과에 영향을 미칠 수 있는 많은 예측할 수 없는 요인들에 대해 좀 더 세심한 배려를 해야 한다.

(3) 교수를 위한 계획으로서의 교육과정

교수계획으로서의 교육과정은 의도적 계획으로서 오래전부터 교육과정의 개념으로 이해되고 있는 보편적인 정의이다. 이 교육과정은 매우 구체적일 수 있고 포괄적일 수도 있으며 장기적 계획이거나 단기적 계획일 수 있다. 유아들을 위한 교육목표, 내용, 방법 등의 일일 교육내용을 짜는 계획을 중심으로 하는 형식과 주제나 내용 영역을 중심으로 서술하는 것 등 다양하다. 이러한 교사의 미리 짜여진 교수계획은 나날이 유아의 요구, 흥미에 대한 융통성 있는 교육을 감소시킬 수 있다는 점에서 비판받기도 한다.

(4) 교수요목으로서의 교육과정

교수요목으로서의 교육과정은 유아들에게 가르칠 교육목표와 내용, 순서를 일련의 문서로 작성하는 매우 좁은 의미의 교육과정이다. 문서화된 교육과정으로서 국가적으로 믿을 만한 공식적인 문서의 성격을 지녀 목표설정이나 수행과정을 관찰하기가 용이한 점이 장점이다. 교사들이 교수계획안을 작성할 때 유아들의 학습 욕구에 대한 생각을 재검토해 볼 수 있는 기회와 교실 내의 적용을 평가해 보는 데 도움을 주는 자료가 되며, 교사 자신의 생각을 명료화하는 데 도움을 준다. 그러나 이런 교육과정이 국가수준에서 중앙집권적으로 획일화된 문서로서 제시된다면 지역사회의 특성, 유아들의 흥미와 요구, 현장에서의 실제적인 경험들이 반영되기 힘들기 때문에 유아교육의 특성을 살리기 힘들다.

(5) 프로그램으로서의 교육과정

유아교육과정에서 1960년 이후 가장 많이 논의되고 있는 개념은 '프로그램'의 개념이다. 유아교육에서 교육과정이라고 하면 흔히 특정 프로그램을 의미하고 있다. 예를 들면, 몬테소리 프로그램, 다중지능이론에 기초한 프로그램, 레지오 에밀리아 접근법 등 자주 논의되고 있는 교육과정 모델 프로그램을 말한다. 이러한 다양한 유아교육과정 모형의 개발은 중등교육과 유아교육을 구별하는 큰 차이점이며, 유아교육과정의 개념을 프로그램으로 동일시하게 하는 원인으로 유아교육에서는 유아교육과정이라는 용어로 대치되어 쓰이기도 한다. 또한 유아교육 프로그램이라고 할 때일반적인 교육과정이 아닌 어떤 특정 이론에 의해 조직된 교육과정 모델로서 구체화되고 실제로 교육현장에서 가르치는 교육내용을 상세하게 기술한 협의의 개념으로이해된다.

2. 유아교육 프로그램

수많은 다양한 유아교육 프로그램 모델 가운데 대표적인 프로그램 중에서 몬테소리 프로그램을 소개하며 특히 발도르프 프로그램, 프로젝트 접근법, 레지오 에밀리아 접근법은 하나의 프로그램 모형이기보다는 기존의 유아교육 프로그램에 적용될 수 있는 유아교육 접근법으로 각 유형에 대한 설명은 다음과 같다(Roopnarine & Johnson, 2005).

1) 몬테소리 프로그램

(1) 개발 배경

마리아 몬테소리(Maria Montessori)는 이탈리아에서 최초의 여의사로서 로마의 대학병원에서 일하면서 정신지체아들과 접촉하게 되었는데 정신지체아의 치료가 의학적인 문제라기보다 교육적 문제라는 것을 깨닫고 교육학, 철학, 실험심리학, 인류학 등을 연구하였다.

몬테소리 프로그램(Montessori Program)은 몬테소리가 정신지체아들의 교육을 통해 감각교육이 이성의 교육을 앞선다는 것을 깨닫고 감각을 체험하는 교구와 글쓰기와 읽기를 위한 새로운 방법을 개발하였다. 1907년 산 로렌초에 3~7세 도시빈민 유아를 대상으로 최초의 몬테소리 어린이의 집(casa dei bambini)을 개원하였다. 1911년 미국에 최초로 몬테소리 학교를 설립하였고 그 후 스위스, 영국, 아르헨티나, 파리, 뉴욕, 보스턴 등 여러 나라에 퍼져 나갔다.

(2) 교육내용

몬테소리 프로그램은 준비된 환경으로 교육내용은 일상생활 훈련, 감각교육, 언어교육, 수학교육, 문화교육 영역 등 총 다섯 영역으로 이루어지며 구체적인 내용은 다음과 같다(신화식, 2003).

① 일상생활 훈련

일상생활 훈련이란 유아의 매일의 생활에서 행해지는 활동으로 유아에게 적합한 크기의 용구들로 준비해 주어 유아 스스로 연습할 수 있도록 한다. 이러한 활동을 통해 사회생활에 잘 적응하는 것은 물론 독립심, 집중력, 질서감, 운동 조절 능력 등이 길러진다.

일상생활 훈련은 개인관리(손 씻기, 머리 빗기, 옷 입고 벗기, 이 닦기, 코 풀기, 신발·양말 신고 벗기, 장갑 끼고 벗기, 구두 닦기 등 유아 자신의 신변보호에 필요한 활동), 환경관리(물 따르기, 곡물 따르기, 말기와 펴기, 자르기, 껍질 벗기기, 물건 옮기기, 청소하기, 먼지 털기, 비로 쓸기, 수건 빨기, 금속제품 광내기, 다리미질하기, 스펀지 사용하기, 상 차리고 치우기, 도시락 싸기, 책꽂이에 책 꽂기, 동·식물 키우기 등 교실에서 자신들의 환경을 보호하도록 배우는 활동), 사회적 관계(인사하기, 감사하기, 친구에게 도움 청하기, 사과하기, 초대하고 초대받기, 축하하기 등과 같은 예절교육), 동작의 조정과 분석(선 따라 걷기, 균형잡기와 같은 이동 활동, 침묵 게임과 같은 집중하기 활동)이 포함되어 독립심과 바람직한 인성을 기르는 데 도움을 준다.

② 감각교육

감각교육은 감각을 이용하도록 중요한 물리적 특성에 따라 분류되어 있으며 오감을 보다 예민하게 발달시켜 줄 뿐만 아니라 짝짓기, 서열하기, 분류하기 등 논리수학적 개념 형성을 돕는다.

시각교육을 위한 교구로는 꼭지 달린 원기둥, 꼭지 없는 원기둥, 분홍탑, 갈색 계단, 색판, 기하도형 등이 있으며, 촉각교육을 위한 교구로는 촉각판, 기하학적 입방체, 비밀주머니, 온도병, 무게판 등이 있다. 그 외 청각교육을 위한 소리상자, 벨, 미각·후각을 위한 맛보기, 냄새맡기병 등이 있다.

③ 언어교육

2세에서 5세는 언어의 민감기이므로 풍부한 어휘력, 타인과의 의사소통 능력, 읽기, 쓰기에 관심을 갖도록 다양한 활동을 제공하여 유아의 흥미를 이끌어 주어야 한다. 언어교육에는 말하기를 위한 교육과 읽고 쓰기 위한 교육이 포함된다. 말하기 교육으로는 노래하기, 새로운 계절에 대해 말하기, 질문하기 게임, 시간이나 활동을 이야기하기, 보고 말해 보기, 경험에 대해 이야기하기 등이 있다. 읽기와 쓰기의 기술을 위한 직접적·간접적 발달을 도모하는 언어교구로는 모래종이 글자, 움직이는 자음과 모음, 음성 사물상자, 음성 단어카드, 표음문자, 어려운 단어 분류하여 읽기, 단어 기능 읽기 분석, 받아쓰기 등이 있다.

④ 수학교육

몬테소리 수학교육은 구체적이고 감각적으로 고안된 수학교구를 통해 추상적인 수 개념을 유아가 보다 쉽게 받아들일 수 있도록 도와준다. 이런 활동을 통해 수개념뿐만 아니라 인내심, 자기절제력이 길러지게 된다.

수학교육 영역에 포함되는 활동과 교구로는 수의 소개활동−1~9까지의 기본적인 개념과 수의 이름 및 양의 개념을 습득하기 위한 활동, 십진법 활동−십진법 소개, 자리의 개념 소개, 수의 구성 소개, 기본적인 조작을 소개, 1~19와 1~99세기 활동−양적인 탐색을 하고 10~100의 기호와 이름을 알게 하며, 논리적으로 숫자 소개의 활동을 확장하는 데 목적이 있다, 기본공식 학습활동−덧셈, 뺄셈, 나눗셈을 포함한 기본적인 결합을 기억하는 데 도움을 준다. 구체적인 것부터 추상적인 개선이 가능하도록 하는 활동−작은 구슬틀, 큰 구슬, 나눗셈 판이 있다. 분수활동−양, 이름, 상징, 수학적 계산에 대한 소개를 목적으로 한다. 구체적인 작업은 분수 끼우기틀과 곱셈 난쟁이가 있다.

⑤ 문화교육

문화교육 영역에는 우리 문화와 타 문화의 공통점, 차이점을 알게 되며, 우리 문화에 대한 자긍심을 갖고 다양한 세계 문화에 대한 이해를 높일 수 있도록 예절, 문화, 실외 형태 등 다양한 활동이 포함되어 있다. 지리·과학·식물학·동물학·미술·음악에 관한 다양한 활동이 이루어지도록 한다.

(3) 교사의 역할

몬테소리는 유아를 가르치는 방법, 즉 돕기 위한 외부 조건을 준비된 환경, 소극적인 교사, 과학적 교구라고 주장하였다. 유아가 능동적인 태도를 취하면 교사는 수동적이 되어야 하며, 유아 스스로 행동을 하기 위한 준비과정에서는 교사가 유아에게 무언가를 보여 주어 교구를 어떻게 사용할 수 있는지 가르쳐 준다. 그리고 유아가 관심을 보이면 교사는 뒤로 물러나야 한다고 하였다.

몬테소리는 유아가 성인과 다른 '흡수정신'을 가지고 있기 때문에 능동적으로 주변 환경을 탐색해 나간다고 보았다. 따라서 교사가 과도하게 개입하는 것은 금기시되었다. 교사는 유아를 가르친다기보다는 옳은 방향으로 인도하는 방향제시자로서의 역할이 요구된다. 유아들의 적절한 발달을 위해 교사는 관찰자로서 주의 깊게 유아를 관찰하고 유아들이 스스로 주변 환경에 대해 좀 더 자세하게 관찰할 수 있도록 도와주어야한다. 교사는 환경준비자로서 유아들에게 올바른 발달과 성장을 할 수 있도록 이끌어 주는 환경인 '준비된 환경'을 제공해 주어야 한다(오금희, 1993).

2) 발도르프 프로그램

(1) 개발 배경

발도르프 프로그램(Waldorf Program)은 루돌프 슈타이너(Rudolf Steiner)의 인지학, 인간학에 기초하여 1919년 발도르프-아스토리아 담배 공장에 세워진 교육기관이다. 슈타이너의 발달단계 이론에 기초하여 3~6세를 위한 유치원교육, 7~14세를 위한 교육, 14세 이후를 위한 교육으로 구분하여 시행하였다. 최초의 자유발도르프 유치원은 1926년 슈투트가르트에 설립되었다(Roopnarine & Johnson, 2005).

슈타이너는 '자유와 철학'에서 인간은 창조의 유일한 본질로서 정신을 갖고 있다고 하였다. 이 정신이 인간으로 하여금 자기 자신과 세상을 인식하게 하고 또 그것을 통해 자유롭게 결정하고 행동하게 한다고 하였다. 신체를 건강하게 보존하고 영혼을 감정과 의지에 맞게 연습하여 살아 있는 삶을 훈련시킴으로써 정신의 길을 평탄케 해 주는 인지학을 실제 생활에 적용하라고 하였다(Seitz & Hallwaches, 1996).

(2) 교육내용

발도르프 프로그램의 교육내용을 살펴보면 다음과 같다(류현수, 김주아, 2008: 181–184).

① 생활리듬

인간에게는 호흡, 심장박동, 맥박 등과 같이 본래 리듬이 있다. 유아들은 인간의 삶의 리듬을 바탕으로 연, 월, 주 하루의 일과를 보낸다. 절기인 우리의 설, 보름, 추석 등의 민속명절과 다양한 풍습, 계절의 변화를 해마다 반복하여 체험한다.

유아에게 안정감을 주기 위해 3~4주 동안 한 가지 일을 계속해서 반복하는 발도르프 유치원 생활은 유아와 내적 호흡작용을 고려한 반복적인 리듬이 담긴 하루 일과로 진행된다(이순형 외, 2005: 182).

② 놀잇감

책이나 놀잇감들은 기능이 정해져 있거나 플라스틱으로 만들어진 기존의 생산품들이 아닌 조개껍질, 나무토막, 돌, 찰흙으로 만든 그릇, 말린 과일, 씨앗, 천연염료로 염색한 크고 작은 천들이다. 바느질, 조각, 매듭, 등나무 바구니 짜기 등 교사가 대부분 놀잇감을 만든다.

③ 예술작업

인간은 육체, 영혼, 정신 등 모든 감각으로 배우는데, 고전적인 예술과목에서만 그러한 것이 아니라 모든 수업에 감각적 요소와 예술적 요소가 배어 있다. 예술작업은 인형 만들기, 절기음식 만들기, 수놓기, 조각, 바느질, 놀잇감 만들기, 명절 등 특별한 날 준비하기 등이다. 교사는 전 작업과정을 주도면밀하게 구성하여 유아에게 교육적인 경험을 제공한다. 유아의 모방을 염두에 두고 작업에 임하며 절대 지시하여 결과물을 요구하지 않아야 한다(Jaffke, 2000).

④ 동화 및 이야기 들려 주기와 인형극

유아들에게 상상력과 반복적인 안정감을 주기 위해 전래동화, 짧은 시 등의 이야깃거리를 반복해서 2~4주간 같은 시간에 들려 준다. 이는 자신이 잘 알고 있는 줄거리를 머릿속으로 쉽게 따라갈 수 있고, 이를 통해 유아가 심리적 안정감을 얻게 되기 때문이다. 단지 들려 주는 것으로 끝나지 않고 이야기를 듣고 상상해 보고, 상상한 것을 말이나 글로 표현해 본다.

⑤ 오이리트미

오이리트미는 모든 단어, 문장을 몸짓으로 표현하며 일반적인 춤의 의미가 아니라 동작을 통해 노래를 하며 여러 사람이 함께 표현을 할 수 있다. 우리를 둘러싼 물리적 공간뿐 아니라 우리 내부의 공간, 곧 내면의 소리와 움직임을 밖으로 나타내는 것으로 인간의 언어와 음악이 조화되는 경험을 할 수 있다.

⑥ 형태로 그리기

그림 그리기는 주로 밀랍으로 만들어진 크레용과 물감을 사용한다. 교사가 모범으로 선을 이용하기보다 면으로 형태가 드러나게 그림을 그려 유아들이 생동감 있는 그림을 경험하도록 한다. 또한 동화를 통해 색의 느낌을 배운다. 색깔을 빨강, 파랑, 노랑을 주어 서로 섞어 새로운 색이 만들어지는 경험을 해보게 한다.

⑦ 노래로 아침열기

매일 노래를 부르면서 아침열기를 한다. 이는 노래를 부르면 즐거워지고 특히 어두운 가정 분위기의 유아들에게 중요하며, 노래를 자주 부르면 호흡도 고르게 되고 깊고 다양한 호흡을 할 수 있기 때문이다(한주미, 2000: 69).

(3) 교사의 역할

발도르프 교사는 자기 자신의 가치와 교사라는 직업적 전문성이 통합되어야 하며 학급에서 유아들의 요구에 부응할 수 있는 자유로움을 지녀야 한다. 또한 예술, 동작, 음악에 대한 창조성을 개발할 수 있어야 하며, 교과과정에 대해 끊임없이 연구하고, 유아들의 성장을 지켜 주는 파트너가 되어야 한다. 수업 준비와 수업 행위 외에도 평생을 걸친 정신적 연습과정을 거쳐 항상 연구하고 노력해야 한다(홍지연, 2002).

3) 프로젝트 접근법

(1) 개발 배경

프로젝트 접근법은 1920년대 미국의 진보주의의 교육학자인 듀이(Dewey)와 킬패트릭(Kilpatrick)에 의해 유아들을 위한 바람직한 교수·학습방법으로 제시되었던 프로그램이다. 1980년대 말 캐츠(Katz)와 차드(Chard)에 의해 교수모델이 아닌 프로그램의 한 부분으로 접근되었다. 프로젝트 접근법은 한 학급 전체가 소집단 또는 개별로 하위 주제에 대해 알아가는 방식으로서, 특정한 연구주제에 대해 심도 있게 연구하는 것을 말한다. 프로젝트 접근법의 목적은 교사가 제시한 질문에 정답을 구하는 과정이 아니라 주제에 대한 유아들의 심층적인 이해를 돕기 위한 것이다. 프로젝트 접근법의 핵심은 한마디로 탐구이다. 탐구가 진행되는 동안 유아들이 교사와 함께 품게 된 의문에 답을 찾아가는 연구과정이다(Katz & Chard, 2000: 3).

(2) 교육내용

프로젝트 접근법에서는 교육내용이 주제를 중심으로 다루어지고 주제의 범위는 유아 자신, 지역사회, 지역행사와 현재 일어나고 있는 사건, 장소, 시간, 자연현상, 일반지식 등 다양하다. 프로젝트를 성공적으로 이끌기 위해서는 주제를 잘 선정해야 한다. 주제는 교사와 유아들이 토론을 통해 협의하여 결정되는 것이 바람직하지만 궁극적인 책임은 교사에게 있다.

주제가 정해지면 프로젝트 접근법을 진행하는 순서는 다음과 같다(Katz & Chard, 2000: 122-127).

① 1단계: 프로젝트 계획과 시작

프로젝트는 여러 방법으로 시작할 수 있다. 1명 이상의 소집단 유아들이 무언가에 관심을 보일 경우나 교사가 주제를 소개하거나 교사와 유아들의 합의하에 선택한 주제가 있을 때 시작될 수 있다.

프로젝트 활동 1단계의 주요 내용은 주제에 대해 어린이들이 이미 갖고 있는 정보, 생각, 경험들을 모아서 서로 공통의 토대를 마련해 주는 일이다. 교사는 1단계 토론에서 유아들에게 각자 연령과 능력에 맞춰 주제에 대해 알고 있는 바를 이야기해 보기, 극놀이하기, 쓰기, 그리기 또는 여러 방법으로 나타낼 수 있도록 돕는다. 이때 유아들은 개인적 경험을 공유하게 되면서 공통 경험과 개인 경험을 알게 되고, 교사는 주제에 대해 유아들이 잘 아는 것과 모르는 것을 파악한다. 1단계 토론에서 주제에 대해 여러 각도에서 많은 질문거리들이 나올 수 있다.

② 2단계: 프로젝트 전개

2단계에서 교사는 유아들이 새로운 정보와 지식을 배울 수 있도록 중점을 둔다. 외부 탐방계획을 비롯하여 유아들에게 설명 및 시연을 해 줄 전문가 초빙을 주선한다. 한편, 유아들은 교실에서 탐구와 관련된 물건, 책, 사진이나 공예품을 수집한다. 신중한 방문계획 수립을 통해 취학 전 연령의 유아들이라도 현장연구조사와 초빙 인사를 통해 알아볼 사항이 무엇인지 분명히 알 수 있어야 한다.

교사는 유아들이 주제에 대한 심층탐구와 정보탐색 성향을 기를 수 있도록 도우며 유아들이 관찰, 이야기하기, 그리기, 색칠하기와 같은 기능을 각자 잘 활동하도록 돕는다. 또한 유아들이 밝혀 내고 생각한 바를 적절히 표상할 수 있도록 재료를 마련해 주고 제안과 충고를 해 준다.

③ 3단계: 프로젝트 반성과 결론

3단계의 중점은 소집단 작업과 개별 작업을 마무리하고 배운 것을 요약하도록 돕는 일이다. 이 단계에서 대부분의 유아들은 주제에 대해 심층적으로 이해한 바를 서로 공유한다. 이때 새로운 정보를 소개하는 것은 바람직하지 않다. 대신 여기에서는 그들의 학습을 정교하게 해서 의미를 고양시켜 주고 개인적으로 의미 있게 만드는 일이 중요하다. 우리는 유아들이 새로운 지식을 적용할 때 진정으로 자기화시킬 수 있다고 본다.

3, 4세 유아들은 프로젝트에서 역할놀이를 하는 시간에 병원이나 가게가 주제라면 이와 관련된 역할놀이를 할 수 있다. 사회극놀이를 통해 현실 세계에 대해 완전하게 이해하게 된다.

연령이 높은 유아들은 3단계에서 습득한 새로운 지식을 연습해 보고 반성해 보는 시간을 갖는다. 늘어난 지식을 놀이뿐만 아니라 벽 전시, 음악, 드라마, 춤, 학급 문집 제작, 게임, 개인 파일에 나타낼 수 있다. 극대화된 활동을 조직하여 배운 바를 급우들 앞에서 발표하기도 한다. 학부모나 친구들을 초대하여 자신의 활동과 관련된 탐구과정에 대해 설명한다.

1단계에서 3단계까지 각 단계별 중심사건 및 과정, 교사의 관심 및 유아의 활동을 살펴보면 〈표 10-1〉과 같다(Chard, 1992: 70-71).

표 10-1 각 단계별 중심사건 및 과정, 교사의 관심 및 유아의 활동

단계 \ 내용	중심사건 및 과정	교사의 관심	유아의 활동
1단계	• 주제에 관한 최초 토의 및 경험 표현 • 연구하고 토의하고 고찰해 보아야 할 물건, 이야기, 비디오 보기 • 현재 지식을 기초로 한 주제망 구성 • 밝혀내기를 원하는 질문 목록표 작성	• 주제와 관련된 유아들의 사전 경험 내용은 무엇인가? • 주제에 대해 유아들이 이미 알고 있는 내용은 무엇인가? • 주제에 관해 유아들이 알고 싶어 하는 것은 무엇인가? • 부모들이 이 활동에 어떤 식으로 참여할 수 있는가?	• 개인적 경험 회상 • 개인적 경험이나 기억 표현 • 교사와 유아들의 공통적인 경험과 다른 경험을 토의하고 비교하기 • 현재의 지식과 아이디어 창출해 내기 • 개인적으로 알고 싶은 것에 관한 질문 목록 만들기
2단계	• 현장 견학 전의 예비 토의 • 현장 견학 • 견학에 대한 추후 토의와 거기서 학습한 것을 표현하기 위한 계획 • 전문가 방문 • 계획에 기초한 장기적이고 다단계적 활동	• 유아들에게 줄 수 있는 새로운 직접 경험은 무엇인가? • 유아들이 획득할 수 있는 새로운 이해는 무엇인가? • 어떻게 하면 교육과정 목적과 가장 잘 부합될 수 있는가? • 어떻게 하면 개인의 흥미와 학습요구에 맞도록 다양화시킬 수 있는가?	• 현장 견학을 위한 준비 • 현장 견학 조사 · 탐구활동: 현장 노트에다 현장에 관한 것 스케치하기, 질문하기, 관찰하기, 측정하기 등 • 현장 견학 사후 활동: 스케치해 온 것 정교화하기, 글로 표현하기, 삽화 그리기, 책 찾아보기 • 전문가와 함께 활동하기, 전문가 면담하기
3단계	• 마무리 행사: 학습과정 및 결과에 대한 공유 • 새로운 지식의 내면화	• 어떤 종류의 마무리 행사가 이 프로젝트를 위해 가장 적합할까? • 새롭게 획득한 지식의 내면화를 위해 유아들에게 가장 적합한 활동은 무엇일까?	• 프로젝트 활동 과정의 모든 결과물 또는 결론 검토 • 프로젝트 전 과정을 통해 이루어진 활동을 평가하고 전시를 위해 자신의 대표적인 작품을 스스로 결정하기

| | | • 유아들이 주제에 관하여 잘 이해하지 못한 부분은 무엇이며 이를 위해서는 무엇을 어떻게 해야 하는가? | • 다른 사람이 학습과정을 이해하고 감상할 수 있도록 프로젝트 활동을 재창조하기: 여러 가지 활동 재정리, 배열 및 재구성하기
• 그리기, 쓰기, 극화 활동을 통한 새로운 지식의 내면화
• 집으로 가져갈 작품과 원에 남길 작품 선별 정리 |

출처: Chard (1992: 70-71).

(3) 교사의 역할

교사와 유아가 함께 만들어 가는 프로젝트 접근법을 실행하는 데 있어서 민감한 관찰자와 안내자로서의 교사의 역할이 중요하다(지옥정, 2017). 프로젝트 단계별로 교사의 역할을 살펴보면 다음과 같다(이순형 외, 2005: 157).

준비단계에서 교사는 구체적으로 프로젝트의 주제 선정 지원하기, 주제에 관한 영역별 학습내용 및 활동예상안 작성하기, 주제에 관한 유아의 관심과 흥미를 유발시킬 수 있는 환경을 구성한다. 시작단계에서는 주제에 관한 유아의 다양한 생각을 격려하고 탐구하고자 하는 내용의 큰 줄기를 잡아 주며, 유아의 흥미와 호기심을 유도할 수 있는 다양한 활동을 지원한다.

전개단계에서는 질문내용을 활동으로 연결해 주고 적합한 자원을 조달하고 활동 결과물을 공유하는 시간을 통해 적합한 추후 활동으로 연결해 준다.

마무리단계에서는 학습결과들을 유아들과 함께 검토하고 평가하면서 이후의 프로젝트가 더욱 풍부해질 수 있는 기반을 마련한다. 또한 프로젝트 준비단계에서 마무리단계까지 부모의 적극적인 참여를 유도하고 부모와의 긴밀한 협조적 관계를 유지한다. 부모의 적극적인 참여와 협조가 있을 때 활동이 풍부하게 이루어질 수 있다.

4) 레지오 에밀리아 접근법

(1) 개발 배경

레지오 에밀리아 접근법(Reggio Emilia Approach)은 이탈리아 북부 에밀리아 로마냐 지방의 레지오 에밀리아 시가 행정적, 재정적 지원을 하는 시립 유아교육 체제를 말한다. 오랫동안 피아제, 듀이, 비고스키, 가드너 등 아주 많은 학자들의 연구로부터 아이디어와 영감을 얻어 그들 특유의 현장으로부터 창출된 철학과 함께 통합되어 온 교육이다. 지금도 다른 관점에 귀 기울이면서 언제나 변화를 추구하는 변형의 가능성이 있게 교육하고 있다(오종숙, 2009: 20).

(2) 교육내용

레지오 에밀리아 교육과정은 발현적 교육과정, 표상활동을 통한 프로젝트로 나타난다.

① 발현적 교육과정

레지오 에밀리아 접근법에서 교육과정은 발현적 교육과정(emergent curriculum)이란 용어로 가장 잘 설명한다. 발현적 교육과정이란 장단기적으로 유아들이 학습할 일련의 내용과 개념을 미리 정해 놓고 순서에 따라 학습해 가는 것이 아니라 유아의 흥미와 교육적 가치를 기초로 무엇을 배우고 학습하고 경험할 것인지 지속적으로 정하는 것을 말한다. 유아들은 심도 있게 주제를 탐색해 나가는 가운데 궁금증을 유발하게 되고, 문제에 직면했을 때 자연적으로 발현적 교육과정이 일어난다. 대부분 발현적 교육과정에서는 한 가지 주제나 개념을 깊이 학습해 나가 보통 프로젝트라는 용어로 표현한다(New, 2000). 레지오 에밀리아 접근법에서는 주제 등을 사전에 결정하지 않는다. 영유아의 아이디어, 사건, 예기치 못한 사건 등이 주제가 된다. 교사는 영유아가 제시한 아이디어, 교사의 과거 경험, 유아를 관찰한 내용 등에 근거하여 협상하여 주제를 선정한다. 간혹 교사가 제시하는 주제가 선정되기도 한다. 왜냐하면 교사도 유아와 동일한 연구자로 보기 때문이다. 이러한 발현적 과정은 즉시성과 계획성 간의 균형, 지식에 대한 개별적 욕구와 협력 추구의 접목 및 아동의 흥미와 교사가 제시하는 다양한 문화와 상황 간의 연결에 대한 문제점을 대두시킨다(Nimmo, 1995). 이미 상당 부분이 결정되어 있는 프로그램을 따르기보다 훨씬 어려운 과정일 수도 있다.

② 표상활동을 통한 프로젝트

레지오 에밀리아 접근법에서 프로젝트를 실시할 때는 보통 3~4명으로 구성된 소집단의 유아들이 다양한 주제를 가지고 장단기적으로 이루어진다. 집단의 구성은 유아들의 흥미, 남녀의 비율, 공동으로 학습해 나가는 과정에서 서로 도움을 줄 가능성 등을 기초로 교사가 주로 구성하지만 유아들이 직접 자신들의 흥미 또는 또래와의 관계 등에 따라 구성하기도 하며 매일의 흥미에 따라 구성원이 달라지기도 한다. 주제는 창의적인 사고와 문제해결을 할 수 있을 만큼의 불확실성과 흥미가 유발되고, 여러 방향으로 탐색할 길이 열려 있기 때문에 교육과정의 계획과 실행은 항상 개방형으로 진행되며 교사 주도와 유아 주도 형태의 상호작용이 이루어진다. 또한 학습의 도구로서 다양한 시각매체를 사용한 표상활동을 사용한다. 즉, 말, 몸동작, 선그림, 페인트, 조각, 그림자놀이, 콜라주 그리고 음악 등의 다양한 표현을 통해 자신의 생각을 표상하도록 한다. 교사는 유아들의 표상활동을 보고 유아의 현재 수준 및 이론을 알 수 있으며, 유아들에게는 표상활동을 통해 자신의 이론을 세우거나 자신의 이론의 모순점을 깨닫는 기회를 주게 되며, 상호작용하는 소집단 내에서 토론을 할 때 사용되는 구체적 실증자료가 되기도 한다(이기숙, 2008: 160).

(3) 교사의 역할

레지오 에밀리아 접근법에서 중요시하는 교사의 역할은 기록화와 연구, 환경 조성, 지식 구성 협력, 부모와의 협력, 의사소통자, 유능한 아동지지자, 사회적 관계 지원, 교사-유아 간 이해 교환 등이다. 각각의 역할에 대한 구체적 설명은 다음과 같다(Fraser & Gestwicki, 2002).

① 기록화와 연구

교사는 관찰을 통해 얻은 자료를 바탕으로 유아의 경험과 발달과정에 대해 기록

한다. 기록은 교육과정을 계획하는 기초가 된다. 교사는 디지털 카메라, 녹음기, 슬라이드 투사기, 타자기, 비디오 카메라, 컴퓨터, 복사기 등을 이용하여 유아들의 생각을 기록하고 이해하기 위해 노력하며, 유아와의 경험, 학부모나 학교를 방문했던 다른 사람들과의 의사소통에 대해 돌아 본다. 기록은 교사가 연구하고 교육에 대해 고민하고 협조하는 데 필요한 도구이다.

② 제3의 교사인 환경 조성

유아들의 놀이, 의사소통, 탐색을 증진시키는 데 도움이 되도록 환경을 준비하는 것이 교사의 역할이다. 환경이 제3의 교사로서 기능하도록 환경의 역할을 이해하고 그러한 환경을 조성하기 위해 노력한다.

③ 지식 구성 협력

레지오 에밀리아 접근법에서는 프로그램이 유아의 흥미나 아이디어에서부터 발현된다. 교사들은 의미 있는 학습경험을 위해 관찰한 것이나 아동들의 대화내용을 기록한 것에 대해 다른 교사들과 함께 주의 깊게 살펴보고 논의한다. 계획도 다른 교사들과의 협력과 협상에 의해 이루어진다.

④ 부모와의 협력

유아교육기관에서의 경험이 유아에게 긍정적인 것이 되기 위해서는 가정과 유아교육기관에서 아동의 경험이 일관되어야 한다. 레지오 에밀리아 교사들은 유아에 관하여 부모와 매우 긴밀하게 협력한다. 부모는 유아교육기관에서 아동이 경험하는 것을 충분히 접할 기회를 가지며 자신이 아동의 교육에 기여한다는 것을 이해하면서 교육에 참여할 수 있는 다양한 방법에 대해 인식한다.

⑤ 의사소통

레지오 에밀리아 접근법은 협력과 기록을 중시하므로 교사의 의사소통이 중요시된다. 교사는 아동의 대화를 경청하고, 의미와 질문을 파악하고 유아 자신의 아이디어가 확장되고 발전되도록 돕는다. 또한 의사소통을 통해 어떻게 새로운 것을 만들

수 있는 것인가에 끊임없는 자극과 도전을 갖게 한다.

⑥ 유능한 아동 지지

레지오 에밀리아 접근법은 프로그램 적용의 가장 효과적인 결과를 얻기 위해서는 교사가 유아를 유능한 존재로 보는 것이다. 교사는 유아의 행동을 지도하기보다는 유아 스스로 지식을 구성해 나가는 과정에서 협력자로서의 역할을 담당한다. 유아와 흥미로운 주제에 대해 대화를 하거나 유아와 함께 탐구하는 등 활동을 확장시키고 다듬을 수 있도록 한다.

⑦ 사회적 관계 지지

레지오 에밀리아 접근법은 유아가 지역사회에서 지식을 공동으로 구성할 수 있는 기회를 제공하는 것을 강조한다. 교사가 유아에게 이런 기회를 제공하는 것은 학습자 간의 상호작용 공동체를 형성하게 되는데, 이 공동체는 유아뿐만 아니라 교사, 부모, 지역사회까지 모두 포함하는 것이다.

⑧ 교사와 유아 간의 이해 교환

학습의 방법으로 교사와 아동 간 이해의 교환을 강조하는데 교사는 아동을 경청하고 아동과 대화하고 아동의 행동과 말을 관찰 기록하고 거기에 대해 숙고한다. 레지오 에밀리아 접근법은 유아가 서로 상충되며 혼동되기도 하는 다양한 관점들을 경험할 기회가 풍부한 사회문화적 맥락이 중요하다고 강조한다.

3. 우리나라의 유아교육과정

1) 유치원교육과정

유치원교육과정은 1969년 최초로 국가수준 교육과정으로 제정, 공포된 이후 여러 차례의 개정을 거쳐 「2007 개정 유치원 교육과정」으로 이어졌다. 한편 표준보육과정은 2007년 최초로 고시, 시행되었고, 이후 유치원에서는 유치원교육과정, 어린이집에서는 표준보육과정으로, 이원화되어 있었다. 하지만 3~5세의 경우 같은 연령의 유아를 대상으로 하는 기관임에서 불구하고 관할하는 부서가 다르다는 이유로 인해 비효율성 및 비형평성에 대한 논란이 제기되었다. 그래서 유아교육과 보육의 협력적이고 통합적인 운영이 필요하다는 OECD(2012)의 권고에 의해 3~5세 공통교육과정인 누리과정이 국가 차원에서 개발·고시되었다(교육과학기술부, 보건복지부, 2012; 임미정, 2013).

교육부는 2017년 12월 7일 「유아교육 혁신 방안」으로 '유아교육에 대한 국가 책임 강화와 교육문화 혁신을 통해 교육의 공공선 실현'이라는 비전 아래 유아교육의 공공성 강화를 통한 교육의 희망사다리 복원, 교실혁명을 통한 유아 중심의 교육문화 조성, 교육공동체와 함께 유아의 건강한 발달 지원, 유아교육 혁신을 통한 행정시스템 구축을 추진과제로 발표하였다. 누리과정의 개정 근거가 된 내용은 '교실혁명을 통한 유아 중심의 교육문화 조성' 과제 중 '유아가 중심이 되는 교육 패러다임 전환'이었다. 「2019 개정 누리과정」은 유아 중심, 놀이 중심, 교사의 자율성 강화를 기본 방향으로 하여 개정되었다(교육부, 보건복지부, 2019).

(1) 주요 개정 내용

① 국가수준의 교육과정으로서 구성 체계 확립
- 국가수준의 공통 교육과정으로서 성격 명시
- 추구하는 인간상 제시
- 초등학교 교육과정과의 구성 체계 및 교육내용 연계

② 유아·놀이 중심 교육과정 재정립
- 교사 중심 교육과정에서 유아·놀이 중심 교육과정으로의 변화
- 충분한 놀이시간 확보 권장
- 유아놀이와 배움의 의미에 대한 재이해

③ 5개 영역의 내용 간략화

- 유아가 경험해야 할 내용을 연령 구분 없이 제시
- 간략화된 내용으로 교사의 누리과정 실천 지원

④ 교사의 자율성 강조

- 교육과정 대강화 경향을 반영하여 교사의 자율성 강조
- 계획안 형식과 방법의 자율화
- 흥미 영역의 운영 방식 자율화
- 5개 영역 통합 방식의 다양화
- 평가의 자율화

(2) 영역별 내용

① 신체운동 · 건강 영역

신체운동 · 건강 영역은 유아가 다양한 신체활동에 즐겁게 참여하고, 청결과 위

내용 범주	내용
신체활동 즐기기	• 신체를 인식하고 움직인다.
	• 신체 움직임을 조절한다.
	• 기초적인 이동 운동, 제자리 운동, 도구를 이용한 운동을 한다.
	• 실내외 신체활동에 자발적으로 참여한다.
건강하게 생활하기	• 자신의 몸과 주변을 깨끗이 한다.
	• 몸에 좋은 음식에 관심을 가지고 바른 태도로 즐겁게 먹는다.
	• 하루 일과에서 적당한 휴식을 취한다.
	• 질병을 예방하는 방법을 알고 실천한다.
안전하게 생활하기	• 일상에서 안전하게 놀이하고 생활한다.
	• TV, 컴퓨터, 스마트폰 등을 바르게 사용한다.
	• 교통안전 규칙을 지킨다.
	• 안전사고, 화재, 재난, 학대, 유괴 등에 대처하는 방법을 경험한다.

생, 즐거운 식사, 적당한 휴식을 통해 건강한 생활습관을 기르며, 일상에서 안전하게 생활하는 방법을 배우고 실천하는 내용으로 구성한다.

② 의사소통 영역

의사소통 영역은 유아가 일상생활에서 다른 사람의 말이나 이야기를 듣고 말하기를 즐기며, 주변의 상징을 읽고 글자와 비슷한 형태로 써 보기에 관심을 가지며, 다양한 책과 이야기를 통해 상상하기를 즐기는 내용으로 구성한다.

내용 범주	내용
듣기와 말하기	• 말이나 이야기를 관심 있게 듣는다.
	• 자신의 경험, 느낌, 생각을 말한다.
	• 상황에 적절한 단어를 사용하여 말한다.
	• 상대방이 하는 이야기를 듣고 관련해서 말한다.
	• 바른 태도로 듣고 말한다.
	• 고운 말을 사용한다.
읽기와 쓰기에 관심 가지기	• 말과 글의 관계에 관심을 가진다.
	• 주변의 상징, 글자 등의 읽기에 관심을 가진다.
	• 자신의 생각을 글자와 비슷한 형태로 표현한다.
책과 이야기 즐기기	• 책에 관심을 가지고 상상하기를 즐긴다.
	• 동화, 동시에서 말의 재미를 느낀다.
	• 말놀이와 이야기 짓기를 즐긴다.

③ 사회관계 영역

사회관계 영역은 유아가 자신을 이해하고 존중하며, 친구와 가족 또는 다른 사람들과 사이좋게 지내며, 유아가 속한 지역사회와 우리나라, 다양한 문화에 관심을 갖는 내용으로 구성한다.

내용 범주	내용
나를 알고 존중하기	• 나를 알고 소중히 여긴다.
	• 나의 감정을 알고 상황에 맞게 표현한다.
	• 내가 할 수 있는 것을 스스로 한다.
더불어 생활하기	• 가족의 의미를 알고 화목하게 지낸다.
	• 친구와 서로 도우며 사이좋게 지낸다.
	• 친구와의 갈등을 긍정적인 방법으로 해결한다.
	• 서로 다른 감정, 생각, 행동을 존중한다.
	• 친구와 어른께 예의 바르게 행동한다.
	• 약속과 규칙의 필요성을 알고 지킨다.
사회에 관심 가지기	• 내가 살고 있는 곳에 대해 궁금한 것을 알아본다.
	• 우리나라에 대해 자부심을 가진다.
	• 다양한 문화에 관심을 가진다.

④ 예술경험 영역

예술경험 영역은 유아가 자연, 생활, 예술에서 아름다움을 느끼고, 음악, 움직임과 춤, 미술, 극놀이 등의 예술에서 자신의 느낌과 생각을 창의적으로 표현하는 과정을 즐기며, 다양한 예술 작품을 감상하고 다른 사람의 예술 표현을 존중하는 내용

내용 범주	내용
아름다움 찾아보기	• 자연과 생활에서 아름다움을 느끼고 즐긴다.
	• 예술적 요소에 관심을 갖고 찾아본다.
창의적으로 표현하기	• 노래를 즐겨 부른다.
	• 신체, 사물, 악기로 간단한 소리와 리듬을 만들어 본다.
	• 신체나 도구를 활용하여 움직임과 춤으로 자유롭게 표현한다.
	• 다양한 미술 재료와 도구로 자신의 생각과 느낌을 표현한다.
	• 극놀이로 경험이나 이야기를 표현한다.
예술 감상하기	• 다양한 예술을 감상하며 상상하기를 즐긴다.
	• 서로 다른 예술 표현을 존중한다.
	• 우리나라 전통 예술에 관심을 갖고 친숙해진다.

으로 구성한다.

⑤ 자연탐구 영역

자연탐구 영역은 유아가 호기심을 가지고 궁금한 것을 적극적으로 탐구하는 과정을 즐기며, 생활 속의 문제를 수학적, 과학적으로 탐구해 보면서, 생명과 자연환경을 존중하는 내용으로 구성하였다.

내용 범주	내용
탐구과정 즐기기	• 주변 세계와 자연에 대해 지속적으로 호기심을 가진다.
	• 궁금한 것을 탐구하는 과정에 즐겁게 참여한다.
	• 탐구과정에서 서로 다른 생각에 관심을 가진다.
생활 속에서 탐구하기	• 물체의 특성과 변화를 여러 가지 방법으로 탐색한다.
	• 물체를 세어 수량을 알아본다.
	• 물체의 위치와 방향, 모양을 알고 구별한다.
	• 일상에서 길이, 무게 등의 속성을 비교한다.
	• 주변에서 반복되는 규칙을 찾는다.
	• 일상에서 모은 자료를 기준에 따라 분류한다.
	• 도구와 기계에 대해 관심을 가진다.
자연과 더불어 살기	• 주변의 동식물에 관심을 가진다.
	• 생명과 자연환경을 소중히 여긴다.
	• 날씨와 계절의 변화를 생활과 관련짓는다.

2) 표준보육과정

표준보육과정은 2004년 개정된 「영유아보육법 시행령」에 의한 표준보육과정의 개발로 보급이 의무화되어 2007년 제1차 표준보육과정이 제정되었다(여성가족부, 2007). 2012년 5세 누리과정 제정으로 인해 0~4세를 대상으로 제2차 표준보육과정을 제정하였다(보건복지부. 2012). 보건복지부는 2013년 제3차 어린이집 표준보육과정을 개정 고시하였다. 2013년부터 어린이집에서는 0~2세 영아에게는 보건복지부의 제3차 어린이집 표준보육과정에 근거하여 보육과정을 운영하고, 3~5세에게는 교육과학기술부와 보건복지부의 3~5세 연령별 누리과정에 기초하여 운영하게 되었다(보건복지부, 2013).

제4차 어린이집 표준보육과정은 2019년 개정 누리과정을 시작으로, 3~5세 보육과정(누리과정)의 총론과 각론 개정이 우선적으로 이루어졌다. 이어서 제3차 어린이집 표준보육과정을 개정하여 0~1세와 2세 보육과정 개정 및 0~5세 총론의 일부 용어(영유아, 표준보육과정 등)를 수정하고 영아 관련 내용을 부분 보완하였다(보건복지부, 2020).

(1) 표준보육과정의 특성

어린이집 표준보육과정은 0~5세 영유아를 위한 국가수준의 보육과정이며 0~1세 보육과정, 2세 보육과정, 3~5세 보육과정(누리과정)으로 구성한다(보건복지부, 2020).

① 총론은 3~5세 보육과정(누리과정) 개정 방향과 취지를 수용하되 보육의 정체성 유지, 영아보육의 특성을 반영하였다.

② 0~2세 영역별 내용은 제3차 어린이집 표준보육과정을 토대로 영아보육의 특성을 반영하였다.

③ 기존의 연령 체계를 유지하여 0~1세 보육과정, 2세 보육과정, 3~5세 보육과정(누리과정)으로 제시하였다.

④ 구성 체계를 조정하여 영역, 내용 범주, 내용 체계를 유지하고, 0~1세의 4수준, 2세의 2수준으로 구분하였던 세부내용을 내용과 통합하였다.

⑤ 0~2세 보육과정은 기존의 6개 영역을 유지하고 내용을 간략화하였다.

⑥ 전체적으로 영유아 중심, 놀이 중심을 추구하였다.

⑦ 영유아 기본 권리의 개별 보장을 중시하여 영유아는 개별적인 특성을 지닌 고유한 존재로 존중받아야 함을 강조하였다.

(2) 영역별 내용

① 기본생활 영역

내용 범주	0~1세	2세
건강하게 생활하기	• 도움을 받아 몸을 깨끗이 한다. • 음식을 즐겁게 먹는다. • 하루 일과를 편안하게 경험한다. • 배변 의사를 표현한다.	• 자신의 몸을 깨끗이 해 본다. • 음식에 관심을 가지고 즐겁게 먹는다. • 하루 일과를 즐겁게 경험한다. • 건강한 배변 습관을 갖는다.
안전하게 생활하기	• 안전한 상황에서 놀이하고 생활한다. • 안전한 상황에서 교통수단을 이용해 본다. • 위험하다는 말에 주의한다.	• 일상에서 안전하게 놀이하고 생활한다. • 교통수단을 안전하게 이용해 본다. • 위험한 상황에 대처하는 방법을 경험한다.

② 신체운동 영역

내용 범주	0~1세	2세
감각과 신체 인식하기	• 감각적 자극에 반응한다. • 감각으로 주변을 탐색한다. • 신체를 탐색한다.	• 감각 능력을 활용한다. • 신체를 인식하고 움직인다.
신체활동 즐기기	• 대소근육을 조절한다. • 기본 운동을 시도한다. • 실내외 신체활동을 즐긴다.	• 대소근육을 조절한다. • 기본 운동을 즐긴다. • 실내외 신체활동을 즐긴다.

③ 의사소통 영역

내용 범주	0~1세	2세
듣기와 말하기	• 표정, 몸짓, 말과 주변의 소리에 관심을 갖고 듣는다. • 상대방의 이야기를 들으면서 말소리를 낸다. • 표정, 몸짓, 말소리로 의사를 표현한다.	• 표정, 몸짓, 말에 관심을 갖고 듣는다. • 상대방의 이야기를 듣고 말한다. • 표정, 몸짓, 단어로 의사를 표현한다. • 자신의 요구와 느낌을 말한다.

읽기와 쓰기에관심 가지기	• 주변의 그림과 상징에 관심을 가진다. • 끼적이기에 관심을 가진다.	• 주변의 그림과 상징, 글자에 관심을 가진다. • 끼적이며 표현하기를 즐긴다.
책과 이야기 즐기기	• 책에 관심을 가진다. • 이야기에 관심을 가진다.	• 책에 관심을 가지고 상상한다. • 말놀이와 이야기에 재미를 느낀다.

④ 사회관계 영역

내용 범주	0~1세	2세
나를 알고 존중하기	• 나를 인식한다. • 나의 욕구와 감정을 나타낸다. • 나와 친숙한 것을 안다.	• 나와 다른 사람을 구별한다. • 나의 감정을 표현한다. • 내가 좋아하는 것을 한다.
더불어 생활하기	• 안정적인 애착을 형성한다. • 또래에게 관심을 가진다. • 다른 사람의 감정과 행동에 관심을 가진다. • 반에서 편안하게 지낸다.	• 가족에게 관심을 가진다. • 또래와 함께 놀이한다. • 다른 사람의 감정과 행동에 반응한다. • 반에서의 규칙과 약속을 알고 지킨다.

⑤ 예술경험 영역

내용 범주	0~1세	2세
아름다움 찾아보기	• 자연과 생활에서 아름다움을 느낀다. • 아름다움에 관심을 가진다.	• 자연과 생활에서 아름다움을 느끼고 즐긴다. • 아름다움에 관심을 갖고 찾아본다.
창의적으로 표현하기	• 소리와 리듬, 노래로 표현한다. • 감각을 통해 미술을 경험한다. • 모방 행동을 즐긴다.	• 익숙한 노래와 리듬을 표현한다. • 움직임과 춤으로 자유롭게 표현한다. • 미술 재료와 도구로 표현해 본다. • 일상생활 경험을 상상놀이로 표현한다.

⑥ 자연탐구 영역

내용 범주	0~1세	2세
탐구 과정 즐기기	• 주변 세계와 자연에 대해 호기심을 가진다. • 사물과 자연 탐색하기를 즐긴다.	• 주변 세계와 자연에 대해 호기심을 가진다. • 사물과 자연을 반복하여 탐색하기를 즐긴다.
생활 속에서 탐구하기	• 친숙한 물체를 감각으로 탐색한다. • 물체의 수량에 관심을 가진다. • 주변 공간과 모양을 탐색한다. • 규칙성을 경험한다.	• 친숙한 물체의 특성과 변화를 감각으로 탐색한다. • 물체의 수량에 관심을 가진다. • 주변 공간과 모양을 탐색한다. • 규칙성에 관심을 가진다. • 주변 사물을 같고 다름에 따라 구분한다. • 생활 도구에 관심을 가진다.
자연과 더불어 살기	• 주변의 동식물에 관심을 가진다. • 날씨의 변화를 감각으로 느낀다.	• 주변의 동식물에 관심을 가진다. • 날씨와 계절의 변화를 감각으로 느낀다.

4. 요약

① 유아교육과정의 특징은 우연히 일어난 것으로서의 교육과정, 유아의 학교에서 갖게 되는 모든 경험으로서의 교육과정, 교수를 위한 계획으로서의 교육과정, 교수요목으로서의 교육과정, 프로그램으로서의 교육과정이다.

② 몬테소리 프로그램의 교육내용은 준비된 환경에서 일상생활 훈련, 감각교육, 언어교육, 수학교육, 문화교육 영역으로 구성되어 있다.

③ 발도르프 프로그램의 교육내용은 생활리듬, 놀잇감, 예술작업, 동화 및 이야기 들려 주기와 인형극, 오이리트미, 형태로 그리기, 노래로 아침열기로 이루어진다.

④ 프로젝트 프로그램은 주제가 정해지면 프로젝트 계획과 시작, 프로젝트 전개, 프로젝트 반성과 결론으로 마무리된다.

⑤ 레지오 에밀리아 프로그램의 교육내용은 발현적 교육과정, 표상활동을 통한 프로젝트로 나타난다.

⑥ 유치원 교육과정은 3~5세 누리과정으로 신체운동·건강, 의사소통, 사회관계, 예술경험, 자연탐구 영역으로 구성한다.

⑦ 어린이집 표준보육과정은 0~1세, 2세 보육과정으로 기본생활, 신체운동, 의사소통, 사회생활, 예술경험, 자연탐구 영역으로 구성하며, 3~5세 누리과정으로 구성한다.

10 유아교육과정

 동영상 시청과 토론   ● ● ● ●

1교시

◆ 동영상

• 개정 누리과정, 핵심 키워드로 팩트 체크!

[2019 개정 누리과정]

◆ 토론

• 누리과정과 2019 개정 누리과정의 공통점과 차이점에 대해 토론해 보세요.

2교시

◆ 동영상

• [다큐클래식] 이것이 미래 교육이다-독일 몬테소리 학교

◆ 토론

• 몬테소리 교육에서 일상생활 영역의 활동의 특징은 무엇인지 토론하세요.

3교시

◆ 동영상

• 레지오 에밀리아 유치원

◆ 토론

• 레지오 에밀리아 접근법의 환경적 특징은 무엇인지 토론해 보세요.

심화학습을 위한 자료

• 『노래하는 나무』 (한주미 저, 민들레, 2000)

선정 이유: 저자는 영국 발도르프 교사양성 학교(애머슨 대학)에서 3년 동안 슈타이너 교육을 체험한 것을 바탕으로 「한국의 교사교육과정 개발을 위한 발도르프의 적용가능성」이라는 논문을 작성하였고, 이 책은 그 논문을 우리말로 이해하기 쉽게 옮긴 책이므로 선정하였다.

추천할 만한 견학기관

• 연세대학교 어린이생활지도연구원 www.yonseichild.org

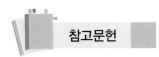

교육과학기술부, 보건복지부(2012). 누리과정 3~5세 연령별 누리과정 해설서.

교육부, 보건복지부(2019). 2019개정누리과정 해설서.

류현수, 김주아(2008). 영유아 교육프로그램 및 평가. 동문사.

박도순, 홍후조(2004). 교육과정과 평가. 문음사.

보건복지부(2012). 제2차 표준보육과정.

보건복지부(2013). 제3차 어린이집 표준보육과정.

보건복지부(2020). 제4차 어린이집 표준보육과정 해설서.

신화식(2003). 몬테소리 유아교육과정. 양서원.

안정민(2012). 5세 누리과정에 대한 유치원 교사의 인식. 덕성여자대학교 대학원 석사학위논문.

여성가족부(2007). 표준보육과정.

오금희(1993). 몬테소리의 유아교육사상에 관한 연구. 건국대학교 대학원 박사학위논문.

오종숙(2009). 레지오 에밀리아 교육의 이해와 적용. 양서원.

이기숙(2008). 유아교육과정. 교문사.

이순형, 이성옥, 이완정, 권혜진, 황혜신, 이혜승, 이영미, 정윤주, 성미영, 권기남(2005). 영유
    아 보육 · 교육 프로그램의 이해. 학지사.

임미정(2013). 「누리과정」 유아평가에 기초한 교육과정 운영 사례 연구. 덕성여자대학교 대
    학원 석사학위논문.

지옥정(2017). 유아교육현장에서의 프로젝트 접근법(제4판). 창지사.

한국유아교육학회(1995). 유아교육백서. 양서원.

한주미(2000). 노래하는 나무: 발도로프 학교에서 나무의 체험 이야기. 민들레.

홍지연(2002). 영유아교육 프로그램. 창지사.

Almy, M. (1975). *The early childhood education at work*. McGraw-Hill.

Chard, S. C. (1992). *The Project Approach: A Practical Guide for Teacher*. 지옥정 역(1994).
    프로젝트 접근법: 교사를 위한 실행 지침서. 창지사.

Fraser, S. , & Gestwicki, C. (2002). *Autbentic childhood: Experiencing Reggio Emilia in the
    classroom*. Delmar Thompson Learning.

Jaffke, F. (2000). *Spielen und arbeiten im Waldorfkindergarten*. 윤선영 역(2000). 발도르프
    킨더가르텐에서의 놀이와 작업. 창지사.

Katz, L. G., & Chard, S. C.(2000). *Engaging Children's Minds: The Project Approach* (2nd ed.). 윤은주, 이진희 공역(2013). 프로젝트 접근법. 아카데미프레스.

NAEYC & NAECS/SDE, (2003). Early childhood Curriculum, Assessment, and Program Evaluation, Building an Effective, Accountable System in Programs for Children Birth through Age 8., Position Statement, NAEYC(National Association for the Education of Young Children), NAECS/SDE(National Association of Early Childhood Specialists in State Departments of Education).

New, R. S. (2000). Reggio Emilia: An Approach or An Attitude. In J. L. Roopnarine & J. E. Johnson (Eds.), *Approaches to early childhood education* (pp. 3-33). Prentice Hall.

Nimmo, J. (1995). Emergent curriculum. In A. Palmer (Ed.), *The challenge of Reggio Emilia: Realism the potential of children. Conference Preceeding* (pp. 199-214).

OECD (2006). Starting strong II: Early childhood education and care. OECD Publishing.

OECD (2012). Staring strong III: Early childhood education and care. OECD Publishing.

Roopnarine, J. L., & Johnson, J. E. (2005). *Approaches to Early Childhood Education.* Columbus.

Schwartz, S. L., & Robinson, N. F. (1982). *Designing curriculum for early childhood.* Allyn & Bacon.

Seitz, M., & Hallwaches, U. (1996). *Montessori oder Waldorf?: Ein Orientierungsbuch für Eltern.* 이명환, 곽노의 공역(2001). 몬테소리 교육학과 발도르프 교육학. 밝은 누리.

Tanner, O., & Tanner, L. (1980). *Curriculum Development.* Macmillan.

11

유아교육 평가

안혜진

 핵심주제

- **유아평가**: 유아의 발달, 교육 프로그램의 효과, 유아의 능력과 잠재력 등을 알아보기 위해 일정한 교육목표에 의해 그 수준을 판단하는 일로 그 종류로는 관찰법, 표준화 검사, 면접법, 포트폴리오 등이 있음
- **교사평가**: 학교장, 동료 교원, 학생 및 학부모가 교원의 학교 경영, 학습지도, 생활지도 따위를 해마다 평가하는 제도로 그 종류는 자기평가, 상급자 · 동료 · 부모 또는 외부관찰자 평가, 포트폴리오 등이 있음
- **기관평가**: 유아교육기관을 대상으로 교육과정, 교육환경 및 운영, 건강안전, 교직원 등에 대한 내용을 종합적으로 평가하는 일로 유치원은 기관평가, 어린이집은 평가 인증제로 나뉘어 실시됨

1. 유아교육에서의 평가

1) 유아교육 평가의 개념

평가(evaluation)는 라틴어의 Ex-valera에서 나온 말로 어떤 대상이나 행위의 가치를 알아보는 것을 말한다. 일반적으로 교육에서 평가라는 것을 떠올리면 시험이나 점수, 등급 등을 떠올리는데 이는 교육 평가의 기능을 판정과 선발의 기능에만 한정한 데서 오는 이미지이다. 그러나 평가의 기능을 보다 폭넓게 생각하면 평가는 교육이 이루어지는 모든 과정에 직간접적으로 작용함으로써 교수와 학습과정을 개선하고 학습에 도움을 주는 것이어야 한다. 타일러(Tyler)에 의하면 "평가란 본질적으로 교육과정 및 교육 프로그램을 통해 교육 목표가 어느 정도 실현되었는지를 밝히는 과정"이라고 정의하고 있다. 즉, 평가란 어떤 것의 가치를 판단하는 과정이고, 교육에서 가치판단의 준거는 교육 목표에 의한 평가를 말한다(신옥순, 2013: 217).

현대사회에서 교육 평가는 교육 프로그램에 대한 의사결정을 하고자 학습자의 변화 및 학습과정에 대한 정보를 수집, 이용하여 교육적인 의사결정을 하는 그 과정 자체이다. 이러한 관점에서 유아평가는 영유아의 발달을 진단하고, 교육 프로그램의 개선을 위하여 자료를 수집, 분석하여 정보를 제공함으로써 교육에서 의사결정을 돕기 위한 과정이라고 정의할 수 있다(이기숙, 2013: 258).

즉, 유아교육에서 평가는 유아들의 전인적 성장·발달을 조력하기 위한 교육과정이나 프로그램이 어느 정도 실현되고 달성되었는지 알아보는 과정이며 그 구체적인 내용은 교육목표 달성도를 알아보는 과정이다. 또한 유아를 이해하는 수단인 동시에 유아의 행동 근거를 객관적으로 수집하는 방법이다. 나아가 유아교육 평가는 유아교육기관 및 교사를 평가하는 과정이 포함된다.

2) 유아교육 평가의 필요성

유아교육 평가는 유아들의 전인적 성장과 발달에 도움을 주기 위한 프로그램 전체의 효율성을 밝히는 데 목적을 두고 있지만 궁극적으로 유아, 부모, 교사, 기타 관계자들에게 도움을 주고 유아 개인 발달수준 및 행동 변화를 평가하는 데 목적이 있다. 우수경 외(2014: 300)는 유아교육 평가의 필요성을 유아, 교사, 부모, 유아교육기관 측면으로 다음과 같이 정리하고 있다.

- 개별 유아의 연령별 발달의 적합성과 장단점을 파악하여 전인적 성장 및 발달을 돕는다.
- 교사는 수업, 유아와의 의사소통, 학급 운영에 대한 피드백을 받음으로써 직무수행 전반에 대하여 질적 향상을 기한다.
- 부모는 자녀의 교육활동 참여에 대한 정보와 부모 역할 수행 관련 정보를 제공받음으로써 자녀와 바람직한 관계를 형성하고 자녀의 발달을 돕는다.
- 유아교육기관에서는 각 기관의 목표 달성 정도와 기관 운영의 보완점을 파악함으로써 수정 및 보완을 위한 합리적이고 객관적인 정보를 얻는다.

3~5세 연령별 누리과정 해설서(교육과학기술부, 보건복지부, 2013: 17)에 의하면 유아교육에서의 평가는, 첫째, 교육과정 운영 내용이 누리과정의 목표와 내용에 근거하여 편성·운영되었는지를 평가해야한다. 둘째, 운영 내용 및 활동이 유아의 발달수준과 흥미·요구에 적합한지를 평가해야 한다. 셋째, 교수·학습방법이 유아의 흥미와 활동의 특성에 적합한지, 운영 환경이 유아의 발달 특성과 활동의 주제, 내용 및 효율성 등을 고려하여 구성되었는지를 평가한다고 밝히고 있다.

이와 같이 유아교육에서 평가의 중요성은 다양한 방면에 그 의미가 있으나 그 실행은 미비하고 현장 적용에 있어서도 어려운 실정이다. 그러나 최근 기관평가, 교원능력개발평가 등이 활성화되고 더불어 유아에 대한 다양한 평가가 현장에 실시되면서 유아교육 평가에 대한 재조명이 활발해지고 있다.

3) 유아교육 평가의 기능

교육활동과 관련지어 교육 평가가 지니고 있는 기능은 학습자의 학업 성취도를 평가하는 것이며 학습자 개인의 학습방법을 개선하는 데 도움을 주는 것이고 학습 결과에 대한 피드백을 제공함으로써 학습을 촉진하는 것이다. 또한 학습자의 진로 지도를 위한 정보를 제공하며 교수·학습방법을 개선하고 수업의 질을 높이고 교육 프로그램의 교육적 효과를 평가하는 일이다. 결과적으로 교육 평가의 기능은 교육의 제반 문제를 이해하고 올바른 교육정책을 수립하는 데 도움을 주는 일이다. 황해익(2016: 17)은 평가의 기능을 유아교육과 관련하여 정리하였는데 이를 살펴보면 다음과 같다.

- 유아교육 목표의 달성을 위한 제 활동의 성과를 평가함으로써 목표 달성에 관한 증거와 정보를 수집하게 해 준다.
- 유아교육의 목표 달성도를 밝혀 유아교육 활동 전반을 개선하고 유아의 개별 학업성취 결과를 분석하여 학습활동의 개선방안을 모색하게 한다.
- 유아의 성장과 발달에 대한 기초 자료를 제공함으로써 유아를 더 잘 이해할 수 있게 한다.
- 부모들에게 자녀에 대한 평가 결과를 제공함으로써 자녀를 더 잘 이해하고 자녀의 능력에 맞게 지도하도록 돕는다.
- 교육활동의 특성이나 유아의 수준을 반영하지 못하고 정형화되기 쉬운 교사의 교수법 개선에 도움을 준다.
- 유아의 학습동기유발을 위한 기초 자료를 제공한다.
- 현재 실행되는 유아교육 프로그램이 목적을 달성했는지에 대하여 교육기관 운영의 제 측면에서 파악할 수 있게 해 준다.

이와 같이 유아교육에서의 평가는 유아의 개인적 발달수준을 파악하고 학급에 속한 모든 유아의 발달 정도를 발견하기 위해, 그리고 학습의 효과와 변화를 파악하고 프로그램과 교육기관 운영의 전반적인 측면을 파악하기 위해 필수적인 과정이라고 하겠다.

4) 유아교육 평가의 유형

(1) 양적 접근과 질적 접근

평가하는 방법에 따라 분류할 때 일반적으로 양적 평가와 질적 평가로 구분한다.

양적 평가는 경험적이고 실증적인 철학에 기초해 평가 대상을 측정, 검사 등의 다양한 방법으로 수량화하고 이 자료를 가지고 통계적 방법을 이용하여 기술, 분석하는 평가 방법이다. 반면, 질적 평가는 양적 평가에 대한 대안적 평가로, 현상적이고 해석적인 탐구의 전통에 따라 교육 현상에 대한 관찰을 통해 자료를 수집하고 관련된 당사자들의 상호 주관적인 이해를 바탕으로 기술하고 해석하는 평가 방법이다. 이 두 접근방법은 다음의 몇 가지 측면에서 차이점을 보이고 있다(김석우, 2016: 114).

- 양적 평가에서는 측정을 통한 수량적인 자료에 의존하고 신뢰도를 강조하지만 질적 평가에서는 기술적인 자료에 의존한 의미의 이해에 관심이 있으므로 타당도를 좀 더 강조한다.
- 양적 평가에서는 과학의 필수조건으로 인식되는 객관성을 강조하는 반면에, 질적 평가에서는 주관성의 장점을 최대한 이용하고자 한다.
- 양적 평가는 법칙 발견을 위한 노력으로 일반성을 강조하는 반면에, 질적 평가는 이해 증진을 위한 노력으로 특수성을 좀 더 강조한다.
- 양적 평가는 연역적인 경향을 띠고 있으나 질적 평가는 기본적으로 귀납적인 경향을 띠고 있다.
- 양적 평가는 부분 중심인 반면에, 질적 평가는 전체 중심이다.
- 양적 평가에서는 평가 결과가 관심의 대상이나 질적 평가에서는 결과뿐 아니라 그러한 결과에 도달하기까지의 과정에도 많은 관심이 있다.
- 양적 평가에서는 객관성, 중립성을 보장하기 위해 평가 대상에서 멀리 떨어질 것을 강조한 반면, 질적 평가에서는 이해를 돕기 위하여 평가 대상에 가까이 접근할 것을 강조한다.

표 11-1 양적 평가와 질적 평가의 비교

양적 평가	질적 평가
• 경험적 · 실증적 탐구의 전통	• 현상적 · 해석적 탐구의 전통
• 신뢰도 강조	• 타당도 강조
• 과학의 필수조건으로 인식되는 객관성 강조	• 주관성 강조
• 일반성을 강조하고 법칙 발견을 위해 노력	• 특수성을 강조하고 이해 증진을 위해 노력
• 연역적 논리	• 귀납적 논리
• 구성요소의 분석에 노력	• 통합된 전체의 이해 강조
• 결과 평가	• 과정평가
• 평가대상과 원거리 유지	• 평가대상과 근거리 유지
• 실험적 방법, 질문지 등의 검사 도구	• 심층면담, 참여관찰

출처: 황해익(2016: 37).

(2) 진단평가, 형성평가, 총괄평가

일반적으로 평가의 기능과 평가 시점에 따라 평가를 분류할 경우 진단평가, 형성평가, 총괄평가로 구분한다. 진단평가는 유아들의 교수 · 학습이 시작되기 전에 유아가 가진 능력 및 특성을 체계적으로 측정하는 행위로 학년 초 수업 전략을 위한 기초 자료를 수집하고 어떤 교수 · 학습방법이 적절한지를 결정하기 위한 평가이다.

유아교육기관에서 진단평가는 학기 초에 시행하고 있으며 유아에게 적절한 환경을 구성하거나 유아와 상호작용하는 데 필요한 정보를 얻기 위해 실시된다. 진단평가를 위한 자료로는 학습준비도 검사나 지능 검사 외에 유아교육기관 입학원서와 가정 환경조사서 등도 유용하다. 이들 자료를 통해 유아의 성장과정, 가정환경, 발달상의 특징, 흥미, 동기, 가족관계, 질병 유무, 부모 양육방식 등을 파악할 수 있다 (방인옥 외, 2013: 184).

형성평가는 교수 · 학습활동이 이루어지는 중에 그 수업이 계획대로 진행되고 있는지를 점검하는 평가 유형이다. 형성평가의 주요 기능은 학습내용이 일정한 선후관계에 의해 조직되어 있을 때 학습 진행 속도를 조절할 수 있게 해 주며 설정된 학습 목표를 어느 정도 달성했는가를 학습자에게 확인시켜 줌으로써 다음 학습을 쉽게 하고 학습 동기를 유발시킨다. 또한 학습자에게 교수목표에 비추어 성취에 대한 정보를 알려 줌으로써 학습자가 자신의 학습 곤란을 스스로 진단하고 교정할 수 있도록 한다. 끝으로 교사의 교수방법의 단점을 분석하여 개선하게 한다(우수경 외, 2014: 305). 유아교육 현장에서 형성평가는 유아 발달 체크리스트를 활용한 주기적 발달 평가, 교육과정 중에 일어나는 수행평가 및 포트폴리오, 일화기록과 유아교육 일지를 통한 질적 평가가 있다.

총괄평가는 교수·학습의 과정을 모두 마친 후 설정된 목표의 달성 또는 성취도를 알아보는 평가이다. 즉, 특정 단원이나 학기, 교육 프로그램이 끝나는 시점에서 학생의 성취도와 교육목표 달성 정도를 알아보는 것이다. 총괄평가의 기능은 유아들의 학업성취 수준을 결정해 주고 다음 해 수업이 시작될 때 각 유아 또는 학습 집단 유아들의 수준을 파악하고 교수방향을 결정하는 데 도움을 주는 것이며, 또한 유아가 지닌 기술, 능력 또는 지식이 요구하는 정도에 부합하는지의 여부를 결정해 주기 위한 판단 자료가 되는 것이다(방인옥 외, 2013: 185). 유아교육현장에서 총괄평가는 일정 기간 교육활동을 진행한 후 그 효과를 최종적으로 측정하는 것으로 주로 학

표 11-2 진단평가, 형성평가, 총괄평가의 비교

구 분	진단평가	형성평가	총괄평가
평가목적	• 학습 결손의 진단 • 학습준비도 확인 • 학습의 중복 회피	• 학습과제 성취여부 결정 • 교수전략의 개선 • 프로그램의 향상 및 개선	• 학업성취판정 • 자격부여 • 집단 간 학습효과 비교 • 프로그램의 주효과 판단
평가시기	• 수업 전 • 학기, 학년 시작 전	• 수업 진행 중	• 학기, 학년 종료 후 • 수업 후
평가기준	절대평가	절대평가	절대평가 및 상대평가
평가대상	학습준비도	학습과제 수행과정	학습과제 수행의 결과
활용	• 선수기능의 결함여부 판정 • 유아의 사전학습 성취 수준 판정 • 수업방법과 관련된 여러 특성에 따른 유아 분류 • 반복되는 학습 곤란의 심층적 원인 판명	• 교사와 유아에게 유아의 학습 진도에 관한 피드백 정보의 제시 • 특정 학습과제에 대한 유아의 숙련도 탐색 목적	• 주제 학습과정의 마지막에서 학점을 인정하거나 성적을 확정 • 하나의 교과 전체를 통해 유아가 습득한 결과 판단

| 평가의
예 | • 관찰
• 구두질문
• 검사문항
• 유아의 자기평가
• 협의 | • 상황기록
• 발표
• 과제
• 포트폴리오
• 협의
• 토론 중의 관찰
• 집단활동에 의한 과제 | • 과제
• 구두발표
• 유아의 자기평가
• 포트폴리오 |

출처: 황해익(2016: 49).

기 말에 실시되며 유아 발달 평가, 프로그램 운영 평가, 부모만족도조사, 교사 자기평가 등을 활용한다.

(3) 상대평가와 절대평가

평가의 판단 준거에 따라 일반적으로 상대평가와 절대평가로 구분한다. 상대평가는 규준지향평가로도 불리는데 학습자의 성취도가 어느 위치에 있는지 그가 속한 집단의 결과에 비추어 알아보는 방법이다. 상대평가는 학습자의 상대적 능력이나 기술을 비교하여 우열을 가리기 위해 실시된다.

상대평가의 장점은 개인차의 변별이 가능하고 객관적 점수가 확실하므로 교사의 편견을 배재할 수 있으며 경쟁을 통해 외적 동기 유발에 도움을 주는 것이다. 그러나 진정한 의미의 학습 효과를 비교하는 것은 불가능한 점, 내적 동기유발을 권장하고 있는 현대 학습 이론에는 맞지 않는 점, 과다한 경쟁으로 지나친 경쟁 심리를 유발할 수 있다는 점, 교수·학습 개선 기능을 약화시킬 우려가 있다는 점은 단점이라고 하겠다(황해익, 2016: 40).

절대평가는 목표지향평가로 불리며 학습자의 현재 성취 정도를 교육목표에 비추어 알아보는 방법이다. 즉, 학습자가 정해진 학습목표에 어느 정도 도달하였는지를 알아보고자 할 때 사용되는 방법이다. 절대평가의 장점은 학습자가 무엇을 알고 모르는가에 대한 직접적인 정보를 알 수 있고 그 정보를 기초로 교육목표, 교육과정, 교수방법 등의 개선이 쉽다는 것과 지나친 경쟁의식을 지양하고 고등정신 능력을 배양하며 진정한 의미의 학습 효과를 측정할 수 있다는 것이며, 단점은 평가 준거

설정 기준이 모호하고 개인차의 변별이 용이하지 않으며 경쟁을 통한 학습 동기를 유발하고자 할 때는 부적절한 점 등이 있다.

표 11-3 상대평가와 절대평가의 비교

구분	상대평가	절대평가
평가목적	• 우열의 판정 • 판정에 관련 • 진급, 졸업, 합격 등 경영학적 입장	• 목표의 달성도 검토 • 평가에 관련 • 자격증 획득 등 교육 성과를 높이는 데 기여하는 교육학적 입장
주요 기능	• 종합적인 비교가 가능	• 구체적인 진단이 가능
준거점	• 집단의 평균점이 기준 • 평점: 평균치로부터의 분산도 표시 • 평균점이 명백함	• 교육목표가 기준임 • 교육목표 성취도 수준을 평점으로 표시 • 교육목표의 명확한 규정이 어려움
득점분포	• 정규분포를 가정함 • 득점분포가 비정규적이면 검사의 결함이나 오차로 계산함	• 비정규인 분포를 가정함 • 득점분포가 비정규적이면 그것은 학력의 실태를 그대로 나타낸 현상으로 봄 (완전학습의 기대)
신뢰도 및 타당도	• 측정을 얼마나 오차 없이 정확하게 해냈는가 하는 신뢰도를 강조함	• 원래 측정하려고 계획했던 수업목표를 얼마나 충실하게 측정하였는가 하는 타당도를 강조함
교육관	• 주로 유아 간의 개인차를 위주로 하는 선발적 교육관을 가짐	• 인간의 발달 가능성을 믿고 유아의 능력을 최대한도로 발전시켜 나가자는 발달적 교육관을 가짐
검사문항	• 문항의 적당한 곤란도와 높은 변별도를 가질 것을 요구함 • 적당한 문항의 곤란도는 득점이 정상분포를 이루도록 하고 분포의 변산도를 크게 하며 높은 변별도는 검사의 신뢰도를 높임	• 교과내용의 논리적이고 체계적인 분석에 의해서 필수적인 개념과 원리가 설정되면 그것을 곧 검사 문항화할 수 있음 • 문항의 곤란도에는 관심을 두지 않으며 문항이 상하부 집단을 변별해 주는 것이 아니어도 무방함
검사시간	• 우열의 변별을 위하여 반응을 맞고 틀림과 반응속도의 차이를 문제로 삼으며 검사시간을 엄격히 통제함	• 반응속도 자체가 문제일 경우 외에는 대개 충분한 시간을 주어 알고 모르는 사실이 제대로 드러나도록 함

출처: 김석우(2016: 112).

유아교육 평가 시, 어느 한 유형의 평가방법만을 활용하기보다는 다양한 유형의 평가를 혼합하여 실시하는 것이 적합하다. 학습 평가는 학습목표가 교육내용을 통해 실현되는 정도를 가늠하는 과정으로 중요한 교육과정 중의 하나이기 때문이다.

5) 유아평가의 목적 및 내용

유아평가의 목적은 유아의 발달, 교육 프로그램의 효과와 유아의 능력과 잠재력 등을 알아보는 일로 개별 유아에 대한 평가 결과를 교육에 반영함으로써 유아의 발달을 최적화하려는 것이다.

누리과정에서 제시한 유아평가는 '일반적으로 유아의 발달수준과 교육목표 성취여부를 파악하고 교육활동의 개선 방안을 모색하고, 학부모와의 의사소통을 위해서 실시하지만, 궁극적으로는 이러한 기능을 통해 유아 개인의 전인적 발달을 도와주는 것을 목적으로 한다.'고 하였으며 다음과 같은 세부 사항을 안내하고 있다(서울특별시교육청유아교육진흥원, 2012: 34).

- 유아평가는 유아의 개인적 요구와 발달수준을 파악하기 위해 실시한다.
- 유아평가는 유아의 교육목표 성취여부를 파악하기 위해 실시한다.
- 유아평가는 교육활동의 개선방안을 모색하기 위해 실시한다.
- 유아평가는 학부모 및 관련 분야 전문가들과의 정보 공유를 위해 실시한다.
- 유아에 관한 정확한 정보를 제공해 주어 최적의 발달을 도모할 수 있다.

유아교육에서 평가는 유아가 지닌 잠재력을 발달시키기 위해 유아에게 필요한 지원의 순간, 지원의 종류와 정도를 파악하기 위한 것으로 유아평가의 내용은 다음과 같다(교육과학기술부, 보건복지부, 2013: 34: 박찬옥 외, 2016: 143 재인용).

(1) 유아교육과정의 목표와 내용에 근거하여 유아의 특성과 변화 정도를 평가한다

유아를 평가할 때에는 유아교육과정의 목표와 내용을 준거로 하되, 성취 중심의 결과 평가보다는 변화과정을 진술하는 평가가 이루어지는 것이 바람직하다. 즉, 유

아가 유아교육과정의 내용을 경험하면서 어떤 영역에서 얼마나 발달하고 있는지, 어떤 능력이나 태도를 보이고, 개별적으로 얼마나 변화하고 있는지를 주기적으로 관찰하여 평가한다.

평가를 통해 파악한 유아의 발달수준과 특성, 변화 정도를 부모에게 알려서 유아에 대한 부모의 이해를 증진시키며 유아의 발달수준과 특성에 적합한 교육내용을 계획하도록 한다.

(2) 유아의 지식, 기능, 태도를 포함하여 평가한다

누리과정은 3~5세 유아의 심신 건강과 조화로운 발달을 도와 민주시민의 기초를 형성하는 것을 목적으로 하며, 3~5세가 갖추어야 할 기본 능력과 소양을 기르기 위한 것으로 세부 내용은 지식, 기능, 태도 및 가치를 포함하고 있다. 유아교육과정을 계획하여 운영하고 이를 경험한 유아의 변화과정을 파악하고자 할 때 이러한 지식, 기능, 태도를 모두 포함하여 평가한다.

(3) 유아의 일상생활과 유아교육과정 전반에 걸쳐 평가한다

유아는 다양하게 편성된 하루 일과에 참여하면서 여러 가지 경험을 하게 된다. 교육과정 운영이 유아의 일과 속에서 자연스럽게 이루어지듯이, 평가 또한 교육 · 보육 장면과 분리되지 않아야 한다. 유아를 평가하고자 할 때는 특정 활동이나 영역에 초점을 맞추기보다 일과 전반에 걸쳐 관찰한 것에 기초하여 평가하는 것이 바람직하다. 즉, 자유 선택 활동, 대 · 소집단 활동, 급 · 간식 및 정리 정돈, 등원 및 귀가 등 유아가 참여하게 되는 일상생활과 교육활동을 모두 고르게 관찰하고 체계적으로 자료를 수집하여 평가한다. 관찰할 때는 학급의 모든 유아를 고루 포함하도록 한다.

(4) 관찰, 활동 결과물 분석, 부모면담 등 다양한 방법을 사용하여 종합적으로 평가하고, 그 결과를 기록한다

유아를 평가할 때에는 여러 내용에 대해 다양한 방법을 통해서 정보를 수집하고 그것에 기초하여 결과를 분석하는 것이 바람직하다.

가장 많이 사용되는 방법은 유아를 관찰하는 것이다. 하루 일과에서 유아가 참여하는 놀이의 종류나 수준, 친구관계, 활동 몰입 정도, 일상생활 수행 정도 등 관찰 가능한 여러 행동을 구체적으로 기록하고 그 자료를 기초로 유아를 평가한다. 유아가 참여한 놀이나 활동에서 유아가 만든 활동 결과물, 언어나 음률활동 동영상, 쌓기 구조물 사진 등을 주기적으로 수집하고 관찰 자료와 함께 활용하여 유아를 종합적으로 평가하도록 한다.

부모와의 주기적인 면담을 통해 기관에서 관찰하지 못하는 유아에 대한 정보를 추가하여 종합적으로 유아를 평가하고 이를 기록해 둔다.

(5) 유아평가 결과는 유아에 대한 이해와 유아교육과정 개선 및 부모면담 자료로
　　활용할 수 있다

유아에 대한 평가 결과는 주기적으로 유아의 현재 발달수준과 유아교육과정의 성취 정도를 파악하는 데 활용한다. 유아교육과정의 내용을 운영함에 있어서 유아평가를 기초로 개별적인 유아의 요구를 반영할 수 있다. 유아가 균형 있게 성장·발달하려면 상호 신뢰 속에서 유아교육기관과 부모 간의 원활한 의사소통이 이루어져야 한다. 유아평가 결과를 부모면담 자료로 활용하여 유아에 대한 정보를 가정과 공유하고 가정에서도 이에 기초하여 일관성 있게 지도하여 유아교육기관과 가정과 연계하여 유아의 전인 발달을 지원하도록 한다.

6) 유아평가의 방법

유아평가의 방법은 유아의 정보를 얻기 위해 어떻게 할 것인가를 의미하는 것으로 유아에 대한 정보를 수집하는 방식을 의미한다.

자료 수집의 방법은 형식적 평가와 비형식 평가로 구분된다. 형식적 평가는 구조화된 검사에 의한 객관적 평가로, 평가도구는 성취도를 통해 개인 간의 능력을 비교하는 표준화 검사와 각종 검사도구가 이에 해당된다. 창의력 검사, 준비도 검사, 신체 검사를 예로 들 수 있다. 비형식적 평가는 형식적 평가에 비하여 덜 구조화되어 있으나 유아 개인의 성장과 진보를 살펴보기 위해 유아의 행동관찰, 유아의 작업표본, 부모와 유아와의 면담, 비디오 또는 사진 자료 등을 활용한다. 유아에 대한 신뢰롭고

적절한 정보를 얻기 위해서는 다양한 평가 방법을 활용한다(박찬옥 외, 2016: 149).

(1) 관찰법

영유아평가 방법 중 가장 일반적으로 사용되는 관찰법은 상당한 시간이 걸린다는 단점이 있는 방법이기는 하지만 영유아를 여러 상황 속에서 관찰함으로써 매우 객관적인 자료를 얻을 수 있는 장점이 있다. 관찰은 유아평가 방법 중 가장 오래된 방법으로 유아의 행동을 객관적으로 묘사하고 살펴보는 과정이며 일화기록, 시간 표집법, 사건표집법, 체크리스트, 평정척도법 등이 있다.

① 일화기록

일화기록은 가장 흔히 사용하는 방법으로 일어난 사건이나 영유아의 행동에 대해 그대로 적어서 묘사하는 짧은 이야기식 기록이다. 영유아에게 일어난 행동의 정보를 발생 순서대로 자유롭게 기술하는 방법이기 때문에 영유아의 자연적인 행동에 대한 정보를 많이 제공해 준다.

표 11-4 일화기록 예시

관찰 영역	의사소통	관찰유아	
관찰일	_____년 ____월 ____일	관찰자	
관찰 장면	소그룹활동-만약 이 세상에서 물이 없어진다면 어떻게 될까?		
기록	물에 대한 생각 모으기를 하고 있다. 교사가 ○○에게 "○○야, 만약에 물이 없어지면 어떻게 될 것 같아?"라고 묻자 ○○은 잠시 생각을 하더니 큰 소리로 대답한다. "음… 물이 없어서 물고기가 죽어요. 그리고 목마를 때 물이 없어서 물을 못 마셔요." 교사가 고개를 끄떡이며 ○○에게 "또 어떤 일이 일어날까?"라고 묻자 2초간 고개를 갸우뚱하며 생각한다. "음… 그리고 물이 없어서 풀이 못 자라서 토끼가 먹을 풀이 없어서 죽어요."		
해석	다른 사람의 말을 듣고 이해할 수 있다. ○○은 자신의 느낌, 생각을 적절한 낱말과 문장으로 말할 수 있으며 주제를 정하여 함께 이야기를 나눌 수 있다. 일상생활에서 일어나는 일들을 다양한 문장으로 말한다.		

일화기록법은 대체로 예기치 못한 행동이나 사건을 몇 초에서 몇 분 동안 관찰하여 누가, 언제, 어디서, 무엇을 하였는지를 자세히 기술하는 방법이다. 일화기록은 특별한 형식을 요구하지 않으면서도 발달에 대한 풍부한 자료를 제공하는 반면, 관찰 기록에 관찰자의 주관이 개입될 가능성이 높고 관찰된 행동이나 사건의 원인에 대해서는 정보를 제공하기 어려운 단점이 있다(우수경 외, 2014: 308).

② 시간표집법

시간표집법은 관찰자가 관찰 행동을 미리 선정하여 정해진 시간 동안 일정한 시간 간격을 두고 여러 차례 관찰하여 그 결과를 기록하는 방법이다. 시간표집법을 활용할 때는 관찰하기 쉽고 자주 일어나는 행동에 한하여 사용하고 관찰 절차를 명료하게 제시하며 관찰 대상의 행동을 구체적으로 정의해야 한다. 시간표집법에 의하여 관찰을 기록하는 방법에는 행동의 출현 유무만 표시하기, 행동이 나타나는 빈도 표시하기, 행동의 지속시간을 추가하여 표시하기 등이 있다.

표 11-5 시간표집법 기록양식 예시

유아명		생년월일	
관찰자		관찰일	
측정시간	10:00~10:10(10분간)	유아연령	
관찰장면	자유 선택 활동	관찰내용	교사에 의존성

* 1회 30초씩 관찰하고 30초 기록한다. 30초 동안 동일한 행동이 여러 번 나타나더라도 1번만 표시한다.

시간간격 관찰행동	30초(1회)	30초(2회)	30초(3회)	30초(4회)
놀면서 교사를 바라본다.	V			
교사에게 손을 뻗는다.	V	V		
교사에게 다가간다.				V
교사를 부른다.			V	
교사에게 도움을 요청한다.				
교사를 바라보며 운다.				V

출처: 황해익(2016: 134).

③ 사건표집법

사건표집법은 단순히 어떤 행동의 발생 유무만을 관찰하기보다는 행동의 순서를 자세히 기술하려는 데 목적이 있다. 사건표집법은 관찰자가 관찰하고자 하는 행동이나 사건이 발생하기를 기다렸다가 그것이 발생하면 일정한 형식에 따라 자세히 기술하는 방법이다. 사건표집법을 활용하기 위해서는 관찰하려는 행동이나 사건의 특성을 분명히 규정하고 그것을 언제, 어디서 관찰할 것인가를 결정해야 한다. 표집된 행동이나 사건은 서술식으로 기술하거나 빈도로 표기할 수 있다.

사건표집법은 사건이나 행동의 이전 상황(Antecedent Event: A)—행동(Behavior: B)—행동의 결과(Consequence: C)를 순서대로 기록하는 ABC 서술 양식과 사건이나 행동 빈도를 표시하는 빈도기록 형식이 있는데 사건표집법을 활용하면 자연적 상황에서 행동의 지속성을 파악할 수 있고 자주 나타나지 않는 사건이나 행동도 관찰할 수 있다. 반면, 사건이나 행동이 언제 일어날지 예측하기 곤란하고, 관찰 자료를 바로 수량화하기 어려우며, 행동의 부호화 및 사건의 기록에 시간과 기술이 필요하다(우수경 외, 2014: 309).

표 11-6 ABC 사건표집법 기록 예시

유아명		생년월일	
관찰자		관찰일	
관찰행동	공격적 또는 부정적 행동	유아연령	
시간	사건 전(A)	사건(B)	사건 후(C)
9:00	유치원에 ○○이 도착한다.	종이벽돌로 쌓기놀이를 한다.	교사에게 "집 만들었어요."라고 이야기한다.
9:15	○○는 옆에서 놀고 있던 △△가 쌓은 블록 담 안으로 들어가려 한다.	○○이가 노란 자동차를 △△이에게 던진다.	같이 옆에서 놀고 있던 ★★에게도 던진다.
⋮	⋮	⋮	⋮

출처: 우수경 외(2014: 309).

④ 체크리스트

체크리스트는 행동목록법이라고도 불리며 관찰할 행동의 목록을 사전에 만들어 놓고 관찰하면서 해당되는 행동이 나타날 때마다 체크로 표시하는 방법이다. 이 방법은 관찰시간이 절약되고, 유아의 행동을 쉽게 관찰할 수 있으며 그 결과를 학습계획 및 유아의 행동 평가 등에 간편하게 적용할 수 있으나 목록에 없는 유아의 행동에 대한 평가는 할 수 없고 행동의 빈도, 지속시간, 특성에 대한 정보를 주지 못하는 단점이 있다.

표 11-7 체크리스트의 예시

번호	신체운동 발달영역	예	아니요
1	원을 따라 그리는가?		
2	가위질을 능숙하게 하는가?		
3	적목을 높게 쌓을 수 있는가?		
4	장애물 주위를 돌아올 수 있는가?		
5	선을 따라 걸을 수 있는가?		
6	양발을 교대로 뗄 수 있는가?		
7	한 발 들고 균형잡기가 가능한가?		
8	세발자전거를 탈 수 있는가?		
9	머리 위로 공을 던질 수 있는가?		
10	양발을 모으고 제자리에서 높이 뛰는가?		
11	지퍼를 사용할 수 있는가?		
12	단추를 잠글 수 있는가?		

출처: 황해익, 송연숙, 정혜영(2009); Gober (2004: 33).

⑤ 평정척도법

평정척도법은 행동의 유무만을 표시하는 체크리스트의 한계를 보완하기 위하여 행동의 질적인 특성을 등급으로 구분해서 평가하는 방법이다. 평정척도법은 관찰과 동시에 행하기는 어려우며 관찰을 충분히 한 후 그 결과를 요약하는 수단으로 사용된다(박찬옥 외, 2016: 151).

표 11-8   평정척도의 예시

번호	기본생활습관 평정척도	1 아주 못함	2 못함	3 보통	4 잘함	5 아주 잘함
1	장난감을 정리, 정돈할 수 있다.					
2	미술 작업 후 책상 정리를 한다.					
3	간식, 점심식사 후 주변을 정리한다.					
4	간식, 점심식사 전에 손을 씻는다.					
5	음식을 골고루 먹는다.					
6	식사 후 혼자 양치질을 할 수 있다.					
7	혼자서 신발을 신고 벗을 수 있다.					
8	혼자서 옷을 입고 벗을 수 있다.					
9	물건을 소중히 다루고 아껴 쓴다.					
10	화장실 사용 후 뒤처리를 혼자 한다.					
11	교사나 웃어른에게 존댓말을 사용한다.					

출처: 전남련, 권경미, 김덕일(2011: 187).

    평정척도법은 사용하기가 쉽고, 소요시간에 비해 많은 것을 평가할 수 있게 해 주는 반면 평정을 위한 정확하고 객관적인 항목의 개발이 쉽지 않고, 현장에서 관찰한 내용을 이후 판단하여 기록하므로 편견이 개입될 수 있다는 단점이 있다.

   (2) 면접법

    면접법은 유아와 부모를 만나 언어적인 상호작용을 통해 여러 가지 자료를 수집하는 방법이다. 유아의 경우 의사소통 능력이 충분하지 않기 때문에 유아교육기관에서는 주로 부모와의 면담을 통해 유아와 주변에 대해 전반적인 정보를 수집할 수 있다.

    면담의 장점은 자연스럽고, 인위적이지 않으며 융통성이 있으며 개인적인 정보, 태도, 지각, 신념 외에 그 배경까지도 관련된 정보를 수집하는 데 매우 유용한 반면, 면담하는 과정에서 중요한 문제에 대해서 언급을 회피하려는 경향이나 면담자가 대상자의 표정, 몸짓 등의 영향으로 왜곡된 평가를 할 수도 있는 단점이 있다(전남련, 권정미, 김덕일, 2011). 현장에서는 유아를 대상으로 면접법을 활용하기도 하는데 다음과 같은 점에 유의할 필요가 있다(우수경 외, 2014: 314).

- 유아에게 관심을 갖고 격려하고 공감해 주는 청취자 역할을 한다.
- 한두 단어로 답할 수 있는 질문보다는 확산적 질문을 활용한다.
- 유아가 질문에 대하여 관심 없어 하거나 성의 없이 답할 경우, 생각하고 반응하도록 격려하되 일정 시간이 지나도 변화가 없으면 다음 기회로 미룬다.
- 유아의 상상에 의한 내용과 실제 사고를 구분한다.
- 유아의 주의집중 능력을 고려하여 면접 속도를 조절한다.

(3) 표준화 검사

검사(test)란 행동을 수량화하기 위한 측정도구라고 정의할 수 있다. 다시 말해, 개인이 반응할 수 있는 일련의 자극을 제시하고 그에 대한 응답자의 반응에 기초하여 측정하려고 하는 속성에 대하여 일정한 규칙에 따라 점수를 부여하는 절차라 할 수 있다. 한마디로 인간의 심리적 속성을 수량화하기 위한 도구를 일컫는다고 할 수 있다(이희경, 2017: 287).

표준화 검사는 객관적인 형식과 절차, 방법 등을 통하여 유아의 행동 특성을 측정하고 그 결과를 정해진 규준에 따라 해석하는 것이다. 즉, 검사의 목적, 내용, 대상, 절차, 조건, 채점 및 결과 해석이 표준화되어 있는 검사를 말한다. 표준화 검사는 유아 검사 결과를 다른 유아들과 비교해 봄으로써 여러 유아들의 차이를 객관적으로 분석해 볼 수도 있는 장점이 있다. 그러나 유아들의 행동 특성이나 인지적 학습과정에 초점을 두게 되므로 제한된 상황에만 적절할 뿐 유아들의 전반적인 학습 과정을 이해하기에는 부적절하다는 지적이 있다. 또한 검사를 실시하는 상황이 인위적이라는 점에서 유아를 대상으로 하는 표준화 검사에는 세심한 주의가 필요하다(채영란 외, 2017: 276).

현재 우리나라에서 사용되고 있는 유아용 검사 도구에는 학습준비도 검사, 개별 집단지능 검사, 인성 검사, 사회성숙도 검사, 창의성 검사 등이 있다. 표준화 검사 도구를 선정할 때 유의점은 다음과 같다(최일선, 조운주, 2018: 23).

- 표준화 과정에 의해 올바르게 제작된 것이어야 한다.
- 제작 시기가 오래되지 않아야 한다.
- 검사의 타당도, 신뢰도가 높은 것인지를 알아야 한다.

(4) 포트폴리오 평가

포트폴리오 평가는 유아의 변화와 발달과정을 지속적이고 총체적으로 평가하는 방법이다. 포트폴리오 자료는 유아의 발달과 진보를 확인하고 교육과정 계획의 기초자료로 활용하며 부모와 의사소통의 자료가 된다.

현장에서 포트폴리오 평가는 시간의 흐름에 따라 유아의 발달적, 학습적 측면과 관련된 다양한 정보를 반영할 수 있는 여러 가지 기록, 작품, 자료를 장기적·조직적·체계적으로 수집하여 유아의 변화와 발달과정을 전체적이고 지속적으로 평가하는 자료로 활용된다. 따라서 변화와 우수성 등에 관한 평가 없이 유아와 관련된 자료를 수집해 놓은 것만으로 포트폴리오 평가라고 하기 어렵다.

표준화된 검사와 같은 전통적 평가 방법과 달리 포트폴리오는 광범위한 맥락에서 유아를 관찰하고 정보를 수집하여 유아의 지식, 기술, 태도 등의 변화과정을 검토할 수 있으므로 유아를 효과적으로 평가하는 도구로서의 가치가 높다고 할 수 있다(양명희, 임유경, 2016: 178).

포트폴리오 평가에 포함시킬 수 있는 것은 유아 건강기록, 일화기록, 발달체크리스트, 활동 결과물, 평정척도, 활동사진, 유아작품, 언어, 읽기, 음악 관련 녹음이나 동영상 자료 등 다양하다.

포트폴리오 평가의 구성요건은 다음과 같다(박찬옥 외, 2016: 152).

표 11-9   포트폴리오 평가 예시

사회관계영역-지역사회에 관심 갖고 이해하기			
유아명		활동명	
평가일		평가유형	

| 평가내용 및 관점 | 〈사회에 관심 갖기-지역사회에 관심 갖고 이해하기〉
1. 자신이 사는 곳을 정확히 말할 수 있는가?
2. 자신이 자주 가는 곳을 말할 수 있는가?
3. 자신이 사는 곳에 있는 기관을 말할 수 있는가?
4. 주요 기관에서 사람들이 하는 일을 아는가? | | |

내용	관찰내용 *본 도구는 평정척도가 아닌 관찰내용을 제시하고 이에 근거하여 평가하도록 함	○	×
		○	×
	1. 자신이 사는 곳을 말할 수 있다(예: 아파트 이름, 동네 이름 등).		
	2. 자신이 자주 가는 곳을 말할 수 있다(예: 슈퍼, 놀이터, 병원, 미용실 등).		
	3. 자신이 사는 곳에 있는 기관을 말할 수 있다(예: 은행, 우체국 등).		
	4. 주요 기관에서 사람들이 하는 일을 안다.		

해석 및 교사 의견 (사진)	

출처: 서울특별시교육청(2017b: 8).

- 일정 기간 목적을 가지고 체계적으로 모아 놓은 유아의 작품들이 있어야 한다.
- 유아의 작품이나 활동에 대한 교사의 의견이 제시되어야 한다.
- 유아 행동에 대한 관찰 결과(일화기록, 체크리스트 등)가 포함되어야 한다.
- 교사 자신이 포트폴리오의 목적과 그 활용에 대해 인식하고 있어야 한다.

2. 교사평가

1) 교사평가의 목적

유아교육의 질적 관리 및 유아교사의 전문성 향상을 중요하게 인식하면서 최근 교사평가에 대한 관심이 높아지고 있다. 이미 정책적으로 2011년부터 초·중등 교원능력개발평가 제도를 바탕으로 유치원의 규모, 설립 특성에 맞는 평가 모형이 수립되었으며 현재 모든 공·사립유치원의 교원을 대상으로 교원능력개발평가를 실시하고 있다.

교사평가는 교사의 전문성을 증진하고 책무성 강화를 위해 교사의 업무 수행에 대한 체계적인 정보와 피드백을 제공하여 교사의 질을 관리하고자 하는 것이다. 체계적인 교사평가는 교사들의 자기계발, 발전 촉구, 부족한 부분 발견, 업무 개선, 승진, 전보, 보수 증가 및 고용 여부 등의 사항을 결정하는 데 도움을 제공한다. 즉, 교사평가는 교사의 업무 성과에 대한 요소들을 종합적으로 포함하여 장학의 기능을 촉진함으로써 교육 전체의 질적 개선을 도모하고자 하는 수단이다(최일선, 조문주, 2018: 133).

교육청에서 제시하는 교사평가의 방침을 살펴보면 다음과 같다(서울특별시교육청, 2017a: 27).

- 평가 결과에 초점을 두기보다는 '교수·학습능력 향상'에 초점을 둔다.
- 교사는 각 영역에서 자신이 도움 받고자 하는 부분을 명확하게 인식하고 구체적인 평가 기준에 근거하여 평가한다.
- 동료 간 수업평가 시 수업자와 동료 교사는 서로의 수업을 평가하고 지원해 줄 수 있는 상호 협력적 관계를 기본으로 한다.

나아가 최근 현장에서 실시되고 있는 교사평가의 목적은 교육부에서 발표한 '교원능력개발평가 추진계획'에서 살펴볼 수 있다(교육부, 2017: 1).

첫째, 교원의 전문 역량 진단 및 전문성 향상 지원을 위해 실시한다. 유아를 담당한 교사의 학습 및 생활지도에 관한 전문성을 진단하고 그 결과에 근거한 전문성 향상 지원이 요구되므로 교사평가를 실시하여 교원 스스로 교육활동을 객관적으로 검토, 분석할 수 있는 기회를 제공하기 위해 실시한다.

둘째, 기관 교육의 질 향상 및 학부모 만족도 제고를 위해 실시한다. 교육부는 교원평가를 통해 평가 결과에 따라 개인별 맞춤형 연수 지원으로 유치원 교육의 질적 수준을 향상시키고 교원과 학부모, 교원 간 의사소통 증진으로 이용 만족도 제고 및 동료 장학 활성화 등 유치원 교육의 질 향상을 교원평가의 목적으로 보고 있다.

결국 교사평가의 목적은 교원의 전문성 향상과 교육의 질 향상, 학부모 만족도 제고를 통한 유아교육의 발전에 있다고 할 수 있다.

2) 교사평가의 준거

교사평가의 준거는 교사의 일반적 특성과 전문적 특성으로 나누어 다음과 같이 살펴볼 수 있다(채영란 외, 2017: 279).

첫째, 교사의 일반적인 특성은 신체 영역에서 건강한 신체와 바른 태도, 활발한 활동성을 들 수 있고 인성 부분에서는 긍정적 사고, 정서적 안정감, 자제력, 협동심, 성실성, 학부모와 동료 교사 간의 원만한 인간관계 등이 있다. 교양 및 지적 능력에서는 다방면의 지적 능력이나 유창한 언어능력, 창의력이 있는지 평가해 볼 수 있다.

둘째, 교사의 전문적 특성에서는 교직에 대한 태도로서 교사직에 대한 사명감이나 열정 및 신념, 전문성 신장을 위한 노력, 책임감, 수용적 태도, 적합성 등을 들 수 있고 교육기술로서 교육과정 재구성 능력 및 실천능력, 평가능력 및 활용력, 교재·교구 제작 및 활용능력, 적절한 자극 및 개입 정도, 융통성 있는 교육활동 운영 능력 등을 들 수 있다. 전문적 지식에서는 소속 기관의 교육철학에 대한 이해와 교육과정에 대한 지식 및 다양한 교수방법에 대한 지식, 생활지도 및 상담 지식, 평가에 대한 지식 등을 고려하여 평가할 수 있다.

2022년 교원능력개발평가 영역 및 지표를 살펴보면 교원의 평가 영역은 교육활동 전반으로 학습지도와 생활지도 영역이며 시·도 교육청은 업무 수행 능력, 교직

표 11-10 교원능력개발평가 영역·요소·지표

평가 영역	평가요소	평가(조사) 지표 내용
학습지도 (3요소, 8개 지표)	수업 준비	• 교과내용 분석 • 수업계획 수립
	수업 실행	• 학습환경 조성 • 교사 발문 • 교사-유아 상호작용 • 학습 자료 및 매체 활용
	평가 및 활용	• 평가내용 및 방법 • 평가결과의 활용
생활지도 (3요소, 5개 지표)	상담 및 정보제공	• 개별유아 특성 파악
	문제행동 예방 및 지도	• 유치원 생활적응지도 • 건강 · 안전지도
	생활습관 및 인성지도	• 기본생활습관지도 • 인성지도

출처: 서울특별시교육청(2022: 6).

인성 등의 평가 영역 등을 추가할 수 있도록 하고 있다. 또한 평가 내용도 원장, 원감, 교사, 유아특수교사, 보건교사, 영양교사 등 업무 특성에 따라 그 내용을 달리하고 있다.

교사평가의 영역은 크게 학습지도와 생활지도 영역으로 구분되어 있는데 학습지도 요소는 수업 준비, 수업 실행, 평가 및 활용의 3개 요소로 구성되어 있으며 각 요소에 따라 8개의 세부 지표로 평가하고 있고, 생활지도 요소는 상담 및 정보제공, 문제행동 예방 및 지도, 생활습관 및 인성지도의 3개 요소에 5개의 세부 지표로 이루어져 있는데 상세한 내용은 〈표 11-10〉과 같다.

3) 교사평가의 방법 및 결과 활용

교사평가의 방법에는 자기평가, 상급자 · 동료 · 부모 또는 외부관찰자 평가, 포트폴리오 등이 있다.

자기평가는 유아교사가 일정한 평가 양식에 따라 스스로 자신의 강점과 약점을 발견하여서 스스로의 수행을 발전시키는 데 기여한다. 단, 주관적인 판단과 과대평가의 경향이 있을 수 있으므로 다른 평가 방법과 함께 사용하는 것이 좋다. 교사의 자기평가 방법으로는 평정척도, 포트폴리오, 저널쓰기, 수업사례 작성, 멀티미디어를 활용한 수업평가 등이 있다.

상급자·동료·부모 또는 외부관찰자 평가는 원장, 원감, 장학사에 의해 빈번하게 이루어지며 동료 교사나 부모 및 외부관찰자에 의한 평가는 기관 내외의 공개 수업이나 시범 수업 등을 통해 이루어진다.

포트폴리오는 특정한 목적을 가지고 다양한 자료를 통해 교사로서의 학습과 성장을 기록한 것이다. 포트폴리오를 평가 자료로 활용하기 위해서는 작품이 구성된 사회 맥락이나 작업의 진행 과정, 평가 대상자의 의도 및 평가자의 판단 등을 포함하여야 한다. 포트폴리오는 교사평가를 위한 풍부한 자료를 제공할 수 있는 반면, 자료 수집 시간과 비용이 많이 들고 자료의 객관성과 신뢰성을 확보하기 어려운 단점이 있다(우수경 외, 2014).

2017년 교육부 교원능력평가를 살펴보면 유치원에서 실시되고 있는 교사평가 실행 방법을 구체적으로 제시하고 있다. 교원평가는 매 학년 말 동료 평가와 학부모 만족도 조사 결과를 합산하여 그 점수를 가지고 평가하고 있다. 평가 지표에 속한 문항별 5점 척도 체크리스트 문항의 답변 점수와 체크리스트로 부족한 부분은 자유서술식 응답을 통해 구체적인 장점과 바라는 점을 기술할 수도 있으며 종합적인 의견을 설문지에 자유롭게 서술할 수 있도록 하고 있다. 시행 과정은 온라인 평가를 원칙으로 하되 종이설문지 방식을 병행할 수 있으며 종이설문지 배부 시 수합·처리 과정에서 익명성 보장을 강화하고 있다. 동료 교원평가 시는 평가자가 평가 문항에 대해 판단하는 데 참고할 수 있는 교원별 연간 교육활동 계획 또는 학급 운영계획, 이에 대한 활동 실적과 자가진단 결과 등을 평가 참여자에게 제시할 수 있어 교원의 자기평가 자료들이 나아가 동료 평가의 자료가 되어 객관적 평가가 이루어질 수 있도록 하고 있다.

교원능력평가의 결과는 평가 종류별 결과표(동료교원 평가, 학부모 만족도 조사 각각의 문항 응답수와 문항 환산 평균 등), 개인별 합산표(평가 종류별 지표 응답수, 환산점수, 환산평가, 유치원 평균, 표준편차), 환산평균(요소별 소계, 영역별 합계, 총계)을 개인

표 11-11 | 교원능력평가 결과처리 개인별 합산표 양식

평가 영역	평가 요소	일반교사의 평가(조사) 지표	동료교원평가					학부모 만족도조사				
			지표 응답 수	지표 환산 평균	지표 환산 평어	지표 유치원 평균	지표 표준 편차	지표 응답 수	지표 환산 평균	지표 환산 평어	지표 유치원 평균	지표 표준 편차
학습지도	수업 준비	교과내용 분석										
		수업계획 수립										
		소계(평균)										
						중 략						
	합계(평균)											
						중 략						
생활지도	상담 및 정보 제공	개별유아 특성 파악										
		소계(평균)										
	합계(평균)											
	총계(평균)											

출처: 교육부(2017: 53).

별로 통보하게 되어 있다.

평가 결과는 교원 컨설팅이나 유치원 맞춤형 연수 계획에 자료가 될 수 있으며 교육청에서는 평가 결과를 분석하여 지원이 필요한 지표에 대한 연수과정 개설 및 확대, 단위 유치원 지원계획 수립 등을 진행할 수 있다.

3. 유아교육 기관평가

「유아교육법」 제19조에 의거하여 우리나라 모든 유치원과 어린이집은 3년에 한 번씩 유치원 평가를 실시하고 있다. 유치원 평가는 2008~2010년 1주기 유치원 평가를 시작으로 2020~2022년 5주기 평가를 마쳤으며 2023년 6주기 평가가 시작될 예정이다. 이 장에서는 서울특별시교육청유아교육진흥원에서 밝힌 제5주기 유치원 평가 및 2023년부터 시작되는 제6주기 평가를 위한 유치원 평가 개선 계획(안)을

살펴보고자 한다.

1) 유치원 평가의 개념 및 목적

유치원 평가는 유치원 교육공동체의 참여·소통·협력을 통한 자율과 책임을 바탕으로 유치원 교육의 전반을 확인하고 진단하여 개선해 가는 계획-실천-평가-환류의 과정이라고 정의할 수 있다(서울특별시교육청유아교육진흥원, 2022a: 7). 이는 과거 기관평가가 교육서비스의 질적 수준을 제고하고 학부모 알 권리를 보장하던 수준에서 기관의 모든 구성원, 학부모까지도 평가의 주체가 되어 참여와 소통을 강조하며 유치원 자치문화를 조성하고 자율적 성찰을 통한 교육의 질 향상을 강조함을 알 수 있다.

서울특별시교육청유아교육진흥원에서 제시하는 유치원 평가의 목적은 다음과 같다(서울특별시교육청유아교육진흥원, 2022a: 7).

첫째, 자율적인 유치원 교육활동의 진단 및 개선을 통한 유아교육의 질을 향상

둘째, 교육공동체의 참여·소통·협력을 통한 자율과 책임의 유치원 자치문화 조성

셋째, 건강·안전 관리 강화를 통한 안전한 유치원 환경 조성

넷째, 단위 유치원의 공공성 및 책무성 제고로 자율운영체제를 구축

2) 유치원 평가의 기본 방향

유치원 제5주기 평가 기본계획에 나타난 기본 방향을 정리하면 다음과 같다(서울특별시교육청유아교육진흥원, 2022b: 3).

유치원 평가의 주체는 교원, 교직원, 학부모 등 유치원 교육공동체 구성원이다.

유치원 평가의 영역은 총 세 개 영역으로 I. 유아 중심 교육과정 및 방과후 과정 영역, II. 민주적 유치원 운영 영역, III. 안전하고 쾌적한 교육환경 및 유아의 건강안전 영역으로 구성된다. I, II 영역의 평가 문항은 단위 유치원이 교육목표에 따라 이

를 달성하기 위한 내용을 자율적으로 구성하도록 하고 있으며 Ⅲ 영역은 서울특별
시교육청유아교육진흥원에서 제시한 평가 문항을 활용하여 평가하도록 하고 있다.

평가 방법에 있어서도 유치원 교육공동체 모두의 참여·소통·협력을 통한 단위
유치원 주도의 유치원 자체평가를 실시하되, 세 번째 영역은 공공성 강화 측면에서
서면평가를 실시하도록 하고 있다. 기본방향의 주요 내용을 살펴보면 다음과 같다.

- 단위 유치원 업무 경감 및 현장 적합성 제고를 위한 평가 절차를 간소화한다.
  과거 자체평가 → 서면평가 → 현장평가 순으로 복잡하게 진행되었던 평가 절
  차를 자체평가로 단순화하되 건강·안전 영역은 서면평가를 실시하고 현장평
  가는 생략한다.
- 교육공동체의 민주적 운영을 위한 평가 문항은 자율적으로 구성한다.
  과거 교육부에서 일괄적으로 통보되던 평가 문항에서 유치원 교육공동체의 의
  견과 유치원의 교육활동 및 유치원 여건을 반영하여 평가 지표에 따른 평가 문
  항을 유치원에서 자율적으로 구성할 수 있도록 하였다. 다만, 유아의 건강안전
  영역은 관련 법령에 근거한 필수 준수 사항을 중심으로 평가 지표를 활용하여
  실시하도록 하고 있다. 또한 유치원 교육공동체가 소통 협력할 수 있는 유치원
  자치문화 조성을 위해 '민주적 유치원 운영' 영역을 신설하였다.
- 2019 개정 누리과정과 연계한 평가 지표 및 평가 문항을 구성한다.
  유아·놀이 중심 교육과정의 구성 방향과 내용을 반영한 평가 지표 및 평가 문항
  을 구성하며 새로운 교육과정에 유연하게 대응할 수 있는 평가 문항으로 구성하
  도록 한다.
- 유아의 건강·안전 관리에 관한 사항을 강화한다.
  이는 학부모의 유아교육환경에 대한 불안 해소를 위해 유아의 건강, 안전 관리
  에 관한 사항은 책임을 대폭 강화하여 문항을 구성하고 서면평가 실시를 통해
  관련 규정 준수 등 학부모가 안심할 수 있는 교육환경 조성으로 유치원 평가의
  신뢰도를 향상시킨다.
- 유치원 평가 후속 컨설팅 지원을 강화한다.
  이는 전문적 컨설팅 제공으로 유치원의 자율적 성찰을 통한 조직문화를 혁신

하고 유치원 평가추진 과정에 대한 우수사례 공유 및 유치원 간 네트워크 구축을 강화하도록 하였다.

3) 평가 방법

제5주기 평가에서는 자체평가(평정척도)와 서면평가(정량평가)를 병행함으로써 유치원의 자율성은 존중하되 공공성은 강화하는 것을 강조하고 있다.

평정 방식 역시 I, II 영역은 자체평가로 교직원과 전체 학부모가 설문 조사로 하는 5단 척도를 활용한 평정척도 방식을 활용하며, 서면평가(III)는 각 평가 문항별로 충족 여부에 따라 체크리스트 방식에 의해 충족(Y) 또는 미충족(N)에 체크하도록 하여 평가위원이 영역별로 평가 문항의 충족 개수에 따라 우수, 적합, 개선필요 3단계로 평정하도록 하였다. 평가 문항 충족 비율은 우수는 80% 이상, 적합은 60~80% 미만, 개선 필요는 60% 미만으로 구간이 설정되어 있다.

표 11-12 충족 평가 문항 수에 따른 평가 등급

평가 영역	평가 문항 수	'충족' 평가 문항 수		
III	10개	8개 이상	6~7개	5개 이하
		⇩	⇩	⇩
		우수	적합	개선필요

출처: 서울특별시교육청유아교육진흥원(2022b: 8).

4) 평가 절차

평가 절차는 자체평가, 서면평가, 평가 결과서 송부, 결과공시 4단계로 진행되는데 간단하게 그림으로 살펴보면 다음과 같다.

자체평가	서면평가	평가 결과서 송부	결과 공시
유치원	서면평가단 · 서울특별시교육청 유아교육진흥원	서울특별시교육청 유아교육진흥원 · 평가심의위원회	유치원
• 전체 유치원 매년 실시 –교육활동평가, 설문조사, 분 석 후 자체평 가 결과서 제출 및 공개	• 건강·안전 영역 에 한해 서면평가 실시 • 평가 보고서 작성 제출	• 유치원 평가 결 과서 송부(유아 교육진흥원→유 치원) • 이의제기 시 심 의·검토	• 유치원 알리미 에 공시

[그림 11-1] 5주기 평가 절차

출처: 서울특별시교육청유아교육진흥원(2022b: 8).

유치원 자체평가는 유치원 여건과 교육목표에 알맞은 평가 내용과 평가 문항을 구성하고 유치원 교육공동체(학부모, 교직원) 모두가 참여하는 설문 조사를 실시하며 평가 문항에 대해 자체평가서를 작성하여 소속 교육지원청에 제출하도록 하고 있다. 이를 통해 개선 방안을 모색하여 차년도 교육과정 운영에 반영하고 자체평가서는 유치원 홈페이지와 유치원 정보공시에 공개하여야 한다.

서면평가는 평가위원이 유치원 운영계획서, 유치원 자체평가 보고서, 유치원 정보공시 자료를 참고하고 서면평가용 증빙자료를 충실히 검토하여 평가하는 것으로 평가위원은 영역 종합의견, 총평, 평가 결과에 대한 서면평가 보고서를 작성하도록 한다.

평가 결과서 송부는 서울특별시교육청유아교육진흥원 및 평가심의 위원회의 평가 결과를 유치원에 통보하는 것이며 평가 결과서 통보 후 이의제기가 가능하고 이의제기가 인정되는 경우 서면평가 보고서의 내용이 조정 가능하다.

결과 공시는 「유아교육법」 제22조 5항에 근거하여 유치원 평가 결과를 공개하도록 되어 있으며 모든 유치원은 정보공시와 유치원 홈페이지에 탑재하여 누구나 쉽게 열람할 수 있도록 해야 한다.

5) 평가 지표

유치원 평가는 2022년 5주기를 마무리 하였으며 2023년부터 매년 자체평가로 실시한다. 다음은 2023 유치원 평가 가이드북(서울특별시교육청유아교육진흥원, 2023)에서 제시하고 있는 유치원 평가 지표안이다. 2023년 평가는 3개 영역(I. 유아놀이 중심 교육과정 및 방과후 과정, II. 교육주체가 참여하는 민주적 유치원 운영, III. 유치원의 건강과 안전), 12개 평가 지표로 구성되어 있다. 평가 영역별 평가 지표 및 평가 지표별 평가 문항을 살펴보면 다음 〈표 11-13〉〈표 11-14〉와 같다.

표 11-13 유치원 평가 영역별 평가 지표

영역	평가 지표
I. 유아 · 놀이 중심 교육과정 및 방과후 과정	유아 · 놀이 중심 교육과정 편성 · 운영
	유아교육과정 평가 및 환류
	교원의 전문성 신장 지원
	돌봄과 쉼이 있는 방과후 과정
II. 교육주체가 참여하는 민주적 유치원 운영	유아가 주도하는 교육환경
	부모와 지역사회가 함께하는 협력 공동체
	소통 중심의 교직원 교육 자치
III. 유치원의 건강과 안전	시설 및 환경의 청결과 안전
	안심하고 믿을 수 있는 급 · 간식 환경
	유아 및 교직원을 위한 건강 증진
	유아 및 교직원의 안전보장과 권리 증진
	안전한 등 · 하원

출처: 서울특별시교육청유아교육진흥원(2023:17).

표 11-14 유치원 평가 지표별 평가 문항

영역 I	유아 · 놀이 중심 교육과정 및 방과후 과정
평가 지표	평가 문항
유아 · 놀이 중심 교육과정 편성 · 운영	• 국가수준의 교육과정을 바탕으로 유치원 실정을 반영한 교육과정을 편성 · 운영한다. • 유아의 전인적 성장과 발달을 위하여 유아의 발달 특성 및 경험을 고려한 교육과정을 편성 · 운영한다. • 놀이, 일상생활, 활동을 융통성 있게 편성 · 운영한다. • 유아의 성별, 신체적 특성, 장애, 종교, 가족 및 문화적 배경 등으로 인한 편견이 없으며, 차이를 긍정적으로 수용하고 배려하는 교육과정을 편성 · 운영한다. • 유아의 흥미와 요구를 존중하며, 유아 주도적인 놀이 중심 교육과정을 편성 · 운영한다. • 다양한 방법으로 교사의 교수 · 학습을 지원 · 점검한다. • 특수교육대상 유아를 위한 지원과 관리, 맞춤형 프로그램을 내실 있게 편성 · 운영한다.
유아교육과정 평가 및 환류	• 일과 운영 전반에 나타난 유아의 흥미와 놀이 모습에 근거하여 특성 및 변화, 발달 상황을 포괄적으로 파악한다. • 다양하고 적합한 평가 방법을 개발하여 유아 이해 및 교육과정의 질 관리를 위한 평가(유아, 교육과정)를 실시한다. • 참여, 소통, 협력을 기반으로 하는 유아놀이 실천-평가-환류를 체계적으로 운영한다.
교원의 전문성 신장 지원	• 교사의 놀이 전문성 신장을 위한 지원이 이루어진다. • 교사는 유아놀이의 질적 향상을 위해 반성적 사고를 실천한다. • 연수, 장학, 연구 활동 등 다양한 과정에 활발히 참여한다. • 교원학습공동체 등에 적극적으로 참여하면서 교육활동 경험과 어려움, 정보 등을 공유하고 개선을 위한 토의 · 토론이 지속적, 정기적으로 이루어진다. • 원장(원감)은 교원의 전문적 역량 함양을 위해 지속적으로 소통하고 노력한다.
돌봄과 쉼이 있는 방과후 과정	• 유아의 발달, 정서적 안정감, 체력 등 개별적 요구를 고려하여 놀이와 쉼을 기반으로 하는 방과후 과정을 계획하여 운영한다. • 안정적인 방과후 과정 운영을 위하여 시설 개선 및 관리, 담당 인력 등의 환경을 체계적으로 제공한다.

영역 II	교육주체가 참여하는 민주적 유치원 운영
평가 지표	평가 문항
유아가 주도하는 교육환경	• 유치원 하루 일과 운영에 유아의 의견이 적극적으로 반영된다. • 실내외 교육환경 구성 시 유아가 불편함이 없도록 유아의 발달 및 권리를 고려한다. • 유아의 요구에 따라 실내외 교육환경의 결합 및 재구성이 지속적으로 이루어진다. • 유아의 주도적 놀이가 가능하도록 실내외 교육환경 구성에서 유아의 의견을 적극적으로 반영한다. • 유아가 놀이 상황과 맥락에 따라 놀이에 적절한 자료를 스스로 선택한다.
부모와 지역사회가 함께하는 협력 공동체	• 교육공동체의 구성원이 유치원 비전과 목표에 대해 잘 인식하고 있으며, 비전과 목표가 유치원 교육에 적극 반영된다. • 학부모가 유치원 교육활동에 적극적으로 참여하고 의견을 개진할 수 있는 개방적인 시스템이 마련되어있다. • 학부모 참여를 활성화하여 상호이해와 협력을 높이기 위해 노력한다. • 지역사회와의 협력적 체제 구축을 통해 지역사회의 인적 · 물적 자원을 활용하여 교육한다. • 유치원 구성원 간 갈등을 해결하기 위해 지원방안 및 갈등 예방과 치유를 위한 참여를 지원한다.
소통 중심의 교직원 교육 자치	• 교직원 간 의사소통이 원활하고 민주적인 의사결정이 이루어진다. • 행정업무 경감 등의 노력으로 교사가 놀이지원과 유아지도에 집중할 수 있는 여건을 조성한다. • 교직원을 위한 시설 및 직무공간을 위한 설비를 설치하여 교직원을 배려하는 문화를 조성한다. • 교직원 처우에 대한 규정에 따라 교직원의 복지를 향상시키기 위한 노력이 이루어진다. • 소통 중심의 교직원 교육 자치가 이루어질 수 있도록 교직원은 최대한 존중받고 보호받는다.

영역 Ⅲ	유치원의 건강과 안전
평가 지표	평가 문항
시설 및 환경의 청결과 안전	• 안전진단 전문기관에 의한 안전점검을 통해 건축물·전기·가스·소방에 대한 안전을 확보하고 관련 자료를 보관한다. • 현관문, 출입문 및 창문에 개폐장치를 설치하고 안전하게 관리한다. • 유아의 안전 및 외부인 출입 통제를 위해 CCTV를 설치 및 관리한다. • 위험요소가 있는 공간(예: 조리실, 보일러실)과 유아의 활동공간을 분리하여 위험요소를 차단한다. • 실내외 공간의 위험한 물건(예: 전선, 블라인드 줄, 콘센트, 냉·난방기, 선풍기 등)에 유아가 접근하지 않도록 안전관리가 이루어진다. • 비상사태를 대비한 안전시설 및 설비가 설치되어 있고, 이에 따른 사용법을 숙지하고 있다. • 놀이터와 같은 실외놀이 공간, 놀이시설, 놀잇감을 청결하고 안전하게 관리하며, 관련 자료를 보관하고 있다. • 수질의 안전과 위생을 위하여 점검표를 관리하고 수질 검사를 정기적으로 실시한다. • 실내외 쾌적한 환경이 조성·유지되고 있으며 오염도 검사기관의 실내 공기질 측정 결과서를 보관한다. • 승강기 설치 업체에 의해 정기 및 정밀점검을 시행하고 정기 검사 주기에 따라 안전 검사 성적서를 보관한다.
안심하고 믿을 수 있는 급·간식 환경	• 급식지도점검 및 급식과 관련된 관리체계에 대해 점검을 받고 있다. • 유아의 연령 및 영양 균형을 고려한 식단을 수립하고 있으며, 식단에 따른 충분한 양의 급·간식을 제공한다. • 식품 알레르기 질환에 대한 지침을 마련하여 실행한다. • 보존식 보관규정에 따라 보존식 기록표를 작성하고 보존식을 보관한다.
유아와 교직원을 위한 건강 증진	• 유아의 질병 및 상해관리를 위해 노력하며, 이와 관련된 정보를 부모에게 제공한다. • 교직원의 건강검진이 정기적으로 이루어진다. • 유아 및 교직원에 대한 감염병 관리수칙을 준수한다. • 유아 및 교직원을 대상으로 다양한 형태의 건강 및 영양 교육을 실시한다.

유아 안전보장과 권리 증진	• 유아의 안전보장과 권리 증진을 위한 매뉴얼을 준수하고 예방을 위한 교육을 계획하여 진행한다. • 유아의 안전보장과 권리 증진을 위한 교육(예: 아동학대 예방 및 신고자 의무교육)에 참여하거나 관련 이수증을 보관한다. • 유아의 신체·정서·성적 권리를 존중하기 위한 교직원의 주기적인 자가점검이 이루어진다. • 교원의 안전보장과 권리 증진을 위한 대응체계를 갖추기 위해 노력하고 있다.
안전한 등·하원	• 유아를 대상으로 다양한 형태의 교통안전교육을 정기적으로 실시한다. • 유아의 등·하원 시 보호자 인계절차와 방안이 수립된 귀가동의서를 구비한다. • 어린이 통학버스는 유아의 안전을 최우선 고려하여 관리 및 운행한다.

영역	평가 지표	평가 문항
I. 유아·놀이 중심 교육과정 및 방과후 과정	수정 불가	단위 유치원의 특성을 고려하여 지표별 2문항 이상 선택, 추가 및 수정 가능
II. 교육주체가 참여하는 민주적 유치원 운영		
III. 유치원의 건강과 안전		수정 불가(제시된 문항 그대로 활용)

> ❖ I·II·III 영역 평가 지표 및 III 영역 평가 문항: 법적인 근거와 서울특별시교육청유아교육 진흥원 기본계획을 반영한 내용으로 수정, 삭제 없이 활용

출처: 서울특별시교육청유아교육진흥원(2023: 18-21).

4. 요약

① 유아평가는 유아의 발달, 교육 프로그램의 효과, 유아의 능력과 잠재력 등을 알아보기 위해 일정한 교육목표에 의해 그 수준을 판단하는 일로 일화기록, 체크리스트, 포트폴리오 등 다양한 방법이 활용되며 주기적으로 실시되어 유아의 성장 발달의 모습을 발견하고 유아를 위한 교육과정 개선에 적극 반영될 수 있도록 하여야 한다.

② 교사평가는 교육의 질적 향상을 위해 자신의 수업 및 교수 능력을 향상시키는 수단으로 교사 자신이 전문가로 성장하기 위한 필수적인 과정이며 현장에서는 교원능력개발평가가 시행되어 교사의 학습지도와 생활지도면의 평가가 시행되고 있다.

③ 유치원 평가는 유치원 교육공동체의 참여 · 소통 · 협력을 통한 자율과 책임을 바탕으로 유치원 교육의 전반을 확인하고 진단하여 개선해 가는 '계획—실천—평가—환류'의 과정이다.

동영상 시청과 토론

1교시

◆ 우리 아이 괜찮나요? (유아평가 편)

◆ 토론

• 유치원 교실의 영역에 따라 유아를 관찰할 때 각 영역에서 할 수 있는 유아평가의 내용을 논의하여 정리해 보세요(예: 미술영역–유아의 소근육 발달 등).

• 유아에게는 상대평가보다는 절대평가를 하는 이유를 논의해 보세요.

2교시

◆ 유치원 교원능력개발평가를 소개합니다.

◆ 토론

• 내가 평가 받는 교사라면 무엇을 보여 주고 어떤 포트폴리오를 만들고 싶은지 토론해 보세요.

3교시

◆ 동영상

• 유치원 평가 관련 뉴스

◆ 토론

• 제5주기 평가부터는 교육공동체 중심의 자체평가를 강조하고 있습니다. 현장평가 없이 자체평가만 진행할 시 장점과 단점을 토의해 보세요.

• 현장에서 평가를 받을 때 필요한 교사의 능력은 무엇인지 토론해 보세요.

심화학습을 위한 자료   •••

• 『유아교육기관 현장관찰 및 평가』(심성경, 함은숙 공저, 공동체, 2015)

선정 이유: 유치원 현장에서 이루어지는 관찰과 평가를 이론과 실제 중심으로 잘 정리하고 있으며 예비 교사가 사전에 알아야 할 다양한 포트폴리오, 수행평가 등에 대한 예시가 적절하게 제공되어 있어, 유아 평가와 관련된 심화학습 자료로 추천하게 되었다.

 ## 추천할 만한 견학기관   •••

• 서울특별시교육청 교육연구정보원 http://www.serii.re.kr

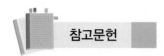

참고문헌

교육과학기술부, 보건복지부(2013). 3∼5세 연령별 누리과정 해설서.

교육부(2017). 2017학년도 유치원교원능력개발 평가 매뉴얼.

김석우(2016). 교육 평가의 이해. 학지사.

박찬옥, 서동미, 곽현주, 박성희, 한남주, 홍찬의(2016). 유아교육과정. 정민사.

방인옥, 박찬옥, 이기현, 김은희(2013). 유아교육과정(제3판). 정민사.

서울특별시교육청(2017a). 2017 교원능력개발평가제 추진 계획.

서울특별시교육청(2017b). 유치원 교육과정 및 유아평가.

서울특별시교육청(2022). 2022학년도 유치원 교원능력개발 평가 시행계획.

서울특별시교육청유아교육진흥원(2012). 유치원교육과정 내실화를 위한 5세 누리과정 평가도구.

서울특별시교육청유아교육진흥원(2022a). 제5주기 2022년 유치원 평가 가이드북.

서울특별시교육청유아교육진흥원(2022b). 2022학년도 제5주기 3차년 유치원 평가 기본계획.

서울특별시교육청유아교육진흥원(2023). 2023 유치원 평가 가이드북.

신옥순(2013). 유아교육학개론. 학지사.

양명희, 임유경(2016). 유아 행동 관찰 및 평가. 학지사.

우수경, 김현자, 신선희, 유영의, 김호, 김현정(2014). 유아교육개론. 학지사.

이기숙(2013). 유아교육과정. 교문사.

이희경(2017). 유아교육개론. 태영출판사.

임미정(2013). 「누리과정」유아평가에 기초한 교육과정 운영 사례연구. 덕성여자대학교 대학
    원 석사학위논문.

전남련, 권정미, 김덕일(2011). 유아교육 현장 적용을 위한 유아관찰평가의 이론과 실제. 양서원.

채영란, 박유영, 박희숙, 신금호, 이은희, 조은정(2017). 유아교육개론. 정민사.

최일선, 조운주(2018). 유아교육 평가의 이론과 실제. 창지사.

황해익(2016). 유아교육 평가의 이해. 정민사.

Gober, S. U. (2004). *Six simple ways to asess young children*. 김희태 역(2011). 유아를 평가
    하는 6가지 간단한 방법. 센게이지러닝코리아.

Harris, M. E. (2009). Implementing portfolio Assessment. *Young Children, 64(3)*, 82-85.

Mcaffe, O., & Leong, D. J. (2007). *Assessing and guiding young children's development
    and learning* (4th ed.). 김경철, 이진희, 최미숙, 황윤세 공역(2008). 발달과 학습에 대한

유아의 평가. 학지사.

Worthham, S. C. (2005). *Assessment in early childhood education* (4th ed.). Pearson
　　Education.

12

유아교육의 동향과 발전방향

강은주

 핵심주제

- **대한민국 신정부의 육아정책**: 신정부의 저출산 대책은 지속적인 가족지원, 예비 부부(청년) 일자리 창출, 부부 공동출산휴가, 자녀 양육비의 국가지원 확보, 공동양육 사회로의 전환, 팬데믹 이후의 안전, 위생, 취약층 영유아 발달의 보장과 격차 해소, 대리양육기관은 영유아학교로 통합하기 등 이해하기

- **제4차 산업혁명 시대에서의 유아교육**: 제4차 산업혁명 시대의 온라인 교육, 새로운 학습방식, 학습자의 자기주도적 놀이와 학습법이 자신의 장래와 연결됨을 이해하기

- **독서치유**: 대한민국 국가미래교육전략에 대한 패러다임 전환을 위해 자아정체감, 자아존중감, 인간관계력 향상, 가족관계 개선 등 문제행동 예방과 생활지도 차원에서 친숙한 그림책으로 유아들의 내면의 자아성장을 돕는 기법으로서 자기경영관리 전략임을 체득하기

- **지속가능유아교육**: 국제사회에서의 지속가능발전교육(ESD)의 지원적, 국가적, 세계적 대응 촉구는 유아들의 ESD에 대한 지식, 기술, 가치, 태도 교육과 사회, 정서, 인지, 행동 영역에 총체적으로 학습되도록 결정적 학습기를 담당하는 영유아교사의 인식 변화와 현장 실천의 중요성 이해하기

- **다문화사회와 유아교육**: 증가하는 다문화 인구 추세에 따른 중앙 각 부처의 다문화교육 정책, 다문화교육센터를 통해 다문화교육의 운영체제와 비전을 알아보고 주요 부처의 정책 알아보기

- **통일시대와 유아교육**: 북한이탈 주민들의 남한에서의 안정된 정착은 미래 통일한국의 삶의 모델이 되므로 예비 교사와 현직 교사의 통일에 대한 인식 변화와 영유아기 통일교육의 중요성 이해하기

1. 대한민국 신정부의 육아정책

1) 저출산 극복

통계청(2022. 8. 24)의 2021년 출산율 보고에 따르면 출생아 수는 26만 6백명으로 전년대비 1만 1천 8백 명(-4.3%) 감소하였다. 35세 미만 연령층의 출산율은 감소, 35세 이상 연령층의 출산율은 증가하였다. 모의 평균 출산연령은 33.4세, 전년대비 0.2세 상승하였고, 전년대비 첫 자녀는 6천 명(-3.9%), 둘째 자녀는 4천 명(-4.5%)으로 감소하였다. 합계 출산율은 세종(1.28명)과 전남(1.02명)이 높고, 서울(0.63명)과 부산(0.73명)이 낮은 경향을 보였다.

2022년 저출산 대응을 중심으로 제4차 저출산고령사회 기본계획의 문제점과 개선방향의 주제를 다룬 국회입법조사처(박선권, 2022. 5. 17)에 따르면 2019~2050년 사이의 세계 최대 노인인구증가율(23%)을 예측한 한국의 초저출산 장기 지속 심화의 원인으로는 비혼, 만혼 증가, 저조한 청년 대졸자 고용률, 저출산 대응 가족지원 미비, 결혼과 출산 선택의 계층화 심화 추세를 원인으로 꼽았다.

해결 방안으로는 첫째, 지속적인 가족지원 투자, 일자리, 주거 등 청년층의 사회구조적 핵심 정책에 대한 과감한 투자, 생애주기의 유연한 이행을 지원하는 것, 둘째, 개인의 권리 향유 보장으로 함께 일하고 함께 돌보는 사회로 전환하며 어린이의 기본권을 보장하는 것, 셋째, 인구구조 변화에 따라 모두의 역량 발휘 기반 사회 조성, 인구구조 뉴노멀에 대비해야 한다.

대한민국 저출산 고령시대 2016~2020 계획안에 따르면, 지난 30년 이상 국내의 15~49세 가임여성 1명이 평생 낳을 자녀 수(합계 출산율)가 2.1명이며, 15년간 초(超)저출산 현상인 1.3명으로 보고되었다(브릿지 플랜 2020). 2017년 e-나라지표에 의하면, 합계 출산율은 2009년 1.14명에서 조선일보(2018. 3. 1.) 기사에 따르면 한국은 만혼, 취업난, 가임여성 및 혼인건수 감소 등의 이유로 2017년 35만 명대로 급감한 신생아 수가 2036년 출생아 수의 예상을 19년이나 앞당겨 앞으로 5~7년 안에

20만 명대로 추락할 것이라는 국가적 위기를 예견하였다.

한국의 저출산 문제는 다음 세대의 인구분포뿐만 아니라 국방(국력)에까지 미치므로 출산장려정책만으로는 근본적 해결이 불가하다. 예비 부모(청년)들의 취업보장, 자녀 출산과 복지, 자녀의 전 생애 발달단계별 '촘촘한 지원'과 부모-자녀에 대한 기본 존중 정책과 인구절벽 위기에 대한 새로운 정부의 국가적 관심과 노력이 절대적으로 필요하다(백선희, 2017. 12. 31.).

선진국에서는 임신 전부터 출산준비 휴가, 부부의 출산 육아휴직, 휴직 후의 복직 및 취업보장, 육아비용의 국가연대보장, 자녀의 공교육 의무화를 통한 자녀 양육비(교육비) 감축, 대리양육비의 국가지원 확보 등 근본적 문제해결을 중시한다. 결혼예비 학교를 통한 부모로서의 존중과 부모 입문에 대한 사회적 프로그램 등 결혼·출산·육아가 가정과 국가사회의 동반관계 안에서 사회 전반 시스템의 지원을 통해 이루어지고 있다.

2) 2022~2027 유아교육·보육 중장기 발전방안

신정부의 유보통합의 방향은 유아교육 5개년, 보육 5개년 발전계획이 각각 5년마다 발표되었던 것을 유아교육·보육 중장기 발전방안에 대한 통합연구로 진행되면서 잘 드러났다. 신정부에서 발표한 현황, 정책 방향, 미래환경 변화 전망을 요약 정리하면 다음과 같다(문무경, 양미선, 송기창, 김문정, 2021).

(1) 영유아와 대리양육기관 현황

0~6세아와 대리양육기관 현황을 살펴보면, 2020년 기준 256만 명으로 10년 전보다 65만여 명으로 영유아 수가 감소하였다. 유치원과 어린이집 이용 영유아 수는 2020년 기준 총 185만 6,934명으로 0~6세아 중 48.6%(6% 상승)가 대리양육기관을 이용 중인 것으로 집계되었다.

대리양육기관 수는 2020년 기준 총 4만4,057개소 (유치원 8,705개원, 어린이집 35,352개소)로 파악되었다. 유치원 수는 누리과정 지원 확대에 따라 2011년(8,424개원)보다 2017년(9,029개원)까지 증가하였으나 2020년 8,705개원으로 감소하였다. 2018년 사립유치원 감사의 관리감독 강화로 사립유치원의 다수 폐원이 원인인 것으로 보고되었다. 2012년 0~2세 무상보육으로 보육수요 증가가 가정어린이집을 중심으로 크게 이루어졌으나, 2013년 크게 감소하였다. 누리과정 3~4세 확대, 0~5세 전 계층 양육수당 지원 등을 원인으로 파악되고 있다.

(2) 주요 관련 정책

2022~2027 유아교육·보육 중장기 발전방안 연구에서 발표한 주요 정책으로는 첫째, 코로나19 대응을 위하여 교육회복 종합방안, 미래교육 10대 정책과제를 내놓았다. 미래교육 10대 정책과제로는 ① 미래형 교육과정 개편, ② 새로운 교원제도, ③ 학생 중심 미래형 학교 조성, ④ 교육안전망 강화, ⑤ 대학과 지역의 성장 지원, ⑥ 미래사회 핵심 인재 양성, ⑦ 고등 직업교육 내실화, ⑧ 전 국민 전 생애 학습관 보장, ⑨ 디지털 교육기반 마련, ⑩ 협력적 교육 거버넌스를 내놓았다. 미래형 개정 교육과정 추진 계획을 발표하면서 학생 선택권 확대, 교육과정 자율성 강화, 디지털 기반 교육지원 교육과정 다양성 확대, 놀이·학습 연계 등 발달수준에 대한 고려 등을 강화한다는 정책을 제안하였다(문무경 외, 2021).

지속가능발전교육의 일환으로써 2021년에 발표한 그린 스마트 미래학교 계획에서는 40년 이상 노후 학교 건물을 미래형 학교로 바꾸는 대형 프로젝트로 학생 선택과 웰빙을 고려한 수업, 휴식, 감성, 놀이 공간으로서의 '공간혁신', 교수·학습 자원을 확장하고 개별 맞춤형 학습이 가능한 디지털 기술 기반의 '스마트한 학습환경', 친환경·생태학습장으로서의 '그린학교', 신입생이 사라져 늘어나는 폐교를 마을의 공동 학습공간으로 활용하여 거듭나게 하는 지역사회와 연계된 '학습복합공간'을 통해 미래형 학교를 구현하고자 하였다(교육부, 2022.1.12.; 행복한 교육 2019. 10월호).

영유아 중심 공적 보호·돌봄체계 구축을 골자로 한 제2차 아동정책 기본계획 2020~2024년(보건복지부, 2020. 8. 28.)에서는 개인의 '삶의 질 제고 전략'을 기본관점으로 하여 미래를 준비하는 청년층과 아이를 키우는 부모의 정책 체감도를 획기적으로 제고하기 위하여 제4차 저출산·고령사회 기본계획(2021~2025)을 발표하였다.

취학 전 아동을 중심으로 관계 부처 합동의 장애아동 종합대책(안)(2021)을 발표

비전	아동이 행복한 나라

목표	• 아동 권리의 존중 및 실현 • 아동이 현재 행복을 누릴 수 있는 환경 조성

추진 전략	중점 추진 과제
1. 권리주체 　아동권리 실현 2. 건강하고 　균형있는 발달 지원 3. 공정한 출발 　국가책임 강화 4. 코로나19 대응 　아동정책 혁신	1. 아동 권리 실현을 위한 정책 추진체계 마련 2. 생활 속 아동권리 실현 3. 놀이와 학습이 조화로운 학교와 지역사회 4. 아동 신체와 마음건강 관리 강화 5. 폭력과 각종 안전사고로부터 보호 6. 아동 중심 공적 보호 · 돌봄체계 구축 7. 저소득 가구 등 취약아동 지원 강화 8. 가정의 양육 역량 강화 9. 재난 상황에 대응 가능한 돌봄체계 마련

[그림 12-1] 제2차 아동정책 기본계획 2020~2024년

출처: 보건복지부(2020. 8. 28.).

하여 장애의 조기 발견-개입-치료에 대한 체계적인 지원, 장애아동의 의무 교육 권리 보장 등 장애아동에 대한 종합적, 체계적 지원체계를 마련하고자 하였다.

(3) 미래환경 변화 전망

2021년 육아정책연구소의 「2022~2027 유아교육 · 보육 중장기 발전방안 연구」에 따르면 인구구조의 변화, 세대 변화에 따른 자녀 양육에 대한 가치 변화, MZ세대와의 세대 간 갈등, 경제 성장률 저하에 따른 고용률 감소를 감안한 제4차 산업혁명의 기술정보와 기술과학의 발전 및 디지털 리터러시 함양과 디지털 환경 구축에 대한 수요 가속화, 급격한 사회적 변화에 대한 적응력 강화가 요구된다고 발표하였다(문무경 외, 2021).

코로나19 팬데믹이 초래한 심각한 돌봄 공백의 영유아 양육에서 부모와 지역사회의 역할을 재조명하여 비대면 방식 교육, 원격교육 실시, 교사 대응역량 강화, 영유아 안전과 위생 강화, 취약계층 영유아의 발달과 학습의 연속성 보장 및 격차 해소 등의 필요성이 크게 대두되었다. 중장기적 관점에서 영유아 대상의 지속가능발전목표 국내 이행과 모니터링이 필요하다고 보고 영유아의 사회심리적 안녕의 개념에 대한 사회적 합의가 필요하며 측정도구 개발이 요구된다고 하였다. 또한 기후환경 변화에 대응하는 영유아의 참여와 주도가 강조되고 있다.

(4) 향후 유아교육과 보육 정책의 방향성

신정부에서는 영유아의 웰빙과 건강한 성장을 최우선시하여 영유아 주도와 참여를 강조한 유아교육과 보육의 질을 제고하고 포용적 공생 사회를 위한 생애초기부터 통합교육을 강화하여 틈새 없는 돌봄 서비스 체계 마련 및 부모의 자녀 양육지원을 강화하여 지역별 균형 발전과 조화를 이루고자 하는 방향을 제시하였다.

유아교육과 보육의 공통 핵심과제로는 무상 유아교육과 보육의 완성을 위해 5세 무상교육 실시를 통한 단계적 공교육화와 누리과정 지원 단가를 현실화하고 교육과 돌봄을 함께 하는 유보체제 통합을 위해 유보통합추진위원회를 구성하여 마스터 플랜을 갖고 정책을 운영하며 양분화된 대리양육기관명을 '영유아학교'로 통일하는 것이다. 이것은 미래형 영유아교원 자격 기준 및 양성체제 통합, 양성기관의 질 관리(교육과정 교사, 기간제 교사, 보조교사 등 다양한 인력의 역할에 따른 자격 기준과 업무규정 마련 등)와 유아교육과 보육서비스의 질을 교사 · 영유아 비율 감소, 교원 연수체제 혁신, 부처별 핵심과제로 교육부의 방과후 과정 운영 내실화(운영시간, 방과후 강사 배치기준 등)와 공 · 사립유치원 균형 발전을 꾀하고자 한다. 보건복지부에서는 0~2세 영아 대상 서비스와 어린이집과 초등학교와의 연계 강화를 목표로 하였다.

누리과정 소요 재정 추계 사립유치원과 어린이집의 교육비 · 보육료는 2023년부터 2026년까지 매년 3만 원씩, 2027년에는 2만 원씩 인상, 2027년에 40만 원을 달성하고자 한다. 유치원 방과후 과정 교육비는 2023년에 3만 원 인상하여 10만 원 달성을 목표로 설정하였다. 국공립유치원의 경우, 유치원별로 차등 있는 방과후 과정 교육비를 2023년 5만 원에서 8만 원으로 인상하는 것을 목표로 하였다.

2. 제4차 산업혁명 시대에서의 유아교육과 독서치유

1) 제4차 산업혁명 시대와 유아교육

제4차 산업혁명, 인공지능시대에서는 대학보다 유치원이 더 중요하다는 것이다. 미래를 예측하게 해 주는 브랜드 기업 구글의 래리 페이지와 세르게이 브린, 아마존 창업자 제프 베조스, 위키피디아의 창업자 지미 웨일즈 등이 자신의 어린시절 학습주도권을 유아들에게 주어 자신이 하고 싶은 것을 선택하면 교사가 도와주는 유치원에 다녔던 경험담은 유명하다. 답이 없는 인터넷 비즈니스 세상에서 질문 자체를 즐기는 것을 유아기 때부터 경험하고 체득한 경험이 제4차 산업혁명 시대를 주도하게 되었다는 그들의 일화는 유아교육의 방향을 기술이 아닌 자기주도적 학습법에 주안점을 두고 있음을 알 수 있다(Cleary & Zimmerman, 2000; Renicks, 2018; Sandholtz, Ringstaff, & Dwyer, 1997; Smith, 2006; Zimmerman, 2002).

타일러 코웬(Taylor Cowen, 2013: 267-299)은 로봇학습과 증강현실 학습이 이루어지며 인간을 가르치고 데이터를 분석하는 모든 일을 인공지능(AI)이 하게 되는 제4차 산업혁명 시대에 온라인 교육이 새로운 교육의 통로이자 교육 비즈니스의 큰 시장을 점유하게 되면서 현재의 지루한 강의, 파워포인트, 교과서 중심의 획일적 학습방법보다 우월히 각광받게 될 것이며 유치원부터 고등학교의 정규교육을 대체할 정도까지 성장할 것으로 내다보았다.

미네르바대학교는 기존의 교과, 전공을 가르치는 것이 아니라 마인트셋을 가르친다. 캠퍼스나 교실이 없는 대학으로 2015년에 설립되었고 50:1로 경쟁률이 하바드대학교보다 높아 학교의 존재 목적을 잘 드러낸 세계 명문대학으로 부상하였다. 이것은 인공지능시대에서 모든 것이 온라인과 컴퓨터화되어 인간의 경쟁력을 능가하는 로봇과의 경쟁에서 인간의 생존력을 사고하는 습관부터 바꾸는 일이 선행되어야 하기 때문이라고 평가한다. 이곳의 교육과정은 평생유치원처럼 학습자 자신이 알고 싶은 주제를 선택하여 그 주제를 탐색해 가고 토의하며 교사는 그 주제의 방향을 잘 인도하여 주제 탐색의 과정과 결과가 잘 나타나도록 촉진자의 역할을 할 뿐 학습 주체자가 스스로 주도적 학습자가 되어야 평생토록 자기주도적 학습을 통한 창의적 문제해결과 자기 개발이 가능하다는 것이다(Resnick, 2013). 이 대학의 특성은 마치 현재 세계를 이끌어가는 산업리더들의 유치원 시절의 경험과 현재 그 기업을 이끌어가는 방식에서 일관적으로 적용되는 자신이 하고 싶은 일들을 하는 방식의 교육이 대학교육의 선도적 역할을 한다는 점에서 획일화된 교육 결과를 양산하지 않아도 된다는 것이다.

오은순과 김윤희(2019)도 제4차 산업혁명 시대의 유아교육의 방향을 미래 인재의 역량개발로 보고 창의적 문제해결, 윤리적 인성, 협업 및 소통, 자기주도성, 테크놀로지 활용능력, 신체능력에 있어서의 역량개발이 우선되어야 한다고 문헌고찰 연구결과를 제시하였다.

2) 제4차 산업혁명 시대와 독서치유

KAIST 문술미래전략대학원 미래전략연구센터(2017)의 원동연 교수는 학습자 자신을 구성하고 있는 심력, 지력, 체력의 내면적 영역과 자기관리능력 및 인간관계능력의 외연적 영역에서 자기 이야기를 그릴 수 있어야 함에도 불구하고 우리나라의 독서 풍토가 지식과 정보 습득의 목적이나 심미적 즐거움만을 위한 독서에 제한되어 있어 사람을 치유하는 독서치유에 진입하지 못하기 때문에 국민들이 어린 시절부터의 독서습관이 잘 형성되지 않았음을 지적하고 있다(원동연, 2017).

국가 교육의 대계에 창의적 인성을 가진 미래 인재를 육성하기 위해서는 인식의 변화가 필요하고 인간이 생존을 위해 천성적으로 갖고 태어난 창의성(잠재능력)을 끄집어내는 것이 필요하다. 그 창의성 교육을 위해서는 선수조건인 인식(세계관)의 변화가 이루어져야 하고 이는 반성과 성찰을 통해 다듬어지며 독서를 통해 과거의 잘못된 지식과 경험으로 형성된 부정적 사고를 변화시키는 가장 현실적 방안으로 독서치유법을 주장하고 있다(KAIST 문술미래전략대학원 미래전략연구센터 팀, 2017: 90-92).

독서치유란 정신질환이나 정서장애를 겪는 대상자의 회복을 촉진하는 계획된 독서 프로그램에서 처방된 책을 사용하는 것으로 정의된다. 독자가 책의 주인공의 특정 성격을 동일시하고, 주인공이 문제를 해결하는 과정에서 동시에 독자가 카타르시스를 경험하며, 이를 독자 자신의 경험에 적용하여 자기 문제 해결을 위한 이성적 통찰을 얻게 되는 3단계로 구성된다(Gocek, 2007; The Online Dictionary for Library and Information Science, 2011).

유아기의 자녀를 양육하거나 대리양육기관에서 교육ㆍ보육하는 일은 영유아뿐만 아니라 그 유아를 가정에서 돌보고 있는 주 양육자들의 부부문제, 조부모문제들과의 가족발달주기와도 밀접한 상관이 있다. 따라서 건강한 유아기의 교육을 위해서는 인간 발달 전 영역의 발달과제 특성과 변화에 따라 그 발달단계의 가족구성원의 과제수행이 잘 이루어지고 있어야 유아들에게 긍정적 의사소통 및 안정된 양육환경을 조성해 줄 수 있다.

I. A. 리처즈 이론에서는 그림책을 읽는 독자들이 문학적 요소의 경험에 참여하게 됨으로써 그 안에서 자신의 마음을 몰입하여 주인공의 이야기에 자신을 투사하고 독자 마음의 불만족과 좌절 등의 문제해결이 되는 주인공과 동일시함으로써 자신의 문제도 함께 해결되는 대리경험의 효과를 얻게 된다고 한다.

국내의 학술연구정보서비스(RISS)에서 제공하는 독서치료에 관한 연구는 3,114건 정도이며 유아와 유아가족을 포함한 독서치료 연구는 360건으로 검색된다(2023. 1. 3. 인출). 유아들을 위한 독서치료는 주로 그림책을 활용한 독서치료로 유아들의 자존감, 자아개념, 스트레스 해소, 또래관계 향상, 친사회성 증진, 유능감, 공격성 감소, 집중력 향상, 정서조절, 자기효능감, 자기조절, 장애유아 관련 연구들이 실행되었다(강은주, 2005, 2007, 2016, 2019, 2022; 김옥, 강은주, 2020; 박혜경, 강은주, 2010).

독서치료를 미래를 위한 유아교육의 방향 설정에 넣어야 하는 중요한 이유는 독서치료에서 활용하는 그림책이 유아들이 가정이나 기관, 도서관 등에서 친숙하게 접할 수 있을 뿐만 아니라 그 치료비용이 상당히 저렴하다는 점이다. 유아의 문제, 부모의 문제를 상담하고 그들의 마음을 읽어 주는 비용이 그림책 한 권 값의 저비용으로 해결될 수 있을 뿐만 아니라 유아들이 늘 접하는 교육매체인 그림책을 활용한다는 점, 독서치료 접근방법도 개인, 소그룹, 대그룹으로 다양하게 접근할 수 있다는 점에서 비용 효과성, 매체 접근, 인생 조기의 바람직한 독서 습관 형성이라는 삼박자의 요소를 두루 갖춘 심리치료적인 생활교육인 것이다. 뿐만 아니라 미래의 국력을 높이는 미래형 교육전략에 잘 부응하기 때문이다(원동연, 2017).

갈수록 증가하는 역기능 가족 출신의 영유아들이 가정이 아닌 대리양육기관에서 인생 초기부터 하루의 가장 긴 시간을 지내야 하는 양육현실은 국가와 사회, 그리고 가정과 대리양육기관이 국가의 미래를 책임질 다음 세대의 양육이라는 점에서 어느 누구도 책임을 간과할 수 없는 입장이다. 그림책을 교사나 부모가 유아를 품에 안고 함께 읽어 주며 그 마음을 달래는 일은 그 장면을 연상만 해도 행복한 양육자-자녀, 교사-유아관계를 인생 조기에 형성하여 그들의 장차 살아갈 사회의 인간관계에도 결정적인 영향을 미치는 바람직한 애착관계 형성을 위한 심리정서적 친밀감과 신뢰감을 조성하기에 매우 적합한 대안적 치료법으로 추천할 만하다.

이들의 교육과 보육현상에서 유아들이 친근하게 접근할 수 있는 그림책을 읽어 주고 발문과 관련 활동을 해 주는 것만으로 영유아들의 마음을 알아 주고 읽어 주며 어루만져 줄 뿐만 아니라 자신이 받았던 역기능적 양육방법대로 자녀를 양육하는 많은 양육자들의 마음도 돌볼 수 있는 성숙한 인격으로 나아갈 수 있다. 2015년부터 실시되는 「인성교육진흥법」에 따른 유치원~대학교까지의 인성교육 교육과정에는 반드시 들어갈 만한 교육과정이며 이들이 평생 자기 내면의 관리를 할 수 있는 내적치유 도구로서도 적극적으로 추천할 만한 자기관리법이 될 수 있다(강은주, 2007).

3. 지속가능유아교육

지속가능발전교육(Education for Sustainable Development: ESD)이란 모든 연령대의 학습자들이 기후변화와 환경문제, 생태 다양성의 손실, 빈곤, 불평등과 같이 상호연결된 글로벌한 과제를 풀어가는 지식과 기술, 가치, 태도를 갖추도록 돕는 교육을 의미한다(https://esd.unesco.or.kr/#tab-a4ad65f44bc49236b7d).

국제사회에서의 지속가능발전교육(ESD)의 지원적, 국가적, 세계적 대응 촉구는 유아들의 ESD에 대한 지식, 기술, 가치, 태도 교육과 학습이 사회, 정서, 인지, 행동 영역에 총체적으로 수반되도록 결정적 학습기를 담당하는 영유아교사의 인식 변화가 전제되어야 한다. 발전목표는 4개의 핵심가치(4P)에 따라 분류된다.

　한국형 지속가능발전목표는 K-SDGs로 표기하고 포용성을 강조하는 현 정부 지향점 및 코로나-19, 기후변화 등 위협 속에서 미래 한국의 지속가능성장을 추동할 핵심가치로 '포용을 반영한 지속가능국가'로 실현하는 비전을 제시한다. 이를 성취하기 위한 4개 전략의 핵심가치인 사람(People), 번영(Prosperity), 환경(Planet), 평화/협력(Peace/Cooperation)으로 17개 목표를 구분하여 제시한 [그림 12-2]와 설명은 다음과 같다.

비전	포용과 혁신을 통한 지속가능국가 실현			
	사람	번영	환경	평화 · 협력
전략	사람이 사람답게 살 수 있는 포용사회	혁신적 성장을 통한 국민의 삶의 질 향상	미래 세대가 함께 누리는 깨끗한 환경	지구촌 평화와 협력 강화
K-SDGs 17개 목표	[목표 1] 빈곤층 감소와 사회안전망 강화 [목표 2] 식량 안보 및 지속가능한 농업 강화 [목표 3] 건강하고 행복한 삶 보장 [목표 4] 모두를 위한 양질의 교육 [목표 5] 성 평등 보장 [목표 11] 지속가능한 도시와 주거지	[목표 8] 좋은 일자리 확대와 경제 성장 [목표 9] 산업의 성장과 혁신 활성화 및 사회기반 시설 구축 [목표 10] 모든 종류의 불평등 해소 [목표 12] 지속가능한 생산과 소비	[목표 6] 건강하고 안전한 물 관리 [목표 7] 에너지의 친환경적 생산과 소비 [목표 13] 기후변화와 대응 [목표 14] 해양생태계 보전 [목표 15] 육상생태계 보전	[목표 16] 평화 · 정의 · 포용 [목표 17] 지구촌 협력 강화

[그림 12-2] 포용과 혁신을 통한 지속가능목표의 국가 실현을 위한 비전과 4대 전략

- 사람(People): 사람이 사람답게 살 수 있는 포용사회를 마련하는 전략으로서 [목표 1] 빈곤층 감소와 사회안전망 강화, [목표 2] 식량 안보 및 지속가능한 농업 강화, [목표 3] 건강하고 행복한 삶 보장, [목표 4] 모두를 위한 양질의 교육, [목표 5] 성 평등 보장, [목표 11] 지속가능한 도시와 주거지 조성 등의 6개의 성취 목표를 설정하였다.
- 번영(Prosperity): 혁신적 성장을 통한 국민의 삶의 질을 향상시키기 위해서는 [목표 8] 좋은 일자리 확대와 경제 성장, [목표 9] 산업의 성장과 혁신 활성화 및 사회 기반 시설 구축, [목표 10] 모든 종류의 불평등 해소, [목표 12] 지속가능한 생산과 소비의 4개 성취목표가 포함된다.
- 환경(Planet): 미래 세대가 함께 누리는 깨끗한 환경을 만들기 위한 전략으로 [목표 6] 건강하고 안전한 물 관리, [목표 7] 에너지의 친환경적 생산과 소비, [목표 13] 기후변화와 대응, [목표 14] 해양생태계 보전, [목표 15] 육상생태계 보전을 성취목표로 설정하였다.
- 평화/협력(Peace/Cooperation): 지구촌 평화와 협력 강화를 위하여 [목표 16] 평화, 정의, 포용, [목표 17] 지구촌 협력 강화를 세웠다(http://ncsd.go.kr/).

2020년 육아정책연구소와 유네스코한국위원회 공동주체로 한 콜로키움에서 다룬 영유아기 지속가능발전교육(ESD) 실천을 위한 선제조건인 영유아교사의 ESD 유아교육과 보육과정에 대한 인식을 조사한 결과, 설문대상 교사들의 70%가 인식하고 있었으며 반영률 10% 이상의 항목은 양질의 교육(52.2%), 건강과 웰빙, 성 평등, 인권·정의·평화, 기후변화 대등, 청정수 관리, 친환경 에너지, 불평등 해소, 지구촉 협력 강화 순으로 높게 나타났다. 지속가능한 식량 생산이 0.2%로 가장 낮았다 (최은영, 2020. 12. 3.)

개정 유아교육 및 보육과정에서의 지속가능교육의 대응 현황을 분석하기 위해 신은수, 박은혜(2012), 유영의 외(2013)의 사회문화적, 환경적, 경제적 영역별 17개 목표의 핵심내용 요소의 분석기준에 따라 누리과정과 보육과정을 분석한 결과, 각각 사회문화적 관점과 환경적 관점은 포함되나 경제적 관점은 미포함된 것으로 나타났다. 지속가능발전교육의 개념과 인식이 영유아학교를 중심으로 구체적 방안이 모색되어야 하며 교원의 전문적 역량 강화를 위해 예비 교사 양성과정과 현직 교사 재교육 및 정책적 지원이 절실히 필요하다는 것을 잘 명시하고 있는 것이다(김은정, 2021).

4. 다문화사회 그리고 통일시대와 유아교육

1) 다문화사회와 유아교육

(1) 다문화 인구 현황과 문제점

통계청(2021)에 따르면 국내 총인구는 5천 163만 8,809명이며 다문화 인구는 111만 9,267명으로 전체 인구의 2.2%에 해당한다. 다문화가족 자녀의 연령별 분포(통계청, 2016. 11. 18.)를 고려하면 전체 0~18세 자녀가 1만 9,882명(평균 7.73세)에 이르며 6세 미만이 9,103명(45.8%)에 이르므로 다문화교육 정책에 있어서 유아교육적 지원과 대책이 시급하다.

지난 10년간 초·중·고 전체 학생 수는 21%가 감소하였다. 전체 학생 수에 비해 다문화 학생 수의 비율은 3%임에도 다문화 학생 수는 240% 증가하였다. 2021년 전국 다문화가족 실태조사 결과, 다문화가족 자녀 중 5세 이하는 26.8%, 6세 이상은 50.4%, 9~24세 청소년기 자녀 비중은 43.9%인 것으로 나타났다. 이들의 사회생활은 한국생활 적응의 어려움이 62%, 차별 경험이 16.3%로 드러났다. 5세 이하 자녀는 한국어지도, 6세 이상은 학습지도가 가장 큰 어려움이며 43.9%가 청소년기에 해당하나 고등교육기관 취학률은 전체 국민에 비해 30% 정도 낮은 것으로 드러났다. 즉, 이는 학령기 맞춤형 지원이 필요하다는 것을 의미한다(여성가족부, 2022. 6. 27.).

(2) 신정부의 다문화교육 지원계획의 추진 배경과 성과

출발선 평등을 위한 신정부의 다문화교육 지원계획(교육부, 2022. 2.)의 추진배경은 ① 국제결혼과 외국인 가정 자녀 증가(국내 체류 외국인은 2007년 107만 명에서 2020년 204만 명으로, 결혼 이민자 현황은 2018년 약 16만 명에서 2020년 169천여 명에 이

비전	함께 배우며 성장하는 학생, 다양하고 조화로운 학교

목표	• 다문화학생 교육기회 보장 및 교육격차 해소 • 다양한 문화가 공존하는 성숙한 교육환경 구축

추진과제	
1. 출발선 평등을 위한 교육기회 보장	1. 다문화학생 공교육 진입 제도 안착 2. 학교교육 준비도 격차 해소
2. 학교 적응 및 안정적 성장 지원	1. 맞춤형 한국어교육 지원 2. 학교 적응 및 인재 양성 지원
3. 다양성이 공존하는 학교 환경 조성	1. 전체 학생 대상 다문화교육 확대 2. 교원의 다문화교육 역량 제고 3. 가정 및 지역사회와의 연계
4. 다문화교육 지원체제 내실화	1. 다문화교육 제도 개선 및 실태 파악 2. 중앙-지역 및 부처 간 협력 강화

[그림 12-3] 신정부의 다문화교육 지원을 위한 비전과 주요 과제

출처: 교육부(2022. 2.).

름)로 인해 이들이 우리 사회의 인재로 성장할 수 있는 공교육 진입과 적응지원 등의 교육 기반 조성의 필요성, ② 다문화 자녀들의 특성을 고려한 맞춤형 교육 지원과 그들의 언어문화적 다양성과 잠재력 육성을 위한 지원체계 마련, ③ 학교 내의 다문화 친화적 교육환경 조성을 위함이었다.

신정부의 다문화교육 지원을 위한 비전과 주요 과제는 [그림 12-3]에 제시한 대로 함께 배우며 성장하는 학습자, 다양하고 조화로운 학교를 만들기 위한 비전을 위해 다문화학생 교육기회 보장과 교육격차 해소 및 다양한 문화가 공존하는 성숙한 교육환경 구축을 목표로 네 가지 추진과제인 ① 출발선 평등을 위한 교육기회 보장, ② 학교 적응 및 안정적 성장 지원, ③ 다양성이 공존하는 학교 환경 조성, ④ 다문화교육 지원체제 내실화를 구축하였다.

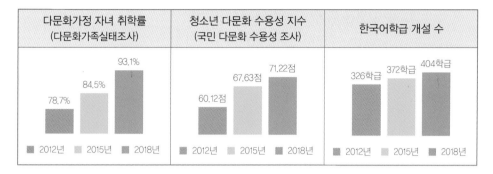

[그림 12-4] 다문화교육 지원 이후 개선된 주요 성과 지표들

주요 성과로는 공교육 진입 지원을 통해 다문화가정 자녀의 재학률이 2012년 78.7%에서 2018년 93.1%로 상승하였으며 학업중단률도 2017년 1.17%에서 2020년 0.67%로 크게 하락하였다. 또한 청소년 다문화 수용성 지수도 2012년 60.12점에서 2018년 71.22점으로 상승하였으며 한국어학급도 2019년 326학급에서 2021년 404학급으로 증설되었다([그림 12-4] 참조).

국내의 다문화 가정 교육 지원 대책은 2006년 처음 수립되어 다문화학생 교육권 보장을 위한 「초·중등교육법 시행령」이 2008년 개정되고 다문화교육 지원을 위한 정책과 사업들이 추진되어 2012년 한국어교육과정 도입과 지원, 다문화교육 정책학교가 운영되며, 2019년부터 한국어 능력진단-보정시스템이 운영되고 있다. 2015~2020년에는 15종의 교과 보조교재가 개발되고, 2016~2018년까지는 9종의 이중언어교재가 개발되었으며 2019~2020년에는 17종의 한국어교재가 개발되었다. 2020~2021년에는 318차시 한국어교육 영상콘텐츠가 제작되었으며 현재까지 교과보조교재 기반 영상 콘텐츠가 115차시 제작되고 있는 중이다. 2012년에서 현재까지는 중앙다문화교육센터를 지정·운영하고 있으며 2020~2021년에는 코로나19에 대응하여 온라인 원격수업을 위한 영상 콘텐츠를 개발·보급하였다.

(3) 다문화교육 지원을 위한 세부 추진 계획

① 학생들의 출발선 평등을 위한 교육기회 보장

다문화교육 대상 유아들의 학교교육 출발선 평등을 위한 교육기회 보장과 준비
도 격차를 해소시키기 위해 유치원 단계부터 시작되는 지원체계를 마련하기 위해
교육기본 통계자료를 통해 '다문화유아'(국공립유치원)에 대한 기본현황을 파악하여
2021년부터 공립유치원을 기준으로 보통교부금 교육복지 지원비 산정기준에 반영
하고 있다. 다문화유아 조기 적응 및 교육 지원을 위한 각종 교수·학습 자료를 제
작·배포한 구체적 내역은 다음과 같다.

〈참고: 유아 대상 교수·학습 자료〉

◈ 중도입국·외국인 유아 대상 교육지원 도움자료('21. 개발)
  ─입국 초기 유아의 특성, 다문화교육 지원현황, 한국어교육 지도방법 등
◈ 누리과정 연계 다문화유아 한국어능력 평가도구('20. 개발)
  ─개정된 누리과정과 한국어 교육과정(KSL)을 연계한 평가도구
◈ 누리과정 연계 다문화교육 수업 도움자료('20. 개발)
  ─다문화 감수성 제고를 위한 누리과정 연계 세계시민교육 교수·학습 자료

[그림 12-5] 다문화가정 유아 대상 교수·학습 자료 개발과 지원

출처: 교육부(2022. 2.).

- 2021년 개발한 교수·학습 자료로 중도입국·외국인 유아의 특성, 다문화교육
  지원 현황, 한국어교육 지도방법을 지원함
- 개정된 누리과정과 한국어 교육과정(KSL)을 연계한 평가도구(2020년 개발)를
  활용하여 한국어 능력을 평가 지원해 오고 있음
- 다문화 감수성 제고를 위한 누리과정 연계 세계시민교육 교수·학습 자료를
  2020년에 개발하여 보급해 오고 있음
- 대학생 멘토링 사업을 통해 유아교육·아동학과 등 관련 전공 대학생을 멘토
  로 선발하고, 국공립유치원에서 멘토링 활동을 시행해 오고 있음
- 입학 대상 6세의 학부모에게 12월, 2월에 추가 입학 안내로 적기 입학을 도모

하고 다문화가족지원센터, 한국건강가정진흥원, 무지개청소년센터, 다누리콜센터, 외국인노동자지원센터, 출입국·외국인청(사무소), 주요국 대사관 등의 유관기관을 통해 안내 자료를 배포하여 공교육 진입을 지원하고 있음(「법무부 출입국관리법 시행규칙」, 2020. 9. 개정).

② 다문화가족 자녀의 학교 적응 및 안정적 성장지원

유아기의 조기개입을 통해 이후의 한국 교육시스템으로의 적응과 한국 사회에 잘 동화하기 위해서는 학교제도의 역할이 크다. 다문화 자녀들이 초·중·고교에서 적응하지 못하고 그만두는 이유는 학교생활과 문화의 이질감, 어려운 학교공부, 편입학 준비, 학교 다닐 형편이 없거나 돈을 벌어야 해서, 나이 어린 동생들과 학교를 다니기 싫어서, 한국어를 잘 몰라서, 친구 및 교사관계의 어려움 등을 이유로 들었다(통계청 보도자료, 2022. 11. 3.). 이러한 항목의 비율은 연령, 성장배경, 부모의 다문화 배경, 거주 지역, 가구소득에 따라 그 해당 구성 비율이 다양하게 변화하여 일관적 비율로 설명하기는 어렵다. 학령 전 다문화 유아들을 위한 한국어 및 기초학력 지원과 이주 배경 특성을 살린 인재 양성을 위한 지원은 다음과 같다.

- 한국어 의사소통이 어려운 외국인 유아가 다수 재원하는 경우에는 교육과정과 연계한 놀이 중심 한국어 집중교육 지원을 위한 별도 학급을 마련하여 운영할 수 있다.
- 예체능 등 원적학급(일반학급)에서 수학 가능한 경우, 함께 수업에 참여하도록 하여 조기 원적학급 복귀·적응을 지원할 수 있다.
- 학생의 안전관리 및 안정적인 통합 교육과정을 운영하는 전담 담임교수의 필수 배치를 권장하며 한국어 학급 담임교사 배치 시 담임수당을 지급할 수 있다 (서울·대전·부산·대구·광주·전북 등).
- 한국어학급 미운영 학교에 중도입국·외국인학생 편입학 시 찾아가는 한국어 교육을 지원받을 수 있다.
- 인근 학교의 한국어학급 또는 시·도교육청 등의 지역 다문화교육 지원센터에서 한국어강사, 한국어교육 컨설팅 등을 지원받을 수 있고 전체 학교 및 일반교

원이 찾아가는 한국어교육 제도를 활용할 수 있도록 안내하고, 학부모 대상 홍보를 강화할 수 있다. 한국어 교육과정과 한국어 학습 관련 교원연수와 워크숍은 다음과 같은 기관을 통해 실시된다.

- ‒(국립국어원) 한국어학급 담당교사 연수(1회), 한국어강사 연수(2회), 원격연수 제작 등
- ‒(중앙다문화교육센터) 한국어학급 관리자 및 담당교원 대상 워크숍 등
- ‒(중앙교육연수원) 다문화교육 관련 원격연수과정 제공 및 제작 등
- ‒(한국교육학술정보원, 충남대) 한국어능력 진단‒보정시스템 활용 연수

이외에도 여성가족부는 다문화 아동과 청소년의 교육기회를 넓혀 미래 인재 육성 방안으로 정부예산을 159% 증액한 568억 원을 편성하여 집중 투자할 계획을 발표하였다(한국청소년정책연구원 정책동향, 2023. 10. 5.). 이는 다문화가족 자녀 맞춤형 지원체계 강화를 통해 이들의 학력 격차 완화, 글로벌 미래 인재로의 성장지원, 기초학습지원, 취학 전 초등기 기초학습 지원 운영센터도 168개소로 확대하고 초등 고학년까지 확대하였으며 청소년기 정서진로상담센터 역시 143개소로 확대하였다. 또한 이들의 강점 육성을 위해 이중언어교실로 이중언어학습지원 확대, 저소득 다문화가족 자녀에 대한 상담, 사례관리를 통해 이들의 도서 구매, 독서실 이용 등 교육활동비 지원도 168억으로 신규 추진하고 있다.

③ 다양성이 공존하는 학교 환경 조성

다양성이 공존하는 학교 환경을 조성하기 위해 학생·교원의 다문화 역량을 제고하고 학부모 및 지역사회의 다문화교육 활동 참여기회를 확대하여 학교 현장의 수용성을 제고하기 위한 정부의 노력은 다음과 같다.

- 2015 교육과정 범교과 학습주제로 '다문화교육'을 제시하고 연간 2시간 이상 교과·비교과 활동 실시를 권고하고 있다. 범교과 학습주제는 교과와 창의적 체험활동 등 교육활동 전반에 걸쳐 통합적으로 다루도록 하고, 지역사회 및 가정과 연계하여 지도하되 어떤 차별도 인권침해가 될 수 있다는 내용 등을 포함

표 12-1	다문화교육 정책학교 운영내용
유형	**운영 내용**
유치원	다문화유아의 언어 발달을 통합교육 형태로 지원하고, 전체 유아 및 학부모 대상 다문화교육 운영
초·중등	일반 교과수업에 다문화교육 및 세계시민교육 요소를 반영하고, 프로젝트 수업 형태로 지속성 있게 다문화교육 실시
한국어학급	중도입국·외국인 학생이 다수 재학할 경우 한국어학급을 설치하여 맞춤형 한국어교육 제공

하고 있다. 세계인의 날(5/20)과 연계하여, 다문화교육 주간 운영 장려, 미디어 클리핑 서비스 제공 및 교수·학습 참고자료를 제작하기도 한다.

- 다문화교육 선도 모델 개발 및 확산을 위해 모든 학생을 대상으로 학교 교육과정을 통한 다문화이해교육 실시 및 한국어교육을 지원하고 정책학교를 지정 운영한다. 중앙지원단 등을 활용하여 시·도교육청별 컨설팅 및 담당자 워크숍을 실시하여 개선사항 발굴 및 정책학교 운영을 내실화하고 있다.

- 학교의 다문화교육 활동 지원 강화를 위해 '다문화교육 포털'을 통해 다문화교육 관련 자료·정보를 제공하고 원활한 활용을 위해 회원 기능을 체계화한다 (www.edu4mc.or.kr). 정책학교 및 다문화교육 지원센터 개발자료 수집 및 현장 수요조사를 통한 '다국어 학교 가정통신문' 제작을 확대하여 총 51종의 번역 언어를 단계적으로 확대해 간다(2020년 5개 언어 → 2021년 9개 언어 → 2022년 14개 언어).

- 예비 교원의 다문화교육 역량을 제고하기 위해 원격연수 콘텐츠를 지속적으로 개발, 보급, 이수하기를 권고하고 공감과 소통을 위한 교실 만들기, 다양해서 더 즐거운 학교 길라잡이, 다문화사회 세계 시민교육, 다문화학생 진로·진학 지도와 상담 등의 연수를 「문화가족지원법 및 동법 시행령」 개정(2017. 12.)에 따라 교육부장관과 시도 교육감명으로 의무화하고 있다. 현재 예비 교원이 다문화교육에 대한 이해를 높이기 위해 교원양성 교육과정에 편성, 운영을 권장하고 교직과목에 '다문화사회로의 이해'에 대한 내용을 포함하고, 다문화센터 지원 및 다문화학생 멘토링 등 다문화학생 지도를 교육봉사로 인정해 줄 수 있

다. 거점 교대/사대(경인교대, 경북대, 교원대, 제주대)를 지정하여 다문화교육 과정 개발 및 교육활동(다문화학생 멘토링, 해외 교육실습) 운영, 타 대학으로의 성과 확산도 지원하고 있다.

④ 다문화교육 지원체제 내실화

다문화교육 지원체제 내실화를 위해 다문화교육법의 제도 개선과 중앙과 지역 및 부처 간 협력을 강화하여 지원한다. 이상의 신정부의 다문화교육에 대한 구체적 추진 과제를 살펴보면 다음의 〈표 12-2〉와 같다.

표 12-2 신정부의 다문화교육 지원을 위한 주요 추진과제 및 소관부처

구분	과제명	비고 소관과(기관)
1. 출발선 평등을 위한 교육기회 보장		
1) 다문화학생 공교육 진입 제도 안착	• 공교육 진입 절차 지원	교육기회보장과
	• 유관기관 협업을 통한 국내학교 편입학 안내	교육기회보장과, 법무부, 여가부
2) 학교교육 준비도 격차 해소	• 유치원 단계부터 시작되는 지원체계 마련	교육기회보장과, 교육통계과, 지방교육재정과
	• 징검다리과정 운영 안착	교육기회보장과
2. 학교 적응 및 안정적 성장 지원		
1) 맞춤형 한국어교육 제공	• 입국 초기 한국어교육 강화	교육기회보장과
	• 한국어 교육과정 운영 지원	교육기회보장과, 문체부(국립국어원), 중앙교육연수원
2) 학교 적응 및 인재 양성 지원	• 다문화학생 배움 · 채움 프로그램 운영	교육기회보장과
	• 기초학력 향상 지원	교육기회보장과(한국장학재단), 국립국제교육원
	• 이중언어 강점 개발 지원	교육기회보장과
	• 진로교육 지도	진로교육정책과
	• 학교생활 및 정서 지원	학생건강정책과, 학교생활문화과, 교육기회보장과

3. 다양성이 공존하는 학교 환경 조성		
1) 전체 학교의 다문화교육 확대	• 학교 교육과정 전반에 걸친 다문화교육 실시	교육기회보장과
	• 다문화교육 선도모델 개발 및 확산	교육기회보장과
2) 교원의 다문화 교육역량 제고	• 현직 교원에 대한 다문화 역량 강화	교육기회보장과, 교육국제화 담당관, 문체부(국립국어원), 중앙교육연수원
	• 예비 교원의 다문화 역량 함양	교원양성연수과, 교육국제화 담당관
3) 가정 · 지역사회와 연계	• 학부모의 다문화 관련 교육활동 참여기회 확대	교육기회보장과
	• 다문화학생 밀집지역 지원	교육기회보장과, 교육국제화 담당관
	• 지역사회 연계 및 대국민 홍보	교육기회보장과
4. 다문화교육 지원체제 내실화		
1) 다문화 교육 법 · 제도 개선	• 다문화교육 관련 제도 개선	교육기회보장과
	• 다문화교육 관련 실태 파악	교육기회보장과, 교육통계 과, 여가부, 통계청
2) 중앙 · 지역 및 부처 간 협력 강화	• 다문화교육 지원단을 통한 선도인력 교류 및 협력 강화	교육기회보장과
	• 다문화교육센터를 통한 긴밀한 추진체계 구축	교육기회보장과
	• 중앙 차원의 부처 간 협업 증진	교육기회보장과, 법무부, 여 가부, 문체부

이밖에도 여성가족부의 한국건강가정진흥원 산하의 온라인 다문화가족 지원포털 다누리(https://www.liveinkorea.kr/portal/main/intro.do)를 통해 다문화가정이 한국생활 적응에 필요한 기본 정보와 다문화 관련 최신 정보를 13개 언어로 제공하여 그들의 삶의 필요를 채울 수 있도록 지원하고 있다(그림 12-6] 참조).

다문화가족을 위한 또는 그들의 온라인 다문화배움을 위한 다누리배움터의 건강가족지원센터, 다문화가족 지원센터, 드림센터 등이 다문화가족을 위한 다양한 정책과 프로그램을 지원하고 있다(https://www.danurischool.kr/). 그러나 모든 부처의

[그림 12-6] 다문화가족 지원포털 다누리: 한국생활 적응 기본 정보

다문화인구에 대한 지원과 협력은 있으나 다문화인구를 위한 단독 부처는 없어 이에 대한 이민국 또는 독립된 다문화부가 필요하다. 또한 부부 중 한 사람이라도 한국인 국적이 없을 경우, 국내에서 제공하는 어떤 다문화인구를 위한 혜택을 수여하지 못하고 있으므로 이들에 대한 처우개선 역시 세계시민의식이나 인도주의 관점에서 볼 때, 다문화교육과 서비스 대상자로 심각히 고려하는 정책이 필요하다.

[그림 12-7] 온라인 다문화이해교육을 위한 다누리배움터

국립어린이청소년도서관에서는 다문화가정을 위한 한국어, 중국어, 베트남어, 태국어, 몽골어, 영어, 러시아어, 캄보디아어, 타갈로그어 등 9개 다국어로 한국과 외국의 전래동화, 창작동화, 전체동화 등으로 구분하여 340여 편의 동화를 구연하여 듣고 읽을 수 있는 다국어 동화구연 사이트를 운영함으로써 한국어와 다문화 부모의 모국어를 통한 전래동화를 접할 수 있도록 지원하고 있다.

[그림 12-8] 국립어린이청소년도서관 다국어동화구연 사이트

이 외에도 채널예스에서 한국어와 영어로 된 선정된 좋은 동화(전래동화, 창작동화, 외국동화 포함)를 국문으로 455편, 영문으로 110여 편 움직이는 동화를 제공하고 있다. 이 사이트는 다문화 유아와 가족뿐만 아니라 국내 유아들과 가족, 유아교육기관에서도 애용되고 있는 사이트이기도 하다(http://ch.yes24.com/Animation/Index/All?lngGb=4&Ccode=000_004_006).

[그림 12-9] 채널예스 움직이는 동화 사이트

출처: http://ch.yes24.com/Animation/Index/All?lngGb=2

2) 통일시대와 유아교육

통일교육을 성공적으로 실시하여 그 효과를 보기 위해서는 유아들의 통일교육을 주도해 나갈 예비 교사 대상 및 현직 교사들을 위한 재교육과 연수를 통한 통일유아교육이 중요하다. 이를 위해 전문적 능력을 갖춘 교원을 양성하는 데 필요한 교육과정이 효율적으로 준비되고, 사회문화적 민족 통합의 필연성을 교육과정을 통해 재인식함으로써 추후 유아들을 위한 통일교육이 실행되어 준비된 통일을 맞는 것이 필요하다. 즉, 유아들에게 통일에 이바지한다는 소명의식과 그 구현을 위한 노력을 기울이기에 앞서 예비 교사 교육에 있어 통일교육이 선수되어야 한다는 것이다.

(1) 통일교육의 필요성

2000년 남북정상회담을 계기로 시작된 개성공단사업은 2004년 15개 시범업체가 선정되어 양과 질적 측면에서 크게 성장하여 북측 5만 4,800여 명과 남측 800여 명의 근로자가 함께 생산 활동을 하는 경제공동체와 생활공동체로 발전하면서 남북 상생의 경협사업임을 보여 주었다. 2016년 북녘의 핵 실험과 미사일 발사에 대한 제재조치로 정부가 전면 중단한 상태이다(북한지식사전, 2016. 12. 31.).

2018년 평창동계올림픽은 남북한 개회식 공동입장, 여자 아이스하키 단일팀 구성 등 남북 간의 평화 조성에 기여하며 성공적으로 마무리된 평화올림픽으로 평가받았다. 북한은 피겨스케이팅을 포함한 5개 종목에서 선수 22명, 임원 24명 등 총 46명을 파견했다(대한민국 정책브리핑, 2018. 5. 10.).

[그림 12-10] 윤석열 정부의 통일정책

출처: 통일부(2022. 11.).

북녘인들의 K-드라마와 문화에 대한 노출은 남북통일이 멀지 않았음을 예견할 만한 징후라고 할 수 있다. 증가 추세에 있다가 코로나 이후 입국자가 급감하게 된 북한이탈주민의 남한에서의 안정적이고 성공적인 적응과 정착은 미래 남북통일 이후의 북녘 동포들과의 민족화합과 통합, 그리고 정착의 모델이 될 수 있다. 이들의 입국현황은 과거에 비해 가족단위의 입국자, 어린 자녀와 노인 등의 노약자 입국 증가, 여성 증가, 생존이 아닌 더 나은 삶을 위한 탈북입국자가 증가한다는 것은 그들의 안정된 남한사회의 복지국민 대우에 대한 기대가 큼을 알 수 있다(이우영, 2003).

신정부의 통일·대북정책은 비핵·평화·번영의 한반도를 꿈꾸며 호혜적 남북관계 발전과 평화적 통일기반 구축을 원칙으로 상호존중에 기반을 둔 남북관계 정상화와 국민·국제사회와 함께하는 통일 준비를 추진하고 있다(통일부, 2022. 11.). 이에 따른 인성 형성의 결정적 시기인 유아기는 문화가 다른 남북한의 사회 문화에 대한 편견이 자리 잡기 전에 다름에 대한 수용적 태도를 가지며 다른 문화적 배경을 가진 사람과 더불어 생활할 수 있는 기초 능력을 형성하는 중요한 교육의 적기이므로 유아통일교육에서 제시되는 기본 개념이나 민주시민적 가치관 및 태도 형성은 유아기 발달상의 특성과 매우 밀접한 관련을 갖는다는 점에서 유아기의 통일교육의 중요성이 더욱 부각되어야 할 것이다(손수민, 2019; 원종임, 2016).

통일교육은 유아교육기관에서 교사와 유아의 상호작용에 의해서 이루어지며(곽연미, 2016; 이경하, 2017), 그 교육내용과 교육방법 등이 유아를 위한 통일교육의 중요한 요소로 작용한다. 많은 요인들이 상호작용하여 유아의 통일의식을 고취시킬 수 있겠으나, 통일교육을 위해 무엇보다 중요한 것은 직접 유아들을 지도하는 교사의 역할이다. 교사의 의식과 태도 그리고 노력 여부에 따라 교육의 효과가 상이하게 나타날 수 있기 때문이다. 따라서 교사가 가진 통일의식은 유아들의 통일의식 형성에 직접적인 영향을 준다고 해도 과언이 아니다(김보영, 2015; 김숙자, 구혜현, 홍희주, 2016; 이경하, 2017).

유아기 통일교육의 당위성을 고려할 때 유아교육을 담당하게 될 교사들의 자질 향상이 필연적으로 요청되고 있는 실정이나, 예비 유아교사 교육에 대한 선행연구가 미흡한 실정이며, 유아통일교육은 주로 유치원 교사들이 과거에 배운 경직된 통일문제에 대한 사고로 접근하고 있어, 민족 동질성을 강조하고 문화의 다양성 인식을 통한 유아통일교육을 실현하기에는 많은 문제점들을 안고 있다(박혜정, 2002). 통일교육에 대한 연구들(김보영, 2015; 김숙자, 구혜현, 홍희주, 2016; 이경하, 2017)은 북녘 동포에 대한 교사들의 인식이 통일교육에 있어서 중요한 요인이며 유아들에게 긍정 또는 부정적 영향을 미칠 수 있음을 지적하고 있다.

(2) 북한이탈주민 입국현황과 자녀교육지원의 필요성

탈북민 입국자 수는 2000년대 이후 지속적으로 증가하여 2003~2011년에는 연간 입국 인원이 2,000~3,000명 수준에 이르렀으나, 2012년 이후 연간 평균 1,300명대로 감소하였고 코로나19 이후 급감하여 2022년 6월까지 19명으로 감소되었다. 탈북민들의 입국자 수의 감소는 정치적 맥락이 민감히 반영되는 결과이기도 하다. 현재 국내 거주 탈북자 수는 거의 3만 5,000명에 이른다.

특히, 북한이탈주민 총인구 중에 여성인구수가 차지하고 있는 높은 비율을 고려하여 탈북과정에서의 정치적 공포, 기아, 가족해체, 죽음, 인신매매, 성폭력, 감금, 억류 등 생존위협을 직면하면서도 그들을 떠날 수 없는 이유는 동반 가족, 즉 자녀 양육과 부모 역할의 문제 때문이다(국가인권위원회, 2009). 또한 남한 입국 이후에도 탈북과정에서부터 받게 된 심각한 심리정서적 문제(우울, 분노, 좌절 경험 등)가 자녀 양육 문제에 투사될 수 있다는 우려도 있다(편송경, 2009). 이들이 겪는 자녀 양육의 모델링 부재, 양육자의 경제적 교육적 정서적 책임, 북한과 다른 양육문화와 학습지도의 어려움, 부모-자녀 간 바람직한 소통 기술의 부재, 정식 학교교육을 시킬 자녀 양육환경이 공백 상태로 흘러간 세월로 인해 부모 역할을 제대로 감당할 수 없는 데서 복합적인 문제들을 직면하고 살아가고 있다(이윤진, 이정림, 김경미, 2012). 이는 남한에서의 또 다른 이탈을 생산하여 급기야는 북한주민의 탈남 현상과 귀북 현상으로까지 이어지게 된다.

따라서 통일을 바라보는 현 시점에서 북한이탈주민 가정문제의 핵심문제 중 하나인 자녀 양육지원을 위한 전문기관의 도움이 절실한 사회적 이슈이며 통일한국 이전에 풀어야 할 선수과제이다. 또한 진정한 남북한 주민의 사회정서적 통일을 앞당겨 남북의 국민적 통합과 상호의 의사소통을 바르게 정착시킬수 있는 선행과제이기도 하다.

표 12-3 2022년 북한이탈주민 입국 인원 현황

구분	~'98	~'01	~'02	~'03	~'04	~'05	~'06	~'07	~'08	~'09	~'10	~'11	~'12	~'13	~'14	~'15	~'16	~'17	~'18	~'19	~'20	~'21	'22.6 (잠정)	합계
남(명)	831	565	510	474	626	424	515	573	608	662	591	795	404	369	305	251	302	188	168	202	72	40	3	9,478
여(명)	116	478	632	811	1,272	960	1,513	1,981	2,195	2,252	1,811	1,911	1,098	1,145	1,092	1,024	1,116	939	969	845	157	23	16	24,356
합계(명)	947	1,043	1,142	1,285	1,898	1,384	2,028	2,554	2,803	2,914	2,402	2,706	1,502	1,514	1,397	1,275	1,418	1,127	1,137	1,047	229	63	19	33,834
여성비율(%)	12.2	45.8	55.3	63.1	67.0	69.4	74.6	77.6	78.3	77.3	75.4	70.6	73.1	75.%	78.2	80.3	78.7	83.3	85.2	80.7	68.6	36.5	84.2	72.0

출처: 통일부(2023. 9.).

특히 정서적 안정감을 기초로 한 지정의의 온전한 전인 발달을 돕기 위해서라도 북한이탈가정 자녀들을 정서적으로 지원하고 그들의 상한 심령을 돌보아 어루만져 주는 것은 하나님이 그의 소외된 자녀를 돌보는 일에 총신의 유아교육전공 심화과정으로 연결하여 기독교 영성, 인성, 지성을 갖춘 유아교육전문가들이 반드시 수행해야 할 하나님이 주신 소명이며 그의 마음을 시원하게 할 뿐만 아니라 통일한국을 대비하고 준비하며, 지원할 수 있는 교육현실의 핵심에 놓여 있는 과제수행의 한 방편이라고 할 수 있다.

따라서 유아들에게 친근하게 접근할 수 있는 그림책이라는 매체와 그 매체를 활용한 심리정서치료적 지원은 북한이탈가정 자녀의 정서적 혼란을 완화시키고, 그들에게 즐거운 유아기를 공유하며 남한의 유아들과 함께 공통의 문학적 경험과 놀이경험을 갖게 함으로써 그들의 남한사회의 적응을 돕는 길이기도 하다. 이는 미리 당겨온 통일세대의 남한 내의 정착을 도와줌으로써 통일 이후의 통합과 안정을 위한 모델로 활용할 만한 정책이며 이에 대한 준비는 유아교육과정에서도 충분히 다루어져야 할 내용이기도 하다.

5. 요약

① 대한민국 신정부의 육아정책: 신정부의 육아정책은 저출산 극복을 위한 결혼·출산·육아의 가정과 국가사회의 동반관계적 지원, 대리양육기관의 영유

아학교 통합, 영유아 중심의 공적 보호·돌봄체계 구축, 포용적 공생사회를 위한 생애 초기부터의 유아교육·보육의 통합교육 정책을 추진하고 있다.

② 제4차 산업혁명 시대에서의 유아교육과 독서치유: AI와 로봇 의존도가 높은 제4차 산업혁명 시대에서는 온라인 교육과 새로운 학습방식의 필요성 및 학습자의 자기주도적 놀이와 학습방법을 미래 인재의 역량으로 보고 창의적 문제 해결, 윤리적 인성, 협업 및 소통, 자기주도성, 테크놀로지 활용능력, 신체능력에 있어서의 역량 개발을 우선으로 한다.

대한민국 국가미래교육전략에 대한 패러다임 전환을 위해 자아정체감, 자아존중감, 인간관계력 향상, 가족관계 개선 등 문제행동 예방과 생활지도 차원에서 친숙한 그림책으로 유아 내면의 자아성장을 돕는 독서치유가 복잡한 현대와 미래사회에 꼭 필요한 자기경영과 관리 전략이 될 수 있다.

③ 지속가능유아교육: 유아들을 위한 지속가능발전교육(ESD)에 대한 지식, 기술, 가치, 태도 교육과 사회, 정서, 인지, 행동 영역에 총체적으로 학습되도록 4P(사람, 번영, 환경, 평화/협력)의 4개 전략 중 17개의 성취목표를 이루는 유아 교사의 인식과 유아교육, 보육현장의 실천적 학습이 필요하다.

④ 다문화사회 그리고 통일시대와 유아교육: 증가하는 다문화인구와 교육대상 자녀들의 출발선 평등을 위한 다문화교육 지원계획은 다문화학생 교육기회 보장과 교육격차 해소 및 다양한 문화가 공존하는 성숙한 교육환경 구축을 목표로 네 가지 추진과제인 출발선 평등을 위한 교육기회 보장, 학교 적응 및 안정적 성장 지원, 다양성이 공존하는 학교 환경 조성, 다문화교육 지원체제 내실화를 꾀하는 것이다.

북한이탈 주민들의 남한에서의 안정된 정착은 미래 통일한국의 삶의 모델이 되므로 예비 교사와 현직 교사의 통일에 대한 인식 변화와 영유아기 통일교육이 선수되고 예비 교사와 현직 교사 연수에 유아통일교육에 대한 인식 변화와 인성형성의 결정기인 유아기 교육의 실천적 과제들이 선수되어야 한다.

동영상 시청과 토론

1교시

◆ 동영상

• 미세미세한 맛 플라스프: 미세플라스틱

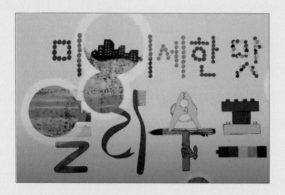

김지형, 조은수 글, 김지형 그림, 안윤주 감수, 두마리토끼책. 2022.

2022 볼로냐 올해의 일러스트레이터 수상작품. 그림이야기책.

편리한 발명품인 플라스틱의 미세한 가루를 매일 먹고 사는 우리의 일상에 대한 경각심과 인체에 미치는 악영향을 위트 있고도 실질적으로 잘 드러내고 있어서 지속가능교육을 실천하게 할 수 있는 유아교육, 보육현장에서 활용 가능, 실천 가능한 그림책이므로 선정함.

◆ 토론

• 지금 지속가능유아교육을 실천하기 위한 교사와 유아의 작은 실천적 과제는 무엇일까요? 어디서부터 시작하면 될까요? 함께 토론해 보세요.

• 제4차 산업혁명 시대에서 자기주도적 학습이 각광받게 되려면 현재의 예비 유아교사의 학습방법과 평가는 어떻게 어디서부터 개선되어야 할까요? 함께 토론해 보세요.

심화학습을 위한 자료

• 『미첼 레스닉의 평생 유치원』(미첼 레스닉 저, 최두환 역, 다산사이언스, 2018)

선정 이유: 제4차 산업혁명 시대에 비인간화된 교육을 예방하기 위해서 필요한 것은 창의적이며 자기주도적 영유아를 키워내는 것이다. 어떻게 세계적 지도자들의 유아기의 학습경험이 세계 제일의 기업으로 일구어내는 데 도움이 될 수 있는지에 대한 통찰력 있는 해답서이므로 선정하였다.

제1장 창의적 학습
제2장 프로젝트
제3장 열정
제4장 동료
제5장 놀이
제6장 창의적 사회

현장학습을 위한 기관

• 유아교육진흥원

　주소: 03027) 서울특별시 종로구 사직로9길 15-8 (사직동) 서울특별시교육청

　　　　유아교육진흥원

　견학 및 정보 전화문의:

　교육지원과　02-2146-9422

　유아체험　02-2176-9422

　교재교구　02-2176-9423

　교원연수　02-2176-9412

　학부모지원　02-2176-9413

　　서울교육청 산하 유아교육진흥원의 설립 목적은 정부가 유아교육발전을 위한 육

아정책을 수립하고 추진하기 위해 서울시 교육청 산하 공교육으로서의 유아교육기

관의 기반을 조성하고 교육복지 선진화 구현을 추진하기 위해 다양한 유아교육 프로그램과 교사 연수, 운영 등 전담기관의 필요를 충족 및 저출산 문제 해소를 위한 학부모 교육 및 정보 담당기관과 종합적인 유아교육 지원체제 구축을 위한 전문적 전담기관의 필요를 위해 본원을 설립되었다.

    교육동 1층에 과학탐구, 자연탐구, 언어영역, 보건실이 있다. 2층에는 건강안전영역, 사회문화영역, 3층에 조형영역, 음률영역, 4층에 항기놀이, 목공놀이, 에듀킷 자료제작실, 미술놀이실, 자료실, 모래놀이실, 다목적실, 5층에 멀티미디어교육실, 연수실, 교육정보실, 세미나실, 역사전시실을 구성하여 많은 유아의 가족체험, 유아단체영역 체험, 유아문화예술체험, 교원 직무연수, 교원 사이버 연수, 교재·교구 대여 등의 사업을 전개하고 있다.

참고문헌

강은주(2005). 위기의 맞벌이 가족 회복을 위한 독서치료적 접근. 독서치료연구, 2(1), 1-23.

강은주(2007). 예비 유아교사 교육과정에 있어서의 인성적 자질향상을 위한 독서치료적 접근에 관한 연구. 한국교육학회 2007 추계학술대회 한국유아교육학회 분과발표자료.

강은주(2016). 다문화 가족의 자존감 향상을 위한 이중언어 그림책을 활용한 독서치료적 접근에 대한 고찰. 독서치료연구, 8(1), 1-18.

강은주(2019). 1999~2018년 간 그림책을 활용한 독서치료의 국내 연구동향. 독서치료연구, 11(2), 1-25.

강은주(2022). 한국독서치료학회지『독서치료연구』의 2004(창간호)~2020년 간의 연구동향. 독서치료연구, 14(1).

곽연미(2016). 유아교사의 민족정체성이 통일교육역량에 미치는 영향: 민주시민자질 다문화신념의 매개효과. 총신대학교 대학원 박사학위논문.

교육부(2021. 2.) 출발선 평등을 위한 2021년 다문화교육 지원계획.

교육부(2022. 1. 12.). 대한민국 정책 브리핑. 2022년 그린스마트 미래학교 추진계획. https://www.korea.kr/news/policyNewsView.do?newsId=156491154#policyNews)

교육부(2022. 2.). 출발선 평등을 위한 2022년 다문화교육 지원계획.

교육부, 17개 시도교육청, 국가평생교육진흥원, 중앙다문화교육센터(2022). 다문화교육정책학교 운영 가이드라인.

교육부, 국가평생교육진흥원, 중앙다문화교육센터(2015). 2015년도 교육부 지정 다문화유치원 시범사업설명회.

교육부, 국가평생교육진흥원, 중앙다문화교육센터(2020). 다문화교육 정책학교 운영 가이드라인.

김보영(2015). 유치원 교사의 유아 통일교육에 대한 인식 및 현황: 인천광역시를 중심으로. 인천대학교 대학원 석사학위논문.

김숙자, 구혜현, 홍희주(2016). 지속가능발전교육으로의 공존지향적 유아교육에 대한 예비유아교사의 인식. 한국유아교육학회 정기학술대회 논문집.

김옥, 강은주(2020). 그림책 독서치료가 유아의 자아개념 및 긍정/부정적 언어표현에 미치는 영향. 독서치료연구, 12(1), 43-70.

김은정(2021). 개정교육 · 보육과정의 ESD 내용, 2022~2027 유아교육 · 보육 중장기 발전 방안 연구. 육아정책연구소 연구보고, RR 2021-10. 36-48.

다문화가족지원법 및 동법 시행령(2017. 12. 개정).

문무경, 양미선, 송기창, 김문정(2021). 2022~2027 유아교육 보육 중장기 발전방안 연구. 육아
　　정책연구소.

문화체육관광부(2018. 5. 10.). 대한민국 정책브리핑. 평창동계올림픽, 진정한 '평화올림픽'
　　실현. www.korea.kr/news/policyNewsView.do?newsId=148850451

민혜영(2015). 유아통일교육에 대한 원장, 교사, 예비유아교사의 인식 연구. 한국평화연구학
　　회, 16(4), 233-254.

박선권(2022. 5. 17.). 제4차 「저출산고령사회 기본계획」의 문제점과 개선 방향–저출산 대응
　　을 중심으로. 국회입법조사처. NARS입법정책 16.

박혜경, 강은주(2010). 독서치료적 독서활동 프로그램이 모–자간 의사소통 및 자녀의 심리변
　　화에 미치는 영향. 독서치료연구, 3(1), 139-158.

박혜정(2002). 유치원 통일교육과 관련한 유치원 교사의 인식 및 수행실제. 경희대학교 교육
　　대학원 석사학위논문.

백선희(2017. 12. 31.). 육아정책포럼 2017 겨울(54). 권두언.

법무부 출입국관리법 시행규칙(2020. 9. 개정).

보건복지부(2020. 8. 28.). 제2차 아동정책 기본계획 2020~2024년. https://gawelfare.or.kr/
　　123/?q=YToxOntzOjEyOiJrZXl3b3JkX3R5cGUiO3M6MzoiYWxsIjt9&bmode=view&idx
　　=4648239&t=board

북한지식사전(2016. 12. 31.). 개성공업지구.

손수민(2019). 유아 통일교육 관련 연구동향 분석. 한국보육학회지, 19(1), 120-144.

신은수, 박은혜(2012). 지속가능발전 교육을 위한 유아교육과정의 재방향 설정. 육아지원연구,
　　7(1), 27-49.

여성가족부(2022. 6. 27.). 다문화가족 자녀의 43.9%가 청소년… http://www.mogef.go.kr/
　　nw/enw/nw_enw_s001d.do?mid=mda700

연합뉴스(2020. 10. 22.). 한국 학생 글로벌 역량, OECD 회원국 평균보다 우수. https://
　　www.yna.co.kr/view/AKR20201022145400530.

원동연(2017). 몸과 마음의 힘을 길러주는 생각연습: 5차원 독서치료. 김영사.

원종임(2016). 동화를 활용한 평화지향적 유아통일교육 프로그램 구성 및 적용효과. 동덕여
　　자대학교 대학원 박사학위논문.

유네스코한국위원회(2020. 12. 3.). 영유아기 지속가능발전교육(ESD) 실천방안. 육아정책연
　　구소·유네스코한국위원회 공동주최 제17차 유네스코 ESD 콜로키움 세미나자료.

유영의, 김은정, 신은수, 박은혜(2013). 지속가능발전교육으로 살펴본 0~2세 보육과정, 3~5세 누리과정의 내용 분석. 유아교육학논집, 17(2), 171-195.

이경하(2017). 유아교사가 인식하는 통일교육에 대한 인식 및 실태연구: 수도권 유아교사를 중심으로. 한성대학교 대학원 석사학위논문.

이우영(2003). 북한이탈주민의 지역사회 정착. 통일연구원.

이윤진, 이정림, 김경미(2012). 북한이탈주민 영유아자녀 양육지원 강화방안. 육아정책연구소 연구보고서, RR 2012-14.

최은영(2020. 12. 3.). 유치원과 어린이집 교사의 지속가능발전(ESD) 인식과 실행. 육아정책연구소 · 유네스코한국위원회 공동주최 제17차 유네스코 ESD 콜로키움 세미나자료. 19-32.

통계청(2016. 11. 18.). 다문화가족 자녀의 연령별 분포.

통계청(2021). 국내 다문화 인구수.

통계청(2022. 8. 24.). 2021년 출산 통계.

통일부(2022. 11.). 비핵 · 평화 · 번영의 한반도: 윤석열 정부 통일 · 대북정책

통일부(2023. 9.). 북한이탈주민의 국내입국 추세. https://www.unikorea.go.kr/unikorea/business/NKDefectorsPolicy/status/lately/

한국청소년정책연구원 정책동향 보도자료(2023. 10. 5.). https://www.nypi.re.kr/brdartcl/boardarticleView.do?brd_id=BDIDX_PNgj64HP4873h2WcmPAg75&menu_nix=QJ6qkw4x&cont_idx=227&edomweivgp=R

행복한 교육(2019. 10.). 2030 대한민국 교육과 우리의 미래 ③학습복합공간으로 거듭나는 학교: 학교-지역사회 상생 이끄는 학교복합화 시설. https://happyedu.moe.go.kr/happy/bbs/selectHappyArticle.do?bbsId=BBSMSTR_000000005152 &nttId=9529

KAIST 문술미래전략대학원 미래전략연구센터(2017). 대한민국 국가미래교육전략. 김영사.

Cleary, T., & Zimmerman, B. J. (2000). Self-regulation differences during athletic practie by experts, non-experts, and novices. In B. J. Zimmerman (2002). Becoming a Self-regulated learner: an overview. *Theory into Practic, 41*(2), 64-70.

Cowen, T. (2013). *Average is over.* 신승미 역(2017). 4차 산업혁명 강력한 인간의 시대. 마일스톤.

Gocek, E. (2007). Mothers' mental state language and emotional availability in clinical vs. nonclinical populations. Unpublished doctoral dissertation, University of Toronto, Canada.

Resnick, M. (2013). *Lifelong kindergarten: cultivating creativity through projects, passion, peers, and play*. 최두환 역(2018). 미첼 레스닉의 평생유치원: MIT 미디어랩이 밝혀낸 창의적 학습의 비밀. 다산사이언스.

Sandholtz, J. H., Ringstaff, C., & Dwyer, D. C. (1997). *Teaching with technology: Creating student-centered classrooms*. Teachers College Press.

Smith, S. (2006. 1. 5.). The unfortunate prerequisites and consequences of partitioning your mind. Retrieved April, 4, 2015 from http://scienceblogs.com/pharyngula/

The Online Dictionary for Library and Information Science (2011). https://en.wikipedia.org/wiki/Bibliotherapy.

Zimmerman, B. J.(2002). Becoming a Self-regulated learner: an overview. *Theory into Practice, 41*(2), 64-70.

다문화가족지원포털 다누리 https://www.liveinkorea.kr/portal/main/intro.do

중앙다문화교육센터 http://www.nime.or.kr/introduce/vision

지속가능포털 https://ncsd.go.kr/

다문화교육포털 https://edu4mc.or.kr/

다누리배움터 https://danurischool.kr/

채널예스 https://ch.yes24.com/Animation/Index/All?lngGb=2&Ccode=000_004_006

찾아보기

내용

저자 소개

강은주(Kang, Grace Eunjoo)
총신대학교 유아교육과 학사
The University of Iowa 석사
The University of Iowa 박사
현 총신대학교 유아교육과 교수

김명정(Kim, Myoungjung)
총신대학교 유아교육과 학사
중앙대학교 일반대학원 석사
중앙대학교 일반대학원 박사
현 배화여자대학교 유아교육과 교수

김선아(Kim, Suna)
총신대학교 유아교육과 학사
중앙대학교 일반대학원 석사
중앙대학교 일반대학원 박사
현 숭실원격평생교육원 외래교수

김성원(Kim, Sungwon)
총신대학교 유아교육과 학사
총신대학교 신학대학원 석사
총신대학교 일반대학원 석사
Southwestern Baptist Seminary 석사
Southwestern Baptist Seminary 박사
현 총신대학교 산업교육학부 교수

김진희(Kim, Jinhee)
총신대학교 유아교육과 학사
중앙대학교 교육대학원 석사
중앙대학교 일반대학원 박사
현 서울국악유치원 원장

백인경(Baek, Inkyung)
총신대학교 유아교육과 학사
중앙대학교 일반대학원 석사
중앙대학교 일반대학원 박사
현 수원여자대학교 유아교육과 교수

안혜진(Ahn, HyeJin)
총신대학교 유아교육과 학사
성균관대학교 교육대학원 석사
이화여자대학교 일반대학원 박사
현 덕수유치원 원장

이보영(Rhee, Boyoung)
총신대학교 유아교육과 학사
총신대학교 교육대학원 석사
덕성여자대학교 일반대학원 박사
전 제주국제대학교 유아교육과 교수

이선경(Lee, Sunkyoung)
총신대학교 유아교육과 학사
이화여자대학교 교육대학원 석사
총신대학교 일반대학원 박사
현 공립 서울어진유치원 원장
   총신대학교 및 대학원 강사

이성복(Lee, Seongbok)
총신대학교 유아교육과 학사
총신대학교 교육대학원 석사
가톨릭대학교 일반대학원 박사
현 칼빈대학교 아동보육학과 교수

이효정(Lee, Hyojung)
총신대학교 유아교육과 학사
총신대학교 일반대학원 석사
중앙대학교 일반대학원 박사
중앙대학교 한국교육문제연구소 박사후연구원
현 가랑비교육연구소 소장
   인천대학교 유아교육과 강사

최영해(Choi, Younghai)
총신대학교 유아교육과 학사
중앙대학교 교육대학원 석사
덕성여자대학교 일반대학원 박사
현 장안대학교 외래교수

▶YouTube를 활용한 자기주도학습형

유아교육개론(개정판)
Introduction to Early Childhood Education
for Self-Regulated Learning with YouTube (Rev. ed.).

2019년 3월 25일 1판 1쇄 발행
2021년 2월 25일 1판 2쇄 발행
2024년 4월 15일 2판 1쇄 발행

지은이 • 강은주(집필 책임)
　　　　김명정 · 김선아 · 김성원 · 김진희 · 백인경 · 안혜진
　　　　이보영 · 이선경 · 이성복 · 이효정 · 최영해
펴낸이 • 김진환
펴낸곳 • (주)학지사
　　　　04031 서울특별시 마포구 양화로 15길 20 마인드월드빌딩
대표전화 • 02-330-5114　　팩스 • 02-324-2345
등록번호 • 제313-2006-000265호

홈페이지 • http://www.hakjisa.co.kr
인스타그램 • https://www.instagram.com/hakjisabook

ISBN 978-89-997-2897-6　93370

정가 25,000원

출판미디어기업 학지사
간호보건의학출판 학지사메디컬 www.hakjisamd.co.kr
심리검사연구소 인싸이트 www.inpsyt.co.kr
학술논문서비스 뉴논문 www.newnonmun.com
교육연수원 카운피아 www.counpia.com
대학교재전자책플랫폼 캠퍼스북 www.campusbook.co.kr

이 책 각 장의 자료들은 해당 저자가 삽입한 것으로, 각 장의 저자에게
모든 책임이 있습니다.